FREAKS
フリークス

Myths and Images of the Secret Self

秘められた自己の神話とイメージ

レスリー・フィードラー

伊藤俊治・旦敬介・大場正明［訳］

青土社

フリークス　秘められた自己の神話とイメージ　目次

兄弟のいないわが兄弟に
兄弟のいないわがすべての兄弟たちに

フリークス　秘められた自己の神話とイメージ

序

われわれは「フリーク」という名称で伝統的に呼ばれてきた生理学的逸脱を抱えた人々――巨人、小人、シャム双生児、両性具有者、肥満女、骸骨人間など――がその呼称を拒否している時代に生きている。彼らにとってこの呼称は、彼らをそう名づけることによってその裏返しとして自分らを「ノーマル」と定義づけてきた他の人間たちによる長き排除と搾取を思い出させるもの、恥辱の徴のように思えるのである。そして汚名を着せられている者の側からのあらゆる呼称変更の要求と同様、これもまた、一種の政治として表現されている。しかしそれは綱領を欠いた政治であり続けている。その点でこれは、かつて「ニガー」「カラード」と呼ばれていた者たちが自らをまず「ニグロ」と、次いで「ブラック」と名づけ直すために行なった同様の努力とは異なる。また、同じように、かつての「レイディ」と「ガール」が「ウーマン」に、かつての「ファゴット」や「ダイク」が「ゲイ」に変わろうとした努力とも異なっているのである。

つまり、伝統的にフリークと呼ばれてきた人々の間には、今後の綱領として何と呼ばれたいかという合意が存在しないのである。何か別の名称で、という意志があるばかりなのだ。今なおサイド・ショウで自らを曝すことによって生計を立てている人たちはどうやら、綱渡り師や道化師などと同様に「エンタテイナー」もしくは「パフォーマー」と呼ばれたいらしい。けれども、より多くの他の「奇妙な人々」はパフォーマーどころか、特別なもの、変わったものとしては捉えて欲しくないと考えているのである。それゆえ、彼らは必死になって〝気づかれずにすまそう〟とする。すなわち、一部の小人や巨人のように化学療法によったり、あるいは、両性具有者や癒着した双子たちの一部のように困難で危険な手術によったりして「ノーマル」たちの世界に同化しようとするのである。

その一方で、彼らの放棄したフリークという呼称は、生理学的には正常《ノーマル》でありながら大勢に順応しない一群の若い人たちによって名誉ある呼称として受け入れられてきている――彼らとはつまり、幻覚性のドラッグを用い、これ以外の名称で言えば「ヒッピー」「ロングヘア」「ヘッド」などと呼ばれている人たちである。そうした若い人たちは――フリークとしての地位を単に耐え忍んでいるのではなく自らそれを選択したことを明らかにするためであろうか――「フリーク・アウトする」（飛び出す、狂う）ということを口にし、他の人たちにも、ドラッグや音楽や食餌調節、あるいは人混みに群れ集う楽しみを通じて自分らを模倣するよう促すのである。「突然変異者《ユナイテッド・ミュー》連合《テイションズ》に加入しよう」と、マザーズ・オヴ・インヴェンションのファースト・アルバムのジャケットには書かれ

クラコフの怪物（16世紀の版画）

てある。そして、このようなスローガンは——サーカスのパフォーマーの不満とは異なって——フリークと非フリークの間の関係に最近になって何かが起っていることを暗示するとともに、ブラック・パワーやネオ・フェミニズムやゲイ・リブの政治の基礎としてあるものと同じほど根本的な意識変革の存在を前提としているのである。

一部のフリークたちはずいぶん昔からこの差別的な名前を振り捨てようと試みてきている——少なくとも一八九八年一月六日以来はそうである。その日、前宣伝としてヨーロッパ中にばらまかれた報道発表によれば、バーナム・アンド・ベイリー・サーカスの巡業団に属するメンバーたちがロンドンで抗議集会を開いたのである。〝髭女〟ミス・アニー・ジョーンズが発起人となったこの集会では、〝人間足し算計算機〟ソル・ストーンが議長を務め、〝不思議な腕なし人間〟が足で議事録をとった。しかし、その後継者たちの大半と同様、彼らもまた、長いこと苦しめられてきたこの「不名誉な」呼称に代わる適切な代替案となると頭をひねらざるをえず、公衆に可能な代案を募ったのであった。三百ばかりの呼び名が提案されたが、ひとつとして抗議者らの気にいるものはなく、ようやく、ウィンチェスターの司教が「驚異《プロデイジー》」と呼んだらどうかと述べると、ほとんど満場一致の賛成が得られたのだった。しかしながら、アメリカではこの呼称は根づくことがなかった。そのうえ、この事件はもとから、バーナム・アンド・ベイリーのところのPRスタッフがお膳立てしたものだったのかもしれないのである。万一そうだったとしても、しかし、それもまたふさわしいことだったと言えるだろう。バーナムの言うところの「ぺてん」は、哀感や摩訶不思議と同じほど「フリーク・ショウ」になくてはならないものなのだから。

バーナム自身は『自伝』の中で変常者《アノマリー》のことをフリークではなく「珍奇《キュリオシティ》」と呼んでおり、われわれにとってはかなり違った種類のように思われる他の見世物——たとえば、「毛むくじゃらの馬」「本ものの人魚」「象のジャンボ」とか、年が百六十一で、ジョージ・ワシントンの父親の奴隷だったとされる黒人女性ジョイス・ヘスなど——と一緒くたにしている。「キュリオシティ」というのは典型的なヴィクトリア朝時代のことばで、チャールズ・ディケンズの中で最もフリークにとり憑かれている作品『オールド・キュリオシティ・ショップ』〈骨董屋〉

の題名に残されて、その時代、フリークに対する関心が盛り上がったことを思い出させてくれるものである。実際、ヴィクトリア女王はそのお気に入りの小説家同様、バーナムの抱える奇妙な一団に大いに興味をもっていたのだった。アメリカでも状況は似たようなもので、エイブラハム・リンカーン、マーク・トウェインといった大西洋の反対側の傑出したヴィクトリア時代人たちも、戦争や著作から一時離れては小人にからかわれたり、あるいは冗談を交わしたりするのにやぶさかではなかったのだった。

　ところが二十世紀になると、政界の重要人物たちは、古代帝国の滅亡を生き延び、近代国民国家の出現、火薬と印刷術の発明、識字教育と選挙制の普及などを超えて何千年も続いてきていたフリークとの対話を断ち切りだしたのである。実際には、ヴィクトリア朝的好奇心のゆえにそうした対話がクライマックスに達しようとしていたまさにその時すでに、同じくヴィクトリア朝的感傷癖と道徳感のゆえにその継続の可能性が断たれようとしはじめていたのである。そしてあの時代から今に生き残っている副産物たる社会主義がいずれ、その対話終結を告げることになる。フリークの展示は、たとえばヒトラー下の「国家社会主義」ドイツでは法によって禁じられていたのであるし、ソ連では今なお禁止されているのである。

　実際、フリーク・ショウを不当な過去からの残るに値しない残滓とする見方は二十世紀初頭にいたるところで広がったため、一時は、今生きているわれわれが、悪夢めいた人体の歪曲と生《なま》で直面することによって想像力を形成される最後の世代になるのではないかと思われたほどだった。しかし、この流れを逆転させようと脅かすように、カーニヴァルや縁日ではサイド・ショウの復活が見られるようになっている。もちろん、結局はこれも単なるノスタルジックな、先の見えた試みであるということになるのかもしれない。多くのアメリカ人にとって人間《ヒューマン・》珍奇《キュリオシティ》が演台や穴蔵からスクリーンに、生身の体から光の影へと移ってしまったことは疑いようのない事実なのだから。しかし、かつての生身の人体との衝突が失われたことは、王と愚者との対話が宮廷から舞台へ移ったことと同じほど取り返しのつかないトラウマを暗に生んでいるのである——そしてまさにこのトラウマこそ、この本が書かれることになった主要な契機なのである。

とすると「フリーク」ということば自体、フリーク・ショウと同様に時代遅れのものであって、これほど手垢にまみれていない、これほど不愉快でない別のことばを捜すべきだということなのかもしれない。確かに、代りのことばはたくさんある――奇妙なもの《オディティ》、悪しく形成されたもの《マルフォーメーション》、異常なるもの《アブノーマリティ》、変常者《アノマリー》、突然変異体《ミュータント》、自然の過ち、怪物《モンスター》、怪物的なるもの《モンストロシティ》、変わりもの《スポート》、「奇妙な人々《ストレインジ・ピープル》」、「非常に特別な人々《ヴェリー・スペシャル・ピープル》」、そして、珍現象《フェノメーヌ》、などだ。「怪物」と「怪物的なるもの」というのがごく最近までこの問題に関する医学論文の中で用いられていた標準的な用語であり、「怪物」は、人間異常を指す英語で最も古いことばである。けれども、比較的最近出たフレデリック・ドリマーの本では、「奇妙な人々」でさえ古びた偏見の影をひきずりすぎているとされ、敬虔にも、「人は他のすべての人と異なっていても、怪物と呼ばれるのを喜びはしない」と指摘されている。さらに続けて彼は、「サーカスのサイド・ショウでの彼らは冗談半分にお互いを〝フリーク〟と呼びあうかもしれないが……他の人にその呼称で呼ばれるのは好まない」と言う。ドリマーの好む代りの用語は「非常に特別な人々」である――しかしこれは、あまりになじみうすいものであるため、彼自身、本の副題では「人間の奇妙なるもの《ヒューマン・オディティ》」と言い直す必要を感じているのである。他方、R・トゥール・スコットは、同様の動機に基づきながらも、見事な書誌『サーカスとその関連芸能』(*Circus and Allied Arts*)の中の章の題としてフランス語のフェノメーヌ(phénomènes)を用いている。おそらくは、英語のことばはどれも充分に無色無害でないと思われたためだろう。

しかしながら、わたしにとってはこうした婉曲語法はいずれも、われわれが子供の時に初めて、そして最も強烈に体験する半ば宗教的な畏怖の感覚を表現するのに必要な含意を欠いているのである。同じ人間なのにどんな極貧の小作人よりも、鎖につながれて戸外労働をするミシシッピのどんな黒人服役囚よりも周縁化された人々と面と向かいあった時の感覚。小説家や詩人たちがあの始原的な戦慄を甦らせようと苦心してきたのも不思議ではない――例をあげれば、カーソン・マッカラーズは『結婚式の参列者』で主人公の少女フランキーが「モルフォディテにして科学の奇跡」である男《おとこ》／女《おんな》を前にした時の情動を描き、また、カール・サンドバーグは「哀れな小蝦のような小人」と「陸から四〇キロ、海から四〇キロのところに生まれた犬面少年ジョジョ」に直面した子供時代の自分を描き出している。

　マッカラーズ女史はフランキーについてこう書いている。「彼女にとってはどのフリークも恐ろしかった。彼らは彼女を秘密のやり方で見て、彼女と目を合わせようとしているかのように思われたのだ。あたかも、お前のことは知ってるぞ、俺たちはお前なんだ！　と言っているかのように」。これに対して、サンドバーグのキーワードは「恐ろしい」ではなく、「おどおどしている」だ。「おどおどしている時には、人の視線が後ろからつけてきて、自分を刺し貫いているような感じがするものだ。ところがそこ、サイド・ショウには、まさにこの人たち、フリークたちがいたのである――そして彼らそれぞれの業務、仕事は、見られることだった……」と彼は書く。彼にとってフリークたちは絶対的な他者、死によって解き放たれるまで自らを展示することを余儀なくされた「神の犯した過ち」を象徴している。それに対してカーソン・マッカラーズは彼らのうちに、秘められた自己の顕現を見る。

　それでいてどちらも、その経験を視覚的なもの、非常に特殊ではあるが視覚的なものとして描いている――そ

ガチョウ頭人間と犬頭人間
ウリッセ・アルドロヴァンディ
Monstrorum historia, 1642 より

れはマーシャル・マクルーハンが仮面の定義を試みる過程で定義している類の体験である。「仮面は、サイド・ショウのフリーク同様、感覚的な吸引力において絵画的というより参加体験的なものである」とマクルーハンは書いている。しかし、「参加体験的」というのは、覗き劇場《ピープ・ショウ》やブルー・フィルムとの関連をも暗示する——その気はないのにとりこにされて、自己もしくは他者の露出された猥褻性を凝視するという感覚。それゆえ、モルフォディテもしくは犬面少年を前にした子供の、最後の禁じられた神秘を目にするという感覚——これは青年期に至って、ストリッパーがG線をとり、生まれて初めて(呼びこみの言うところの)「家じゃ絶対見れないもの」をかいま見る時に再度経験されるだろう——を表わすのに、「フリーク」ということばのみが充分にきたなく、充分に下品であるように思われるのだ。そしてすべてのフリーク・ショウに隠れて存在しているポルノグラフィ的なものは、より大げさに「生の劇場」と呼ばれているもの、カーニヴァル関係者が「ピクルド・パンク」と呼ぶもの——瓶に入れて保存されている胎児の陳列——において倍加されている。われわれのうちの正常な者でさえ受胎後二、三、四か月後には何と戯画的な人間的形態をとるかを明かす、このプライヴァシーの究極の侵犯劇は、時には——もちろん長い目で見れば、取って代りはしなかったわけだが——完全に成長した奇形者が生きた目をもって観客たちの生きた目を見おろす方のショウのお株を奪ってきたのである。

より新しい形態の通俗劇である映画がこうした出会いの恐怖を捉え、保存しようと試みるようになるのは当然の流れだった。けれども、実際にトッド・ブラウニング(前年には『ドラキュラ』を銀幕上にもたらしていた)がそれを行なうのは一九三三年になってから、単刀直入に『フリークス』(*Freaks*)と題された映画においてだった。実のところを言えば、本書はこの偉大な監督とその真に驚嘆すべき映画に対する遅ればせながらのオマージュなのである。なぜなら、わたしはもはや、現実のフリークに関する一番古い記憶——おそらくは、コニー・アイランドの桟橋遊歩道のどこかで、できたてのバター・コーンとホット・ドッグの油の匂いとともに出会ったのだっただろう——と、ブラウニングの作った悪夢めいた映像とをはっきりと区別して思い出すことができないのだから。

大恐慌の真最中、彼はサーカスやサイド・ショウ、カーニヴァルや見世物館から何十人もの変常者を集め、すでに恐れおののき浮足だった観客に向けて、変常者たちの、そしてわたしたちの置かれた状態に関する恐ろしい寓話を演じさせたのだった。そして彼のこの映画はわたしの惑乱された頭の中で何度も何度も勝手に再上映されてきたため、今ではそれを思い出そうとすると、その映像のみならず、十五歳だった当時のわたしの反応までが惹起されてきてしまう。

わたしにとっての影響の大きさにもかかわらず、この映画が興行的に失敗だったことは驚くほどのこともあるまい。すでに充分問題を抱えていると自ら考えていた観客たちの気をそぐことは目に見えていたのだから。それにその観客たちはもとから、この映画が自認していた変態《キンキー》がかったエロティックなスリルとも、それがそうと広言することなく惹起していた半ば宗教的な畏怖感とも、趣味を異にしていたのだから。その当時のわれわれは誰しも、「科学」――それはわれわれを貧困から解放するのには失敗していたが、次の世界大戦に向けてすでに武器を提供してくれていた――が怪物人間を永久に脱聖化したものと固く信じていたのである。ところがそれから三十年後、ブラウニングの『フリークス』は新たな観客のために復活することになるのである。その観客は、髭女や人間芋虫、そして踊るピンヘッドたるスリッツィーらの中に、われらの祖先が両義的な聖なる存在――それは以来、世俗化され分割されてきてしまった――を前にして感じたスリルを提供しうる最後の存在を見出しえたのである。

さらに、ここ二、三年来、この映画は『悪魔の植物人間』(*Mutations*)という現代版のプロトタイプとして使われてきている。この『悪魔の植物人間』には、自然に生まれた怪物たちに加えて、研究室で作られた他の怪物たちが登場している――あたかも、科学は昔の恐怖を中性化するというよりも新たなる恐怖を作り出すという、現代のわれわれの感じ方を明確にするかのように。けれども結局のところ、すぐにそれとわかってしまうあまり説得力のない幻像であるせいでもあろうが、『悪魔の植物人間』の中の製造されたフリークたちを目にすると、観客は恐怖の叫びをあげるかわりに、照れくささと寛大さの入り混じったしのび笑いを洩らしてしまう。ただ、その笑いの下には聖なるものの感覚がなおもぼんやりと生き続けてはいる——滑稽なるものと怪物的なるものとは、実際には両立しうるものなのだから。もとより、「フリーク」ということば自体、ラテン語の lusus naturae の訳語としての「自然の悪戯」(freak of nature) の省略された形であって、頭をふたつもった子供とか両性具有者とかは異常であるとともに滑稽でもあるという意味を含意しているのである。

現代でもなお、説得力のないフリークだけでなくあらゆるフリークを前にした時に笑い出し、彼らをネタにした伝統的な冗談を口にするノーマルは多い。そうした冗談の中でも、田舎じみたセンスで巨人たちに向けて叫ばれる「そっちの天気はどんなだい？」といった類の聞き飽きたジョークは、今も昔もそれほどおかしかったはずはない。が、その一方、他の、たとえば、女のシャム双生児と結婚すれば女房ふたりを手に入れながら姑はひとりですむといった類は、今でも性差別を含意した笑いを生むことができるだろう。

けれども、人々がフリークの中にいつの時代にあっても見出してきたおかしみについて証言しているのは、無名の冗談好きたちだけではない。紀元後二世紀すでに、「かつて両性具有者は不吉な徴とされたものだが、今日では単なる見世物にすぎないようだ」とプリニウスははっきり書いている。また、十七世紀スペインの宮廷記録では、小人は黒人や愚者と並んで、退屈した貴族を楽しませる gente de placer〔楽しみの人々〕と呼ばれている。さらに、南北戦争の真最中にエイブラハム・リンカーンが閣僚たちに、ナット提督という名の小人と冗談でも交わしにいこうと提案したこと——これはリンカーンの生涯に関する最近のテレビ・ショウでもとりあげられていた——も今ではわかっている。そしてそれよりほんのわずか前、ヴィクトリア女王と取巻きの一団は、ナットの友人である小人の親指トム将軍と女王のプードル犬との喜劇的な遭遇に大笑いしていたのであった。しかし、「ノーマル」たちの笑いはいつでも、両義的で防衛的であったはずだ、ちょうどホラー・ショウを見にきた現代の大学生たちの忍び笑いと同じように。実際、フリークというのが、どこかの小さな子供や封建領主のように退屈した心ない「自然」による冗談なのだとしたら、そこでからかわれているのは他ならぬわたしたちではないか！

事実、われわれの心の中のよりアーカイックなレベルは、彼らのような存在がたちの悪い冗談ではなく、ましてや、最近になって信じるよう仕向けられてきたような、遺伝子におけるランダムな化学的変化の産物でもなく、凶兆や予兆であると感じとっているのだ——それは、英語において彼らを指す最も古いことばが示唆する通りである。英語それ自体と同じほど古いその「怪物《モンスター》」(monster) ということばは、チョーサーの時代からシェイクスピア以後まで、フリークを指すのに一番好んで用いられた。その語源ははっきりしないところもあるが、警告を意味する moneo からきたのであれ、顕示を意味する monstro からきたのであれ、含意は同じである——つまり、人間奇形は自然の気まぐれの産物ではなく、神＝摂理の意図の産物だということに他ならない。

古代世界にあって、そうした徴は、鳥の飛び方や供儀に付された獣の遺骸に予兆を読む者たちと同じほど絶妙な、胎児易（胎児を通した予言）や奇形見（異常な出生を調べることによる占い）の専門家たちによって解読されたものだった。事実、怪物たちに関して今に残る最も古い「書類」は、紀元前二八〇〇年頃の、粘土板に刻まれたバビロニアの怪物学用語集なのである。伝統的に用いられている怪物の三分類——過剰による怪物、欠如による怪物、二重性の怪物——はいずれもこの粘土板にすでに現われている。このうちの最初のものはいつでも悪い予兆であるようだ（「女が両足に六本指のある子供を産むと、世界中の人々が負傷する」）。二番目のものはより両義的である——たとえば、ペニスと鼻のない子供は「王の軍隊は強くなる」を意味するが、ペニスと臍のない子供は「家の中に悪しき心がある」を示すのである。三番目のも同様である——両性具有者の誕生は悪を告げるのに対して、双頭の赤ん坊は良い予兆なのである（「女が頭の上に頭のある子供を産むと……良い前兆がその家に入るであろう」）。これに対して、ローマ人たちはこの三つのグループをいずれも悪しき予兆と考えたのであった。

そして彼らの中には、怪物的な子供を生まれた時点でさらしものにするか供儀に付すことによって殺す神官的な執行吏がいた。ローマ人にとどまらず、古代人の社会にはどこにでも、奇形児の抹殺者がいたのである。これは歴史が教えてくれることでもあるし、フリークを前にした時のわたしたちの反応もそれを裏づけている。でも、それはよその場所のこと、少なくともよその時代のことだ、とわたしたちは自分を慰める。一番有名な癒着双生児チャンとエンは、わずか一世紀余り前のシャムでは同様の運命に危うく陥るところだったが、アメリカでは裕福に、有名になったではないか。そして、比較的最近エジプトで砂の中から発掘された小人のミイラは、もともとは、その文化にのっとり適切な儀礼や儀式を経て殺されたわけだが、われわれはわれわれの文化にふさわしくその遺骸を博物館に陳列するだけだ、と。

けれども、古代においてはフリークの殺害は儀礼化されたものですら瀆聖行為になりかねないとされ、それゆえ、その件数はわたしたちが想像するよりずっと少なかったのである。それどころか、時には彼らは保存され崇拝されたのである。その明白な例は、チェコスロヴァキアの地下洞穴で壮麗な儀式の最中に、埋葬後二万五千年を経て発見されたおぞましい歪曲を見せるシャマンカ(女性薬事師)に見ることができる。また、あらゆるフリークは、なかんずく小人は凶眼をもつと固く信じていたアウグストゥス皇帝でさえ、その信念にもかかわらず、お気に入りの小人ルキウスを形どってダイヤモンドの目をはめこんだ黄金像を宮廷にこしらえていたのであった。

従って、古代においてはたとえばヒトラーが近代「優生学」の名において小人に対して行なったような類の全面的なフリーク絶滅攻撃は存在しなかった。また、現代のように医師会が力をもっている時代よりも、昔の「神官が幅をきかせる」社会においての方が、生存のチャンスを摘みとられる怪物の数は少なかったとさえ言えそうだ。現代においては怪物的な子供が生まれるとわかっている母親には「治療的流産」が可能であり、子供殺しは「成長不能な障害者から生命維持装置をはずす」という名において行なわれているのだから。

が、いずれにせよ、「怪物《モンスター》」ということばのうちには、奇形をもつ新生児を前にした時にかつて感じられた畏怖の感覚がまだ多分に残っており、それゆえ、このことばは、同源の「怪物性《モンストロシティ》」ともども、カーニヴァルやサイド・ショウの日常的語彙から一度たりとも姿を消したことはない。実際、わたしは子供の頃から親しいものであったフリーク・ショウの「口上役」の呼び込みを今なお頭の中に再生することができる――「つかまえられた世界最大の人・類・学・的・怪・物・性《モンストロシティ》、犬面少年ジョジョだよ。ものすごい困難の末、バリジルから連れてこられたこいつは、人間の子供のように歩く。けれども犬のように吠え、蛇のように腹で這う」とその声の残影は語り続けているのだ。そして、引き伸ばされた怪・物・性という音を聞くと、わたしは、自分の最も秘めやかな悪夢がすぐそこに展示されているのを生まれて初めて見た時の驚きを生き直すとともに、背筋に冷たいものが走り、心臓が跳ねるのを感じるのである。

それではいったいなぜ、これら「不自然」な生きものたちの自然誌を書こうとするにあたって、「怪物」ということばを使わなかったのだろうか？　一九三〇年、C・J・S・トンプソンは同様の研究を『怪物たちの神秘と伝説』(*The Mystery and Lore of Monsters*) と題している。けれどもそれ以後の四十年以上のうちに、「怪物」という語は、ドラキュラとかハイド氏、狼人間、キングコング、それにメアリー・シェリーの『フランケンシュタイン』に出てくるあの名なしの超人間などといった芸術的ファンタジーの生んだ生きものたちを指すようになってしまったのである。

こうした想像上の生きものの周囲にはカルトが形成されてきている。それは、辛気くさい制度的な教会に対するパロディを通じた抗議として始まりながら、今では全き宗教と言っていい地位をもつに至っている。それは現代ポップ・カルチャーの地下墓地《カタコンベ》――すなわち映画館やアンダーグラウンドのコミックなど――で行なわれる宗教にすぎないかもしれないが、まさにそこにおいて、主にヴィクトリア朝時代の通俗小説作者たちの創り出した登場人物たちは、DRACULA LIVES といったバッジをつけ、草でハイになった信徒たちによって悪魔や半神的な存在に変身させられたのだった。

彼らが今なお見続け、コミックのイコノグラフィのもととなった古典的な諸映画は、しかしながら、一九六〇年代後半、自らをフリークと呼んだ一部の病理学的ノーマルたちが街に繰り出した時代に作られたのではなく、大恐慌の最中に作られたのであった。フランケンシュタイン博士の怪物を、ボリス・カーロフが演じた姿――メーキャップでたんまりと塗り固められた顔に、剃りあげた頭からはボルトが突き出している――以外で想像するのは今なお困難なほどである。さらにまた、フランツ・ムルナウの『ノスフェラトゥ』に出てくる爪を生やした不気味なドラキュラや、クリストファー・リーの、より優美なドラキュラを何度見たことがあっても、われわれの多くにとって、この吸血鬼＝総督はトッド・ブラウニングの一九三一年の映画――この映画をもって〝怪物の復活〟が始まる――でベラ・ルゴシが演じた黒マントの青ざめた悪漢であり続けているのだ。ブラウニングはフリークたちをも映画に連れ込むことになるわけだが、フリークとモンスターとを混同してはならない。★

少なくともフリークを自認する若者たちは両者を混同しはしない。キャンパスの映画週間で最新の恐怖映画をハイになりきって見る時でさえ、あるいはまたそれぞれの部屋でテレビの恐怖番組をひとり見る時でも、彼らはフリークと違ってモンスターたちが「現実」ではないことを知っている。つまり、モンスターの存在は、「ヘッド《とんでる》」な人間と「ストレート《まとも》」な人間の両方、夢見る意識と覚醒せる意識の両方のコンセンサスによって認められてはいないのである。そうしたモンスターに対して特定の観客が感じるアンビヴァレンスがどの程度のものであれ、彼らは一般的には、他者、外部者として、さらにはまた敵意ある者として、経験されている。そこに自己に関する何らかの体験があるとすると、それは、その自己が悪夢の深みに、特別に悪い「トリップ」の深みに解体してゆくという体験である。彼らがわれわれのうちに惹起するのは主に恐怖と嫌悪であって、確かにそれは精神療法もしくは〝自己修練〟として必要なものかもしれないが、結局はそこから目覚めうるていのものなのである。

確かにモンスターたちにもフリークたちと同じような神話的次元があり、その点において、初期のフランス人奇形学者たちが切除された者《ミュティレ》（mutilés）と呼んだ不幸な人々の一範疇とは異なっている。ミュティレとは、盲人、聾者、啞者、蹇《あしなえ》、跛、それに周縁的だが傴僂や兎唇などのことである。これに体の一部を切断された人、病的麻痺者、その他天災人災の犠牲者などを加えることができよう。からみついた臍の緒に切断されて手や脚をもたずに生まれてきた子供たちの場合など、真のフォコメリック、すなわち、痕跡的な手足が胴に直接ついたアザラシ児と区別しがたいこともあるにはある。しかし、ひとたび臍の緒による切断だと判明するや、彼らは畏怖の対象よりは主に同情の対象として受けとられるのである。

ところが、真のフリークは超自然的な恐怖と自然な同情の両方を惹起する。なぜなら、空想的なモンスターと違って彼はわれわれのうちのひとり、人間の親から生まれた人間の子だからであり、それでいて、はっきりとは理解できない力によって、単なる不具者とは全く異なった神話的・神秘的な存在に変えられてしまっているから

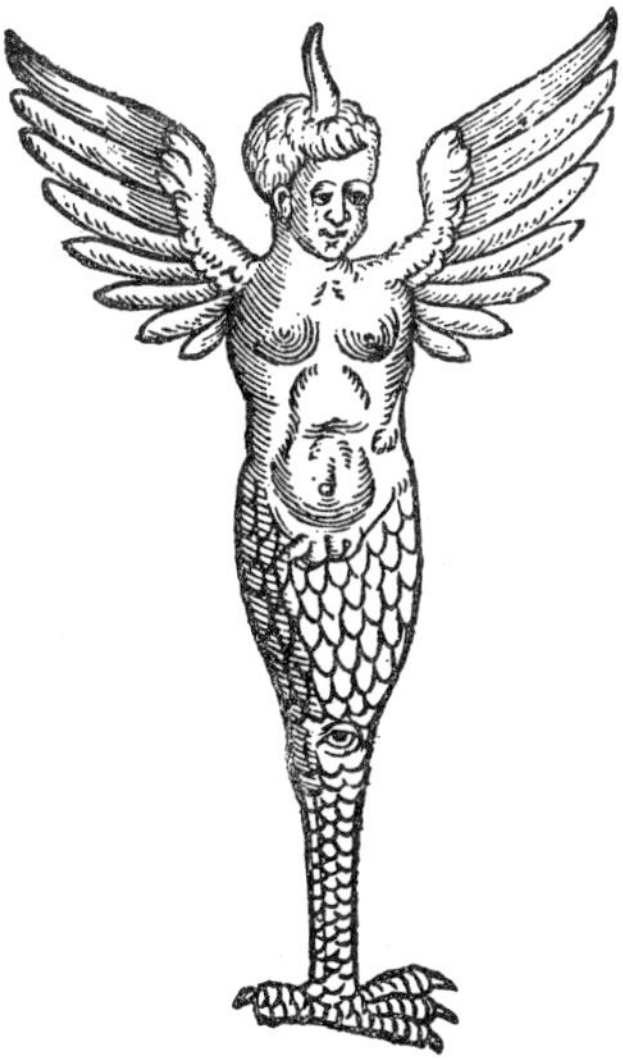

ラヴェンナの怪物
A・パレ *Monstres et prodiges*, 1573 より

★原注　不思議なことにアメリカ黒人の間で受け継がれてきた通俗的な用法では、「フリーク」という語は、映画のモンスターを含む様々な逸脱者を指す。それゆえ、〝フリークの舞踏会〟という題の「祝宴歌《トースト》」はフランケンシュタイン（すなわち、モンスター）の登場をもってクライマックスに達するのである――「奴の体は片ちんば、かかとはどちらも左足／さがったちんこは四ヤードの釣竿だ」。

である。街ですれ違った時、フリーク、不具者、どちらの場合でもわたしたちは目をそらしたい、よく見てみたいというふたつの欲求を同時に感じるだろう。しかし、不具者の場合には、健常性の定義が究極的に依存している境界線、必死になって維持されている種々の境界線が危機にさらされているとはわれわれは感じない。唯一、真のフリークのみが、男と女、性のある・なし、動物と人間、大と小、自己と他者、そしてそれにつれて、現実と幻想、経験と空想、事実と神話の間にある因襲的な境界線に挑戦をかけてくるのである。

確かにこれらの境界すべてを一度に脅かすフリークというのは実際には存在しない。たとえば小人や巨人は主に大きさに関するわれわれの感覚に、両性具有者は世界がきれいにふたつの性に分かれているという確信に挑戦してくる、といった具合である。ところが、十六世紀には「ラヴェンナの怪物」といういわばトータルな怪物が生み出され、人々は六本足の仔牛や癒着した双子の存在を信じるのと同じようにその存在を三世紀間にわたって信じ続けたのであった。その絵は、当時の主要な奇形学書すべてにほとんど変わらぬ形で、実際の怪物たちの因襲化された刷り絵と並べて収録されている。

この怪物について、アンブロワーズ・パレは「神の怒りの例」と題された章の末尾にこう書いている——「もうひとつの例。教皇ユリウス二世がイタリアで数多くの災難に耐え、ルイ十二世に対して戦争を起した（一五一二年）のに続いて、ラヴェンナの近郊で血なまぐさい戦いが行なわれたわけだが、その直後、この同じ町で、ある怪物が生まれたのである。それは頭に角を一本生やし、一対の翼と猛禽類のような足を一本もち、膝頭には目がひとつあったうえ、雄と雌双方の性質に所属しているのであった……」。この最後の点については添えられた図版で明らかにされている。そこに描かれた怪物は、発育しはじめた女性的な胸をもち、うろこのついた一本だけの脚が始まるわずか上には、若干幼児的なペニスがあり、それは右向きにかしいでその横の毛の生えていない陰門を露わにしているのである。またピエール・ボワテュオーは（エドワード・フェントンによる一五一九年の翻訳によれば）「それは男と女の両方に所属している点で二重である」とするだけでなく、「腹にはギリシャ式のYの字と十字架」があったと指摘している。

ボエステュオーは、この「いかにも凶々しく、人類から遠く隔たった」生きものを神の怒りの全般的な象徴とするだけでは満足せず、角は誇りと野心を意味すると説明するほか、翼は軽さと移り気を、腕の欠如は善行の不足を、膝の目はこの世の物に対する過剰な愛を、「威嚇的な足」は金貸しと貪欲さを、そして二重の性は「ソドムの民の罪」を意味しているとする。付加されたユプシロンと十字は、彼の明らかにするところでは、救済の徴、かくも怪物的なるものの誕生が予兆として示している災厄から脱出するすべの指示であるという。

しかしながら、現代の目から見れば、この複合的な生きものは、イタリアの両替商や男色家に激怒した神、復讐心に燃えた、しかし究極的には慈悲あふれる神によって特別に創られたアレゴリーというよりも、すべてのフリークの基本的な特質をひとつの図像的形態にまとめあげようとするかなり人間的な試みのように見える。それは脚が一本足りない欠如による怪物であるだけでなく、変なところに三つめの目をもち、さもなくば人間的な頭に余分な角をもつ過剰による怪物でもある。そしてそのうえ、鳥と獣、獣と人間、男と女という複合的ハイブリッドである点で殊に、二重性による怪物なのである――すなわちは、超怪物の絵画的神話に他ならない。

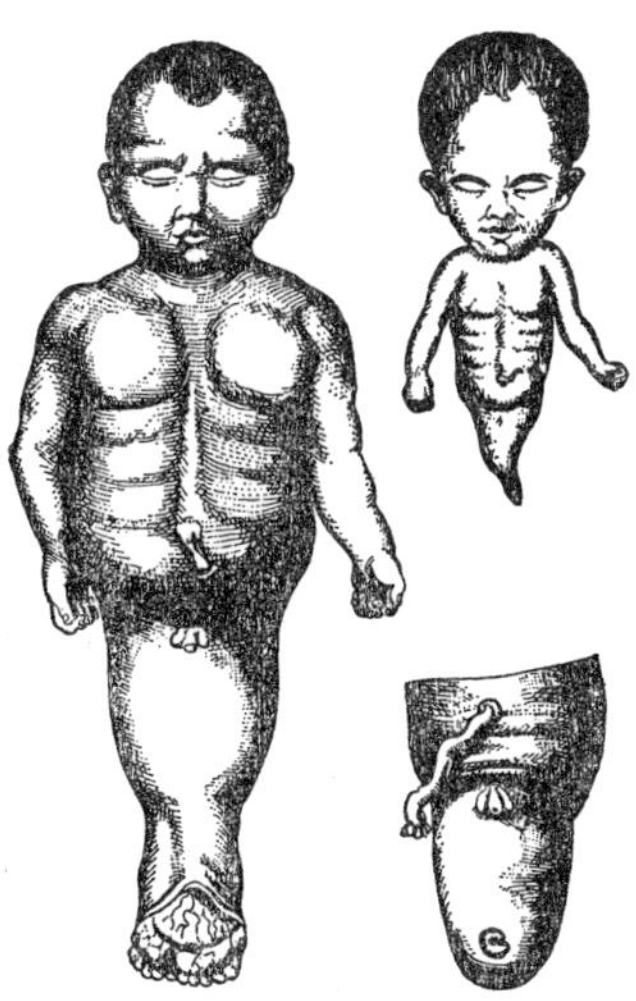

人魚形嬰児
G・M・グールド＋W・L・パイル（1896）

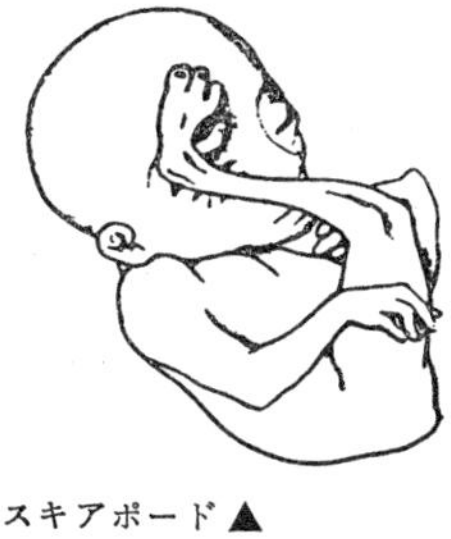

スキアポード▲
人魚形四肢癒着流産胎児▼

学問的な場においてはずいぶん昔から、どちらが先なのかに関して論争が行なわれている。すなわち、こうしたグロテスクな空想が先にあって、それがやがて、それに似た奇形者と同一視されていったのか、それとも、異常な生誕、流産、堕胎が先にあって、それから生まれた悪夢が、後になって神的存在もしくは悪魔に姿を変えていったのか、ということである。人類は芸術というものが始まった時以来絶えず、フリークじみた像を岩から彫り出し、洞窟の壁に描いてきており、これらはふつう、人間の形態に基づきながらも象徴的用途のために歪曲された偶像もしくは聖像《イコン》であるとされてきている。そうした中で最も古く最もよく知られているのは、ヴィッレンドルフのヴィーナスと呼ばれているもので、このほとんどイコン的とも言えない女の肉の塊は、昔から多産性の象徴であると解釈されてきている。

ところが、一九七三年に発表されたある学問的な記事では、これがほとんど臨床学的正確さで、ある典型的なフリーク——「高緊張の擬似的徴候と不妊、性欲減退をともなう間脳内分泌腺肥大症」の患者——を形どっていると主張されている。さらにこの記事の著者は、長いこと純粋に空想の産物と考えられてきた他の怪物も、流産した胎児にのみ見られる異常を表現しようとする同様の試みの表われなのかもしれないと論じている。そのひとつの例として彼は、ヘロドトスがインドの住民として考えていた——しかし言うまでもなくインドに住んではいなかった——パラソルとして使えるほど大きな足をひとつだけもった生きもの、スキアポードの場合を引いている。そして確かに、彼が掲げている人魚に似た胎児、もしくは、「人魚形四肢癒着流産胎児」(*sympus monopus*)の絵は、その横に載っているルネサンス時代の版画に見られる「想像上の」インドの怪物と非常によく似ているのである。

こうした証拠は、人間奇形の観察の方が神話的怪物の創造より前にあったという説に信憑性を添えることになる。しかし、昔から考えられている空想的な生きものの中には、胎児であれ成長したものであれ、現実のフリークの中にいいかいかなるプロトタイプをもたないものもあるという事実を前に、わたしたちは足を止めざるをえない。

・巨人国の赤ん坊の手の中のガリヴァー（左上）
・巨人国の貴婦人とガリヴァー（右上）
・リリパット人に捕えられたガリヴァー（左下）
・リリパットのパレードを閲兵するガリヴァー（右下）
いずれも，スウィフト『ガリヴァー旅行記』チャールズ・ブロック画（1894）

そうした生きものの中には、たとえば、中世からルネサンス時代の挿画に飽くことなく描かれている駝鳥もしくは白鳥もしくは鵞鳥の首をした人間——時には鳥の嘴をしており、稀には髭を生やしている——がある。中でも最も顕著なのは、オセロがデズデモーナに語る有名な「肩の間に頭が生えている人間」だろう。このようなブレミエ族の存在に関してはフィクションの中の人物の科白よりもずっと信頼できる証言がある。聖アウグスティヌスが若い頃、自らの目で「monstrum acephalon」すなわち頭のない怪物を見たことがあると言っているのである。そしてまた、西洋世界の図書館に行けば、今なおわれわれの目で挿画入りの何百という本にこれを見ることができるのである。

人間はその存在を信じる必要のある怪物を自然の中に見出せない時には、ことばや絵でそれを勝手に創り出してきたのである。だとすると、われわれはこの精神的な必要から始めるべきなのであろう。つまり、怪物のプロトタイプを歴史や人類学、胎児学や奇形学に求めるのではなく、われわれの身体や自我の境界＝限界に関する基本的な不安を扱う深層心理学に求めること。より正確に言うならば、幼児心理学から始めるべきなのである。というのも、前述のような不安が一番強く、また、夢とそれから目覚めた時の現実との区別を維持するのが一番難しいのは幼児期なのだから。

けれども、本質的な知恵を与えてくれるのは心理学の教科書ではなく、児童文学、少年少女のために書かれた本、あるいは彼らによって乗っとられた本の類である。たとえばL・フランク・バームの一連のオズものの本やジェイムズ・バリーの『ピーター・パン』、『不思議の国のアリス』や『ガリヴァー旅行記』などを読む時、わたしたちは想像の中で、子供時代にはそこにあるのかないのか不確かだったひとつの境界線を越え、われわれをノーマルであると特徴づけていたまさにその特質によって逆にフリークであるとされてしまう領域に入りこむのである。そしてそこから戻ってきてからもなおしばらく、この境界のそれぞれの側において何が本当にフリーク的で、何が本当にノーマルなのかという、子供には絶えずついてまわる困惑を経験することができるだろう。なぜなら、ジョナサン・スウィフトとルイス・キャロルがともに明らかにしているように、子供にとってのこうした困惑の最大の源泉は大きさの問題なのだから。そして、相対的な大きさに関する悪夢の、現実におけるメタファは巨人や小人、肥満男、肥満女、生ける骸骨らである――そしてまさにこれらこそ、あらゆるフリークの中で一番記憶に留められているもの、時には一番愛されているものでさえあるのだ。

こうしたサイド・ショウのフリークを実際に見たり、あるいはそれについて読んだりする前ですら、子供たちは、大人と比べると自分は小人で、赤ん坊や前年の自分と比べれば巨人であると感じるようになっているかもしれない。深層の意識の中での彼は、コンテクストや、自分自身を誰の目に映ったものとして捉えるかによって、絶えず大きくなったり小さくなったりしているのである。「ぼくは本当のところ、大きいのだろうか小さいのだろうか、それともちょうどいいのだろうか?」と彼は、成長が止まった――そして縮みはじめた――後になってからも自らに尋ね続けるのだ。

しかし、子供たちが立ち向わねばならない主要なアイデンティティの危機とは、大きさの問題だけではない。飼いならされずに半ば野生のものとして生まれ、自分の排泄物と戯れ、手で摑めるものは見さかいなしに口に放りこむ彼らは、長いこと――アリスものの本のいたるところで暗に語られ、『ガリヴァー』の第四巻で明らかに言われているように――自分が獣なのか人間なのか確定できないのである。彼らは両親よりはペットの方に近い小動物なのだ。そしてこの点において彼らは、ボルネオの野生人とか犬面少年ジョジョといったフリーク、もしくは生きた鶏や鼠を飲みこむあの擬似的あるいは半ば空想的フリーク「ギーク」などを自分が体現していると感じるのである。

これに加えて、思春期前の子供のバイセクシュアル的な多形的に倒錯した性質に由来する幼児セクシュアリティの問題がある。これは彼らの性的発達の可能性に関する大人世界の見方の変化によって深刻なものとなる。自分自身に関して子供が抱く観念は、当然のことながら、そうした大人世界の見方から来るからである。とすると、

巨人になったアリス（『不思議の国のアリス』1865）◀，小人になったアリス（『鏡の国のアリス』1872）▶
ルイス・キャロルの初版本へのジョン・テニエルによる挿画

ヘレニズムの男色趣味最盛期、自分の性的両義性がエロティックな魅力をもつとされた時代と、たとえばヴィクトリア朝時代、思春期までは「無垢《イノセント》」とされながらも生まれた時から男性器による達成のみを行なうよう方向づけられていた時代とでは、自らの肉体に対する幼い少年の態度はどれほど違っていたことだろう。また同様に、幼い少女の自らに対する態度は、ウラジミール・ナボコフの『ロリータ』が性的に攻撃的な〝セクシーな少女《ニンフェット》〟を誉め讃えた以後と、ルイス・キャロルが十二歳の少女の両親に娘さんをヌードで写真に撮らせて欲しいと好色の疑いをかけられることなく頼みえた時代とでは、どれほど違っていることであろう。

　けれども自らの置かれた文化の性的コードがいかなるものであれ——たとえそれがフロイト以前のものであれ、フロイト以後のものであれ、抑圧的なものであれ許容的なものであれ——、子供は自分の官能的な性向と、自分に対してその時代が期待する役割との間に途方もないずれを感じるものである。そしてこの領域における彼の悩みを体現するのが単睾丸者、去勢人、陰門のない少女、腿の半ばまで陰唇が垂れ下がっていたホッテントット・

ヴィーナス、そして特に、ジョゼフ＝ジョゼフィンや男女《おとこおんな》などの両性具有者といったセックス・フリークたちなのである。

しかしながら、睡眠中の悪夢にではなく半ば目覚めている夢想に根をもつ児童書は、典型的な姿をとった時には、この悩み、困惑に歩を止めはせず、目覚めもしくは成長、もしくはその両方によって表現されるハッピー・エンドへと向かってゆく。たとえば、バームの『オズの国』では、主人公は少年として登場しながら少女として退場するのだが、それは少女というよりも、お姫様であって、魔女の呪いから本当の性が解かれるや――すなわち、思春期の敷居を過ぎるや――元の地位に戻るのである。同様にアリスものも、その過程がそれほど露わな形で表われてはこないものの、やはり「大人になる」ことに関する物語である。ルイス・キャロルにとって、女性の成熟の過程は、大きさの仲裁者になるよう（偶然や状況によってではなく）学ぶこと――あらゆる場において正しい大きさであるように学ぶこと――を意味している。こうして初めて少女は「女王様になる」ことができ、完全に大人の女性になってからは、本当のものをそのふりをしているだけのものから、人間的なるものを擬似的に人間的なものから見分けることができるようになるのである。結局のところ、児童書が教えてくれるのは、大人になるとは自己をノーマルであると信じられるようになること、他者のみを怪物もしくはフリークであると信じられるようになることと関係しているのだということである。もしその確信を得るのに失敗すると、われわれは、物語の終わりで獣たちの小屋――大人であることや家庭や家族から自由な唯一の逃げ場――に残されるレミュエル・ガリヴァーのように、全然大人にならないことになってしまうかもしれないのだ。

しかしこれは、古典的なフリーク・ショウで意識的に主張されていたことではない。いかにもヴィクトリア朝時代の制度であるそれは、ヴィクトリア朝的駄洒落と同様、最初どれほどの恐怖や不安を引き起こそうとも、結局は治療的効果、カタルシス効果をめざしている。「俺たちがフリークなのさ」と、人間奇形たちは高い台の上からわれわれを安心させてくれるはずなのである。「あんたじゃなくて、俺たちが！」と。大人の観客の心の中に残っている子供のかけらにもそれは届くのだが、彼らがそう語りかける相手は、主にそこにいる子供たちである。そして今日でもなお、サーカス関係者はこうした見世物を「キッド・ショウ」と呼んでいるのである。なぜなのかと尋ねると、彼らは時には、「キッド」ということばは子供という意味ではなく、いかさまとかいんちきとか子供だましのことだと言う。あるいは、それは金を払って見に来た人たちのことではなく、展示されている側のことであると主張することもある。フリークたちは、少なくともその搾取者たちによれば、「全く子供そっくり」であるとして知られているから、というわけである。けれども、キッドというこのことばが意図しているのは明らかに実際の少年少女たちのはずである。なぜなら、どんな興行主といえども、その観客の核が子供たちからなっていることを知らないはずはないのだから。

けれども、怪物の神話は精神の領域にて二度生まれる。少年時代の深奥の恐怖に発するそれは、大人になりつつある青年期の初め、自らの性に対する、そして他者の性に対する目覚めによって強化されるのである。若き男は、自分の体全体が成長をやめ、自分と世界との大きさの比率が固定された後になってもなお、ペニスは人騒がせなことに立ち上がったり倒れたり、ふくらんだり縮んだりし続ける――時には傲岸な巨人であり、時には気弱な小人である――のに気づく。思春期の女子にとっては、乳房の成長が同様にトラウマの源泉となる。恥じらい盛りの危機にある若い女性で、胸が平らすぎる、あるいは豊かすぎるとして自分がフリークであると感じない人はほとんどいないだろう。それと同じで、育ち盛りの男の子たちはロッカー・ルームや便器の前で（成人指定の映画が存在する時代にあっては映画館でも）自分のペニスと他の人のペニスを比較せずにはいられないのである。そしてもちろん、自分自身を主に性の機械として感じる年頃の彼らは、男であれ女であれ、体全体も怪物的に欠如がある、もしくは過剰があると、背が高すぎる低すぎる、太りすぎている痩せすぎていると――つまりは、子供時代はすでに去って久しいのに、体は当時のフリーク性のまま止まっていると――感じるのである。

さらにまた、男の子にとっても女の子にとっても、思春期を迎えるとは、髪の毛よりは動物の毛に似たものが性器の周囲に――男子の場合には顔や胸、腹にも――生えることを意味している。両性ともそうした大人の徴が現われるのを長らく待っていたのかもしれないが、それでいて、進化線上の自らの位置に関する疑いも頭をもたげてくる。そして若い女性の場合、〝余分な毛〟であると見なすよう教えられてきているものが乳房の間や鼻の下に、脇の下や脚に生えているのを発見すると、自分は本当に女なのか、のみならず、本当に人間なのかと疑いはじめることもありえよう。実際、この恐怖感を利用することによってまるまるひとつの産業が成立しているのだ――そしてそれは、パーティの一夜や浜辺での一日を過ごす前に自らを非フリーク化しようと熱心な女性たちに向けて、痛みのない毛根電気分解法や、成功間違いなしの脱毛剤や優雅なミニ剃刃などを宣伝するのである。

しかしながら、新たに大人になった男女が怪物性の神話を強化するトラウマを受けるのは特に、実現においてであれ想像の中でであれ、お互いの性器を視覚でとらえた時である。この源泉には、両親の巨大で毛むくじゃらの性器を子供としてかいま見た経験があるのかもしれない。フロイトは「奇怪な」もの、すなわち怪物的な、フリーク的なものに関するわれわれの基本的な感覚は生まれて初めて女性器を見ることから生ずると論じている。しかし、フロイトの見方は偏ったものであって、どちらの性にとっても、怪物性の観念の始原的モデルは明らかに、幼い頃に見た大人の形態の異性性器に求められるのである。陰門を目にした非常に幼い男性は、その所持者を〝欠如による怪物〟であると感じるだろうし、その彼のペニスを目にした非常に幼い女性は彼を〝過剰による怪物〟であると思うかもしれない。あるいは再帰的に、彼は自らを〝過剰による怪物〟であると、彼女は自らを〝欠如による怪物〟であると感じるかもしれない。

これゆえ、結局のところ、両性とも異性との比較において自分は永遠にフリーク的なものとして定められていると感じる傾向があるのである。そしておそらくは、こう感じる時の居心地悪さから両性具有の夢が生じるのだろうと思う。ところが、西洋の歴史の流れの中ではたいがい、この夢は、去勢される＝非男性化されるもしくは

サイド・ショウのポスター——20世紀初頭，リングリン・ブラザース・バーナム・アンド・ベイリー・サーカス（ウィスコンシン州バラブー，サーカス・ワールド博物館）

非女性化されることの激しい恐怖によって、またそんなことを望んだことの罪悪感によって、根元で断ち切られてきている。そのため、実際の両性具有者《ヘルマフロディテ》は両性ともにとってあらゆるサイド・ショウ・フリークの中で最もグロテスクなもの、本来与えるはずの恐怖よりもずっと恐ろしい〝二重性の怪物〟であると思われるのである。この点に関するわれわれのアンビヴァレンスがポジティヴな側に傾きはじめたのはごく最近のことであり、「ユニセックス」の観念は床屋や服飾デザイナーにとって都合のよい呼びこみ文句であるだけでなく、不満をもった若者たち——中でも特に女性たち——に広く訴えかける政治的スローガンの源泉となってきている。それでいて、フェリーニの『サテリコン』やラス・メイヤーの『草むらの快楽』（*Beyond the Valley of the Dolls*）が作られる時代になってなお、スクリーンに映った全裸ないし半裸の両性具有者の映像は一般の観客のうちに嫌悪と恐怖の身震いを、そしてその傷を癒す目的をもった忍び笑いを引き起こすのである。

いずれにせよ、今日なお見る人を最も深く揺り動かすのは、幼児期ないしは青春期のトラウマを反映しているがゆえに縁日や王の宮廷で展示されるようになる前からすでに寓話や伝説の中に存在していた神話的な怪物たちである。ちなみに、わたしはつい最近、ウィスコンシン州バラブーのサーカス・ワールド博物館――「……サーカスの歴史が甦る場所……三三エーカーにわたる展示、ショウ、デモンストレーション……」――へと巡礼をしてきたのだが、そこでわたしは、古いサーカス馬車や檻に入った機械仕掛のゴリラ、生きた本ものの綱渡り師や芸を見せる象の群れなどに混じってサイド・ショウのテントがあるのを見つけたのだった。そしてその中には、台の上に永遠に固定された姿で代表的なフリークたちの

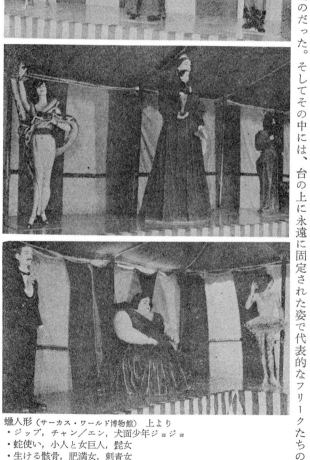

蠟人形（サーカス・ワールド博物館） 上より
・ジップ，チャン／エン，犬面少年ジョジョ
・蛇使い，小人と女巨人，髭女
・生ける骸骨，肥満女，刺青女

石膏像が立っていた。入口には二十世紀に属する用語を使った「奇妙な人々《ストレインジ・ピープル》の会議場」という看板があったが、中の像は、いかにもふさわしく、ヴィクトリア朝時代の衣装に身を包んでいた。そしてこの限られた空間を占めるべき人物の選択がわれわれの基本的な不安にかなっていること、つまりこれまで見てきたような、大きさ、性、動物より上の存在としてのわれわれの地位、そしてわれわれの危うげな個人性などに関する始原的な恐怖に対応していることに気づいてわたしはうなづいたものだった。

最も古くかつ深い子供の大きさに関する恐怖感を表わすものとしては、肥満女、骸骨人間、片手に小人をのせた女巨人、そして、「カーディフの巨人」――これはもちろん、有名ないんちきである――がいた。ふたつめの恐怖を代表する両性具有者はいなかったが、これは、サーカス博物館は家族全員向けのものという考えに基づくのかもしれない。しかし、髭女が充分その役を果していた。三番めのは、獅子面男ライオネルと犬面少年ジョジョのふたりが表わしていた。そして四番めのは、十九世紀の礼服を着てたいへん立派そうな、そして名声と財産の源となった癒着のきずなに若干退屈したというような風をした本来の「シャム双生児」チャンとエンが体現しているのであった。

このふたりと向かいあっていると、わたしはフリークたちが引き起す最後の恐怖が頭をもたげてくるのを感じることができた――それは、水の反射の中に自らの像を認めて死へと飛びこんだ時のナルシスが経験したような一種の眩惑《めまい》である。自と他、実質と影、自己《エゴ》と他者の区別の混乱は、子供が鏡の中に、明らかに別の世界においてだが自分と同じに動く像を初めて認める時よりも、癒着した双子においてずっと恐ろしく混乱した形で表われているのだ。鏡の場合には少なくとも、参加者は知覚する者と知覚される者のふたりしかいない。ところが、シャム双生児を前にした時、観客はふたりがお互いを見ているだけでなく、ふたりともが同時に、観客彼自身を見ているのを目にするのである。そして一瞬、彼は自分が目に見えぬきずなによって目の前のふたりと結ばれた三人めの兄弟であるかのような気がするだろう。そしてそれによって、観客と被展示者、われわれと彼ら、ノーマルとフリークの間の区別が幻想であることが露わになるのである。必死になって、さらにはやむをえないのだとして、防衛されてはいるが結局は維持しがたい幻想であることが。

第1部

1
小人たち――クノウムホトポウから親指トム将軍まで

どんな子供でも、小人《こびと》とは何か、実際に実物に出会うずっと前から知っているものだ。それゆえ、われわれ誰にとっても、母親が語ってくれた物語の中に初めて出てきた時のイメージを超えて実際の小人を見るのは難しい。

「むかしむかし……」と大人になったわれわれは、見世物小屋《サイド・ショウ》に立ち寄りながらなおも耳の中で聞き続ける――

「あるところに……」

ピグミー	トロール	ブラウニー
小人《ドワーフ》	レプラコン	ピクシー
小妖精《エルフ》	ちびすけ《ミジエット》	地の精《ノーム》
妖精《フエアリー》	小妖精《スプライト》	空気の精《シルフ》
妖精《フエイ》	シ	リリパット人
小妖精《コボルド》	プーク	マンチュキン
小鬼《ゴブリン》	鬼子供《グレムリン》	ホビット

……がいました」と。

こうした名前の中で一番昔からあるピグミーというのは、西洋の文学伝統と同じほど古く、もともとは、普通の背丈の人の肘から指のつけ根までの長さを意味するギリシャ語のことばからきている。しかし、これさえも初めから伝説とからんでいたのである。とすると、ヨーロッパの探険家たちが十九世紀にかの「暗黒大陸」で実際に小人化した黒人部族を「発見」した時、彼らを——その部族は伝説の中のモデルのように、敵である鳥をやっつけるためにその卵を破壊したりはしなかったし、長く伸ばした自分の髪だけを身にまとっているというわけでもなかったのだが——「ピグミー」と名づけたことはなんと適切であったことだろう。けれども、彼らは実際には、ニジェール渓谷に住む近隣の他部族と、大きさ以外にどこといって異なるところはなかったのである。

それでも初めのうち、この部族は、非神話化されたというよりはむしろ、映画や小説の中で再神話化されたため、何世代にもわたって子供たちは、小さな黒い野蛮人たちが吹き矢を片手にジャングルの中から出てきて態勢の整わない白人旅行者の一団をとり囲むといったイメージにさらされてきた。われわれが「ピグミー」を組み入れた神話とは、実際には「未開」の神話なのであって、これは、近代帝国主義と十九世紀の人種的偏見から、すなわち、初期人類学と通俗的進化理論から生まれたものなのである。それはいまだに愛されているエドガー・ライス・バロウズによる猿人ターザンの物語が典型的に示す通りであり、物語のあるところでターザンは敏捷な「ミニューニアン」族、つまりピグミー族につかまることになっている。

最近になって十九世紀的帝国主義に対する反発が強まり、アフリカにおけるナショナリズムが成長したため、昔からの神話も近代に生まれた神話もともに切り崩されてきたわけだが、その結果、われわれの手もとには、医学的研究によれば成長ホルモンが不足しているわけではないアフリカのあの小人族の人たちがなぜあんなに小さいのかという未解決の謎が残されている。今や何年も前から、医学の権威筋は「ピグミー族の代謝システムを探究することによってこの問題を調べるための更なる——そしておそらく最後の——調査団」を派遣すると約束ば

善良な妖精エルフ◀，親指小僧▶　J・ジェイコブズ編 *English Fairy Tales*, 1898.
ジョン・D・バッテン画

かりを重ねてきている。

この謎がどう説明されるのであれ、あらゆる奇形《フリーク》の中で小人だけが、単に正常な人間群の中の「鬼っ子」としてのみならず、まるまる一部族、一民族、一国民として存在するという不可解な事実にわれわれが直面していることに変わりはない。ひょっとすると、このことこそ、われわれが彼ら小人たちに対する昔からの呼び名を維持するだけでなくたえず新しい呼び名を発明し続けていることの説明になるのかもしれない。たとえば、「ドワーフ」と「エルフ」が、英語のうちでもアングロ－サクソン語にもとから属していたものであるのに対して、「フェアリー」や「フェイ」は、フランス語と混じりあうようになった頃から使われだしている。ところが、「ノーム」は、十七世紀半ばに錬金術師パラケルススが作った造語である。「リリパット人」というのは十八世紀初めにジョナサン・スウィフトが発明するまで存在しなかったのだし、「ホビット」は、時代も下った一九三七年になって初めて、足に毛の生えた小さな怠けものの怪物たちの一部族の名前としてJ・R・R・トールキンによって作られたことばなのだ。この部族は、五〇年代、六〇年代のイカれた《フリークト・アウト》若者たちを含む多くの人々、ウォルト・ディズニー漫画やバームの『オズの魔法使い』に早くから接して好みを前々から傾向づけられていた人々の空想を囚《とりこ》にしたものである。さらに、「ミジェット」ということばでさえ、遡れば一八六五年にいきつくのみで、その時点で蠅や羽虫を意味する「ミッジ」の縮小詞としてこしらえられ、より神話がかった「フェアリー」にとってかわるようになったものなのである。

▲ホビット，エルフ，ドワーフそして人間からなる“指輪同胞団”。
トールキン『指輪物語』三部作，ブラザース・ヒルデブラント画
（ランダム・ハウス刊『J・R・R・トールキン・カレンダー 1976』より）

行軍するオークたち　トールキン『指輪の王』 ティム・カーク画
（バランタイン・ブックス刊『J・R・R・トールキン・カレンダー 1975』より）

バーソロミュー・市《フェア》の最盛期にスミスフィールドの飲み屋で見世物にされていた小人らには、「ウィンザーの妖精《フェアリー》、ミス・モーガン」とか「小さな妖精《フェアリー》、ミセズ・ドリー・ドルトン」といった典型的な名前がつけられていた。そしてこうした名前のもつ神秘的な含意は、ビラになるとある種の通俗的な詩文に姿を変えるのだった。「生きた妖精、歳百五十という、その顔の小さきこと幼児の口に及ばず」といったのを人は読むことができる。あるいはもっと雄弁なものには次のようなのもある。「〝小人女《リトル・ウーマン》〟、背の丈三フィート〔約九二センチ〕に及ばずながら年は三十……巷にては〝フェアリー・クイーン〟と呼ばれる彼女、踊って人を楽しませること、子を孕みて大きくふくれること、見る人すべてを満足させんこと間違いなし」。あるいは、「これは子妖精。ハンガリー人の子として生まれたという、が、幼少の頃に変化がおこり、今は九歳を越す。なのに身の丈一フィート半に満たず……太陽にかざしてみれば、体のつくりがそっくりそのまますけて見える。決してしゃべらず、歯もない、けれども、この世で一番貪欲で大食いの生きものなのである……」といったものも見受けられる。

驚異ものの人気が去った後になってからも、バーナムのところの目玉である小人《ミジェット》たちのひとりは「コルシカの妖精」という名をもっていたものだった。また、豆つぶ《ドット》提督という名で知られているリオポルド・カーンは初めのうち、「エルドラドの妖精《エルフ》」として売り出されていた。このいつでも不満げな口汚ない芸人にはどこも妖精じみたところはなかったのに、そう呼ばれていたのである。「フェアリー」「エルフ」といった呼び名は今では姿を消してしまったが、もっと古くさい「小人《ドワーフ》」ということばは相変わらず使われており、白雪姫の七人の仲間をスナッフィ、グランピー、スニージー、スリーピー、ハッピー、ドーピー、そしてドックというディズニーもののキャラクターとして知った世代の人たちの心にお伽噺的な連想を呼びおこし続けている。そしてそのキャラクターは、トールキンの『ホビット』の中でビルボと一緒に「あそこまで行って帰ってくる」の不思議な旅をするドウェイリン、ベイリン、キリ、ドリ、ハリ、オリ、ドイン、グロイン、ビファ、ボファ、ボンバー、ソーリンと混じりあっていくのである。

しかしながら、皮肉なことに、「ドワーフ」というのは、医者があらゆる小型人間を指すために使うことばであるとともに、P・T・バーナムが一番好んだことばでもある。ところが、イギリスとアメリカでは、「ドワーフ」と「ミジェット」を区別しており、前者は、胴が長く頭でっかちで足の短い、要するにグロテスクな小人間を指すのに使い、後者は、完全につりあいのとれた体をした美しい小人間を指すのにあてている。そして実際、ことばとして表現しているのは英語だけだが、ピグミーにはふたつ種類があるという考え方は、どの時代にもどの土地にも存在したのである。そのふたつはどちらも地下に住んでおり、片方は地表下すぐのところに住み、他

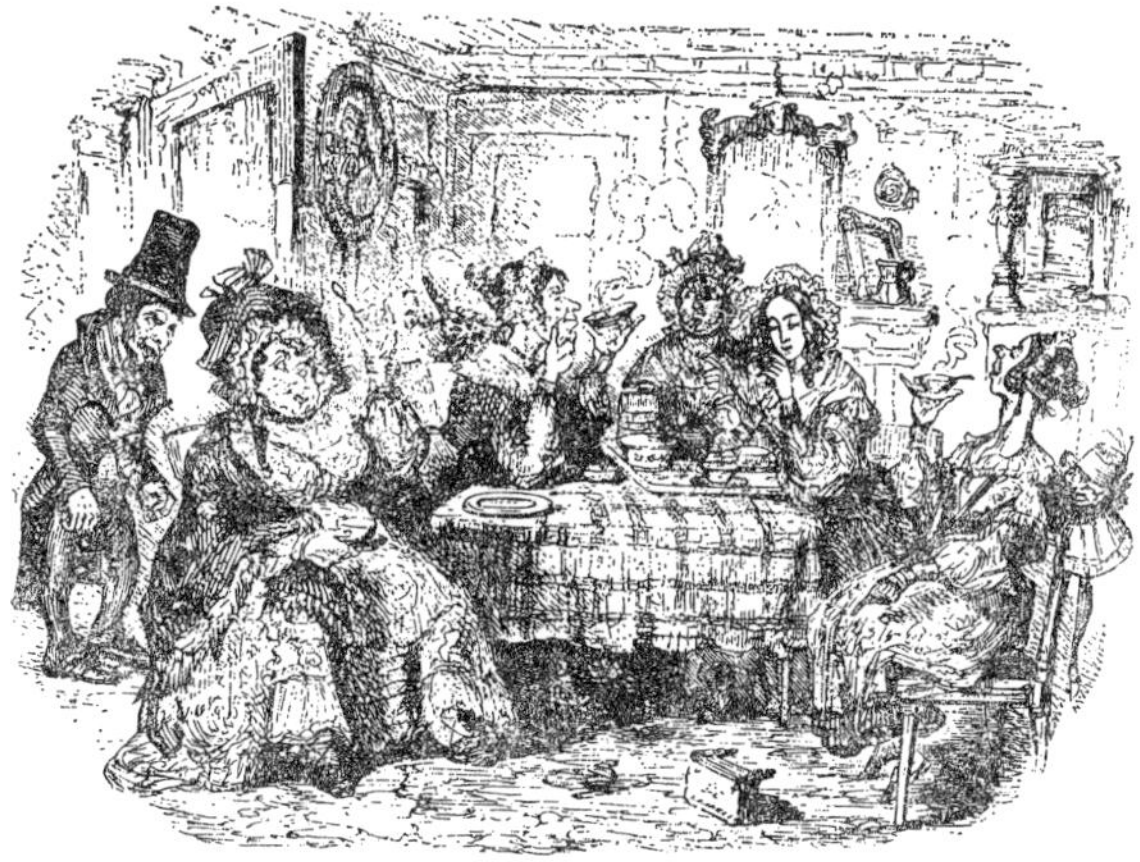

「小さな妻」，義母そして女友達を悩ませるクィルプ
チャールズ・ディケンズ『骨董屋』(1841)　フィズ画

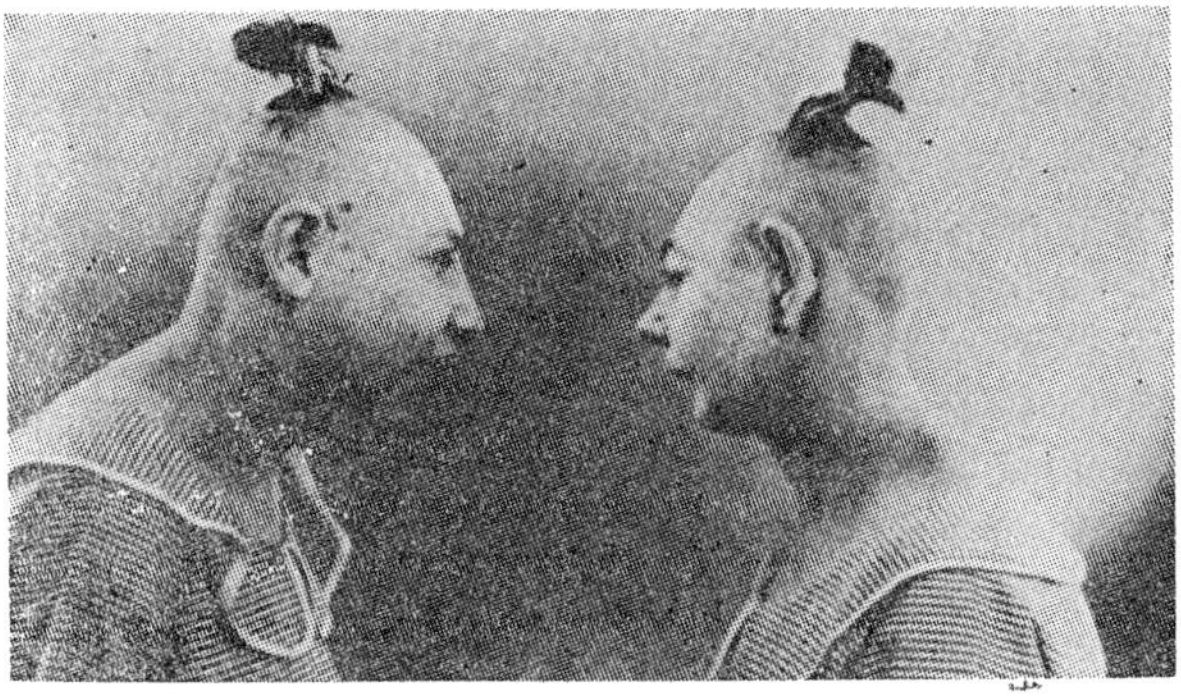

ピンヘッド　　同時代の宣伝写真（サーカス・ワールド博物館）

方は最も深い鉱山と同じくらい深いところの暗闇の中に住んでいるとされた。けれども一番深いところに住むとされたのはドワーフだけであり、彼らは古代ギリシャの地下界の蹂躙者であるプルートーの姿と同一化されるか、あるいは通俗キリスト教の悪霊《ディーモン》と混同された。小人間すべての名誉回復をはかろうと心情的に努めたトールキンでさえも、伝統に従って、ドワーフらは「頑健で歪んだ種族であり、恨み深く、宝物を愛し――そしてはるか昔からエルフと人間の敵だったのである」とつい書かざるをえなかったのである。

そして、ディケンズが『骨董屋』の中で示唆したのもこの伝統だった。そこでは、「小鬼《ゴブリン》めいた」クィルプが、邪な好色家で女を追い回す者としてのドワーフを体現し、「妖精《フェアリー》に似た」小さなネルがエルフの子供としてのミジェットを表わしていたのである。この小説のもつ特異な魅力の一端は、小さな人たちのことを典型を通して考える時のわれわれは彼らのことを非常な老齢者あるいは非常な若齢者と同一視しがちだという事実によって説明される。つまり、彼らは、皺だらけになって干からびながらも決して死なない怪物的な親であったり、あるいは、思春期に達する直前のあたりで永遠に止まっている天使のような子供であったりするわけである。しかし、実際の小さな人たちは一度にその両方――年寄子供、子供年寄――であるように見え、人を狼狽させるものだ。そして特に、いわゆる「ピンヘッド」、つまり、長いことサイド・ショウで一番人気の出し物であった小頭症の精神薄弱者たちは、この当惑、混乱を促す。彼らは本当の小人であるとは限らないが、平均的な身長よりかなり低いことが多く、きわめて小さな尖った頭骨と、無邪気げな知恵遅れの表情とによって、子供じみていると同時に年を経ているような様相を示すのである。

事実、彼らは先祖返り、つまり、人類という種の幼少期の名残りであると紹介されてきている。たとえば、ムラートとインディオの血を半分ずつ受けつぐ「鳥の頭をもつ小人」とされたマクシモとバルトラのふたりがそうであり、彼らは一八五一年から一九〇一年までの間、祭りやサーカスで観衆の耳目を集めたばかりでなく、医者や人類学者の頭を悩ませた。初め彼らは、架空の「失われたアステカの都イシマヤ」から誘拐されてきた「子供神」であると紹介され、それ以来、エドガー・ライス・バロウズにこそふさわしい原始の夢とからみあったまま、一九六八年にメキシコの学者ファン・コマスの研究が発表されるまで完全にそこから解き放たれることはなかった。しかも彼らは、中年も末にさしかかり、兄妹でありながら夫婦となってからも、一般の空想の中では、「アステカの子供たち」であり続けたのだった。（しかし、マクシモは死ぬまで性的には子供のままだったから、この夫婦というのは名ばかりのことであったはずである。）

小頭症者が古代の子供であるという考えは以後も続いた。精神年齢三歳の可愛らしい大人のピンヘッドであったスリッツィは、一九二〇年代に「最後のアステカ人、マギー」として衆目にさらされた。しかし、ブラウニングの映画『フリークス』に出てくる彼女は、アステカの生き残りとしてではなく、永遠の子供としてである。最初彼女は小川のほとりで、エルヴィーラとジェニー・リー・スノウというふたりのリボンをつけた小頭症者と一緒に無邪気に遊んでいる。そこに公園の管理人が現われ、本当の子供たちが怖がるといけないからと、彼らを公園から追い出そうとすると、彼らの保護者は「でも本当の子供とそっくりなのに！」と言って抗議するのである。

けれども、大人の目から見ると、こうした「子供たち」は、正常な成熟を経ることなく幼年から老年へと、突然ものすごい老齢へと移る瞬間に永久に立たされているかのよう見える。それに対して軟骨発達異常症の小人は年をとって生まれてきたように見える――ラーゲルクウィストの『小人』に出てくる邪悪な主人公の場合がそうだ。彼はひとりごとでこう言う。「皺のせいで俺はひどく年をとっているみたいに見える。実際にはそうじゃない。聞くところによると、俺たち小人は、今の世界に住んでいる種族よりも古い種族の子孫なのだという。だから生まれた時から年をとっているんだ」。その一方で、本当の小人《ミジェット》は、ディケンズのネルの場合のように、フィクションの中では早死にする傾向がある。

「ドワーフ」「ミジェット」ということばだけでなく、普通の身長以下の男女を呼ぶのに使われている名前すべてが、きわめて若い人間ときわめて年老いた人間、自分の子供と自分の親に対するわたしたちのアンビヴァレントな思いを反映している。たとえば、ブラウニー、エルフ、ピクシーといった呼び名は、二枚重ねになっているわれわれの反応の肯定側の極に位置しているのに対して、ノーム、コボルド、トロール、ゴブリンといった呼び名は否定側に傾いている。そしてそれ以外のものは、時間と用法がそのどちらかに配分してくれるまで両方の中間で宙づりになっているのである。更に言えば、「軟骨発達異常症《アコンドロプラスティック》」とか「発達不全症《アテリオティック》」といった「科学的」な用語さえもが、この古くからの二分法を消去するよりはむしろ強化する方向に働いている。

例をあげるならば、一九六四年に至ってなおも、フランス医学アカデミー会員であるモーリス・パテル博士は専門家向けの雑誌に寄せた文章――通俗的な調子のものではあるが――の中で、彼の呼ぶところの「にせものの小人」と「本ものの小人、理想の小人、ミニチュア人間」との区別を設け、前者の実例とポール・ブルジェの小説に出てくる想像上の怪物とを比較しているのである――「何も欠けているものはない……悪意を抱いているとの印象を与える巨大な頭と突き出した額、胴の完全さと対照をなす四肢の小ささ……そしてこれこそ、隣人に対する彼らの憎しみ、自発的な孤立の原因なのではあるまいか。彼らは互いに接し合おうとせず、家族をもとうとしないのだ」。これは神話の領域であり、この医師はフィクションから絵画へと対象を変えてからもなおそこに留まる。彼は続けて言う。「ベラスケスは明らかにその絵『ラス・メニーナス』の中で純粋な小人《ナン・ピュール》と軟骨発達異常症との対照を示したかったに違いない。前者の顔は微笑んでおり、優美である。後者おいては、恍惚とした頬のまん中にある口が人相に陰気な影を落としている……軟骨発達異常症の患者は沈黙した態である……本ものの小人は家族との生活を愛し、同類とまとまりあう。彼らはお互いに結婚し、かなり満足しているように見受けられる」。

しかし、パテル博士も最後に至って、小さな人たちをふたつの神話的なグループに分けることは本当にはできないことを認めざるをえなくなっている。というのは、「にせものの小人」の中には、くる病（脊椎骨髄炎）患者や甲状腺もしくは卵巣の異常者、ヘミメリックス（四肢が半分しかない人）が、「古典的な」軟骨発達異常症患者や

「様々なヴァラエティの」超自然的《メタフイジカル》骨組織形成不全症患者（稀に見られる骨格の成長異常で、筒状骨の成長部位が軟骨の堆積によって押し広げられてしまうもの）の例と並んで見つかっているからである。そしてまた、「純粋な小人」も少なくともふたつの範疇に分かれるのだ――それはすなわち、性的発達不全症患者《アテリオテイック》と非性的発達不全症患者《アテリオテイック》のふたつで、後者は性腺刺激ホルモンと甲状腺刺激ホルモンおよびACTH、つまり副腎皮質刺激ホルモンを欠いているのに対して、前者は「ごくわずかな甲状腺欠陥」を病んでいるにすぎないのである。

権威筋の中にはもっと徹底して神話攻撃をするところもある。「医学的に異なったおよそ四十種類もの症状が問題になっているのです」とある筋は主張している。「骨の形成に原因があるわけですが、症例のうちの八五パーセントにおいては生化学的な異常が検出できずにいるのです」と。要するに、言ってみれば、ドワーフもミジェットもともに悪魔的ないしは天使的なものを象徴する人物という地位から患者という地位に格下げされたわけであり、「死亡直後の人の脳下垂体からしか得られない」適切な成長ホルモンの備蓄にひとたび成功するや、そ

小人神ベス
古代エジプト彫刻（大英博物館）

の「治癒法」も見つかる可能性が大いにあるということなのである。

「サイエンティフィック・アメリカン」の第二一七号（一九六七年）に収められたある記事はこう述べている。「もしも充分な量……を、性的発達不全症《アテリオティック》患者に子供の時に投与することができれば、病状の外的な表われは完全に正すことができるはずである」。このような自信に満ちたことばがあるにもかかわらず、小人の治療は決定的な方法が見つからないまま遅々としか進んでいない。であってみれば、一部の政治的改革者や遺伝学改革者が細かい化学療法、内分泌腺療法よりも安楽死の大盤ぶるまいの方を好んだのも理解できよう。いずれにせよ、ジプシーやユダヤ人とならんで小人たちをガス室に送りこんで撲滅することでドイツ民族を「純化」しようと目論んだ時、アドルフ・ヒトラーはこの後者を選択していたのである。

　昔は、小人たちの状態は神の行為の結果であるとされたため、彼らの状態を「正す」という考えは、同時代の健常者の頭には浮かばなかった。けれども、一丸となって彼らを亡ぼそうと叫ばれることもなかった。というのは、彼らは本もののフリークとは異なったものとして分類されていたのである。たとえば、一六六二年に出版されたガスパル・ショットの『肉体の珍奇』（*Physica Curiosa*）の中で、小人は、mirabilia monstrorum 怪物的な驚異としてではなく、巨人や太った男、太った女とともに mirabilia hominum、すなわち、人間の驚異として分類されている。十九世紀にエティエンヌおよびイジドール・ジョフロワ・サン＝ティレールによって奇形学プロパーが発明されるまで、小人は怪物性といっしょくたにされることはなかったのである。彼らは、たとえどんなにアンビヴァレントな思いとともにであれ、敬慕される生物だったのが、戦慄すべき、治療されるべき生物になったのである。古代ギリシャでは、プタフ、ベスといった神々は小人の形に描かれ、大王は厳かな場では「神を踊って」彼らの特徴を模倣したものだった。そして、神々の地位からは降ろされた後の文明においても、小人たちはなおも追い求められ、重んぜられ、「蒐集」されたのだった。

　ヘレニズムの時代には彼らはたいへん高く評価され、裸の上に宝石を飾られて祝祭で展示されるか、闘技場に送られておたがい同士で、あるいは野生の猛獣や「アマゾン」と闘わされた。中世後期からルネサンス期にかけて道化師や宮廷ペットとなった後でも、彼らにはなおも魔術的なるもののアウラが残っていたのである。彼らが公けの見世物や、医学研究の対象、そしてまた、孤児や虐待された動物や助けの必要な貧者などのように人々の同情を呼ぶ対象となって、非神話化の過程が完成するのはヴィクトリア朝時代のことだ。けれども、親指トム将軍が一般の観衆のみならず国王や女王や大統領らを喜ばせて大人気を博したのもまさにその時代だったのである。ただ、彼はそうした人たちの前に、ふつうの住民として姿を現わしたのではなく、よそからの訪問者、「古代民族」の最後の外交使節のようなものとして立ち現われたのだった。それでも人々は新たな小人を求めて世界中を捜し回り続けた。そしてそれは、少数の高位者、個人コレクターのためよりはむしろ、多数の移り気な大衆の好みを満足させるためだったのである。

　時代も下った十六世紀末になってなおも、ポーランドのジグムント＝アウグスト王は彼自身の個人用に小人を九人もっていたし、メディチ家のカタリーナは六人もっていた。また、ヴィテッリというローマの枢機卿はある特別な晩餐の給仕をさせるために三十九人の小人を一堂に会させたのだった。しかし、それから百年たってみると、宮廷の小人という存在は西ヨーロッパからは姿を消しはじめ、最後の公式な小人はフランスの宮廷で一六六二年に没している。そして、イギリスで個人の住居に飼われていた最後の小人は、王族のものではなく、今でも快く読むことのできるゴシック・ロマンス『ヴァセック』を残した大金持の奇怪な小説家ウィリアム・ベックフォードの所有になるものだった。

　一八一七年に至ってから彼の家フォントヒル・アビーを訪ねた者は、「黄金と刺繍に身を包んだ……小人の出迎えを受けた」と記録している。この小人について信頼できる情報を見つけるのは困難で、その名もペロ、ピエロ（Piero）、ピエロ（Pierrot）と様々な説があるが、彼の「所有者」はよりしばしば「ナニバス」と呼んでいたようである。「やつは異教徒《ジャウール》で、きのこを常食としているんだ」とベックフォードは、訊いてくる人に答えていたものであり、それにふさわしい服をまとわせていた――それは自分のまわりにせものゴシック世界を築く必要にかられてのことだろうが、そこにあっては、ピエール・コラス・ド・グライイという名をもつ「不具で人好きのしない」フランス人であるよりも伝説の怪物であった方がにつかわしかったのである。不運からベックフォードが破産に陥った時、通俗ジャーナリズムは、「小人をかくまった」人物にふさわしい幕切れであると書きたてたものだった。

事態の進展はロシアでは若干遅く、一七一〇年にピョートル大帝は、自分の一番のお気に入りの小人の結婚を祝うために、難なく両性の小人七十人を集めたものだった。しかし、それよりずいぶん前から、西洋では小人を作るという習慣は途絶えていた。それに対して、今でも樹木や植物をひどく歪めて育てることのある東洋では、かなり最近まで赤ん坊を同様に押し縮めて、奇形化していた。この習慣は東洋には古くからあるもので、蒲松齢の『聊斎志異』の第一七二話に記録されている。

康熙帝の治世の頃、木の箱をいつも持ち歩いている魔術師がいた。その中には背丈一尺に満たぬ小人が入っていた。金を渡すと彼はその箱を開け、小人に出てくるよう頼むのだった。すると小人は出てきて歌を歌い、そしてまた中に入るのだった。ある日、掖《えき》（山東省）の町に着くと、そこの判事はその箱を取りあげ、役所に持ち帰って、どこからきたのかと小人に尋ねた。初めは決して答えようとしなかったが、強く訊かれると、小人は判事にすべてを語った。語るところによれば、彼は名家の出なのだが、ある日学校から帰る途中であの魔術師から金縛りにかけられ、薬を飲まされたところ四肢が縮んでしまい、それからは人に見せて歩くために連れ回されているのだという。判事はひどく立腹し、魔術師を打ち首にするとともに、小人のめんどうは自分で見ることにした。それからは小人を直そうと力を尽したが、適切な薬の処方は得られないままだった。

この物語の中で魔術とされているものを合理的に説明しようと、後世十九世紀の英語翻訳者は、当時の新聞を引用している。

「幼ない子供たちは年端もいかない頃に売買されるか誘拐されるかして、チンに入れられる。これは首の細くなった壺で、底がとりはずしできるようになったものである。不幸な子供たちはこの器の中に坐った姿勢のまま何年間も閉じこめられるのだが、頭だけは外に出ているため、その間ずっとていねいに世話をされ、食事を与えられる。……二十歳かそれ以上になると、その子供はどこか遠くに連れてゆかれ、森の中で野生人として〝発見〟されるのである。」――「チャイナ・メイル」紙一八七八年五月十五日。

西洋の裕福なコレクターたちがもはや、子供たちを実際に縮めたり歪めたりするのには金を出さなくなった後も、中国や東南アジアの商人たちは小人の死体を偽造するのに精を出し続けた。彼らはまず、小猿の尻尾を切り落とし、頭と顎以外の毛をすべて剃ってから、体を干上がらせたのである。

この種の商売がヨーロッパでいつ頃まで行なわれていたかははっきりしないが、ロンギノスがよく知られたエッセー『崇高論』の中でちらりと述べていることからすると、キリスト教信仰の到着よりも後まであったようだ。人間精神がいかにして破壊されうるかを表現するためのメタファとして彼はこう書いている。「ちょうど（伝え聞くところが本当だとして）ピグミーたちが閉じこめられる檻、ふつうナニと呼ばれているものだが、それが彼らの成長を遅れさせるだけでなく、実際に彼らを病弱にするように、……あらゆる隷従は……魂の檻なのである」。

古代ローマ人もどうやらやはり、栄養不良、特に、長いことくる病の原因と考えられた「石灰塩《ライム・ソルト》」不足による発育不全の子供を作ろうとしていたようだ。そして、こうした食餌を与えられた幼児の大半が死んでしまったとされているにもかかわらず、この営みは経済的に採算がとれるとされていたらしい。これに似た方法は千五百年後にも「哀れな男」で子供を取り扱うある行商人が使っていた。伝えられるところによると彼は、被害者の脊椎の骨髄を干上がらせるために背中にヤマネとコウモリとモグラの脂肪を混ぜあわせた「三種混合」軟膏をぬりこめるのを常としたのである。

小さい人間の蒐集家のうちでももっとヒューマニスト的な人たちは、ふつうの両親から生まれた子を不具にするよりも、男女の小人を夫婦にする方をねらった。そうしたピグミー繁殖家候補の中にはメディチ家のカタリーナやブランデンブルク選帝侯夫人、ピョートル大帝の妹ナタリアなど特筆すべき貴族婦人がいたが、彼らの実験はだいたいにおいて失敗に終わった。小人が妊娠することはあっても出産は困難で、必ずといっていいほど帝王切開が必要だった。そしてもちろん、ふたりの小人からまた小人が生まれてくる絶対の保証はなく、それどころか、その子供が長く生きられるかどうかさえ怪しいのである。更に、数ある小人の種類のうちの多く、特に、脳下垂体の欠陥によって不具になるターナー症候群の患者やいわゆる非性的アテリオティックらは性的に不能なのである。

「俺たち小人は子供を生まない、俺たちは俺たちの性質に従って不毛なのだ。生の永続などと俺たちは無縁なのだ。永続したいなどと望みもしない。俺たちには生殖能力など必要ないんだ、人類自身が勝手に小人を生んでくれるのだから。俺たちの種はやつら人類を通じて永遠化されているのだ」と述べたてるペール・ラーゲルクウィストの邪な小人にならって、ある通俗的な理論は、すべての小人が生殖能力を欠いているのだとさえ言う。もうひとつ、広く普及した確信には、小人はみな、生殖能力はなくとも限りなく性欲旺盛だというのがある。そして通俗ジャーナリズムは、特にふつうの大きさの人間を相手とした彼らの性的偉業をどぎつく書きたて、この確信を維持し続けている。

が、誰もかれもがこのような「異人種間交婚」の可能性を信じてきたわけではなく、小人に関する詩の中でおそらく最も魅力的で機知に富んだものといってよかろうある詩は、それが不可能であるとしている。「小人の結婚について」と題されたこの詩は、イギリス王制復古期の詩人エドムンド・ウォーラーが「どちらも背丈三フィート一〇インチ〔約一一七センチ〕のギブソンとシェパード」の結婚式を祝って書いたものである。ふたりは「宮廷の召使であったが、チャールズ一世は女の極小人を男の方に召し与えた」のだった。ウォーラーによれば、この世はふつうの人間でいっぱいであるため、ふつうの人間同士の夫婦はたえず新たな配偶者候補の出現に脅かされているが、小人同士の場合は違うのだという。「意図もしくは偶然から他の者らは結婚する、がこのふたりを結んだのは自然の摂理」と彼はある部分で歌い、こう続ける。

いかに麗しき乙女《ニンフ》といえども彼には
雪を頂いた動く山のよう。
そして彼の処女《ガラテア》にとって
すべての男は巨人《ポリュフェモス》のごとくうつる。
彼女の貞節をあえて試すものなく
愛を差し出す男は死を差し出すに等し。

ウォーラーが謳ったこの結婚は彼の予言通りうまくゆき、リチャード・ギブソンとアン・シェパードはそれぞれ七十四歳と八十九歳まで生きたうえ、子供を九人生み、そのうち五人までが成長している。そのうえ彼らは、結婚生活の倦怠に陥ることがなかっただけでなく、政治情勢の転変からも自由だった。ふたりは三つの大きな革命をこえて生きのびたのだが、それはおそらく、才能ある細密画家であったリチャードにとって、妻への忠誠よりもパトロンたちへの忠誠を返上する方が簡単だった——彼はチャールズ一世、オリヴァー・クロムウェル、ジェームズ二世、そしてウィリアムとメアリーそれぞれの公式肖像を描いている——ことによるところが大きかったものと思われる。しかし、小人とノーマルの性が適合しないと考えた点では、ウォーラーは誤っていた。というのは、少なくともふつうの大きさの女性と小人の男性――たいがいふつうの男性と同程度の性的能力をもっているようだ――との間の性的関係は可能だからである。

小人の女性とふつうの男性との間の夫婦関係に関しては、相異なる証言があがっている。たとえば、映画『フリークス』の中では、ふつうの大きさの女性空中曲芸師とその愛人である力業師とによる心ない小人いじめが中心的に扱われているわけだが、この映画は、この組み合わせの結婚がすべて失敗を運命づけられていることを示唆している。また、一九六三年に書かれたハーバート・カブリーの小説『口笛地帯』はまさにウォーラーが予見した事態を描いている。つまり、「子供の大きさと大人の容貌をもった、人間というよりは……外宇宙から迷いこんだ生物のような……白とピンクの衣装に身を包んだ大きすぎるクリスマス人形のような」小人の娘がセックスによって死に至ってしまうのである。

ところが、一八九八年にパイル、グールド両博士が発表した通俗的かつセンセーショナルな医学知識博覧記には、小人の妻とノーマルの夫とが、どうやらふたりの間に生まれたらしい赤ん坊と一緒に写っている写真が収められている。両編者はこの家族の名前を記しておらず、そのかわり、この三人ともが「それ以来数年間、合衆国東部で展示された」と読者に伝えている。小人男性と「正常な」花嫁の事例の方が裏づけのとれていることが多く、一番よく知られているのは、オランダの小人ヴィブラント・ロルケスの場合である。十九世紀初頭の版画には、わざとらしい無関心を装ってそびえ立つ妻の傍にたたずむ彼の姿が典型的に描かれて残っている。

もうひとつ、もっとあいまいな点の多い例としては、ジョージ二世の治世の初期に広く展示されたフリーク、マシュー・バッキンガーの事例がある。ひれ状の手足が胴に直接くっついた形のアザラシ肢症患者であった彼は、オーボエをはじめバグパイプ、弦楽器ダルシマー、トランペットを演奏したほか、トランプとさいころをこなし、ペンを使ってものを書き、また、コップやボールのお手玉をしたり、「似顔絵を生きうつしのように描いたり」することができた。さらに、当時のビラが述べるところによれば、「〔ボウリングに似た遊びの〕スキトルズをこなすさまはまさに見事であり……同様に、スコットランドの民族衣装を着て、他の誰にも劣らずホーンパイプ踊りを踊ることができる——それも足なしで」。ビラには書かれていないため最後に言いたすならば、彼は四回結婚し、十一人の子供の父親となった。そのうえ彼は、一番反抗的で不品行であった妻を服従させるために、一旦空中に飛びあがって頭突きで彼女を突き倒してから、永遠の忠実を約束するまでひれでひっぱたき続けたとして有名だったのである。

ガラテア＝ポリュフェモス型の関係で、近代において成功をみた最もめざましい例は、身長七フィート四インチ〔約二メートル二四センチ〕、体重三百ポンド〔約一三六キロ〕以上の巨人アウレリオ・トマイニと、三フィート以下、八〇ポンド以下の小人ジャンヌの場合である。彼らはショウ・ビジネス界で成功したのみならず、引退後にはサラソタでモテルを経営した。アウレリオが死んですでに久しいが、このモテルは今でもジャイアンツ・モテルと呼ばれている。ただ、彼らの場合には、ふたりともフリークであったという事情がある。

わたし自身の限られた観察による推察だが、小人たちは時として確かに非・小人と平和でかつ永続的な結婚をするとはいえ、その種の関係はより多くの場合、フリーク側の配偶者を——トッド・ブラウニングのフィクションの中での場合のように経済的にであれ、ヴィクトル・ユゴーの『笑う男』の場合のように性的にであれ、搾取したいという欲望を隠蔽するものであるように思われる。『笑う男』の場合、笑う男は小人ではないが、たえず歯を見せたおぞましい笑いを浮かべているよう外科手術で歪められた顔をもつやはりフリークであることに変わりはない。飽くことなく快楽を求め、それに倦怠したジョシアナ公爵夫人が彼に対して行なう「愛」の告白は、数々のフリーク十非・フリーク結合の場合にあてはまるのではないかとわたしには痛切に思われる。「あなたを愛しているのはただあなたがいびつだからだけじゃないのよ」とかの公爵夫人は述べたてる。「それだけじゃなくて、あなたが卑しいからでもあるの。わたしは怪物が大好きなのよ、それに見世物師も。人から軽蔑され嘲られ、醜くおぞましくて、あの舞台という名のさらし台で笑いにさらされている愛人、そういう愛人はわたしにとって途方もない特別な魅力をもっているの。地獄の果実、その味なの。……わたしは悪夢に恋をしてしまったのね。あなたは地獄の悦びそのものなのよ」。

政治的な意図をもってこれを書いたユゴーはこのエピソードを一七八九年の革命の前として設定しているが、そこに描かれた病める熱情はアンシャン・レジーム以後にも生き残っている。わたし自身ひと頃、フリーク・アウトしたフリークの学生、つまり、小人であるとともにアシッド大好きであった学生と知りあいだったことがあるのだが、彼の語ったところでは、彼は大学の友人たち——つまり、現代の若き貴族たち——のパーティに引っぱりだこだったという。六〇年代後半、すなわち、これまたある「革命」のさなかにて、人々は一対一のセックス、あるいはグループ・セックスに参加するよう彼に求めたのである。それは時にはヘテロセクシュアル、時にはホモセクシュアル、また時にはさまざまな形に倒錯したセックスであった。けれども、と彼は主張するのだが、そのいずれの場合にも、彼が怪物的なるもの、絶対的他者を演じるシナリオが用意されねばならないと「正常人《ノーマル》」たちが感じているらしいのがわかったという。彼のケースは決して特別ではない、とわたしは思う。わたしは今これを書きながら、あるフランスの小人の公証人についての新聞記事を目にしているのだが、その中で彼はこう語っているのである。「一九七〇年のことですが、あるカフェにすわっているとイギリス人の女の子が四人入ってきて隣のテーブルにすわったんです。彼女らはじき、小人と寝てみたいのだということをそれとなく言ってきました。自分は法律関係の役人だと言うと、彼女らはあわてて立って出ていきましたよ」。

しかし、この彼の（そしてわたしの）道徳的な怒りは的はずれなものなのかもしれない。というのは、ことセックスに関しては誰ひとりとして他者性《いかい》の魅惑を逃れられる人はいないからだ。まさにこれゆえに、白人は黒人に、「異教徒」はユダヤ人に、都会人は無骨な田舎者に、老いし者は若き者に、そしてさらには——神よわれらを救いたまえ——男は女に、女は男に、惹かれるのである。それでも、愛においてわれわれが合体しようとする異人、他者は、何よりもまずフリークたちによって体現されている。それゆえ、この種のエロスを社会化しようとしてきた社会の方が、怪物をエロティシズムの禁制品として扱う社会よりも健康であると言えるのかもしれない。

小人たちにとってもノーマルたちにとっても、明らかに十八世紀末までの方が事態は好ましいものだった。当時の情事のきまりでは最も小さな大人といえども（そしてまたついでに言えば、子供さえも）愛のゲームから完全に除外されてはおらず、ジョセフ・ボルラスキ「伯爵」も、美しく、残酷でふつうの大きさのイサリーナにあてて何通もの恋文を書くことができたのである。これは彼の晩年に出版され、ベストセラーになった。

ジョセフ・ボルラスキ伯爵
作者不明　18世紀（英国王立外科学院）

十月十七日　夜十時

酷たらしい友よ、あなたはなんたる嵐を私に課すのであろう！　なんたること！　すでにまる八日がたったというのに、まだ私に返事を下さろうとしないとは！　たった一行、この不幸なジュジュが喜ぶようなわずか一語、それをあえて書いて返して下さることが、あなたにとってそんなにも大変なことだったのだろうか？……ああ！　愛しき友、あなたはわたしのようにこんな拷問を経験せずにすみますように！　そして、そう、どうかこの拷問が終わるまで祈っていただきたい。どうかやさしく情感こまやかなイサリーナがこれ以上かの男の不幸を呼ぶことのないよう言い聞かせてやっていただきたい。その男のことを彼女はかつてこう呼んだものだった——愛しき

ジュジュ！

イサリーナが折れて彼と結婚すると、なるほど彼は、嫉妬深い女パトロン、フミエスカ伯爵夫人の庇護のもとから退けられた。そしてそれから一種の巡回芸人《ミンストレル》として暮らしをたてていこうとすると、彼は賛嘆を捧げてくる幾人もの婦人たちの手の中で、「世にも残酷な嵐」と後になって呼ぶことになるものを耐え忍ばねばならなかった。彼女らは彼を膝にのせて、まるで思春期前の少年のように撫でまわしたのである。けれども、もっとひどいことが待ちうけていた。というのは、年とともにエロティックな魅力がなくなると、彼は自分の家で自分をエンタテイナーとしてよりもフリークとして見世物に供さねばならなくなったのである——はじめはひとり二一シリングで、それから五シリング、そしてついには一シリングで。彼は金を払ってやってきた観客を、訪ねてきた「友人」として扱うと言って譲らず、その幻想を維持するために執事を雇ったのだが、客を迎え入れ送り出す際に受けとるその時その時の料金はチップとして執事の懐に入るのだった。しかも、愛しき妻、彼がそのために追放を甘んじて受けた妻は、この時点で彼を見放して逃げ出した。語られているところでは、マントルピースの上

に乗せられた彼は、彼女が玄関から出てゆくのを前になすすべもなく泣き喚いたという。

見方によれば、ボルラスキの悲劇は長く生きすぎたこと、ヴィクトリア朝時代まで生きてしまったことにあったといえる。この時代になるとフリークたちは、廷臣やエロティックな玩具としてよりも、珍奇なるもの、慈善の対象となるものとして扱われたのである。あるいは彼の間違いはポーランドからイギリスへ移ったことにあったのかもしれない。というのは、彼の生まれた時までにすでにイギリスでは、小人に対するエロティックな信

ヘンリエッタ・マリア王妃と小人ジェフリー・ハドソン
ファン・ダイク画（1635頃）
（ワシントンD・C，ナショナル・ギャラリー・オヴ・アート）

仰はピューリタニズムによって致命的な打撃を受けており、それは摂政時代（一八一一―二〇）に一時、冗談めかした形で復活しはしても、その後、このうえなく峻厳な女王の着位にともなって死にたえてしまったからである。小人にとって、最高の栄光の時代は、チャールズ一世の治世期（一六二五―四九）にピークを迎えたようだ。その宮廷でジェフリー・ハドソンは、冷製パイの皮に包まれてヘンリエッタ・マリア王妃の前に差し出されたものだった。

このジェフリーはすぐれた道化《ジョーカー》で、得意の芸は、「夫たちを嫉妬させずに妻を寝とり、愛人がいると悟られずに乙女たちを孕ませる」ことだった。十三歳になるまで彼は背が一八インチ〔約四六センチ〕しかなかったが、彼の愛した王妃とともに描かれたファン・ダイクの絵が示す通り、かなりハンサムな男だった。ジェフリーはサテンとレースに包まれて燦然と描かれており、この肖像画に揶揄がこめられているとすると（それはジェフリーの肩に乗った猿によって示されている。王妃の手はこの猿の方に置かれているのである）、それはジェフリーよりもヘンリエッタ・マリアの方に向けられているようだ。彼女は少なくとも一回、彼のためにとりなしをしたことがあったのである。それは、ジェフリーが体に似合わぬ勇気を見せた結果、牢に入れられた時のことだった。ご婦人がたに関する彼の幸運についてこばかにしたような科白を吐いたうえ、その罪の上塗りをするように決闘の場におもちゃの鉄砲か浣腸器（この点に関して記録は明確でない）をもって現われたクロフツというふつうの大きさの貴族が馬にまたがっているところを、ジェフリーは撃ち殺したのであった。しかし、不運を定められたスチュアート家に十一歳の時から伝令使として仕えていたジェフリーを最終的に破滅させたのは色事ではなく、戦時の運であった。彼は三回海賊の捕虜となって身代金を請求され、その最後の時にはひどい不面目〔野蛮なる海にて、彼のように子供らしく可愛らしい男性が何に用いられるかは容易に想像できよう〕を蒙らされたのだが、彼自身の言によれば、これによって身長が伸びたのだという。彼は三フィート九インチ〔約一一四センチ〕という可愛らしくもない身長にまで成長し、それゆえ引退せねばならなかった。

ドール（アール）・ファミリー　同時代の宣伝写真（サーカス・ワールド博物館）

サー・ウォルター・スコットが『Peveril of the Peak』の中で描いているのはこの時点のジェフリーである——老けこみつつある不幸な廷臣、なおもすりきれた緋色のヴェルヴェットとレースに身を包んだ彼は、相も変わらず自分の芸や色恋沙汰について、特に自分のことを「ピッコルオミニ」Piccoluomini と呼ぶことを許してやった十五人の宮廷婦人たち、それも、「どこかでそして何らかの方法で、……彼の刻印を受けた女たち——わたしならば何も言わぬところだが——」について自慢げに語るのである。別の時代から振り返って見ているスコットの目には、この小さき闘士は笑劇的な人物として映っている。しかし、ジェフリーは紳士として、そして王妃の擁護者として生きて死んだのであり、フラーの『イギリス名士列伝』に含められてしかるべき重要な人物であった。そしてまた彼は、小人が他の人間奇形とは違って、奇形学よりもむしろ歴史学に属するものであるという感じを、おそらく他のどの小人よりも、うまく例示しているのである。

確かに彼らは〝欠落による怪物〟ではあろうが、彼らを特徴づける欠落は、ふつうの観察者においては識閾下の恐怖しか惹起しない。それどころか、センチメンタルな思いをもって見る人は、どうしても子供のことを思い出させる彼ら、時として大人の機知と子供の魅力を合わせもった彼らを、キスしたりだっこしたりしたがるものだ。けれども、機知や魅力さえ本当は不要なのである。世界的にべべとして知られるニコラス・フェリーは精神薄弱であっただけでなく、邪まだった——異常自己中心癖のある酔っぱらいだった彼は、ある時、羨望から怒りにかられてボルラスキを火の中に突き落とそうとしたほどなのだ。しかし、彼は充分小さかった（生まれた時から、ふつうの大きさの人間の乳房に吸いつけないほど小さかった）ため、二十二歳で（老衰状態で）死ぬ時まで甘やかされた子供のように見え、そのように扱われたのだった。

もうひとり、その同時代に生きた小人のスパイ、リシュブールは赤ん坊といって通用したため、一七八九年の革命の間中、彼のパトロンであった貴族たちにかわって情報をフランスにもちこみ、もち出すことができた。味方の家につくや、彼はレースのケープの下から通信文をさっととり出し、葉巻を一服したものだった。こんな有名な先達がいたことはまず知らなかっただろうが、ハリー・アールズは映画の撮影所で似たような悪事を働いてみせることになる。それは一九二〇年代のことで、彼はトッド・ブラウニングの『秘密の三人』の中で、幼児の扮装をした小人のこそ泥を演じたのである。しかしながら、赤ん坊のまねをすることにかけて一番成功したのは二十世紀の小人フランツ・エーベルトで、彼はどんな本当の子供よりもずっと理想的な赤ん坊めいていたため、ベビー・フードやベビー・パウダーにはずっとその写真が使われていたほどだった。

小人たちは決して赤ん坊役を演じてきただけではない。ふつうの大きさの大人に開かれている仕事のうちで、彼らが傑出した手腕を見せたことのないものはほとんどないし、それに、彼らしかできない仕事もいくつかある。後者の中にはたいへん昔からあるものもあれば、飛行機旅行と同じくらい新しいものもある。たとえば、大昔のアラブの「魔術師」たちは、勝手に動くとされた「魔法」のチェスの駒を、内側から彼らに操作させていたものだったし、第二次世界大戦中に作られた「一丸となって」式の戦意昂揚映画をどれか見たことのある人なら、組立中の爆撃機の翼の中に、ふつうの男女はだめだが、小人なら入って働けることがわかるだろう。

昔は小人も、宮廷の道化師や愚者の役割を引き受けることによって、ノーマルたちの世界における権力ある地位にまでのぼったものだった。しかも、ひとたび王が耳を貸すようになれば、彼らはからかい半分の意見を述べる地位から本当の助言者の地位へとのぼる力があった。たとえば、皇帝アウグストゥスは国事を相談するための小人をたえず脇にはべらせていたとされている。また、鋭い機知で知られる小人のベルトルドは、中世末期にロンバルディア王の首席大臣になったものだった。教会の職責も宮廷の権力下にあったため、小人は祭壇に仕えてはならぬというレビ記の禁令にもかかわらず、彼らは教会内の同様に高い地位につけられている。トゥールのグレゴリウスは小人だったし、また、一六七二年にリシュリウがグラッスの大司教位につけたゴドーという人物もそうだった。

実際、状況から軍団を率いる立場に置かれた時など、小人たちは身長六フィートのどの王とも見劣りせぬほど立派に部下を統率して戦わせられることを証明してきている。十四世紀にナポリとシシリアを支配したカルロ三世は小人だったし、年代記の中では「小人戦士王」と呼ばれているポーランド王ラディスラス一世も同様だった。

アイルランドの小人　オーウェン・ファレル（18世紀初頭の絵の模写）
（英国王立外科学院）

また、短軀王ピピン、アルベルトゥス・マグヌス、さらには、人殺し好きの王たちの中で最も血なまぐさいフン王アッティラらが小人王であったという人もいる。これは記録とは矛盾しているが、いずれにせよ、伝わるところでは、アッティラはローマの将軍から戦利品として勝ちとった小人、ムーア人のゼルコンを宮廷においていたという。少なくともわたしには、ペットの小人を連れた小人統治者――たとえば、小さい非性的発達不全症患者を従えた中くらいの大きさの軟骨発達異常症患者といった像――を思い浮かべるのは、魅力的ではあってもどうもむずかしい。しかし、それでも昔からの言い伝えの中では、このフン族の長は「背丈が低く、幅広で、胸は平らである。頭はふつうより大きく……目は……たえずぎょろぎょろしている」と描写されているのだ。

最近では、小人を道化師として飼っておくという習慣は西洋世界からはほとんど完全に姿を消している。それに似た環境でわたしが何がしかを知っている最後の例は、王様の宮廷に関するものではなく、ハリウッドの偉大なるコメディアン、故W・C・フィールズのけったいな家庭である。彼は巨人やピンヘッドや小人やその他の醜怪な者たちに囲まれているのを好んだ。集められた中には、おそらくマティーニ・グラスに酒を満たしておくために雇われた「きわめて小さい人間」がいた。のろまだったり無礼だったりした時に態度を改めるまでフィールズが入れ歯を取りあげたと伝えられているのは、おそらくこの人物のことであろうと思う。

とにもかくにも、大方において、少なくとも西洋では、もはや小人たちは公けの問題の決否に口をはさむことはできない。近代の国家元首の中ではただひとり、アブダル・ガメル・ナセル大佐のみ、傍にアフメド・サラムという小人をおいて重大転機に助言を仰いだものである。短くとも紀元前三、四世紀まで遡るエジプトの伝統を考えればこれはうなづけることであって、その当時、クノウムホトポウという今でもミイラの残っている小人は、王室衣装所の管理を任されていたのである。

しかし、小さな人たちは社会においてこの他にも数々の重要な役割を長きにわたって果してきているため、役所や宮廷の扉が彼らに閉ざされても失業はしなかった。小人たちは大昔から諸芸術、特に文芸において傑出していた。古い方ではイソップが一番よく記憶されている例だが、歴史家のプロコピウスと文法家で詩人のコスのフェレトスもそうだった——彼はあまりに小さかったため、風に飛ばされないよう自分に石で重りをつけておかねばならなかった。さらに小人たちは王に対してのみならず、科学者や哲学者に対しても相談役を務めてきており、そうした見習い期間を経て自ら科学者や哲学者になることもあった。背が一七・五インチ〔約四五センチ〕しかなかったアレクサンドリアのアリピウスの場合がそうである。

古代ギリシャでは医者の助手は彼らのうちから選ばれる風習になっていたし、十六世紀の天文学の偉大なるパイオニア、ティコ・ブラーエは、技術的援助のためのみならず、オカルトの世界と接触するためにも小人のグールー、ゼップに頼っていたのであった。いつでも魔術の領域と相性がよく、しかもそこでは、神秘的な体の大きさまでもがどういうわけかふさわしいものであるらしいため、小人にとって、占星学から天文学、錬金術から化学へ、催眠術《メスメリズム》から精神医学へという移行は容易なものだった。そして、たいして不思議でもないことだが、このような体つきの男女は今では、化学技師や心理学者としてのみならず、コンピューター・オペレーターやテレビ修理士として仕事についている。

ハーヴィー・リーチ（18世紀の版画より）

彼らの公的機関がわれわれに伝えたがるところによれば、四フィート六インチ〔約一三七センチ〕以下の人たちのうち、一%以下しか現在では「ショウ・ビジネス」――すなわち、自らをフリークとして展示すること――にかかわっていないはずだという。けれども、われわれは今日でもフリークとしての彼らに出会う可能性が高いため、多くの人はなおも彼らをフリークとして頭に描いている。一方で、宮廷道化師《バフーン》が王の顧問官に発展したのだとすると、他方で、エンタテイメントが民主化されるにつれて、彼らはまずサーカスの道化《クラウン》に転じ、それからステージ・ショウ、テント・ショウの歌手やアクロバット、パントマイマー、パロディストになり、そしてついに演技者＝俳優になったというわけである。

宮廷道化《ジェスター》の民主化の第一段階は、イタリアのサーカスを他と明確に区別するバゴンギという制度の中に残っている。バゴンギというのは固有名詞ではなく、どうやら一八五〇年にファエンザで生まれたアンドレア・ベルナベという人物がコメディア・デラルテで始めたらしい伝統を継承するすべての小人の道化＝軽業師に冠する総称のことだ。コメディア・デラルテの登場人物の場合と同じく、このバゴンギはいつでもある特定の肉体的外観もしくは「仮面」と結びついている――すなわち、軟骨発達不全症患者のそれ、しかも、すわりの悪い巨大な頭に醜悪な顔つき、そして短い湾曲した脚という最も滑稽な＝おぞましい姿である。しかしもちろんそれは、生まれた時からはりついている仮面なのであって、夜のお楽しみの始まりと終わりにともなってつけたりはずしたりされるものではない。従って結局、バゴンギの役割は両義的なものなのである。

バゴンギは自らの奇形を見せるだけではなく、跳ねたり、手技を見せたり、冗談を言ったりして芸を行なう。従って、他の演技者や道化と同様、才能と努力、そして長期の芸訓練を必要とする。が、それとともに、初めから怪物的で苦悩を抱いていること、要するに哀れ《パセティック》であることが必要とされる。事実、イタリアのジャーナリストたちの大好きな通俗神話学があって、それによれば、バゴンギはすべてその役スーパー・パグリアッチの犠牲者であるとする。新聞が「完全に調和のとれた人間的奇形」と呼んだかのベルナベも、死の跳躍《サルト・モルターレ》をやったおかげで脚を折って、町の広場で鉛筆を売り歩くまでに身を落としたのではなかったか。また、彼の後継者のうちのひとりは若くしてアルコール中毒で死に、別のひとりは就寝前の食べすぎで、またひとりは観覧船から落ちて溺れ死んだのであった。あるいはその彼は死に向けて飛びこんだのだったかもしれない。その直前に絶望からこう記していたからである。「父は貧しい農夫だった。誰もがそうであればよいのに。ぼくはたんまり金を稼いだ、けれども、こんなふうにして一財産稼ぐ人間などひとりもいなければよいのだ」。

見世物ではなく劇の役者と見なされる場合でも、小人は——たとえばシャム双生児や髭女の場合ほどひどくはないが——型にはまった役をあてがわれることが多かった。なるほど、彼らがハムレットやリア王、オフィーリアやクレオパトラの役に選ばれることはまず考えられないが、小人の演ずるリチャード三世やパックなら、あるいはイアーゴーでさえ、想像に難くない。現代の舞台や映画では、彼らは実際、様々な役で登場している。たとえば、ハリー・アールズは、ブラウニングの『フリークス』で赤ん坊の空き巣として主演する前に、ミュージカルの端役をいくつか演じている。そしてその経歴の終わりは始まりと同じで、妹たちタイニーとデイジー（〝小人のメイ・ウェスト〟）とともに歌い踊りながら、『オズの魔法使い』のマンチキン・コーラスの一部として登場することだった。

けれども、彼はサイド・ショウ・フリークのイメージから完全に自由になることが——多少年下の小人俳優マイケル・ダンがなしえたほどには——できなかった。われわれがこの後者を見て連想するのはテント・ショウではなく、キャサリン・アン・ポーターの『愚者の船』を下敷きに作られたあの野心的な映画の方なのである。とはいえ、一九七三年に『ミューテーションズ』という題で公開された彼の最後の映画——ブラウニングの『フリークス』にSF調の味付をした奇妙な翻案もの——の中では、現実に数多くの小人がやっていたような、サイド・ショウのマネージャーを演じていたのであった。それから、ナサニエル・ウェストの『いなごの日』が作られると、そこでエイブ・クーシックを演じたビル・バーティがハリウッド最高の小人俳優として登場してきたのである。

サーカスもかなり前から変ってきている。少なくとも、昔から小人のマネージャーと「口上役」をやってきたネイト・イーグルのような人はそう言う。かつて彼はサーカスでのみならず学校でも小人の一団を見せて回り、彼らの助けを借りて聖書の豆本を売っていたものだった。その彼は小人を雇う時の面接で、身長・体重を訊くことは決してなく、ただ、「芸は何ができるのかね?」と尋ねるだけだった。また、もっと遡ったヴィクトリア朝時代中期でも、バーナムは親指トム将軍を怪物ではなく役者として人前に出したものであった。それどころか、一八五七年の英国への凱旋帰国ツアーの時、バーナムはこの近代世界で最も有名な小人をふたりの著名な女優と一緒に舞台に立たせたのである。このふたりとは、『アンクル・トムの小屋』のトプシーとリトル・エヴァを演じてアメリカ中のハートをつかんだ母娘二人組だった。チャールズ・シャーウッド・ストラットンとして生まれた少年は、この時点までに、この二人組と同じくらい完全に役に同一化していた。その役とはもちろん、彼の芸名が示す通りである。

バーナムの思惑は、「親指トム」(Tom Thumb)という名が、観客に、子供時代に聞いた「アーサー王の時代、親指トムという者がいた」という古のバラッドや、ホッポ・マイ・サム(Hop-o'-my Thumb)、サムリング(Thumbling)、サムキン(Thumbkin)など小さな巨人退治人を主人公とするお伽噺を思い出させるだろうというところにあった。「将軍」というパロディじみた肩書は、アメリカで初めて商業的に展示された小人、スティーヴンス「少佐」にヒントを得たものであったろう——階級を上げることでパロディ性はいやましにはっきりしてくるというわけだ。そしてトムの場合にはこの名前が特に適切なように見えた。というのは、将軍の芸のうちには初めから、コミック・ソングや冗談のやりとりだけでなく、伝統的な英雄やポピュラー・ヒーロー、それに古代英雄彫刻のものまねがあったのだから。実際、彼の背丈があると、ただ単にまねをするだけでノーマル世界の偉人をからかうことができたのである。成功したものまねの中には、怪力サムソンやヘラクレス、フリードリヒ

親指トム将軍とラヴィニア・ウォーレンの結婚式
P・T・バーナム *Struggles and Triumphs: or The Life of P. T. Barnum* (1927) より

親指トム将軍とものまねの場面　キュリアー＋アイヴズによるリトグラフ

大王やナポレオンがあり、このナポレオンものは、一度、ワーテルロー海戦の勝者であるウェリントン公爵の前で実際にやったことがあった。

彼は一方では、ヨーロッパのお偉方に仕える最後の道化師であったと言えるわけだが、他方、極めて新しい特徴ももっている――すなわち、彼は〝アーサー王宮廷に行ったコネティカット・ヤンキー〟なのだ、それもマーク・トウェインが同名の本を書く五十年も前に。そしてこれもまた適切なことなのだ。親指トムは本当にコネティカットから出てきて、そこに再び帰っていったのだから。それのみならず、彼もバーナムも、そしてトウェインも、みな晩年をブリッジポートで送っているのである。バーナムは当初から、トムに自分と全く同じ服装をさせた。これは一種、自分に対する揶揄だったのかもしれない。けれども、一八四四年にこのふたり――トムは七歳で背は二フィート〔約六一センチ〕以下、バーナムは三十四で、六フィート二インチ〔約一八八センチ〕――がおそろいの膝下半ズボンに白ストッキングとパンプスといういでたちでヴィクトリア女王の前に姿を現わした時には、まるで台本は『赤毛布外遊記』のマーク・トウェインの手で書かれたみたいだった――もちろんこの作品が書かれるのは四半世紀先のことだったわけだが。そして、その揶揄は別の人に向けられている。

この日のすてきな冒険は、バーナムが公演先であるロンドンの劇場に次のような立て看板を出したことで幕を開けた――「本日休演。女王陛下の命により親指トム将軍がバッキンガム宮殿に出向いているため」。そしてその幕切れは、女王の前から退場する時、小人将軍はバーナムに追いついていけず、力の限りに駆け出さねばならなかったことだった。この珍事はどうやらすべての人を喜ばせることになったが、ヴィクトリア女王のプードル犬だけは別で、将軍はステッキを使ってこのひどく猛り狂った犬と戦わねばならなかった。そしてバーナムによれば、「これがまた王族の方々を再びさらに喜ばせた」のだった。

この幕切れまでの間に将軍は、無邪気さを完璧に演じて、大胆にも全員に「紳士淑女の皆さん、こんばんわ！」と挨拶し、女王には、その絵画コレクションが「一級品」であると述べ、また、わずか三歳ですでに彼より大きかった皇太子には、「気持ちとしては誰にも負けないくらい大きいつもりですよ」と言ってみせたのであった。けれども、本当のクライマックスが訪れたのは三回目の訪問の時、なんでも好きな歌を歌ってみなさいと女王に言われて、トムが「ヤンキー・ドゥードル」で応じた時だった。明らかに彼は、皇太子のもっているような小馬が欲しいことを遠回しに言うためにこの歌を選んだようで、「小馬に乗って」という部分にくると実際ににやっと笑って小馬を指差したのであった。けれども、宮廷側は、アメリカの独立革命への大胆な言及として受けとったのだった。

結局のところ、彼はまだ子供だったのである。が、注目を集めるうちに急速に成長し、九歳になった時にはファンの教会人のためにヨーロッパ・ツアー全体を次のように要約して語り聞かせたほどだった（おそらくバーナムの勧めで、字も書けるようになっていた）――「ぼくは五万マイルを旅して回り、友だちのバーナムさんを別にすれば、今生きているどのヤンキーよりもたくさんの王族の前に立ったことがある。それに、二百万人近くのご婦人がたとキスをした、その中にはイギリス、フランス、ベルギー、スペインの女王も入っている」。この文体は最もホレーショ・アルジャーぶった時のバーナムの文体を思わせるところがあると言えるかもしれないが、少なくとも、バーナム自身だったら必ずやったであろうような利益の計算にまでは踏み入っていない。そのかわり、この興行主バーナムのもつもうひとつの特徴であった信仰心、自己祝福的な信仰心をもって終えられている――「ぼくは毎日、聖書を読んでいる。……ぼくは創造主をあがめる。……主はぼくに小さな体を与えられた、けれども、ぼくの心、頭、それに魂まで小さくはなさらなかったのだと信じている……」。

親指トム将軍は初期の大成功の後も長く生き、結局は小さいままながらも髭を生やした恰幅のいい市民となって、友人バーナムと妻ラヴィニアに忠実であり続けた。この妻は彼にふさわしい大きさの小人で、ナット提督との大いに騒がれたつばぜりあいの末に彼が勝ちとった後、さらに大きく騒がれる中、ニューヨーク・シティのグレイス教会で結婚したのであった。こういうわけだから、彼が愛情と敬意をもって記憶され、小人の最もすぐれた部分のシンボル、別名となっているのはきわめて正当なことと言うべきだろう。けれども、彼の人気に対する異議は、小人たち、ノーマルたち両方の中からとなえられている。

その注目すべき例は、きわめて早い時期にフランスの新聞に現われている。秩序とつりあいを擁護するこの匿名の筆者は言う。「われわれのうちの最も偉大な人物たちを一瞬のうちに黒く塗りつぶしてしまう小人が成功を収めるということ、怪物が幸運を手にするということ、これほど人類にとって恥ずかしいことはまたとあるだろうか？　親指トムは結局のところ怪物であって……その才能とは……ご婦人方に口づけをすること……それもイギリスで百万人ものご婦人方と。なのにイギリスの婦人方がいやな顔ひとつしないとは！　親指トムはちょっと見ただけでは奇形には見えないが、彼の髪の毛は固く細く、……鼻は事実上存在せず、目は飛び出している」。抗議はさらに続き、「……そして必ずやどこかの専制君主が彼を買い入れて自分の道化とすることだろう。そうなるがよろしい！」と言う。さらに、これと同じほど強い抗議は小人たちの中からもあがっている。彼らは、親指トムのような見世物小人の記憶が忘れ去られるまで自分らの地位は正常化されないと考え、そうした小人のイメージをひどく不愉快に感じるのである。それはちょうどハリエット・ビーチャー・ストウのひどく中傷されてきたあの小説の中のトムに対する黒人たちの態度と同じである。彼らの主張するところによると、重要なのは、そうしたイメージに屈するのではなく、それを滅ぼすことによって自分らに付された焼印を永久に消し去ることなのである。

2

小人たち——イメージの転換

小人の〝イメージ・チェンジ〟は容易なことではない。そのイメージが神話とポピュラー・カルチャーのみならず、高尚芸術にも根ざしているのであればなおさらのことだ。バーナムに先だつことはるか昔から、そのイメージはラファエロをはじめマンテーニャ、ブロンツィーノ、ベラスケス、カレーニョ、モーラ、カルパッチョ、ファン・ダイク、ヴェロネーゼやゴヤによって画布の上に定着されてきている。そうした絵の中の小人たちは、時には、ちょうどそうして画家を見つめていたに違いない不機嫌な恨みがましさ、もしくは心底からの喜びのこもった表情でわれわれを正面から見つめる。また時には、働いていたり遊んでいたりの最中で捉えられている。けれども、彼らの大きさはいつでも、ノーマルの子供や大人、あるいは彼らのライヴァルだったペットの動物との対比において、さもなければ、まるで似つかわしくないだだっ広い空間との対照において示されている。

おそらく他のどの画家よりも小人たちにこだわったベラスケスは、有名な『ラス・メニーナス』の中に、まるまる三人を描きこんでいる。この絵の中央を占めるのは王女《インファンタ》自身だが、片側に寄ったふたりの小人、軟骨発達異常症と発達不全症の男女が、どういうわけか、王女のみならず跪いた侍女たちや、その誰よりも大きく、懸命に絵の枠からはみ出そうとしているみたいなマスティフ犬までをすっかり食ってしまっている。このふたりは、人のひしめきあったこの室内画の外に広がる広大な空間を示唆するもの——奥の壁にかかった絵画内絵画と、躊

ベラスケス『ラス・メニーナス』(1656) (マドリード，プラド美術館)

踏している人物を縁どっている開かれた扉——に気圧されているふうでもない。

しかし、この絵のトーンはいったい何だろう？　そして、こう尋ねることが許されるならば、その意図、ベラスケスが数多く描いた小人の肖像画の意図はいったい何なのだろうか？　宮廷の典雅のさ中におけるグロテスク、彼が惹起しようとするのはそれだけのことなのか？　彼のねらう究極のインパクトはパロディなのか、それとも、哀れさ、それとも皮肉なのだろうか？　こうした疑問は、一五六三年から一七六〇年までのスペイン宮廷における黒人や道化師、小人の「エンタテイナー」たちに関する研究を一九三六年に発表したホセ・モレノ＝ビリャの心にもかかっていたに違いない。けれども、モレノ＝ビリャは二十世紀の人間であり、彼の視点は、小人たちを笑うべき〝楽しみの人々《ヘンテ・デ・プラセール》〟ではなく隣れむべき犠牲者として見るようになった世界の影響を蒙っている。

実際、彼がこの本を書きはじめるほんの数年前、ちょうど彼が描写することになる絵画の中に示されたステレオタイプ像に対抗して完全な人権の獲得をめざす小さい人々によって第一回目の世界小人会議がブダペストで開かれていたのである。モレノ＝ビリャは自らの歴史的意識の限界を乗り超えようとして、十七世紀の画家たちにとって小人は神秘的なるものと恐ろしきものとを象徴していたに違いないという推測を提出している。けれどもこう言いながら彼は、ひょっとすると小人たちはその庇護者の偉大さと華麗さを際立たせる単なる引立て役であったのかもしれないとも示唆している。ところが、彼は私にとってより興味深い点には言及しえていない。すなわち、結局のところ彼らの使用者であった者たちによるフリークたちの使用法に対して画家たちがどういう態度をとったかという点である。

宮廷画家たちはどちらの側に自分をおいて見ていたのか——絵の中でどこぞの貴族やその夫人にいかにもそれらしく親しげに頭をなでられている小人化した人物たちの側なのか、それともその貴族たちの側なのか？　私の知るかぎり、後者の方だと断言した人は誰もいない。もっとも、一部の美術史家は、おそらくそのどちらでもなく、命じられるままに特徴的でかつ絵画的な場面を描いただけだろうとしている。また、最近になって美術史家によっては、『ラス・メニーナス』のような絵は、宮廷人を楽しませるために搾取された不幸な者たちの側に立ったあからさまな抗議を示しているのだとする人もいる。

ところが、私のような画廊徘徊者、画集愛好家は、小人たちが相当しばしば猿や犬と並んで、それもかなり悪意のこもった調子で描かれているという事実——たとえば、いまわしい「ハイデルベルクの小人」ペルケオが更にいまわしい狒々と頭を並べて描かれている作者不明の肖像——を前に判断をためらわずにはいられない。猿類は長いことピグミーと連想で結ばれ、時には混同さえされてきている。これは、ヨーロッパ人がはじめ、両方とも人類の堕落した形態であると考えたためだ。実際、古い伝説によれば両者は同じ起源をもつとされ、中には、神がアダムの肋骨をとってそれを軸に女を形作った時に、粘土が余ったのでこの両者をこしらえたとする伝説もあるのである。けれどもまた、この両者はよりしばしば、人間が神の掟に背いて「低級な動物」と交った時に生まれた獣／人間の混成種《ハイブリッド》であるとされたのだった。

ペルケオと大狒々　ドイツ絵画（18世紀初め）
（ハイデルベルク、フォトガートナー）

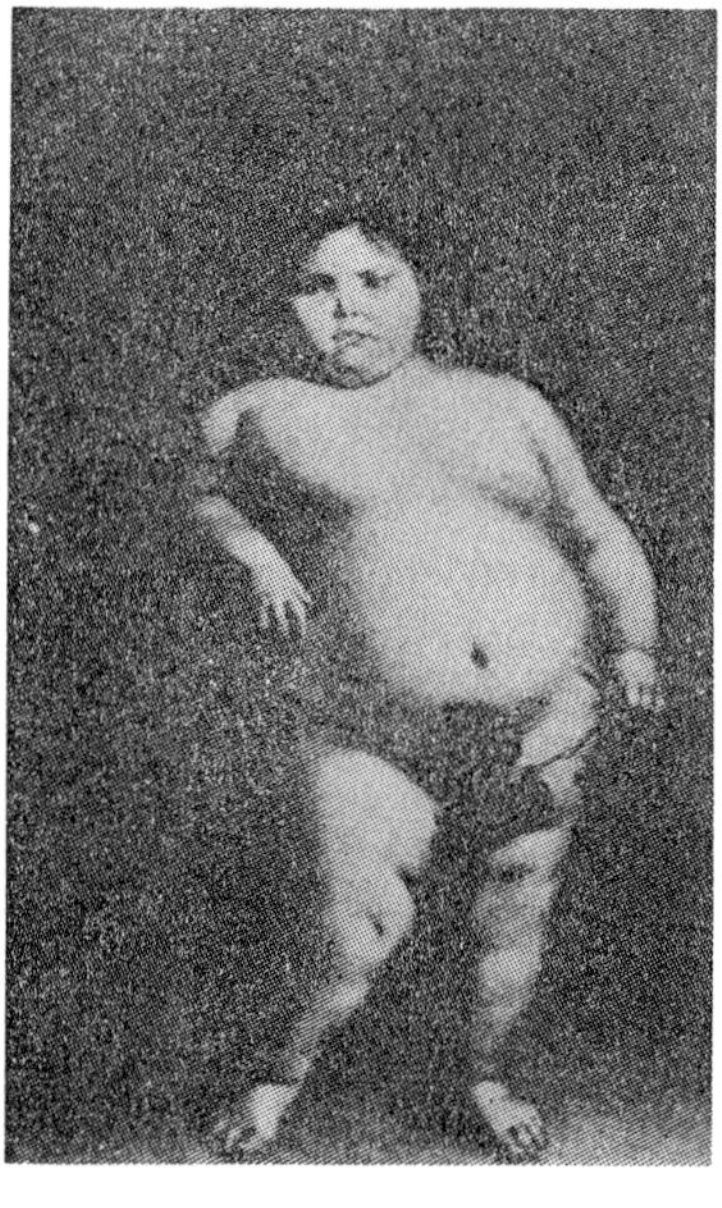

いずれも，ベラスケス
『小人ドン・セバスティアン・デ・モーラ』（1648頃）▶
▲『小人エウヘニア・マルティネス＝バリェホ』
▼『裸のバッコスを演じる小人エウヘニア・マルティネス＝バリェホ』（1680頃）

（いずれもプラド美術館）

さらに、猿《エイプ》と小人の一般的な混同は教育によっても支えられてきた。たとえば、アルベルトゥス・マグヌスはその両方を *monstra, similitudo rationis hominae*、すなわち、怪物もしくは人間理性の模倣者、と呼んだのであった。そして中世後期になって、今日では猿《モンキー》と呼ばれている毛の長い「怪物」たちが小人たちとともに宮廷のペットとして機能するようになると、昔の理論が裏づけられたように考えられたのである。この問題に関して近代の決定的な著作を著わした美術史家のH・W・ジャンソンはこう書いている。「人に飼われた猿と宮廷道化師《ジェスター》とが結びつけられていることは理解に難くない——結局のところ、家内ペットとしての猿は愚者《フール》とぴったり対応していたのだ」。ところが、ジャンソンは明らかにしていないが、すでに見てきたように、愚者《フール》や道化師《ジェスター》はしばしばフリーク、特に小人だったのである。

サンチェス・コエリョ『ドニャ・イサベル，クララ・エウヘニアと猿と一緒のマグダレーナ・ルイス』(16世紀)
（プラド美術館）

とすると、揶揄的な意図をもった画家にとって、宮廷風の優雅なコンテクストの中に猿と小人を一緒に描きこむというのはなんと魅力的だったことだろう。もちろん、ルネサンスの頃には *ars simia naturae*「芸術は自然の猿＝模倣者なり」ということばが教会人や、肖像絵画を含むすべての芸術に関する哲学者たちによって口にされるようになっていたから、画家たちはこのことばを内なる耳に聞くことなしに猿を描くことはできなかっただろうけれども。教会はこうした虚飾に対して、道徳的な憤怒だけでなく諷刺画によっても対応し、画家たちにはその技芸を諷刺画に向けるよう奨励した。そのため、十六世紀後半からは、肖像画家を含む様々なありふれた職業を猿によって戯画化した諷刺画のジャンルが栄えたのだった。それ以来、画家は猿の中の猿としての自分を意識することなしに、キャンヴァスに猿を登場させることはまずできなくなったのである。

　猿と小人のイコノグラフィを打破して、それを画家を諷刺するためではなく、画家と宮廷道化師の両方を搾取する者を諷刺するために用いて成功したのは、ただひとりエドガー・アラン・ポーのみである。「ホップ・フロッグ」でのポーは、表題の通りのあだ名をもつ虐待された小人＝愚者に同一化しており、その小人は最後にはすべての疎外された芸術家の象徴となる。この物語では「猿」もしくは「オランウータン」になるのは、愚者に仕えられた「ノーマル」たちなのである——王と七人の大臣、彼らははじめ、愚者を嘲り、その恋人の小人を殴ったりしているのだが、最後には馬鹿になったように彼の「おふざけ《ジェスト》」に協力して、それぞれタールと羽毛で扮装し、はじめから非人間的であった彼らの内面にふさわしい外見を獲得するというわけである。そこで、話の終わりに至ってホップ・フロッグは彼ら全員を、喚きたてる廷臣らの頭上かなた、シャンデリアに吊るす。廷臣らは、彼らが猿の格好をしているため誰だかわからないのである。そうして、ホップ・フロッグは彼らが「悪臭ふんぷんたる真っ黒な、何がなにやら見分けのつかないおぞましいくずの山」になるまで焼き尽すのだ。

　けれども、どうやら画布を用いる芸術家でこれほど完全に道化師＝愚者と同一化しえた者はいないようだ。彼らはそうした卑俗な宮廷エンタテイナーらをからかい半分の神話的な姿として描くことで、自分をそこから引き離しておこうとしてきた。ヌードの小人女《エナーナ》をバッカスとして描いたカレーニョの場合がその一例である。その題材となったエウヘニア・マルティネス＝バリェホは、小人だっただけでなく精神薄弱で醜く肥満していたため、むしろ、ラ・モンストルア（化物女）として知られていた。ここでは、バッカスを演じるにふさわしからざる彼女の性別が一本の葡萄のつるによって隠されていることで、神話にまつわるジョークが強調されている――このジョークは小人のデュオニソスを描いたブロンツィーノの絵でも繰り返されている。そのモデルは化物女とほとんど同じくらい太ったイタリア人の小人、モルガンテだったが、とりあえず男ではあった。

こうした皮肉がらみの意匠のうちで最も大胆なのはデューラーの手になる小人のアダムとイヴである。ここではフリークによる戯画化が他ならぬ聖書にまで及んでいる。この冗談はほとんど瀆神行為と境を接しており、この絵に関して、人類の父母のみならずわれわれすべてが、彼らの「掟破り」の原罪以来、化物とまではいかなくとも少なくともはなはだしく卑小化された存在なのだ、と詩文で批評したジャンバッティスタ・マリーノのことばも説得力ある贖罪にはなりえていない。

このような例はあるが、だいたいにおいて十六、十七世紀の画家たちは、猿よりも明確な意味をもつ動物と結びつけることによって小人の醜怪さを強調した――すなわち、主に犬である。昔から悪魔と結びつけて捉えられてきたこの動物は、馴化されはしても屈従はしない性《セクシユアリテイ》と攻撃性の象徴として一般に認められていたのである。当時でも愛玩犬を可愛がる婦人はいたが、それを誤ったこと、邪なこととして見る人は多かった。通俗神話は、創造主がどういうわけかアダムのあばら骨を失くしてしまい、通りがかった犬の尻尾を切ってそれで第二の性を創造したのだという伝説で女性と犬の相性の良さを説明していた。いずれにせよ、この飼い馴らされた狼が「人間の最良の友」などと感傷的に捉えられることはヴィクトリア朝時代までなかったのである。それまで、犬は人間によって餌を与えられるとともに蹴りとばされていたのであり、人は宗教画の中で聖母の足もとにうずくまっている犬を見ると、聖母がその無垢なる懐胎と永遠なる処女性の美徳によって否定しているものすべてを

ベラスケス『ハプスブルク家のドン・フアン』(1644頃)（プラド美術館）◀
アントニス・モール『グランヴェル枢機卿の小人』(1570頃)（フランス国立美術館連合）▶

その犬が象徴しているのだと理解したものだった。

だとすると、小人の絵の中における犬の存在は、十七世紀にはどう解釈されたのであろうか？ そしてわれわれは今、それをどう読むべきなのであろうか？ 一番散文的なレベルで言えば、彼らは当然ながら大きさを明確にするためにそこにいるのである。けれども、そのためだけなら他の人間やテーブル、椅子などでも猟犬やスパニエル犬と同じ働きをするはずだから、犬たちはもっと他に何か——何か一時に怪物的でありかつ滑稽であるもの——を表わしていたに違いないのだ。いずれにせよ、この方法は肖像画術と同じほど昔から用いられている。ただ、ルネサンスの画家たちは、古い伝統を意識的に継続したというよりも、必要にせまられてこの取り決めを再発明したものであろう。いずれにせよ、この伝統はエジプトにおける最初期の墳墓絵画ですでに確立されていた。たとえばティという名の大貴族は、自らの墳墓の壁に、右手におもちゃの王笏と左手にグレイハウンドをつないだ綱をもった小人の道化師を描いている。そして、ひとたび再発明されるや、ペ

ウジェーヌ・デヴェリア『アンリ四世の誕生』（部分）（1827）（フランス国立美術館連合）◀
カレル・ファン・マンダー三世『小人と犬』（1650頃）（コペンハーゲン，クンスト美術館）▶

ット人間とペット動物との結びつきは西洋のイコノグラフィから姿を消さなかったばかりでなく、いまだに小人に対するわれわれの態度を明晰な意識の下のレベルで左右し続けるステレオタイプとなり、また、ベラスケスからピカソ（一九六〇年代にはベラスケスの『ラス・メニーナス』を変奏してみせた）に至るわれらの最大の画家たちの想像力を囚《とりこ》にし続けたのであった。

さらに影響力の強かったのは、通俗的な書籍の挿画家たちが再作した作品である。わたしの一番好きなのは、ディケンズの『骨董屋』のためにフィズが描いた犬のようなクィルプ（「その不気味な笑い顔は……口の中に散らばった色あせた犬歯数本をたえずむき出しにし、まるであえぐ犬のような表情を作るのだった」）と鎖につながれた本物の犬の絵と、バーナムの『自伝』に収められた名前不詳の画家による、ヴィクトリア女王のプードルと戦う親指トム将軍の肖像である。このどちらの挿画家も、ある文章に忠実に描くことを命じられただけであったわけだから、自分がある伝統を継続しているとは思いもしなかったに違いな

ピカソ『ラス・メニーナス』二種（1957）（バルセローナ，ピカソ美術館）

い。しかしながら彼らはいやおうなしに小人たちに対する特定の態度を補強したのであり、それが彼らの死後にもポスターやビラ、ファンに売られる写真、そしてなによりも、フリーク・ショウ用の色塗られた横断幕の上で生き続けたのである。先入観からの解放をめざす小さな人たちの戦いが困難をきわめているのは無理もない。

そしてまた、画家と小人が永遠の敵同士、あるいは対極に立つ者同士だと考える人が出てきたのも無理のないことだ。しかし、実際には、マシュー・バッキンガーやリチャード・ギブソン、そして最も知られる者として、あの十九世紀末フリーク、ほとんど小人だったトゥールーズ＝ロートレックのように、小人の画家もいたのである。ところが、いかにもありそうなことだが、小人が画家になると、そのノーマル・サイズの同業者たちは軽蔑へと傾いてゆくのである。そのようなライヴァルであるフリークを描いた肖像で最も悪意に満ちたもののひとつは、セザンヌによるシャルル・ランプレールの肖像だろう。この絵がパリのジュ・ド・ポーム美術館の壁にさがっているのを初めて見た時、わたしはそのトーンにうろたえ、唖然としたものだった。セザンヌによるこの軟骨発達異常症患者は、ほとんど戯画と言うべきグロテスクさをもって描かれているのだ。しかし、そのトーンは最終的には白黒つけがたく、今でもわたしは、このアルター・エゴ——小人で下手な画家であっただけでなく、どうやら、気が違っているとまでは言えなくとも少なくとも精神薄弱であったようだ――に対する画家の態度がどういうものであったか、確信をもてずにいる。

絵画に手を染めなかった場合でも、小人は画家たちからライヴァルと見なされてきている。ロバート・ヘイドンは親指トム将軍を確実にそう見なしていた。一八四四年、将軍がピカデリーのエジプシャン・ホールで自らの姿を衆目にさらしていた時、ヘイドンは同じところで個展を開幕したところだったのである。「先週、親指トムは一万二千人集めた」とヘイドンは日記に書いている。「B・R・ヘイドン、一三五1/2（女の子の半分）……英国人はなんと繊細な趣味をしていることか。彼らは押しあいへしあい、殴りあい、喚き叫び、失神し、助けを求め、そして殺しあう！」と。けれども実は、助けを求めていたのは彼自身だったのである。彼はその後じきに、アトリエで――まず喉もとを切り、それから自分で頭に弾を撃ちこんで――死んでいるのが発見されたのだった。

彼の死に対する親指トムの加担を法廷で証明するのは不可能だろうが、当時からことあるごとにそれは口にされてきている。この一件を審理した検死官の陪審団はヘイドンが狂人であるとした。そして彼の伝記作者たちは、彼が大人になって以来ずっと躁鬱病で、自殺する気になる鬱の時期と、自ら「脇の下に風船があって、心の中にはエーテルが満ちているような気分だ」と記した極度の昂揚の時期との間を行ったりきたりしていたとつけ加えている。

さらにヘイドンは、一八四四年には、正気の人間でも絶望のどん底に落ちるほどのひどいごたごたを抱えていたのである。当時、債務不履行者監獄での長期の服役を終えて出獄したばかりだったうえ、王立美術院が国会議事堂のデコレーションをヘイドンに任せるつもりがないことが明らかになるにつれて、同美術院と彼との間の生涯続く反目が激化してきていたのである。少なくとも、前に一度、ヘイドンはエジプシャン・ホールで展覧会を開いて破産の瀬戸際を逃れたことがあった。しかし、今回、ローマが焼け落ちるさ中でヴァイオリンを弾くネロを描いた見事な絵をもってしても、トムの古代美術ものまねに太刀打ちできないことがわかり、一一ポンド八シリング一〇ペンスの赤字が手もとに残った時、ヘイドンは万事休すだと感じたに違いなかった。

いずれにせよ、これは単なる偶然として見過ごすにはあまりにうまくできた遭遇である——ペール・ラーゲルクウィストの『小人』に忘れがたく描きこまれたような侮辱の数世紀に報いるべく起こされた芸術家に対する小人の復讐なのだ。この『小人』という小説は作者がノーベル賞を受けた後、一九四五年に書かれたもので、小人の主人公を道徳的怪物として描いている。小人はわれわれの最も高貴なる努力を蝕む心の闇の象徴なのだ。それに対して、そこに出てくる啓示を受けた画家は、われわれの生における最も卑しきものをもあがないうる活力に満ちた衝動を代表しているのだ。もちろん小人は、ひと目見た時から彼に憎悪を抱くのだが、彼によっていやおうなく、ちょうどブロンツィーノのモルガンテのようにヌード画のためにポーズをとらざるをえなくされてしまう。そして後になってそれを思い出しながら、こう書くことになるのである。「俺は怒りにわきたたんばかりだったのに、そうして無力のまま裸で、いかなる行動に出ることもできないままつっ立っていたのだ」。

結局のところラーゲルクウィストは画家の側に立っており、最も怪物的なものを含むすべてのものごとの内なる機能ぶりを知ろうとする画家の好奇心は、究極的に世俗的叡知につながるばかりでなく、聖なる図像の創造に至るものとして描かれている。それゆえ、今読み返してみて思い至らざるを得ないのは、この小説が、まさしくラーゲルクウィストが小人マキャヴァルの感情として描いた無力な怒りの感覚を現在生きているすべての小人のうちに呼びさまさずにはいないだろうという点だ。ことはこれにとどまらず、歴史は、ラーゲルクウィストによる虚構内の遭遇に対する奇妙な評言を、彼がそれを書き記していたまさにその時に、紡ぎ出していたのである。すなわち、第二次世界大戦の末年、記録にはディナ（Dina）としてしか残されていない「プラハの画家」が、アウシュヴィッツ－ビルケナウ強制収容所にて雇われ、ゲルマン民族を「純化」するための処刑リストにのせられた小人たちの頭や鼻、手足の絵を描くよう命じられていたのだ。これは究極のパロディと言うべきであって、そこでは滑稽さは恐怖に押しつぶされている。

こう述べながらも、わたしは、ふりかえって見れば、小人たちの置かれてきた状況は他のフリークたちのそれに比べると、救いがたくひどいというわけではなかったみたいだ、とつけ加えずにはいられない。言ってみれば、最もフリークらしいフリークである彼らは、彼ら一族に課せられてきた負性すべてを蒙ってきただけではなく、ある種の特権性をも享受してきたのである。彼らは多くの国々の神話や寓話、そして神殿の中にしばしば入りこみえたのみならず、彼らと親しかった執政官や統治者の名前を人々の心の中に残してきている。一例をあげれば、サンフランシスコやニューヨークのチャイナタウンを訪れた人がしばしば買ってくるおみやげに、幸福の神フ・

ヴィクトリア女王のプードルと闘う親指トム将軍
P・T・バーナムの前掲書（1927）より

吠える犬を殴りつけるクィルプ
ディケンズ『骨董店』(1841)　フィズ画

シェン（Fu Shen）が坐って頬笑んでいる奇怪な像がある。彼らは知らないのだが、福神の広範な人気の原因の一半は、武帝蕭衍（紀元後五〇二―五五〇年）が道化師として仕えさせるために小人たちを徴用し、それに対して家族が飢え死にせんほどの見返りしか与えようとしなかった時、福神が小人の側に立って力添えをしたことにあるのである。さらにまた、古典時代からわれわれにまで名前が伝えられてきている両性具有者やシャム双生児、腕なし・脚なし人間はひとりもいないが、古代のパピルス書簡にはクノウムホトポウの名が書き残されているし、プリニウスはユリア皇帝妃のお気に入りだったカノパスとアンドロメダの体の寸法を記録している。また、スコットランド王ジェイムズ五世の宮廷で道化師を務めた双頭の怪物人間に関して、歴史は「あの愚者」としてしか記憶にとどめていないのに対して、エリザベス一世に仕えた小人の貴婦人がトミセン夫人という名であったことや、メディチ家のカタリーナの小人で最後まで生きたのがメルリン、マンドリカルト、パラヴィーネ、ラドモント、マヨスキらであったことは、知りたいと思う人なら誰でもすぐに調べられるのである。

小人と犬を組み合わせた醜怪な絵においてさえ、最後に笑うのは小人の方だ。犬はほとんどいつでも名なしのままであるのに対して、一緒にいる小人の方は知られているのだから。小人以外のフリークで、小人たちほど驚嘆すべき人数がフラーの『イギリス名士列伝』の偉人・準偉人の項に挙げられているものがないことは明らかだし、『百科全書』やウォルポールの『絵画にまつわる挿話』、レッドグレイヴの『画家・彫刻家事典』や『英国人名事典』『アメリカ人名事典』にしても同様だろう。そしてまた、ウォルター・デ・ラ・メアが『ある小人《ミジェット》の回想』でやってのけたような見事なカタログを、他の奇形のカテゴリーに関して作ることは、資料不足でとうてい不可能だろう。

そこに出てくるヒロインである美しく、しかし小人のイギリス人女性（後に彼女は「スペイン・アンダルシアの妖精王女、シニョリーナ・ドナ・アンジェリーク」として「四夜につき貸出し料一五ギニー」という値段つきでサーカスで展示された）は、二十一歳の誕生日に七段重ねのバースデー・ケーキを贈られ、しかもそこには二十一人の著名な小人女性の名が書きこまれているのである。実際には、デ・ラ・メアは十六人までしか明記せず、「その他」としてはしょっている。これは読者を退屈させないためだったのかもしれないし、あるいは本当にそれ以上知らなかったからなのかもしれない。が、いずれにせよ、十六人でも、すべて本当で裏付けもとれているとあれば、感銘を与えるに充分である。

1 レイディ・モーガン（ウィンザーの妖精《フェアリー》）
2 エリザベス女王のミセズ・トミセン
3 ユリア皇帝妃のアンドロメダ
4 ティルバリーのミス・ビルビー
5 アン・ラウズ
6 「哀れなアン・コルビー」
7 シシリアのマドモアゼル・カロリーネ・クラマキ
8 ナネット・ストッカー（三三インチ〔約八四センチ〕、三三ポンド〔約一五キログラム〕。三十三歳時の数字）
9 「祝福されし……アナスタシア・ボルラウ《（ママ）》スキ」
10 ガガニーニ
11 「バースの心優しきミス・セルビー」
12 アラシア（ガーンジー島の妖精《ニンフ》）
13 マダマ・テレージ（コルシカの妖精《フェアリー》）
14 ミセズ・ジェキル・スキナー
15 「おぞましきニーノ」

16 ミセズ・アン・ギブソン（旧姓シェパード）

ウィンザーの妖精やアンドロメダをはじめ、英国外科大学に骨格が保存されてあるカロリーネ・クラマキやコルシカの妖精、小人の細密画家リチャード・ギブソンとの結婚がウォーラーによって描かれているアン・ギブソン夫人などの名前は、わたしにとってもなじみの深いものだ。アナスタシア・ボルラスキとは、もちろん、ヨセフ・ボルラスキの妹で、彼の脇の下に立てるほど小さく、ひと頃は美しさゆえにヨーロッパ中で称賛されていた人だが、おそらく、世間に出ずに暮らして十八歳の時に天然痘で死んだため、今では兄ほどには知られていない。「おぞましきニーノ」とはおなじみのラ・モンストルアであると同定したいところだが、それを裏付ける証拠は見つからない。そこで、わたしは魔法の二十一までのリストの空白を埋める、追加の小人女性五人のうちに彼女を含めることにした。残りの四人のうちの三人までは、デ・ラ・メアのもとのグループに入れられていても不思議ではない年代に生まれた女性を選んでみた――オランダ女性のパウリーネ・ムステルス（プリンセス・パウリーネ）、メキシコの小人ルシア・サラーテ、そしてもちろん、マーシー・ラヴィニア・ウォーレン・バンプ（あるいはバンパス）である。最後の彼女の名前は、響きを考慮したバーナムによってラヴィニア・ウォーレンと縮められている。

このひとりめは、成人に達した最も背丈の小さい人間であり、ふたりめ――十七歳の誕生日に至って四・七ポンド〔約二一三〇グラム〕しかなかった痩せ細った発達不全症患者――は最も体重の軽い人間である。そして三人目は、チャールズ・シャーウッド・ストラットン（もしくは親指トム将軍）の隣、単に「妻」とだけ記された墓石のもとに眠る人物である。ラヴィニア・ウォーレンは傑出した女性で、十三歳にして学校教師として職業経験を始め（規律を維持するために机の上に立った）、「アメリカ独立革命娘たちの会」およびイースタン・スター騎士団のメンバーとなるに至った。そのうえ彼女は、フリークによって書かれた極めて数少ない自伝の作者でもある――しかし残念ながら、それはいまだに出版されていない。けれどもわたしとしては、エイブラハム・リンカーンと対面した時の彼女を一番記憶にとどめておきたい。リンカーンはひどく中傷されていた彼の妻、それも彼ほどの背丈の人間と比べるとほとんどフリークに見えるほど背の低かった妻と彼女とが、ひどく似ていることに度肝を抜かれたものだった。

最後に、『ある小人の回想』が出版された一九二二年から経過した半世紀以上の時間を利用して、わたしはケ

親指トム将軍とラヴィニア・ウォーレン
同時代の宣伝写真（サーカス・ワールド博物館）

ーキの上に残った最後のひとつの空白を埋める人物にリア・グラフ、本名シュワーツを指名したいと思う。彼女は一九三三年六月には身長二七インチ〔約六九センチ〕の「ぽっちゃり型のつりあいのとれた体つきをしたブルネット」だったと表現されている。その時、「青いサテンのドレスに花をつけ、赤い麦藁帽をかぶって着飾った」彼女は、上院金融通貨委員会で証言をしていたJ・P・モーガンの膝の上に突然、乗せられるはめに陥ったのである。それは当時出演していたリングリング・ブラザーズ・バーナム・アンド・ベイリー・サーカスとはずいぶん違った舞台であった。この悪戯がサーカスのPR担当者の考え出したものだったのか、それとも、すでに当時から卑劣であるという伝説のできあがっていたこの資本家の顔にさらに泥を塗ろうとたくらんだどこかのリベラル派新聞記者のしわざだったのか、それはいまだにはっきりしていない。

しかし、もしこの後者だったとすると、記者の戦略は不首尾に終わったことになる。というのは、結局、モーガンはほとんど初めてのこととして何やらいいおじさんのような、少なからず人間的な人物として人の目に映ってしまったからだ。この経験について後に、「尋常でなく、若干不愉快だった」と語ったのではあるが、不意を突かれた時の彼は、国にとっては悪父のような存在だったにもかかわらず、優しいおじいさんのようにふるまった。「きみより大きい孫がいるんだよ、わしには」というのが、最初のせりふとして報道された。そして最後のせりふ――報道カメラマンたちがリアに帽子をとるよう促した時――は、「すてきな帽子なんだからとることないよ」というものだった。彼の本当の「孫娘」が、成人した小人であることがわかると、この場面の情感と滑稽感はいやましに高まり、また、奇妙に抑えられていた性的な含意も強調されることになった。けれどもいずれにせよ、J・P・モーガンにとって、それ以上失って困るものは何もなかったのである。

ところがリア・グラフにとっては逆だった。この事件に引き続く報道自体が彼女をショウ・ビジネスから追い出し、生まれ故郷のドイツに追い返した、という、あれ以来たえず感傷的な記者たちが述べてきた説にわたしはくみしない。けれども、もともと性に合わないとおそらく感じていたこのキャリアをやめるべき時がきた、とい

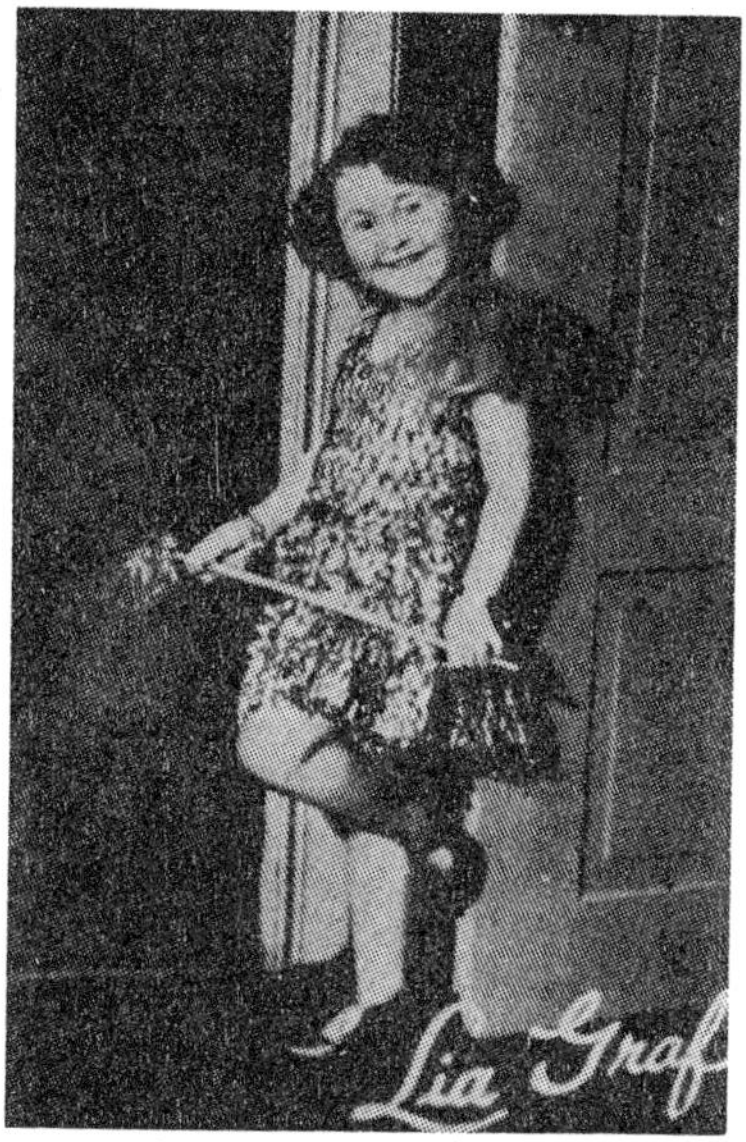

ルシア・サラーテ，最も小さな婦人◀，J・P・モーガンの膝にすわった小人リア・グラフ▶
いずれも同時代の宣伝写真（サーカス・ワールド博物館）

う徴としてこの事件を受けとったことはありうるのではあるまいか。理由はともかく、一九三五年、ヒトラーが母国を掌握していて、そのうえユダヤ人の血を半分もっていたにもかかわらず、彼女は合衆国を後にした。ユダヤ人であったばかりでなく、小人でもあったがゆえ、リア・グラフの運命は決まっていた。一九三七年、ドイツでフリーク・ショウがすべて禁止されたのに引き続いて、彼女は「無用の人物」として逮捕された。そして、一九四四年、アウシュヴィッツに移された。そこで例のプラハから来た悪名高きディナ（ディナという人物の存在をわれわれが知っているのは、戦後にそれを語ったユダヤ人医師がいるからなのだがディナ自身もこの医師と同様に助かろうとしたユダヤ人だったのかもしれない）が、本人の死後、人種庁に送るためにリア・グラフの頭や鼻のスケッチを描いたというのはありそうなことである。とにかく、確かなことは、それ以後、彼女について耳にされることは一切なかったという事実である。

小人一族の長い歴史の中でもリアの場合ほど極端な例は数少ない。実際、ヒトラー下のドイツにおいてさえ、難を逃れたユダヤ人の小人もいた――生きのびてイスラエルに移住した有名なオヴィッチ家の場合などがそうだ。けれども、たった一度であれ、リアの死のような事件が起こりうるという事実は、あらゆる場所、あらゆる時代のすべての小人のおかれてきた状況――彼らのおかれた特殊な地位と高い可視性に発するねらわれやすさ――に異なった光をあてることになる。そして、私見によれば小人のいない未来――ジェフリー・ハドソンもリチャード・ギブソンも、親指トムもラヴィニア・ウォーレンもいない未来――というのはその分だけ驚きとウィットを欠いた未来だと思うのではあるが、それでいて、彼らが自らを「ノーマル化」したいと欲し、実世界における彼らの行動のみならずノーマルたちの目に映る彼らのイメージさえもあらかじめ決めてしまうことで彼らの生を――少なくとも彼らのうちの最も繊細なものたちの生を――歪めてきたステレオタイプ化を逃れたいと欲するのは大いに理解できるのだ。『烙印《スティグマ》』という題の研究の中で、アーヴィング・ゴフマンは烙印を押された者たちがいかにして期待される像を演じるかを論じており、次のような例を引いている。「ある小人の場合はこれの極めて哀れな例である。彼女はたいへん小さく、身長は四フィート〔約一二二センチ〕ほど、それでいてこのうえなく教養高い人だった。ところが、人前に出ると〝いわゆる小人〟像の枠からはみ出すことのないよう万全の注意をはらい、中世の宮廷以来、愚者の特徴とされてきたあの、からかうような笑いや、素早いおかしな身のこなしをそっくりそのまま使って愚者の役割を演じたのである」。

従って、前に述べたような望みが遅かれ早かれ政治的な形で現われてくるのは避けがたかったのである。ヨーロッパが第二次世界大戦に向けて態勢を整えつつある頃、つまり、ちょうどリア・グラフが収監される直前にブダペストで開かれた国際会議がその最初の現われだった。フリークたちが初めて自らを「抑圧された少数者《マイノリティ》」と定義し、初めて完全な市民権を要求したこの会議が中央ヨーロッパで開かれたのは、実際、実に適切だった。そこは昔から、フリーク蒐集家たち最大の漁場だったのだから。事実、パプリカがこの地域で一番好まれる香辛料であり続ける限り、母親たちは怪物を産み続けるだろうとする「権威筋」も今なお存在するのである。けれども、人間以下の扱いはもはややめようと初めて要求したのが、たえず人間異形の最前列にいたドワーフとミジェットたちであったことは、なおさら適切なことだったと言えよう。

そのような要求が出されてからすでにほぼ四十年が経過したわけだが、われわれノーマルたち――問題の解決は主にわれわれにかかっている――がどれだけその要求に応えるべく動いてきたかを述べるのは難しい。同情はどこでもかしこでも頻繁に口にされてきているが、古くからの恐怖感というのはなかなか消えないものであり、それが寓話や冗談に姿を変えて隠されている場合はなおさらだろう。そして、昔からの神話にとってかわる新しい神話が作られるまで、何事も根本的には変わらないのではあるまいか。が、その一方で、ドワーフやミジェットたちがいつまでもまわりの生命世界との体位の不釣合を気にせずにすむようにと、見栄えのいい象徴的な行動が若干はとられてきている。たとえば、大小さまざまなサーカス人が避寒地としているフロリダ州のギブソンタウンでは、郵便局に小人用の高さのカウンターが作られている――これは新世界におけることの始まり方としては奇妙なものである。旧世界においてはそのかなり前から、彼らの、より切実な必要を満たすための処置がとられていたことを思えばなおさらだろう。少なくとも、ローマに住むある友人はわたしにそう語ったものだが、その彼は二十年ほど前、第一次世界大戦以前には小人用の売春宿として使われていた(と彼は誓って言った)この町のある邸宅《パラッツォ》にわたしを案内してくれたのである。

他方、小人による小人のための政治的・教育的活動は続けられている。盛んなのはドイツとアメリカ合衆国だが、この後者ではアメリカ小人間法人(Little People of America, Incorporated)が新たな要求の立案・普及に努めて活発な活動を見せている。その第一の要求は組織の名称に含意されている。つまり、彼ら自身を指す非神話的な呼び名――少なくとも「ドワーフ」「ミジェット」「ピグミー」などのことばのもつ危険な含意から自由なもの――と彼らが考えるものに関することだ。それを前提として、彼らの求めるのは、彼らの手の届く水飲み場・小用便器・電話の設置、大きさに合った安い既製服、現在はノーマルたちによって占められている職業における機会均等、特殊職業訓練、そして特に、小人症の原因およびその可能な「治療法」究明のための大規模な医学研究などである。もっと最近のことだが、これに対応するドイツの組織は、大きい人間たちの必要にあわせて作られた世界に適応してやってゆくための余計な出費の埋めあわせとして、税の控除もしくは完全な免税を求めてきている。

これを書いているちょうど今も、AP電は次のようなニュースを伝えている――フランスでも、ジャン＝ブリス・サン・マカリーという名の成功した法律家で、四フィート五インチ〔約一三五センチ〕の軟骨発達異常症患者であるとともに「登山家で射撃の名人」でもある人物が、自らの苦悩の正直な記録を書くことで「フランスの小人十万人」を苦境から救い出そうと計画しているというのだ。続けて語るところによれば、「それから政府および法務省にいる人脈を使って、国家によるしかるべき公認を受けた小人団体を結成したい」という。このような努力へと彼を向かわせた原因はどうやら、芸術界における動向、ことに、最近パリでひとりの女性と十八人の小人の主演によって上演されたオペラ『テュランドト』の翻案作品が一般の高い評価を受けたことであるらしい。

しかし、いずれにせよ、より古くから結成されているLPA（アメリカ小人間法人）の最も激しい調子のプレス・リリースにおいてさえ、わたしはある種の敗北主義を感じないわけにはいかない。まるで彼らのスポークスマンまでもが、小さな人間たちの母集団がいかに小さなものであるかを忘れ去っているかのようなのだ。小人の個人個人は、抑圧の悪しき時代にはきわめて可視的な存在であったのだろうが、団体組織になってみると彼らは、たとえば黒人、インディアン、ユダヤ人のような烙印を押された少数者や、心臓病患者、癌患者、筋ジストロフィ患者といった病に苦しむ少数者の中にあって、すっかり影が薄くなってしまうのだ。小人たちは、実際には、彼らの自意識の中では、このふたつの少数者カテゴリーの中間に位置している――彼らを他者の世界に亡命している「古代の人々」として見る文学伝統があるかたわらで、彼ら自身は自分たちを化学療法やホルモンの助けが必要な患者として見る傾向があるからである。アメリカ合衆国に住む小さな人々の総数がいくらであれ（そしてその数を定めるのは難しい)、六〇年代初めに出発した彼らの運動がテキサス人リー・キッチンズの主導のもと、ピークを迎えたかに見えた六〇年代末に至ってなお、組織に加入していたのはわずか七五〇人だった。この他に、シンパもしくは同調者と呼びうる人が千人ないし千五百人ほどいたかもしれないが、小人たちの大半は、オルグの呼びかけをプライヴァシーの侵害、あるいは、まわりの世界に対してそれぞれが個人的に行なってきた困難な適応の努力に対する脅威として感じていたのである。そのうえ、たとえ仮に、四フィート一〇インチ以下の男女数万人が声高な二千人と声を合わせたとしても、平和と平等を求める数百万人の学生の声、政治権力を求めて叫びをあげる更に数多い数百万人の黒人の声、また、抑圧された最大のグループである女たちの大声のただ中にあって、誰が彼らの声を聞き届けえたであろうか。

けれども、LPAは小人という小さな少数者グループの中の更に小さな少数者グループの必要を満たしてはきたようだ——すなわち、おそらくその大半がノーマルの大きさに一番近い者たち、言ってみれば背丈が四フィート〔約一二二センチ〕をちょうど超すぐらいで、政治的というよりも社会的な望みを動機とする者たちの小グループである。一九六八年にラトガース大学の社会学者が発表した研究によれば、自らをフリークと同定することに関して大半の小人たちの抱く抵抗感——それは彼らのノーマルの親たちによってはなはだしく強化されている——を乗り超えさせ、また、そうすることによっておそらくはより大きな共同体から自らを永遠に切り離させうるのは、そのような個人的な動機のみなのであるという。

このように自らをフリークと同定して意識することにより、人によっては望ましい結果が得られている。それによって「夫を見つけることができました」とある人はインタヴューに答えて言っている。また、「体が大きいからといって他の人を怖がることはないんだってことを学びました」と別の人はインタヴュアーに答えている。けれども、人によっては、それが全く正反対の効果を示し、土壇場でのしくじりのような結果を生んでいる。つまり、同類の小社会の中で社会的にうまくやっていくのに失敗した結果、「フル・サイズ人間の世界でうまくやっていけないことに関するふだんからの心理的合理化」が無効になってしまうのである。ただ、彼らの勝ち得たものがいかにつつましくとも、またいかに失敗が数多くとも、さらには、こんな試みに加わった人の数がいかに少なかったにせよ、彼ら小さな人々は、自らを非神話化しようと試みた初めてのフリークたちとして永遠に記憶されることだろう――これはあるいは、望ましい規範からの逸脱者の集まりという神話から、抑圧され烙印を押された少数者という神話への、再神話化と呼ばれるべきかもしれない。ゲットーに隔離されていた千年を経た後、彼らは「一体化したユダヤ人に次いで最も結束の強い人間集団」になろうという夢を大胆にも抱いたのである。

ユダヤ人と小人！　彼らの歴史を追ってゆく過程でこの両者の結びつきは何度、ユダヤ人で非小人であるわたしの脳裡を去来したことだろう。リア・グラフとディナの場合や、組織化以後の小人たちの苦しみを初めて研究した例の社会学者の場合だけでなく、あるきわめてヴィヴィッドなエピソード、たえず悩まされてきているにもかかわらずこれまでわたしが書き記すのを控えてきたあるエピソードにも、この両者のつながりが姿を見せているのだ。ジョセフ・ボルラスキはフミエスカ公爵夫人のお気に入りとして過ごした若き日々（時は十八世紀中葉、当時彼はおそらく十五、六歳）のことを書きとめた手記の中で、まさにわたしの先祖の出身地であるポーランド東部の「貧しい哀れなユダヤ人たち」との出会いを語っているのである。それを書き記せるようになるまでには何年もの歳月――亡命と放浪の歳月――がたっているのだが、彼は、自分と公爵夫人が適切な宿泊場所のない「哀れな村々」を通りがかった時、不潔な壁をタピストリーで蔽って寒さをしのげる場所をふたりに提供すべく、鞭打たれて家畜小屋から追い出されていた悲惨なユダヤ人たちに対する同情を、意を決して表明しているのだ。

このような、人を狼狽させる挿話があるにもかかわらず、この両者をつなげること、比較することは、わたしには適切であると痛感される。記録に残された彼らの五千年にわたる歴史をふりかえってみる時、わたしには、小人は本当の意味でフリークの中のユダヤ人であるように思われるのだ――つまり、最も優遇され、成功を収め、最もはっきりと区別され目立つ人たち、それでいて、まさにその同じ理由によってゴシップや通俗ジャーナリズムの中のみならず、時の経過に耐える芸術作品、西洋の偉大なる本、偉大なる絵画の中でも最も恐れられ罵られてきた人たちなのである。言ってみれば彼らは「選ばれし人々」だったのだ、そしてそれはとりも直さず選ぶことのできない人々ということだ。けれどもその彼らも、ちょうどイスラエルの子供たちと同じように、ようやく選択することを選びとり始めたのである。とすると、ヨーロッパの大宮廷の裏口をぬけて抑圧からの脱出を開始し、アメリカのショウ・ビジネスで繁栄してきた彼らが、相互防衛、問題意識の昂揚と社会行動のための組織化において牽引役を果たすのは、なんと適切なことであろうか。

もし、一部のユダヤ人と同様、彼らの一部の人たちがまわりの「ノーマル」世界の中にまぎれこんでしまいたいと望むのだとしたら、わたしにはそれもまた、結局は適切でふさわしいことだろうと思われる。わたしは、彼らが機会均等や統合化の要求をある一定限度内で抑えておいてくれまいかと望んできた者である。つまり、「怪物」であることをやめてからもなお小人ではあり続けてくれるようにと。それだから、彼らが他の人すべてと同じになれるよう医学に期待をかけているという事実は、わたしに抗議の叫びをあげるよう強いる。しかし、わたしにはそんな抗議をする権利のないこともわかっている——他者の大きさに合わせて作られた世界の中でわたしが右往左往した経験というのは、子供時代のごく初期と大人になってからの時たまの悪夢の中でだけなのだから。そして、そんな悪夢からは夜明けとともに醒めることができてしまうのだから。

3 巨人の夢

巨人《ジャイアント》という存在は、夢を見たりお伽噺を聞かせたりということが始まった時以来、ずっとその中に登場してきている。典型としては、子供の敵という姿をとる。その運命はあらかじめ定められているのだが、それでもやはり恐ろしい存在であることには変わりがない。読み進んでゆくにつれて、連中に脅かされる少年を待ち構えているのがハッピー・エンドであることはわかってくるのだが、それでいて、そんな物語を自分の子供にあらためて読み聞かせる時、今なおわたしたちは隠れてこんな鼻歌を耳にするジャックと一緒になって震えあがってしまう――

フィーフィーフォーファム
イギリス人の血の匂いがするぞ、
生きていようと死んでいようと
骨を挽いてパンにしてやろう。

われわれは一瞬たりともこの過剰な成長をとげた仇敵の立場に身を置こうとは考えない。われわれは意識の深奥では永遠に子供のジャックなのだ。また、時折、お伽噺の中に出てくる善良な巨人の場合でさえ、彼と同一化するのは難しい。小人の場合なら、一番邪悪な小人とさえ、われわれは同一化しがちであるのに。これはかなり自然なことではあるだろう。というのは、われわれは誰しも、身長二フィート〔約六一センチ〕以下だった時代があるわけだし、長生きをすれば、再び背が縮む時がくるのだから。けれども、身の丈一〇フィートになった自分を想像するのは、ドラッグによる狂いに狂った陶酔の中でだけなのである。

それゆえ、より洗練されたフィクションの中においてでさえ、巨人たちは非友好的な他者として描かれ、たとえば、ダンテの中では、天国や煉獄ではなく唯一、地獄にのみ現われてくるのである。そこでは、ちょうど幼少

棍棒を持つおとぎ話の人喰い鬼　J・D・バッテン画

ジャックと巨人　J・D・バッテン画
いずれも，J・ジェイコブズ編 *English Fairy Tales*, 1898 より

時代のわれわれの上に塔のようにそびえ立ち、悪意でなのか善意でなのかはいつもはっきりしなかったけれども、時折身をかがめてはその巨大な手でわれわれを拾いあげたあの暗い怪物たちのように、エフィアルテスとアンテイウスがふつうの人間の大きさをした主人公たちの上に不気味に迫ってくるのである。わたしたちは自分が人の親になる頃までには、おそらく、わが父たちが必ずしもいつでもわたしたちの敵ではないということを学び知るようになっているものだ。けれども、確かに彼らはわたしたちの最初の敵ではあったのであり、あるレベルでは、最後までそうあり続けるのだ。

他の文化においては事情が違うこともあるだろう。北米のインディアンたちは、巨大な、しかし親切な人間の保護者に関する物語を話し伝えている。また、ヨーロッパ文学の中にも、おじさんのような善き巨人もいることはいる。たとえば、ラブレーのガルガンチュアとその息子の場合がそうだ。けれども、ラブレーがこのふたりの巨人を、気高い心をもったいたずら好きの大食漢ヒューマニストへと転じて描く前の、民間伝承におけるプロトタイプがどういうものであったかは、何とも言いがたいところだろう。それに、そういう新しい性格づけをもった彼らが存在するのは、教養ある人たちにとってだけなのである。今日でさえ、フランスの通俗的な伝承の中には、ガルガンチュアの双子の兄弟とでもいうべき暗い側面を代表するイゾールという名の全く異なった巨人が出てくるのだ。彼はお化けの巨人で、すでに死んで墓に入れられているのだが、なおも怒りをなだめてくれるよう要求してくる——どうやら、死せる父も儀礼を通じてなだめられてのみ良き父でありうるという考えがその底にあるように見える。

さらに言えば、ルネサンス以後の西洋に最も深い影響を与えてきた諸伝統——ギリシャ、ユダヤ、そしてノルド文化——は、いずれも、家父長的な性格をもつ怪物的な巨人の部族を全滅させた後に初めて人間文化が始まったとしている。そして、今でもヨーロッパやアメリカの子供たちの一番好きな巨人物語は、そのような巨人殺しの象徴的な話であり、そこでは、敵なる父はその最盛期において、実際の息子もしくはその代理者としてのプス・イン・ブーツやリトル・テイラーなどの人物によって挫かれねばならないことが暗示されている。けれども、少年は力によって勝つことはできず――それでは巨人の土俵に立つことになってしまう――、狡猾さもしくは機転によって、あるいは、フロイトの心を満足させたであろう理由に基づいて、巨人の不忠な妻の助けを借りて勝つのである。そうしてジャックは人喰いを習いとする敵に勝利し、ダヴィデはゴリアテを屠り、オデュッセウスはポリュフェモスの目をつぶし、挫くのである。

確かに巨人と出会う時点でのオデュッセウスはすでに成長した息子をもつ白髪まじりの老兵ではある。けれども、キュクロプスにとっては、「役立たずの無力なちびすけ」なのである。それゆえ、わたしたちはそういう存在――裸で武器もなく、明らかに劣勢に立った、子供の代役となるにうってつけの人物――として彼を記憶にとどめるのだ。ところが都合の悪いことに、ホメロスの中の巨人は、彼を裏切る心優しき妻をもたず、酒の酔いに意識朦朧となるだけであるため、死にはしない。が、それでも、オデュッセウスの物語はそれ以後のどのギリシャの物語よりも原パターンに近いものをもっている。たとえば、ヘラクレスの戦いはいずれもこの闘争の原型からはずれている。アンテイウスとの戦いでさえ、その母である再生力をもった優しき大地《ゲー》が敵側についてしまっているのだ。それに、ヘラクレス自身がすでに巨人であって、確かにその七フィートほどの背丈は超特大の敵役たちと比べれば小人のようなものではあるが、とうていジャックの役割を果たせはしないのである。

妖精物語《フェアリー・テイル》の神話的パラダイムを知るためには、ギリシャ人たちの前史に遡るだけでなく、言ってみれば前神話にまで戻らねばなるまい。すなわち、タイタン族クロノス＝サトゥルヌスの血まみれの伝説へと。クロノス＝サトゥルヌスは、ポリュフェモスやジャックの巨人と同様、人喰人種であったのみならず、ふつうの大きさをした自分の子供を食べようとするのを、ちょうど後者の場合のように、妻の手によって阻まれるのである。また、サトゥルヌスは、自ら食おうとする息子と大きさの点でしか違わないとして描かれているのに対して、ポリュフェモスは二重の怪物として、つまり、単眼であることによって異なった種類の生物であるとして描かれている。

悪父的人物を、人間らしさにおいて希薄に描くことで遠ざけ、あるいは隠すというこのような試みは、ギリシャ、ユダヤ両方の神話の中に見出される。例をあげれば、ヘラクレスによって退治されたもうひとりの巨人、ゲリュオンは頭が三つあったのだし、オリュンポスに攻撃をしかけてきたタイタン族の三兄弟——ブリアレオス、コットス、ギガス——は五十ないし百本腕があったのだった。また、ダヴィデのゴリアテは大きさにおいてのみ奇形的であるわけだが、彼には怪物的な分身がいる（ダビデの分身によって退治される）。さらに、聖書の列王紀下にはこういう記述がある（訳註・実際には「サムエル記下」）。「そしてガテの地にて再び戦さがあった。そこには巨大な体をした男がおり、彼の手には指が六本、足にも六本、あわせて二十と四本指があった。そしてその彼がイスラエルに戦いを挑むと、ダビデの弟であるシメアの息子ヨナタンが来て彼を殺した」。

十三世紀になってダンテが地獄の従者のひとりとしてゲリュオンを作り直した時には、頭はひとつとされたが、その頭には（やはり人肉を喰らった伝説的なマンティコラにならって）蛇の胴がくっついているとされ、その端は蠍の牙になっていた。そして、宇宙旅行の時代の接近につれて人々が未だ探険されざる諸惑星に巨人たちの新たなすみかを空想するようになると、エドガー・ライス・バロウズが火星に身長一六フィート（約四メートル八八センチ）、緑色で六本腕のある生物を住まわせたのだった。

ところが、巨人を描いたヨーロッパ最大の画家ゴヤは、十八世紀に、大きさにおいてのみわれわれと異なるものとして彼らを描いた。彼のカンヴァスには、市場や宮廷に立つせむしの小人やアザラシ肢患者から、彼自身の悪夢に発する悪魔や怪物まで、様々な怪物的な生物がところせましとうごめいている。それでいて、彼の巨人たちは大きさ以外いかなる奇形性も付与されていない。何百フィートもの上背があり、そんなのにぼんやりとしていて、重さを欠いた彼らは、戦場や畑やひしめきあった都市の上に、まるで集団的な幻覚のようにそびえたつのだ。そういう具合に、フリーク見世物師の肖像でも古代寓話を召喚するものでもない彼らは、歴史においても神話において誰と特定することができない。単に「巨人」「巨像」「幻想的なヴィジョン」などと名づけられた彼らは、明らかに個人的な恐怖感や罪責感の投影なのである。

しかし、ゴヤも一度だけ神話に頼ったことがあった。それはおそらく、自らの息子を喰らうクロノスの神話の中に、彼自身の恐怖感に見合った恐怖のヴィジョンを見たからだっただろう。絵に描かれた場面は、犠牲者となった子供の頭が血をしたたらせる人喰人たる父親の口の中にのみこまれた瞬間で永遠に止まっている。その後に起ったこととして神話が語っている救出や、この蛮行に至るまでの経過などを暗示するものは一切描かれていない——未来も過去もなく、静止した耐えがたい苦痛の現在だけなのだ。われわれは誰でも苦しい眠りの中でそう

ダンテとヴィルギリウスを
下に降ろすアンテイウス
ドレによるダンテ『神曲』への挿画（19世紀）

した時間を生きたことがあるだろうが、ゴヤの場合ほどヴィヴィッドに、かつ憑依されてそれを生きた人はおそらくいまい。しかも彼の最後の運命はこの絵の中に不吉にも予告されていたのである。すなわち、彼の遺骸は今日まで、頭を欠いたまま墓に眠っているのだ――死の直後に、まさにこの絵に触発されたどこかの精神病質者の手で（に違いない）首を切除されたのである。けれども、この絵を前にする時、あるいは単に頭の中に思い浮かべる時、われわれは一瞬であれ、彼が夢に見て描いた巨人に罰されたのだと考える誘惑に逆らいえない――でたらめな話を告げ口してまわり、それによって、わたしたちが三千年もの間、悪い夢をやわらげるためにつけ足してきたハッピー・エンドの粉飾を奪いとったが故に罰されたのだと。

　ゴヤのこの絵を長くながめたことのある人は、それを容易には忘れられない。それでいながらこの絵は、ベラスケスをはじめとする十七世紀の宮廷画家たちのカンヴァスが小人たちに対してなしたようなことはしなかった――つまり、われわれが巨人たちを見る不変のイメージを固定しはしなかったのだ。実際、画家の中で彼の後を継いだ人は少ない。それは彼の描く巨大な図形が生きた現実ではなく古《いにしえ》の幻想を表わしているからであり、またそれを表現するには文学、とりわけ通俗的な物語という、よりふさわしい表現メディアがあるからである。それに加えて、われわれはふつう巨人たちを、子供時代の思い出に、あるいは人類の前史時代――おそらくグリム兄弟の黒い森が一番うまく表現しているある過去の時代――に属するものと考えるのだ。

　けれども「巨人《ジャイアント》」ということばはギリシャ語源をもち、彼らの種族を指すのに一般的に使われる「タイタン」(Titan)「コロッサス」(Colossus)や、地下界の王オルクス(Orcus)からくる「オーガー」(Ogre)でさえ同様である。そしてドイツ語のRiese（大男）をも巨人と翻訳することで――ジェームズ王版聖書ですべて一様に「巨人《ジャイアント》」と訳されているヘブライ語のGibborim, Nephilim, Rephaim, Anakim, Emim, Zamzummin の場合とよく似ている――、わたしたちはそれをもオリュンポスの神殿を攻撃した野卑で不敬な生き物たちの同類であるとしてしまう。けれども、ギリシャの伝説の中では、巨人たちはすべて兄弟とされ、ウラノスが息子のクロノス（彼は自分

ゴヤ『アスモデウス』(1821—23)

ゴヤ『巨人』(1808)

ゴヤ『わが子を喰うサトゥルヌス』
(1821—23)
(いずれもプラド美術館)

の子供たちを全員食い殺そうとし、それを逃れたゼウスによって廃されることになる）によって去勢された瞬間に飛び散った種で大地《ゲー》が身ごもり、それによって彼らは生まれたとされている。夢の中では同時に生起することが、神話の中では時間の流れの中で継起するものとして描かれている――去勢・人喰い・反乱・暴力・復讐・罪責感・再復讐に対する恐怖、これらはいずれも、悪夢の中における神々と巨人たちと人間たちの争いで表現されているものだ。これは普遍的な幻想《ファンタジー》と言うべきであって、新たな神話の中に容易にあてはめられる。たとえば、中世キリスト教徒たちは、オリュンポスを襲ったヘラスの巨人たちと、旧約聖書の「地上の巨人たち」（エホバと争った堕天使たちが人間の女たちに生ませたとされる）とを同一視するのにほとんど困難を感じなかったのである。

　ダンテをとってみても、「剛腕の狩人」でありバベルの塔の建設者であるニムロッドを、「いまだにヨーヴェが雷を鳴らすことで脅しつける凶々しい巨人たち」の指導者に変じてしまうことに何の抵抗も見せていない。ヘブライ系のものであれ、ギリシャ系のものであれ、こうした巨軀の怪物たちはすべて、同様に巨大で恐ろしく間抜けなもの、地獄の深淵に立ち並ぶものとされるのである。基本的に無能な彼らは、吠えたり口をもごもごさせたりはできるが、意味の通ったことは言えず、脅すことはできても、危害を加えることはできない。彼らは実際には、悪魔ルシフェル自身の似姿なのである。ダンテはルシフェルも巨人、身長三分の一マイル（約五三三メートル）以上ある超巨人であると考えているのだ。彼はこう言っている。「武器をもった巨人たちよりも、ひとりの巨人の方が御しやすい」。さらに、ルシフェルは神話上の先祖たちの一部に似て、三つ頭をもち、そのそれぞれの口で罪深き人間にかぶりついている――左の口にはブルータス、右にはカシウス、まん中にはユダ――とされる。けれども、ちょうどゴヤの絵の中で半分だけ食われている子供のようにブルータスは永遠に「頭を（口の）中に入れて、足を外に出している」ままであるとされる。神話と歴史と悪夢とがあわさってこれを最大の劫罰の徴とするのである。そうしてダンテの案内役、ヴィルギリウスは言う。「さあ、先に進まねばならぬ、もはやすべてを見てしまったのだから」と。

エディプス的罪悪感と懲罰をめぐる最大の幻想としてのルシフェルは永遠に生き続けるだろうが、ダンテに従えば、「地上には実際の巨人は」もはや存在しない、なぜなら、「ふつうの人間がねじり殺されてしまうような、そんな生き物を生み出す術を自然は……放棄してしまった」のだから。しかし、誰もがダンテのように本ものの巨人は過去にのみ属するとすすんで認めてきたわけではない。それどころか、ルネサンス後期の一部の権威ある見解によれば、ピグミーの住む土地は発見されないかもしれないが、巨人の住む国は数多くあると主張されているのである。巨人の存在が再び信じられるようになった責任の一半は、マゼランの航海を記録したピガフェッタにある。彼は南アメリカの南端にあるサン・フリアン湾で、スペイン人の船乗りたちが腰のあたりまでしか届かないほど背の高い原住民の一団に出くわしたと報告しているのだ。そして以後四世紀にわたって他の探険家たちもこの報告を正しいとして裏付け、「パタゴニア人」の身長は一〇から一二フィート、あるいは一二フィートほどもあろうと推定され続けたのであった。

近年になって信頼できる研究者たちがテウェルチェ族インディオたち——と神話色薄い名前で今では呼ばれている——の体位を、出会いの瞬間に驚異と陶酔のうちに目算するかわりに実際に計測することで、ようやくこの物語に終止符を打った。彼らの平均身長は六フィート四インチというつつましやかなものであることがわかったのだ。これはアフリカのワトゥーシ族よりも若干小さいことになり、このワトゥーシ族でさえ、伝説的な巨人族と見なされうる資格はないのである。ただ、パタゴニア人たちは発見からの五百年間のうちに縮んだのかもしれないと述べる人もいる。つまり、創造以来ずっと縮んできているとされる全人類と歩調を合わせてということだ。

その当否はともかく、『創世記』の作者たちはこの説を信じていたようであるし、数世代前には人間ひとりで容易に扱うことのできた岩を持ちあげるのに自分の時代になると何人もかかったと記録しているホメロスも同様である。また、プリニウスもそれに声を合わせて、「体格は全般に、日に日に小さくなってきている……それは、時代が今突入してきている危機、すなわち動乱によって精子の生殖力が衰えてきているからである」と『自然誌』

の中に記している。十八世紀になると、キリスト教徒の学者たちはわれわれの縮小のペースを正確に割り出そうと努力し、アダムの身長がほとんど一二四フィート〔三七メートル八二センチ〕、ノアは二七フィート、アブラハムは二〇、モーゼはわずか一三、などとお互いに満足がいくまで証明してみせあっていたものだった。彼らの議論によれば、もしもキリストの到来によってこの縮小の過程が奇跡的に止まらなかったならば、われわれは全員いずれは消滅してしまったはずなのだった。

けれども、信仰からくるこうした議論はもはや通用しなくなっており、さらに最近の調査によって、長いことこの説の証拠とされてきた化石化した骨の一部が、人間ではなくマストドンや恐竜の残したものであることがわかってきている。それどころか、最も古い真正なヒト、もしくはヒト科の生物の化石は、われらの一番遠い祖先がわれわれよりも大きくはなく、むしろ小さかったことを示しているのだ。たとえば、二百万年前に遡る北京原人は五フィート〔約一五三センチ〕よりもかなり小さかったようだし、それよりさらに百万年古いものとして最近エチオピアで発見された骨格は、身長三フィートをわずかに超す程度より大きくはなかっただろうとされている。そして、ひとたびホモ・サピエンスへと進化すると、ヒトの身長はどうやらずっと一定であり続けたようだ。そして、つい一、二世紀前から、われらの種は、民間の説に反して、縮むのではなく大きくなりはじめたのである。

小さすぎて今では十二歳の子供でさえ着られないほどの鎧装束がヨーロッパの博物館に飾られてあるのを目にする時、今なおわれわれはなんと大きなショックを受けることか。そして、こんなものを着ていたちっぽけな戦士たちの中では、たいしたやつでなくても簡単に巨人《コロッサス》として通ったはずだな、とわれわれは考えてしまう。その逆に、現在のアメリカ人の間で巨大に見えるためには、本当にかなり大きくなければならない。今生きている世代は、その親や祖父母の世代より大きいばかりでなく、近代医学や食習慣によって、彼らよりさらに大きく育つ世代、さらに早く成熟し、さらに速く走り、高く跳び、長く生きる世代が生まれてきているのを知っているのだ。そのうえ、他の時代だったら大きすぎる怪物と見なされたはずの連中がフットボールのフィールドでぶつかりあい、あるいはバスケットボール・コートで相手よりさらに高く跳ぼうとしているのを毎週毎週見るにつけ、人間の大きさの感覚は変わってきているのである。

遅くとも古代ローマ時代以後から、平常を超える大きさの人間は、アレーナや競技場や円形闘技場で衆目にさらされてきている。けれども比較的最近まで、それは模範としてではなく、フリークとしてであった。たとえば、わたしの覚えているところで、ヘビー級のボクサーだったプリモ・カルネラがいる。身長はおそらく六フィート七、八インチ程度にすぎなかったが先端肥大症だった彼は、まるで巨人《オーガー》のように不器用でかつ間の抜けた脅威をもっていたものだが、それゆえ、観衆は、より小さい、より人間的な対戦相手が彼を倒すようにと声援したものだった。わたしは競技生活末期の彼を生で見たことがあるが、すっかり体が思うようにならなくなっていた彼は、飛び入り自由のレスラーとして国中を巡業しては、まるで小人じみた相手を跳ね飛ばしながら、いずれ必ず訪れるに違いない敗北へと歩を進めていた。わたしは当時五、六歳だった息子と一緒で、彼は、ついに巨人が地面に貼りついた時には他の人たちと一緒になって喚声をあげたが、その後で、すっかり打ちのめされて血を流し、泥酔している彼に廊下で出くわした時には、声をあげずに泣き出したものだった。その時の巨人は、どういうわけか、いやさらに大きく、まるで哀れなポリュフェモス自身であるかのように見えた。わたしの横にいた幼い少年の心を動かしたのがどんな罪悪感、自責感であったかは神のみぞ知るだが、ひょっとすると、わたしと同様、夢の神話解体に衝き動かされていたのかもしれない。

その時からすでにわかり始めていたことなのだろうが、カルネラの件にとどまらず、すべての巨人たちは怪物や驚異として受けとられなくなる間際にあり、もし七フィート六インチ〔約二二九センチ〕以下で敏捷に動くことができれば、単なる運動選手、ワン・シーズンのヒーローにすぎなくなりつつある。八フィートに近い者たち――従って、立ちあがって自らを人に見せるのがやっとである者たち――でさえ、現実における神話的な恐怖の体現者としてよりは単なるパフォーマーとして見られている。そして八フィートの大台を超えた者はなんと少ないことか——それはおそらく信頼できる記録が残されるようになって以来、世界中でも十指に満たないはずだ。だとすると、理性を越えた部分のどこかでわれわれがいつまでも、過ぎ去りし時間あるいは未だ探険されざる空間のどこかに、大人のわれわれが小人に見えてしまうような（ちょうどわたしたちが子供の時分の親たちのように）巨大な人間たちのまる一部族が存在した、あるいは存在するだろう、と期待をよせてしまうのは不思議ではあるまい。

　このような期待はある種の狂気、つまり、証明不可能なことを証明するための手がかりの気違いじみた追求に（そして時にはその捏造にさえ）つながることがある。例をあげるならば、二十世紀初頭、ある令名高い人類学者はこう主張したものであった。すなわち、時折ノーマルの親から生まれる巨人たちは、記録された歴史が始まる以前にホモ・サピエンスが交接したに違いないある巨人族から受け継がれた劣性形質が表面化したものなのだ、と。また、しっかりと現代になってからも、人間の女たちと交わることで「地上の巨人」を生み出したとされる旧約聖書の「神の子たち」が、実は太陽、あるいは他の星からわれわれを啓蒙しに訪ねてきた異星人《エイリアン》の偉人だったことを証明したと称する怪しげな古代文書解釈がいくつも出てきている。

　こうした研究のうちで一番もっともらしいのは、一九六九年に出版されたルイ・シャルパンティエの『巨人たちと起源の謎』（*Les Géants et le mystère des origines*）だろう。シャルパンティエは神話、民間伝承と考古学に基づいて、次のように主張する。つまり、ヨーロッパで伝統的に巨人（gigantes）として知られているのは高度に進歩した古い文明を代表する人たちのことだったに違いないのだが、言語道断なことに、はじめ彼らから学びながらも後になって彼らを滅亡させ、中傷するようになった地中海盆地のずっと小さな野蛮人たちと混同されるようになってしまったのだ、と言うのである。ストーンヘンジをはじめ、イギリスからイースター島まできわめて神秘的に散在している巨石建造物は——もう一度シャルパンティエの説に従えば——海に沈んだアトランティス大陸からの避難場所なのだという。そして結論として、「知識を通じて人々を導き、支配したこの種族、最初の貴族階級を形成した彼らは、確かにきわめて背が高かった。彼らこそ、〝巨人〟だったのだ……」と言う。この説は、しかし、彼らを、小さいながらも賢い人間たちに対する頭の鈍い敵から、そうした人間たちに対する、知的に秀れた、そして誹謗された受益者に転ずるという点で――たとえそれが大きな人々の現実をついているにせよ――、一般的な巨人殺し神話の土台を切り崩すことになっている。

同様の巨人狂いからより最近生まれた他の試論は、古代神話と近代のファンタジーを折衷することによって、また態のよさを犠牲にすることによって、巨人《オーガー》の典型的なイメージを守り通している。そのような文章のうちで最も魅力的なのはポリー・ジェイ・リーの『巨人――絵で見る巨大人間の歴史』(*Giant: A Pictorial History of the Human Colossus*) だろう。これは、シャルパンティエの本の一年後に出たもので、不注意なミスやパラノイア的歪曲を含まぬ文をほとんど一行として見出せない本である。中味は雑駁で、様々な問題とならんで現代のショウの巨人たちの生き方を扱っているが、人間にはきわめて古い時代から巨大な体位をした亜種が存在し、それはわれわれの文明においても周縁にて生き続けている、という説を補強することに力が注がれている。

この種にはクン＝ル、トク、ジン＝シン (Kung-lu, Tok, Gin-Sing) など様々の名前が与えられているが、結局のところ、アメリカでも昔から新聞の日曜版付録でおなじみの雪男イェティ(彼に関しては最近アメリカで、「ビッグ・フィート」の名のもとで通俗的な映画が作られた)の類以上の何ものでもないことがわかってしまう。リー女史によれば彼らは――名前は何であれ――、何十年とまではいかない昔、ジャワで遺骨が発掘されたギガントピテクス・ブラッキ (Gigantopithecus blacki) の子孫なのだという。けれどもその名が示す通り、この種の発見者であるラルフ・フォン・ケーニッヒヴァルトでさえ、われわれの最も遠い先祖はわれわれ自身よりかなり小さかったことを知っていたため、人間やヒト科ではなく猿として分類していたのである。が、ジャックの人喰い巨人に実際のプロトタイプがいたことをあらゆる断片的な証拠からでも証明してやろうという妄想にとりつかれた人にとっては、すべてが証拠に見えてきてしまうのである。

マゼランの部下たちが、見つけた巨人たちの大きさを誇張して述べた背後にも、これに似た衝動的な欲求があったようだ。もとよりその巨人たちは彼らを食べようとしたりなどせず、小さなヨーロッパ人たちが驚きながら下をくぐれるようにと両腕を広げておとなしく立っているばかりだったのである。また、ときおりサイド・ショウやサーカスで出会う巨人たちに関して、ほとんど喜んで嘘を聞かされたいと思うわれわれの心のうちには、信じがたきものを信じたいという同様の渇望がある。もっとも、そうした場合の巨人たちは、神話に反して心優しい人たちであるばかりでなく、いつでも、わたしたちの神話的欲求に応えるには大きさがたりないのであるが。

もちろん、われわれは他者の大きさ——ノーマルの範囲内の場合でさえ——をメートルやインチなどといった測り方を通じて経験することは決してなく、いつでも自分自身の大きさとの比較を通じて経験するわけだから、どうしても、大小どちらの側に向けてであれ、誇張された形でとらえてしまうものだ。が、巨人たちの場合、われわれは片側に向けてのみ見誤る。それは、彼らを、夢の中あるいは物語の中の巨大な存在たちと同化しようとする傾向が存在するからである。そして、その彼らは、経験的に人間の伸びうる限界とされる九フィート〔約二七五センチ〕のラインを超えていたものだった。アラビアの皇帝からローマ皇帝クラウディウスに贈られたガッバラスの身長は九フィート五インチあったではないか？　また、ペルシャ王がカエサルに贈ったユダヤ人のエリエザルはしっかり一〇フィート〔三〇五センチ〕あったのではなかったか？

九フィートを超えると、われわれ人類が後足で立つようになった時以来、重力に対してなしてきたあまり効率的とは言えない調節が狂ってしまう。たとえば、歴史上記録されている最も背の高い男ロバート・ワドロウの足がきかなくなったのも、まさにこの九フィートにわずかに満たない地点でだった。それでいて、わたしたちはいつでもこの点に関して騙されたがっており、いつでもこの意に喜んで沿おうというプロモーターがいる。これについては、『ギネス・ブック』にのっている表がたいへんためになる。そこには、ショウに出ていた最も有名な巨人たちの、自称の身長と本当の身長が並べて書かれているのである。実際、わたしが見たかぎりにおいて、自

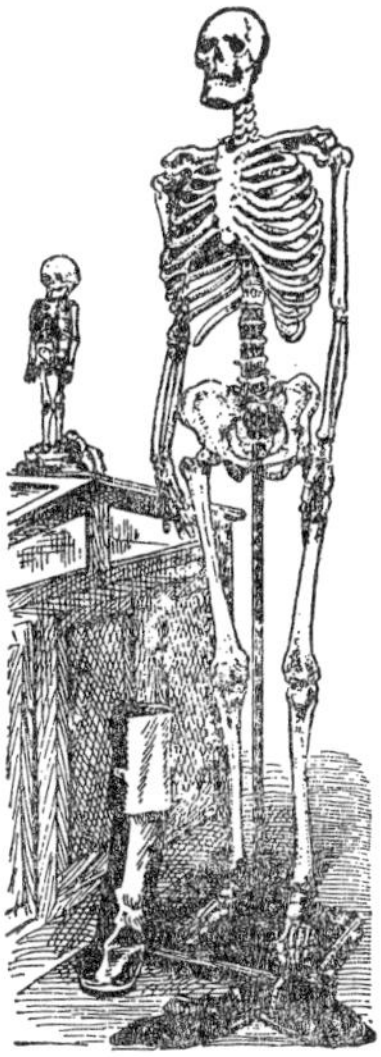

◀巨人詩人ジャック・アール同時代の宣伝写真（サーカス・ワールド博物館）

▶「アイリッシュ・ジャイアント」バーンの骨格
グールド＋パイルの前掲書(1896)より

分の身長に関して、興行主に対してでさえ、本当のことを語って記録させた巨人は――ワドロウはひょっとすると例外だったかもしれないが――ひとりもいない。そしてもちろん、その興行主たちは興行主たちで、観客に本当のことを教えようなどとは思いもしなかったのである。

こうした問題に関して厳しい規準を設けていたバーナムは、七フィート半以下の巨人（男）、七フィート以下の巨人（女）をショウに出演させるのを拒んだものだった。けれども、この規準に満たなかった巨人たちは、良心の呵責を覚えることなく彼に嘘をつき、またそれを証明するために底上げ靴をはいたりしたようだ。であってみれば、総衣装――踵の高いブーツに、そびえ立つがごときシャコー帽やソンブレロ、あるいはかつら――に身を包み、巧みに隠された台の上に立った彼らが、世界中で自分が一番背が高いのだと、観客と一緒になって信じるようになったのも無理からぬことだろう。ナイーヴな者にとっては、演出は錯視ではなく魔法なのであり、サイド・ショウでは、「口上役」も出演者も「かも（観客）」も誰もが、お伽噺を聞くだけでなくそれに参加することまで許された子供になるのである。

まだ自分のことを巨人としては認識するようになっていな

い人が観客の中にいて、自分の見にきた途方もない人間よりも自分の方が背が高いと気づく――こうした出来事は、長い間には必ず一度は起ることだろう。まさに、ジャック・アールはある時、ジム・ターヴァーをひと目見ようとテキサスのエル・パソでバーナム・アンド・ベイリー・サーカスに足を運んだのだが、実際には、ターヴァーの方が三、四インチ彼より背が低かった。しかし、役者が入れ代わり、彼がターヴァーにとってかわって〝本もの〟の――つまりは、その時点での――〝世界一背の高い男〟になると、以前の通りの錯覚が生き続けたのだった。鳴物入りの誇大宣伝がもはや聞かれなくなった今でも、こうしたことがらに関する「真実」はつきとめるのが難しい。たとえば、死後二百年を経た今なお、アイリッシュ・ジァイアントと呼ばれたパトリック・コッターの身長は、はっきりとはわからないままなのである。墓石には八フィート三インチ〔約二五二センチ〕だったと刻まれているが、棺には八フィート一インチとあり、近代の信頼できる伝記作者は七フィート七インチにすぎなかったと言っている、という具合なのだ。

けれども、数値に関するこうした百家争鳴は、誰が誰だったのかというわれわれを悩ます同定《アイデンティティ》の問題に比べればたいしたことではないように思われる。コッターの場合のみならず、かつて一時有名だった巨人たちの大半は、神話的内容からすると相互に交換可能になってしまうのだ。一例をあげれば、五十年の間に「他ならぬアイリッシュ・ジャイアント」という肩書をかたった人物には、主な者だけでも、コッター、ジェイムズ・バーン、コーネリアス・マクグロス、と三人いるのである。そして、期間をもう少し延ばせば、そう主張したマイナーな人物は、ひとりの黒人を含めて、ほとんど一ダースにまで達する。さらにめんどうなことに、コッターとバーンはともに、最初のアイルランド王とされる伝説上のブライアン・ボールにちなんで、「オブライアン」と名のっていたのだった。ただ、『ギネス・ブック』はコッターにのみ、王様にまつわるこの名前を認めており、『国民伝記事典』には、彼のせりふとして、自分は「かの偉大なる大君主と、人格においても外見においてもあらゆる点で類似している」というのが記録されている。

悩みの種はふえるが、存命中のコッターを診察したある医師は、彼が、「類まれな低い額」と「大きな関節」をしており、最終的には「意志薄弱で思慮分別のない人間」で「はなはだしく愚鈍」になっていたと報告している。この点に関しては、彼が唯一の例ではない。マクグロスもまた、中立的な証人によって、「生まれつき不器用」で、「子供っぽい単純な」しゃべり方をしたと報告されている。実際、十九世紀の作家たちは、大半の巨人たちがコッターやマクグロスのように、頭が鈍く短命であると見なす傾向があった。「巨人たちはほとんどの場合、精神的・肉体的に弱いという特徴をもっている」と、今でも重要な原典と見なされている『巨人たちと小人たち』(*Giants and Dwarfs*)を一八六八年に著わしたエドワード・J・ウッドは結論づけている。また、一八八五年に出版された「生理学的、心理学的、歴史学的研究」である『愚者と道化』(*Fous et bouffons*)の中で、ポール・モロー博士はこれと同じ意見を述べ、科学的奇形学の創始者のひとりであるイジドール・ジョフロワ・サン＝ティレールが巨人を「非活動的で体力がなく、動きはのろく、……ひと言で言えば、肉体も知的能力も弱い」と分類したことを引いて、自説の裏づけとしている。

二十世紀の専門家たちも、巨人たちの多くが頭の働きは鈍く、体も鈍重であることを認めているが、その原因は脳下垂体異常や生殖腺異常、もしくは、「胸腺の発達不全（発育不足あるいは萎縮）」にあるとし、それゆえ、このような弱点をもつのは「病理学的」な巨人だけであると指摘している。「本もの」の、あるいは「遺伝的」な巨人たちは、精神的にも肉体的にも、ノーマルのうちの最も鋭敏な者と対等にわたりあえるのである。が、この彼らはわたしたちが夢みる巨大な怪物ではなく、まず七フィート六インチを超えることはない。八フィート、いわんや九フィートに達することは決してない。われわれがサイド・ショウで出会うのは前者の方である――手足や下顎、鼻などが年を経るごとに太ってゆき、ついには絵本の中の巨人《オーガー》に似てくる類である。しかし、絵本の中の生物にどれほど似て見えようとも、彼らには、伝説的に言われている獰猛さは微塵もない。それどころか、すべてのフリークの中で最もおとなしいのが彼らなのだ。実際に精神薄弱でない場合でも、彼らはメランコリーで

中国の巨人チャン・ユー・シン

“歴史上最も背の高い男”ロバート・ワドロウ

ともに同時代の宣伝写真（サーカス・ワールド博物館）

ヒポコンデリー的であることが多い。そして、それも大いに理解できることだろう。彼らは短い一生を、いずれ肉体を捩じ曲げ、へし折ることになる重力の重みによって片端にされたまま生きるのだから。

八フィートを超える巨人たちに関する医学記録は特に悲惨なものだ。たとえば、ジョン・F・キャロルは八フィート七インチ半〔約二六三センチ〕に達していたようだが、死ぬ前の十五年間は正確に測ることができなかった。一種の平面的脊椎湾曲であるキフォスコリオシスによって一フィート近くも身長が縮んでしまっていたのである。また、八フィート六インチ近くまで達していたテネシー州の黒人、ジョン・ウィリアム・ローガンの場合は、癒着によって尻と膝が曲らなくなっていたため、坐った状態で身長を測らねばならなかった。同様にドイツの巨人、コンスタンティーネも両脚が壊疽になって切断されねばならなかったため、身長測定不能となって生涯を終えた。さらに言うと、キャロルはわずか三十七歳で生涯を閉じ、ローガンは三十四歳、コンスタンティーネは三十歳で同じ運命をたどったのである。

最後にもう一例あげれば、以上の中で最も背の高かったイリノイ州オルトンのロバート・ワドロウは、一九四〇年七月十五日、「固定具の装着具合が悪かったため悪化した足の蜂窠織炎」によって二十二年の一生を終えた。どうやらふつうの知的能力をもち、明らかにきわめて自尊心の強い人物（ふだん街を歩く時の服装以外で人目にさらされるのを決して肯んじなかった）であった彼は、苦悩と恐怖のうちに生涯を過ごした。一生続いた冷酷な成長によって彼の相対的に小さな頭は、大きくはあってもか弱い四肢の末端から遠ざかってゆき続け、しまいにはそこで何が起こっているのか感じとれなくなってしまったのだった。この成長を止めえたのは死のみだった。これによって、十歳の時点で身長六フィート五インチ、体重二一〇ポンドあったのが十三歳で七フィート一$3/4$インチ、二五五ポンド、十六歳で七フィート一〇インチ、約四〇〇ポンド、二十一歳の誕生日には八フィート一一$1/10$インチ、四九一ポンド（約二二二キロ）にまで達したのであった。この時点で脚部と足が酷使に耐えられなくなってきたため、一年半後に死が訪れた時には、歩行のために杖と足の固定具を使っていた。けれども、結局はこの固定具が彼の命を奪うことになった。つまり、片方の足がそれによってこすれ、露出した肉から炎症が起こったわけだが、その炎症が全身に広がるまで彼は気づかなかったのである（痛みの地点は、脳からほとんど三ヤード離れていた）。あわててミシガン州の病院にかつぎこまれた時にはすでに、治療の可能性は残されていなかったのだ。

このような苦しみを耐えねばならなかったのは、なにもワドロウのように、二十世紀のただ中に放り出された擬似神話的怪物の場合に限らない。民間伝承の領域から出て歴史に所属するようになった瞬間から、巨人たちは、皮肉なことに、そしてわれわれを当惑させることに（彼らの身になって考えることはわれわれにとってなんと困難なことだろう！）、加害者ではなく被害者の役割を演じてきたのである。サイド・ショウの出しものになる前の彼らは、主に兵士――パレードに花を添えるために、目立つよう最前列に並べられた――や、宮廷の入口で訪問客の目をひくためのそびえ立つがごとき門番として使われていた。前者として彼らが徴用されたのは主にドイツとロシアで、後者として使われたのは主にイギリスでだったが、いずれの場合でも、彼らは意志に基づく被雇用者というよりはむしろ奴隷であって、それゆえ、立派な外見のかげで、実は賤民だったのである。

プロシアのフリードリヒ一世は強制徴用の方法にかけてはことに無鉄砲で、七フィートを超える人物を見つけるや誰彼かまわず騙して連れ去り、また、彼らと対になって第二世代を産むにふさわしい大きさの女性をも誘拐したものだった。たとえば、ツィンメルマンという規格はずれに大きい大工のことを耳にすると、フリードリヒは、ちょうどツィンメルマンと同じ大きさの人間が入るような棺を注文するべく彼のもとに使いを送った。その棺は最近死んだ背の高い兵士のためのもので、規格品の棺には収まらないのだ、と使いは説明した。注文仕事が終わると、今度は、ツィンメルマンがこしらえた巨大な棺が本当に適切な大きさかどうか心配だから、確認のために、ちょっと中に寝てみてくれと使いは重ねて頼んだ。ひとたび、鈍感な大工が中に入るや、徴用吏は蓋を釘で打ちつけ、馬車でポツダムに送り届けた。こうして、ツィンメルマンは窒息死した死体となってそこに到着したのであった。けれども、その生死はほとんど問題ではなく、たとえ骨であってもそれが巨人のものであれば、王が満足するには充分だったのである。衣装戸棚に収められた七フィート一インチの骸骨は、彼のエリート部隊で最高の身長をもつ八フィート三インチの生きたスコットランド人と同様に、彼の自慢の種となったようだった。

しかし、こうした初期の使用法は、一代で終わり、後継者はいなかったようだ。フリードリヒ二世が王位に着いてみると、彼はディスプレイ用のフリークよりは戦える兵隊の方を選び、そこで、父の代から残っていた巨人たちは、儀礼時の護衛役として妻に譲りわたした。ところが、そのエカチェリーナ大帝〔訳註・このふたりは夫婦ではない〕ははじめのうちこそ、巨大な体位が大いなる性的能力を意味するだろうという観念に好奇心をくすぐられていたが、どうやらすぐに幻滅してしまったようだ――少なくとも、すぐに人間の巨人から馬に宗旨替えした。そして、実際に、その結合を実践しようとする試みの最中に、パートナーの重みを支えていた固定ベルトが切れたために死ぬことになったのだった。もちろん、二十世紀になってからも、特別に背の高い兵士からなる部隊は様々な国の軍隊に存在したが、それはがっしりした六フィート台の者たちからなっていたのであり、「本ものの

▶パトリック・オブライアン（アイリッシュ・ジャイアントI）（19世紀初頭）

◀パトリック・オブライアン（アイリッシュ・ジャイアント）とジョセフ・ボルラスキ（19世紀初頭）（英国王立外科学院）

▶パトリック・オブライアン（アイリッシュ・ジャイアントIII）（19世紀初頭）

◀パトリック・オブライアン（アイリッシュ・ジャイアントII）（19世紀初頭）

巨人」、つまり、八フィートに至らんとする動きの鈍い脳下垂体性の怪物からなっていたのではない。

他方、巨人の門番らはエリザベス一世の治世期から摂政王子の時代まで英国の王家に仕え、この後者の時代には、「ビッグ・サム」といえば、でぶのジョージや、さらに肥えたその情婦と同じくらいよく知られていた。けれども、最も有名な三人――ジェイムズ二世に仕えたウォルター・パーソンズ、チャールズ一世のウィリアム・エヴァンス、そして、クロムウェルの悪名高きダニエル――はいずれも十七世紀に属している。十八世紀になると、アイルランドからやってきたもっと見栄えのいいショウ用の巨人たちが一般の人気をさらったからである。いずれにせよ、巨人門番たちの運命は多くの場合、陰鬱なものだった。たとえばエヴァンスの場合、X脚で外股の扁平足であったうえ、びっこだったにもかかわらず(あるいは、ひょっとするとそれゆえ)、折々に、チャールズ王の廷臣たちの前で踊ることを余儀なくされた。狂言芝居のクライマックスで彼がポケットから、ハンサムで敏捷な小人ジェフリー・ハドソンを、まるで自らの無細工さと愚かさを強調するかのように取り出してみせると、廷臣らは大声をあげて笑いころげるのだった。

一方、ダニエルは、いかにもその主人にふさわしく、宗教的な狂人になり、ベドラム精神病院に監禁されてからも、面白がって集まった野次馬たちに向けて格子の入った窓ごしに教えを説くようになった。彼には最後まで信徒がおり、その中には聖書を贈り与えたネル・グウィンや、彼をからかう連中に向けて、フェストゥスも聖パウロを狂人と見なしたものだったと叫びあげた名前不詳の婦人などがいた。今日でも、彼のことを軽蔑を蒙った預言者として書き記す人はおり、彼らはダニエルがその時代の大事件――ロンドン大火災、ペスト大蔓延、スチュアート家の英国王権への復古――を予言したとされる点を重視する。しかし、彼の天賦の才が何であったにせよ、彼が最後に登場した場所は気違い病院《マッドハウス》だったのであり、日曜日の外出先としてベドラムがスミスフィールドの〝モンスター〟ショウと一位二位の人気を争っていた時代にあって、彼は二倍の見世物興行を行っていたわけである。

流行の風向きが変わり、門番たちにとってかわってイギリス人の人気を集めるようになった三人の「アイリッシュ・ジャイアント」のうちふたりはこれとほとんど変わらぬ不幸を蒙った。三人のうち一番年長のコーネリアス・マクグロスは、「断続的な高熱」によって二十四歳で死んだが、その熱のゆえ、末期には「哀れなほど血の気を失なって青ざめ」、「脈搏は速く」、脚はむくみあがっていた。また、彼の後を継いだ者たちの中で最も際立っていたジェイムズ・バーンは、わずか二十二歳まで生きたのみで、昔の記録によれば、「過飲」と、八百ポンド近い一生の貯蓄を盗まれたことによるメランコリーから息を引きとったのだった。王家にちなむオブライアンの姓をバーンとともに争ったパトリック・コッターは、巨人としては長命な四十六歳にまで達したが、他の者たちと同様、芸人生活を通じて常に病弱でか弱かった。それでも彼は、長生きだっただけでなく例外的に陽気で、通りのガス灯でパイプに火をつけたり、通りがかった屋根裏部屋から愚かにも（あるいは賢くも）身を乗り出してきた女の子たちにキスをしたりといった愛嬌のある茶目っ気ぶりを発揮したことで記憶されている。たいがいの巨人よりすぐれた性的能力を授かっていた彼は、ケイヴという名の女性——人々が好んで呼んだ言い方に従えば「ザ・ジャイアンツ・ケイヴ」（巨人のケイヴ＝洞窟）——と結婚することで、駄洒落好きな当時のジャーナリストらを大喜びさせたものだった。

それでいて、彼もまた数多のフリーク仲間が蒙った運命——医学実験が初めて急増する中で人体の異常になら何でも手をつけてみようと鼻息の荒い医師たちの雇った「復活請負人《リサレクション・メン》＝死体盗掘人」によって墓から掘り出されること——への恐怖にうなされながら死んだのだった。当時、解剖は、公的には禁じられているが内密には喝采を博している、という奇妙な地位に置かれていたため、墓場泥棒はもうかる職業になっており、また、巨人たちは高価な取引商品となっていたのである。言ってみれば、発達途上の解剖学は、十八世紀半ばまでに、フリークたちを新たな方法で搾取することを可能にしていたわけであり、それゆえ、死さえもはや屈辱からの最終的な解放を保証しえなくなっていたのである。確かに、すでにアウグストゥス皇帝は「巨人たち」の骨で飾られた巨大な広間をもっていた（それはおそらく、人間ではなく、マンモスや恐竜の化石化した遺骸だっただろう）が、彼は理性の時代の英国の医師たちのような勤勉さと独善をもってそれを蒐集したわけではなかった。当の医師たちは、巨人たちがまだ生きているうちから、本人あるいはその興行主と、その肉体の引渡し契約を結んでいたのである。

自分の遺骸がふつうの人と同じように朽ちて必ず土に帰るようにと意志を固めていたコッターは、鉛の棺に入れられて、固い一枚岩の中に一二フィートの深さまで穿たれた墓に埋めてもらえるよう手はずを整えていた。「彼は自分の死体が死後に掘り起こされることをひどく恐れており、確実に墓の中に留まり続けるために特別の指示を出していた。その墓は鉄の棒で守られ、煉瓦でていねいに蔽われた」と、ある十九世紀の記録は語っている。この問題に関して彼が心を悩ましていたのは不思議ではない。というのも、その少し前、コーネリアス・マクグロスの死体は通夜が行なわれるべき日にトリニティ・カレッジの学生たちによって盗み出され、そのうえ、おそらくは学部学生の悪戯を科学への貢献に変えたつもりになっていたのであろうその教授たちによってその後、解剖に付されていたのである。あるいは、その先生たちは彼の骨――それは今日までトリニティ・カレッジの博物館に保存されている――を調べることで、彼の常軌を逸した成長が、今でもそう主張する人がいるように、クロインの司教バークリー博士が無理に食べさせた「粘液性食物」によって惹起されたものだったのか、それとも、他の人が言うように、この司教は単に、十六歳の時からマクグロスを悩ませてきたリウマチの痛みをやわらげるための食餌療法を施そうとしただけだったのか、それに白黒をつけられると期待していたのかもしれない。

けれども、外科医らの手にかかって最も苦しんだのはもうひとりの「オブライアン」、ジェイムズ・バーンである。単に大きいという偶発事態によってセレブリティの地位に押し上げられた飲んだくれの純朴な百姓だった彼は、一生医者たちにつきまとわれた。しかも、その医者らは彼が死の床に横たわっていたその時に、ある同時代のジャーナリストの比喩を用いるならば、「まるでグリーンランドの捕鯨人らが巨大な鯨を取り囲むかのように」彼の家のまわりを囲んでいたのである。バーンはまず最初、ジェイムズ・グレアムという当時の最も悪名高い性医学者——ウィルヘルム・ライヒの一種の原型——に追い回された。この医者は大いに宣伝されていた彼の手になる「至福ベッド」もしくは「ロイヤル・パタゴニアン・ベッド」の効用を「イギリスに現存する最大の男」で試そうとしていたのである。青いサテンで蔽われ、六本のイオニア式列柱で囲まれたこのベッドは、グレアム博士の自慢するところによれば、音楽に合わせた波動をもつ放射電流につなぐと、「この世で想像されたことすらない……至上のエクスタシー」をもたらすというのだった。さらに、百ギニーの料金を払おうという顧客には、「愛の悦びにかくも惑乱されれば、石女ですら子だくさんになる」と彼は保証していた。しかし、この「健康とヒュメン神（婚姻の神）の神殿」での一夜をただで提供されながらも、バーンはグレアム博士の申し出を固く断わった。それはおそらくインポテンツであったがゆえであろうが、バーンの用いた言い方を借りれば、「女神ヴィーナスの儀式に全くなじみのない人間」であったからだった。

ところが、ジョン・ハンターとなるとそうやすやすとは引きさがらなかった。この時代の最も傑出した外科医

気高い巨女エラ・ユーウィング
同時代の宣伝写真（サーカス・ワールド博物館）

巨人の身長を確かめるバーナムの代理人
P・T・バーナムの前掲書（1927）より

である彼は、一連の講義＝実演を通じて医者たちのまる一世代を啓発した人物だが、伝えられるところによれば、この講義＝実演のために前もってかなりの量の阿片剤を飲んでいたという。正書法や句読法を正しく習ったことがなかったため、ものを書くのがひどく苦手で、また読むのにも同じくらい苦しんだハンターは、ほとんど唯一、実験室と観客を集めた手術室の中のみで働くことを余儀なくされていた。そして彼の知っていたことの大半はその中で学ばれ、その中で教授された――実験台には、自分自身の体（ある時はわざと梅毒に感染してみせた）や、ロンドン塔の動物小屋から連れてこられた瀕死の動物や、彼に忠実な死体盗掘人の一団が盗んできた死体が使われた。ハンターはまた不気味な「珍品」のコレクターでもあり、庭には生きた獣を檻に入れて飼っていた。その庭の飾りものの池は人間の頭骸骨で縁どられており、玄関ホールの天井からは鯨の骸骨がさがっていた。そのうえ、生物学的異常例や稀少例を集めて保存し、分類し、陳列して、イギリス最大の私設博物館をなしていたのだった。

バーンの事例はハンターの科学的興味のみならずグロテスク趣味にも合致したため、彼はいかなる犠牲を払ってでもその死体を手に入れようと決心し、雇っていた最も悪名高い復活請負人にその後をつけ回らせた。ショウのたびごとに、好奇心にかられたふつうの観客に混じってまるで生ける死の象徴《メメント・モリ》のごとくにおとなしく坐って眺めているこの邪悪な存在、もとより乏しい知恵をそのせいでさらに半ば失いながらも、バーンは注意深く計画を立てた。彼はまず鉛の棺を用意し、また、忠実に思われるアイルランド人の船員の一団を雇って、ひとたび彼の死体が棺に収められ封じられるや、海に出て、医学生たちが用意している潜水鐘を使っても回収できないほど深いところに沈めるよう、誓約させたのである。

しかし、ハンターがバーンのこの同胞らを買収したため、彼らは棺に巨人の服だけを入れて沈め、裸の死体をかの医師の実験室に運びこんだ。数分のうちにハンターは遺骸をばらばらに切り離し、いまわしき鍋で煮こんで骨と肉とを分離させた。この鍋と骨はどちらも（後者は高熱によって茶色く変色しているが）今なお、ロンドンの王立外科学院にあるハンター博物館で目にすることができる。この大鍋は一八九五年、一時場所を移され、「英国外科医学の父」の思い出に敬意を表して集まった医師たちに展示された。さらに、サー・ジョシュア・レイノルズによるジョン・ハンターの肖像画を詳しく見れば、人は、ちょうどその反対側の壁にかかっているバーンの大腿骨がそこに描きこまれているのを見出すはずである――この絵は、親指トムとロバート・ヘイドンの関係とは異なっていながら、しかし同じほど悲劇的な関係が残した陰鬱な形見というべきものだろう。実際、小人と画家との間と同様、巨人と医者との間にも、伝説的な敵対関係が存在するのである。もっとも、この後の両者の関係の場合、敗北を喫するのはフリークの方であるのだけれども。

4

スーパーマンとスーパーウーマン——夢の陰の恐怖

小人たちの場合と違って、巨人たちはわれわれにとって、文学や絵画の中ではなく、主に医学博物館の埃をかぶった陳列棚の中で生き続けている。コッターは日記をつけていたとされているが、「一瞬の気まぐれから火中に投じてしまった」のだという。また、そのほぼ二百年後、不幸を生きたジャック・アールは『長い影』と題された詩集を一冊書いたと言われているが、わたしはそれを目にしえていない。ほかに、「ふつうの人にとっての天国に最も近づく上背をもつフィチョウ（Fychow）の長身男、チャン（Chang）」による短い自伝が一八六五年に出版されてはいる。けれどもこの本は、いかにも偽物じみた擬似東洋的なスタイルで（おそらくゴースト・ライターによって）書かれているため、本人の苦しみがどのようなものだったか、本当には伝わってこない態のものだ。

確かに、トマス・ウルフは自分のことを巨人として考えるのを好んだ。一九三〇年代半ば、ニューヨークに引越し、彼の目には小人じみたユダヤ人と映った人々と暮らすようになった後は特にそうだった。けれども、大きくなりすぎたよそ者《エイリアン》が小さい人々の世界にあって何をどう感じるかを描こうとする彼の試みは、もともと身長が六フィート半ていどしかなかったという事実によって説得力の一半を失なっている。いずれにせよ、ヨーロッパ語で書かれたもので、ポーの「ホップ・フロッグ」やラーゲルクウィストの『小人』、あるいはデ＝ラ＝メアの『ある小人の回想』に匹敵するもの――よかれあしかれ人間であるとともに神話でもある巨人についての感動的

小人たちの給仕をする老巨人たち——ディケンズ『骨董屋』(1841) フィズ画

なフィクション——は存在しないのである。

ディケンズの『骨董屋』には大きい人間も登場する。それは、型通りの舞台装置の中の滑稽な周縁的人物としてにすぎないが、それでもこの場面は長いことわたしの頭にこびりついて離れなかったものだ。

——私は覚えているが、ある時、老モーンダーズはスパ・フィールズにもっている小屋に、それもシーズンをすぎた冬に、男女とりまぜた八人の小人を住まわせていた。彼らは毎日食卓についていては、緑色の上着に赤いシャツ、青い木綿の靴下に編みあげ靴といういでたちの八人の年とった巨人によって給仕されていた。ところがひとり、かなりの年になるにつれて意地の悪くなった小人がいて、彼は担当の巨人がさっさと命令通りにしないでいると、針でその脚を突き刺していたものだった。それは脚より上は届かなかったからである。

いかにすぐれたものであるにせよ、この場面の光景はディケンズの時代にはすでにステレオタイプとなっていたものである――つまり、人々が巨人たちの哀れな現実とその恐ろしげな伝説との間の乖離に気づき、居心地悪くなるにつけて発明した、巨人にまつわる反神話の一例なのである。その最も古いヴァージョンは実際にあったこととされているものだが、それによれば、十七世紀のある時、小人と巨人とが呼び集められて大会合が開かれたところ、小人たちがあまりにひどく巨人たちを「からかい、いじめた」ため、巨人たちは「目に涙を浮かべながら小さな迫害者らについて不平を述べ、……その結果、大を小から守るために建物の中に衛兵を配置せねばならなかった」という。これよりもっと明らかに出所の怪しいものには、しばしば語られているオーストリア人の巨人アイモンと彼に敵対する小人のハンスの物語がある。チロリアのアンブラス城に中世から残されている二本の木製の彫像――ひとつは一一フィートの巨人で、もうひとつは三フィートの小人――から発想を得て十八世紀に生まれたこの話にはふたつのヴァージョンがあり、片方は全くコミカルであるのに対して、他方は哀感を漂わせて終わる。第一のヴァージョンによれば、はじめから小人の方が攻撃的で、顔を殴りつけてやるぞと――不条理にも――巨人を脅かしていた。ところが巨人が笑いころげているうちに、小人は相手の靴紐をほどくことに成功し、それを結ぼうとかがんだ時に不可能なはずだった一撃を加えたとする。

第二のヴァージョンは、背丈について巨人が小人をからかっているところから始まり、ついに勘忍袋の緒が切れた小人が、両者の主人であるフェルディナンド皇子に手袋を床に落として巨人にそれを拾い上げるよう命じてくれと頼むのである。ひとたび大きい方が床に膝をつくや、大公の椅子の陰に隠れていた小人は飛び出して、相手の頬をひっぱたく。宮廷中が大笑いに包まれ、恥辱を蒙った巨人は自分の部屋に閉じこもり、二度と現われなかった——癒しがたい悲しみから死んだというわけである。徴候的なことだが、ディケンズの一節からわかる通り、後世に残ったのはコミカルなヴァージョンの方である。徴候的、というのは、巨人が、現実のジャックではなく、ジャックさえもが巨大に見えるような小さな者によってやっつけられるという話には、何か基本的に途方もなくおかしいところがあるからである。

現実においても巨人と小人とはほとんど常に、コミカルな敵対手として扱われてきている。ただ、この両者を見世物として供し、宣伝のために、両者が仲よしであるとのイメージを広めようとした興行者らの場合は例外で、彼らは、十八世紀にはボルラスキと話をしているパトリック・コッターの版画、二十世紀には、ハリー・ドルを肩にのせたジャック・アールの写真などをばらまいたが、いずれも虚しいことだった。そうした画像をわれわれが記憶に留めることがあったにせよ、それは、伝統的に敵対する二フリーク間のありそうにない友好関係の例としてではなく、むしろ、人間の大きさの上下限の例としてなのであるから。

確かにわたしは、バラブー・サーカス・ワールド博物館でドット提督を永久にもちあげ続けているノヴァ・スコシアの女巨人アンナ・スワンの像を見た時も、子供の初級読本で擬人化されて示されている大小の概念の説明を見るのと同様、何の感銘も受けなかった。それでいながら、現実においてアンナ・スワンが近代の巨人たちの中でも最も哀れな、最も信心深い巨人のひとりであったことも知っている。しかし、あれほど巨大な肉体が祈るために跪くという図には、何かどうしようもなく滑稽なところがある——それは、彼女が膝まで「ノーマルたち」に埋まりながらマクベス夫人を演ずるところ（実際に演じたのである）や、火に包まれたバーナムのアメリカン博物館から起重機によって助け出されるところを想像しようとする時にも感じられることだろう。彼女の痛みや恐れ、献身的な信仰心、また、ステージの内外でどれでも好きな役割を演ずる権利、これらに疑義をはさもうというわけではない。ただ、その大きさは、彼女の行ないすべてをどれほど滑稽に見せてしまったことだろうという点に、わたしは思いをいたさざるをえないのだ。

彼女は家庭の主婦という牧歌的な地位へと向けて確固たるアンティクライマックスをたどり、そうして人生を終えたわけだが、その人生で滑稽感を逃れえているのはこの部分だけであるように思われる。一見したところ、結婚生活の幸福を味わうには大きすぎるみたいだが、アンナはさほど背丈の違わない夫を見つけ、自分ら——そして、生まれきたることを期待していた子供たち——のために、郊外に自分らにあわせた大きさの家を建てた。けれども、初めて身ごもった子供は死んで生まれ、ふたりめの出産の間際になると、およそ四十時間にわたって産みの苦しみを味わったあげく、子供の頭がわずかに現われてきた時点で腹部筋肉が麻痺してしまったのだった。立ちあっていたノーマル・サイズの人間たちが必死になって押したり引っぱったりした結果やっと生まれたその子供は、三〇インチ〔七六・二センチ〕、二四ポンド〔一〇キロ八七二グラム〕の男の子であった。その子は一日生きのびたのみで、単に「ベイブ」と刻まれた墓石の下に埋葬されている。アンナが身ごもったのはこれが最後で、それから十年しないうちに彼女も没し、今では、ギリシャ風のローブをまとった大理石女像ののった墓に眠っている。この像は等身大、つまり巨人ではなくふつうの人間の大きさのもので、そこには次のように書き刻まれている——「今度目ざめる時、私は満足するだろう、あなたのようになって」。明らかに、アンナは、「自分のよう」であることに満足していなかったのだ。

彼女の物語を語り直そうとしながらも、わたしは自分の書いたものが、今までに書かれてきたものと同様、新聞の「人間物語」欄の惹起する興味を超ええないという事実に当惑している。今に残る彼女と夫の写真や、なくした子供の墓、それらもまた彼女の苦闘の本当の恐怖を伝えてくれはしない。それでも、紙に記された文字よりは写真家のレンズの方が、リリパット人の世界にあって巨人であることがどういうことなのか、その感じをよりよく捉えてきている——けれどもそれも、ノーマルの両親と並んだ巨人にカメラが向けられた時だけである。『ギネス・ブック』に収められたロバート・ワドロウと父親の、何の変哲もないスタジオ写真でさえも、神話的には巨人が悪しき父を象徴し、巨人を殺す小人が叛逆的な息子を象徴することを知っている人のうちに、身震いを呼ばずにはおかない。いかにもありふれた微笑を顔に貼りつけた息子の方のワドロウが親の上にそびえ立っているのはいったいなぜなのか？　そして両者はなぜ目を合わせるのを避けているのか？　育ちすぎた息子の方の大きさに関して、この写真をとった写真家は畏怖以外にも何かを感じていたのかもしれないが、それは——たとえば、「ブロンクスのユダヤ系巨人」と題された有名なポートレートにおけるダイアン・アーバスの場合とは異なって——写真には表われていない。

彼女がそこで撮っているのは、エディ・カーメル——公称身長九フィート5/8インチ、実際の身長七フィート七インチ〔約二三二センチ〕——とその小柄なノーマルの両親である。ただ、彼女がこの写真につけた題も、そしてその扱い方も、この一九三八年から七二年まで生きたバーナム・アンド・ベイリー・サーカスの巨人から、ユダヤ人であるという以外のすべてのアイデンティティを剝ぎとってしまっている。そしてまさにこのことこそ、この写真にいやがうえにも戦慄感を付与しているのだ。なぜなら、伝説の中の巨人——ユダヤ人の覇者であるか弱き若年のダビデを挫くべく送られたゴリアテに代表される——は、あらゆるフリークの中で最も非ユダヤ人的であるのだから。ところが、更に皮肉なことに、東ヨーロッパ人移民を親にもつアメリカ生まれの子供たちは、これほどはなはだしくはないにせよ、確かにしばしば両親の上にそびえ立つほどにまで成長するのである。この事実のうちに暗示されている恐怖と羞恥の情にわれわれが初めて完全に気がつくのは、アーバス女史によるこの、家にいる時のショウ出演者巨人のポートレート——まるで、小人じみた両親と自分との背丈の差を縮小しようとするかのごとくに頭をかがめ、それでいながら、あまりにかさを占めるがゆえに今にも小さなアパートの壁を突き破ってしまいそうな巨人のポートレート——と対面する時なのである。

だが、われわれにはどういうわけか、わかる。この彼がこのように屹立していられるのが長くはないことが。なぜなら、あらゆる巨人たちと同様——あるいは、彼らにも増して——このような怪物がかって大きい息子たちの行く末は見えているからだ。ただ、ワドロウとカーメルの場合は、ともに若くして死ぬべく定められていたにもかかわらず、カメラによって永遠に姿を止められた時すでに若年ながらも大人になっていた。そしてまさにこの事実ゆえ、「ウィリンガムの驚異」と呼ばれた十八世紀の巨人、大人になるまで成長できず、絵にも残されていないこの巨人の場合ほど、彼らはわたしの心を乱さない。この巨人は現在のわたしたちにとって、ことばの上でしか存在しない。ひとつは、とある「外科医T・ドークス」が王立学会に送った報告書であり、もうひとつは、彼の墓石に刻まれた次のような文句である。

旅人よ足を止めよ、
そして驚きとともに知るがよい、
トマスの
遺骸がここに葬られ横たわることを、
トマス及びマーガレット
ホールの息子であった
彼は、
一歳に満たずして、
成人のきざしを見せ、
三歳前にして、
ほとんど身長四フィートに達し、
人並はずれた力の強さを授けられ、
均衡のとれた体つきと、
とてつもない大声をしていた、

六歳《さい》にならずして、
まるで、老衰したかのように、
没した。
彼はこの村にて一七四一年十月三十一日
生まれ、同所にて、
この人生に別れを告げた。
一七四七年九月三日。

この碑文には明らかにされていないことだが、トマスは夭逝する数か月前から成長が止まり、実際に、進んだ老衰の徴候——ひなびた皮膚、頭髪の部分的な脱毛、それに、老婆に見られるような不揃いな髭——を見せだしたのだった。また、二歳半にして、萎えたペニスが長さ三・三インチ〔約八・四センチ〕、周囲二・七インチ〔約六・九センチ〕あり、「恥骨の上の体毛は、大人のものに匹敵するほど長く、太く、固い」という事実を前にした時の両親および知り合いたちの困惑〔これによってドークス医師が介入してくることになる〕も、ここにははっきりとは記されていない。村人たちの関心を惹いたのは何にも増して彼の巨大な性器だったようだが、かつて、彼をからかっては「彼がペニスを手にもって追いかけ、追いつくや小便をかけ」てくるよう仕向けていた女の子たちはそれに震えあがったものだった。一方、近くに配属されていた兵隊の一部は、彼に「葡萄酒やその他の酩酊性飲料」を飲ませて面白がり、またそのうちのひとりは、ドークスによれば、「ある手管《てくだ》によって実際に、少年をたいへんな法悦に陥らせるような、きわめて強い勃起をもたらした。もしそこで父親《おや》が出てこなければ発射にまで至っていたであろうと誰もが信じていた」のであった。
トマスは完全な巨人になる前に死んだわけだが、それのみならず、成長の速度があまりにも急激に落ちたため、

ドッソ・ドッシ『ヘラクレスとピグミーたち』(16世紀初め)（ヨハンネウム・グラーツ国立美術館）

ドークスは、はじめ思ったのとは反対のフリークだったのだとのヴィジョンをもった。「なぜなら、四フィート六インチあまりというのが死ぬ二月前の彼の最高身長だったのだが、これは大人としてはとるに足らぬ大きさであり、そのままひどく太ったとすると、見る人に、小人であると自然に思われたことだろう。驚異の念はなんと不思議なことに、なんとばかげたことに、われわれの判断を狂わせ、理性を眠らせてしまうことか」とこの医師は書いている。けれども、問題になっているのは「判断の狂い」というよりは、人間の大きさの相対性、そして特に、それと、成人する・老いるといったこととの関係なのである。それゆえ、少なくとも一度、歴史の流れの中にて、ノーマルたちによれば巨人とも小人とも見なされうる「驚異」が現われたわけである。

しかも、トマス・ホールは力持ちで、五歳にして「一七ポンド〔約七・七キロ〕の重さがある鍛冶屋の鉄槌を拾いあげ、容易に放り投げることができた」のだった。そして、この点に関しては彼が初めてというわけではない。歴史は他にも、小人の力持ちや太った小人の存在を記録に留めており、そのうちのひとり、背丈のわりに驚くほどの体積をもった完璧に球形の若い女性は、グールド＋パイルによる『医学における異常と珍奇』(*Anomalies and Curiosities of Medicine*)のページの中からわれわれを見つめている。ここでは彼女には名前が与えられていないが、他のところでは、キャリー・エイカーズであると同定されている。そしてもちろん、普通の身長の人間の中にも怪物的に肥満した者や絶世の力持ちは存在してきた。ところが、伝説や夢のレベルでは、力持ち《ストロング・マン》とでぶ《ファット・マン》と巨人とは、すべての寸法において巨大で、抗いがたく強い単一の神話的人物像に溶けこんでいってしまう傾向があるのだ。そして、時折、そんなスーパー・ジャイアントが実際にわたしたちの間で生きたこともあるのである。

　たとえば、神話と歴史のはざまに聳える人物として巨大な図体をもったマクシムス皇帝がいるが、妻のブレスレットを結婚指環がわりにはめることができたという彼は、伝えられるところでは八フィート〔二四四センチ〕と九フィートの間だったという。体重は記録に残されていないが、他の多くの体重過多な人物と同様彼もまた、多食症――食べ物を詰めこまずにはいられない病理学的な衝動――を病んでいたことがわかっている。毎日、肉を四ポンドと葡萄酒六ガロンを消費していたのである。けれども、これでさえアレクサンドリアのアルポカスの食事に比べるとたいしたことはないように見えてしまう。何しろ後者は、(記録作者たちを信用するならば)紀元三五四年のある時一度に、雄豚一頭、鶏一羽、玉子百個、傘松百個、仔豚一頭、干草一束、割れたガラス、靴の鋲、箒の枝、それにテーブルクロス四枚を食べ、なおも腹が減っているとのたまったのである。いずれにせよ、マクシムスの場合、脂肪のみならず筋肉もつけていたため、一撃のもとに馬の歯を折ったり、一蹴りでその脚を骨折させたりすることができた。

　最近なら、これに似た腕力と肥満と上背を兼ね備えた人物は、アメリカのプロ・フットボール選手の中のみならず、重量級のウェイトリフター(特にロシア人)や、そして最も驚異的な例として日本の相撲取りの中に見出すことができる。子供時代に選り出され、チャンコ料理と呼ばれる高カロリーのシーフード・シチューを無理にでも食べさせられて生まれる人工フリークたる相撲取りたちは、驚くような体つきを持つのが通例である。最も背が高かったのはどうやら、十九世紀初頭に土俵に立った小沢という人物で、七フィート三インチ〔約二二一センチ〕に達し、一方六フィート五インチ〔約一九六センチ〕の身長で四二〇ポンド〔約一九〇・五キロ〕の体重があった一九二〇年代の出羽嶽が重さでは一番である。

もちろん、八フィートを超す巨人の場合は、写真では特に太って見えなくとも記録的な体重をもつ。たとえば、ロバート・ワドロウは八フィート八インチ〔約二六五センチ〕しかなかった時点ですでに四八〇ポンド〔約二一七・五キロ〕を超えていたのである。すでに見たように、確かに巨人たちの大半は弱くて病気がちであり、「怪物であるとともに患者でもある」わけだが、中には、極めて力が強かった者も何人かいる。そのひとりはジェイムズ二世の門番だったウォルター・パーソンズで、もともと鍛冶屋だった彼は、からかってくる者たちを親指と人差し指で拾いあげては城壁の鉤にぶら下げたものだった。肥満人の中にもたいへんな力持ちはいる。中でも最も有名なダニエル・ランバートは十九歳の時、五百ポンドを持ちあげたのだった。

しかし、ふつうの力持ちのたいがいは、怪物的に背が高かったり太っていたりはせず、それゆえ、「体重九〇ポンドのひ弱なキミ」でも科学的なボディ・ビルディングを行なえば、巷にあふれる生まれつき筋肉質の乱暴者たちに対して自分や彼女の恨みが晴らせるぐらい強くなれるといった、パルプ・マガジンの広告がいまだに食いものにしている希望をつなぎとめている。このような希望を生んだ人物たちはその希望を利用することで富と名声を得てきており、その中には、サンドウことチャールズ・アトラスのように、十九世紀末から二十世紀半ばまで万人周知の名前となった人も何人かいる。

いずれにせよ、確かに怪力というのはある程度までは生まれつきの資質によるかもしれないが、かといって、生まれた時からそうと目に見えてわかっているわけではないし、一生変わらないものでもない。そのため、異常な力持ちたちは、たとえパフォーマーになろうと決めている場合でも、他の「フリークたち」とひとからげにするわけには本当はいかない。彼らはそうと決めれば、ノーマルたちの世界で生きてゆくことができてしまうのだから。そのような身分変更の最もめざましい例はおそらくジョヴァンニ・バッティスタ・ベルゾーニだろう。イタリアからヴィクトリア朝下のイギリスに移住した彼は当初、力持ちならびに境界線ぎりぎりの巨人（身長七フィートをわずかに下回っていたらしい）として成功を収めながら、見世物や芝居の世界から離れ、結局は著名なエジプト学者に落ちついたのであった。

チャールズ・ディケンズにとってベルゾーニは、下層階級出身の希望にもえる若者たちの模範として、ディック・ウィティントンにのみ劣る神話的誘引力をもった格好の人物に見えた。アストリー・サーカスにいた初期からベルゾーニを記憶に留めていたディケンズは、彼のたどった遠い道のりを強調して次のように書いている。「ひと頃、腹をすかした香具師だった男がヨーロッパ中でも最も高名な人物のひとりになったのである！　これはまさに、先を見通すまともな頭と計画を実行する強固な意志をもった者たちにとって励ましとなる模範といえよう」と。けれどもベルゾーニ自身は、アマチュア考古学者としての地位を確立し、古代エジプトの墳墓から略奪してきた品々を大英博物館に寄付することで英国民から感謝されるようになると、若い頃のフリークならびに見世物

▲力持ちサンドゥ　グールド＋パイルの前掲書（1896）より
▼“パタゴニアのサムソン”ベルゾーニ（当時の新聞のカット）

師としてのキャリアをもみ消そうとしたのであった。彼の本当の履歴をスキャンダラスなものとしてより魅惑的なものとしてとらえる最近の研究者らは、「パタゴニアのサムソン」としてのベルゾーニが頭と肩の上に十二人の男をのせたうえ、(再びディケンズによれば)「その頂上にのったキューピッドの衣装の婦人が……小さな深紅の旗を振り」観客を大わきにわかせていた頃のことを掘りおこして知らせてくれるようになってきている。

彼の大げさな芸名は、貧しいイタリア人移民という華々しからざる出自を隠蔽しただけでなく、巨人と力持ち両方の神話的祖先を惹起するものだった。「パタゴニア」というのがマゼランの乗組員らが発見したとされる巨軀のインディオに言及する一方で、「サムソン」というのは、スペクタクル映画製作者たちの大好きなあの聖書の中の場面、このイスラエルの英雄がペリシテ人の寺院を引きずり倒すあの場面を思い出させるのだ。「サムソン」といえばギリシャ神話の中でそれに対応するヘラクレスを思い出させもするが、この名もまた、サーカスの力持ちの名として伝統的に使われてきている。女に対する致命的な弱さによって運命を定められながらも、怪物やよそからきた抑圧者のもとから自らの国民を救い出すよう神意によって任じられているこのふたりの戦士に匹敵するほどしばしば、サーカスや遊園地の力持ちの描写としてもち出されてくるのは、唯一、世界を肩でかつぎあげたアトラスの名のみである。

こうした神話的な名前のもつ反フェミニスト的な含意を思えば不思議なものだが、「サムソン」「ヘラクレス」ともに、剛力女性の名誉の称号としても用いられてきている。たとえば、アメリカ独立革命の頃、イタリアの街角の縁日には「女ヘラクレス」と銘打たれた「サンソーナ」(サンソーネすなわちサムソンの女性形)という名の女性が登場していたのである。予告によれば、彼女は「胸に八千ポンド〔約三・六トン〕の石をのせ、白熱した鉄の上を歩く」ということだった。また、アマゾン女戦士の反伝説は今日まで通俗フィクションの中に執拗に生き続けており、それは第二次世界大戦直前のコミック・ブックのヒロイン、ワンダー・ウーマンに、そして現在では「バイオニック・ウーマン」——その男性版の「六百万ドルの男」同様、生身の人間と高度テクノロジーのハイブリッド——によって体現されている。

サムソン＝ヘラクレス型の典型は、こうした名前がもはや教科書にしか登場しなくなった後、ヨーロッパの帝国主義がスーパーヒーローの征服すべき新しい世界を開いた後になって、ジャングルの王、不屈の恐るべき超男性ターザンとして再生している。先立つふたりの神話的人物と比べてより明確な存在で、同盟者として前二者より安全で、より騙されにくく、ひょっとすると、より賢い彼の物語は、前のふたりの場合のように死ではなく、不死性の獲得によって終わる。けれども、そんな彼でさえ、男根的力の最後の化身では決してなかった。電話ボックスや摩天楼、地下鉄のトンネルといった二十世紀中葉の都市景観のさ中に、力持ち救助者は再び、今度はスーパーマンとキャプテン・マーヴェル——眼鏡をかけた新聞記者クラーク・ケントと足の悪い新聞少年ビリー・バットソンの夢のアルター・エゴ——という姿をとって現われてきたのである。この後者の変身は魔法のことばSHAZAMを口にすることによってもたらされるわけだが、この単語は、その六文字のうちの三つによって古代ギリシャの神話的三原型の名の頭文字を表わしていたのである。

多くの人々はいつでも、このような超人間的な王者《チャンピオン》たちとサーカスの力持ちとの間に存在する差異の大きさに物足らぬ思いをしてきたものと思う。後者はある意味で前者を体現していながらも、電話帳をふたつにちぎったり、鎖を切ったり、唖鈴を持ちあげたりといった取るに足らぬ（そしてしばしばからくりのある）芸を見せるばかりだからだ。こうしたありふれた「ヘラクレス」たちは近所のいじめっ子が大きくなり、悲しげになっただけだ、とわたしたちは考えるのかもしれない。けれども、力持ちが本当の悪者、カーニヴァルやサイド・ショウにおける弱い仲間に対する敵として姿を現わすのは、トッド・ブラウニングの『フリークス』やフェデリコ・フェリーニの『道』といった映画の中だけなのである。フェリーニの映画の中の力持ちが最後、人気のない浜辺でことばにならない苦痛に叫びをあげる時、また、ブラウニングの方の力持ちが心臓にナイフを刺されてサーカスの荷車の下、泥の中にうずくまる時、わたしたちは、ヘラクレスの神話的勇姿を不当にも演じようとした人物の敗北に快哉をあげるのだ。

力持ちと同様、肥満人もまた、他のフリークとは違って見える。彼らもまた、取りかえしのつかない運命を担って生まれてくるのではなく、ある傾向、怪物的な大きさに達しうるという可能性から出発するのであり、その可能性に対しては、抗うことも油を注ぐことも、また単に耐え忍ぶこともできるからである。サイド・ショウの肥満人で、言ってみれば、悔い改めて救われ、ノーマルの世界に――まるで、長年にわたるアル中患者が治療を受けるみたいに、あるいはさらにいえば、ふくれあがったビジネスマンや家庭の主婦がエクササイズ・マシンや渦巻風呂やダイエットで減量するみたいにして――戻ったとして記録されている人物の中には、いくつか瞠目すべき例がある。

ただ、減量した肥満人の最も有名な二例は、「使用後」として、ふつうなら「体重要注意人物」にあたる二五〇ポンド〔約一一三キロ〕ていどになりたいと望んだ「驚異のでぶ」たちの場合である。そのひとり、ウィリアム・J・コッブはプロのレスラーで、「ハッピー・ハンフリー」というリングネームを名乗っていたが、明らかにハッピーではなかったため、ダイエットを行なって一九六二年から六五年までの間に、八〇二ポンドから二三二ポンドまで減量したのであった。これに匹敵しうるのはセレスタ・ゲイヤー夫人の場合で、彼女は自分の減量体験を『ダイエットか死か――私はこうして四百ポンド減量した』の題のもとで一九六八年に出版している。サーカスのパフォーマーだった彼女は健康状態の悪化に恐れをなして、一九五〇年から五一年にかけての十四か月の間に、五五三ポンドから一五二ポンドまでの大幅な減量作戦に成功している。ただし、彼女は太るのに慣れっこになっていたのと同じほどやせることに慣れてしまったらしく〔どのみち、やせたことで仕事を失なってしまった以上、他にどうしようがあっただろう〕、本が出た時にはわずか一一〇ポンド〔約四九・八キロ〕にまで落ちていた。

不思議なことに、飽食の人たちの大好きな時間の過ごし方がダイエットで、それに関する本が狂ったように売れる国にありながらも、ゲイヤー夫人の本の売れゆきはよくなかった。失敗の原因は、彼女の超絶的な苦しみに本当に思い入れできる人がきわめて限られた数しかいなかったという事実で説明できるかもしれない。あるいは、やせたいと一心に願っている人でさえ、長生きするためにあるいは健康体になるために自ら禁じた飽食を模範的に体現している人物——望むらくは、えくぼを見せる陽気さで、あからさまに満足している人物——が外にいてくれないと困るのかもしれない。カーニヴァルに関するある標準的な本にはこのようにある。「重要な見世物街には必ず太った人がフィーチャーされてきている。彼らはあらゆる自然なフリーク人間のうちで、ショウ好きの観客たちの一番人気を博する」——この記述には書かれていないが、この観客たちとは、ショウを見つめながらもカロリー計算をし、アンフェタミンを常用し、表には出さない隠されたどこかで太ったフリークたちをうらやましいと思っている人たちなのである。

けれども、奇形的な肥満者に対する、そしてまた一種の奇形としての肥満に対するアンビヴァレンスは決して新しいものではない。べろべろに酔っぱらって半ば眠りこけながらもあからさまにハッピーなシレノスの姿——ディオニュソスの一団に加わって騾馬にまたがった時でも、彼の巨大なむきだしの腹は地面まで届いている——は、西洋の神話の深いところに位置しているのであるし、彼の子孫にあたる人物は、タック修道士からファルスタッフ、それに他ならぬサンタ・クロースまで数多い。中世宗教劇において、やせぎすの人間が四旬節の節制を象徴する一方、太った人間がカーニヴァルの象徴だったのは故なきことではない。かなりの程度まで抑圧的で厳格なコードをもつ文化、あるいはその文化の中のある階級においては、そのコードゆえ、太っているということは恐れられがちだった。ところが、より寛容でくつろいだ共同体ないし階級においては、それは尊敬される名誉とされている。しかしながら、いずれの場合にしても、肥満人は陽気であるとされてきている。「笑って太れ」と古い諺は言う。そして、笑いすぎること自体に対する態度がどうあれ、これを信じない人がいるものだろうか。だいたい、三百ポンド〔一三五・九キロ〕以上体重があって、底意地が悪く陰気な人間、というのはことばの矛盾であるかのように思えてしまうのである。

彼らに関する話題は、その含みもつすべての矛盾とともに、一八三九年に「ハーウェル・ミドルセックス貧民精神病院常勤医師」J・G・ミリガン医学博士・人文修士が出版した『医学経験の珍奇』(*Curiosities of Medical Experience*)と題するばかげた科学情報の概説書の巻頭論文に要約されて収められている。ミリガン博士の「肥満」に関する論文は「古代人は太った人々を極度に軽蔑した」という文で始まっている。そして続けて、「屋根の穴から住居に出入りする」ジェントゥー族は「太っていてその穴を通れない人をすべて」異端の侵略者と見なす、と説明している。さらに、一部の中世ユマニストは、当時の堕落した教会人の特性である内なる不可視の「怠惰と無気力……及び精神の弛緩」の外的かつ可視的な徴として肥満を捉えていた、とつけ加えることで同博士は迫害を頂点にまで推し進めているのである。けれどもその彼も、意に反しながらも、次のように記して告発の手をゆるめることを余儀なくされている。つまり、天上の王国では知的才能が肉体の容積に比例するものとされているため、中国では、「この悲惨は祝福とされて」おり、また、ゴルディ族は「一族のうちの最も太っている者を王位につけた」、というのである。

ふりかえってみれば、西洋世界にも恰幅のいいことで知られる統治者は数多くいた。これには、坐った姿勢のまま眠りこんで窒息死することがないようにと、背から針の突き出した椅子を用いていたヘラクレアの暴君、ほとんど身動きのできなかったディオニュソスにはじまり、酔っぱらうと太っていることを忘れてソファの上で激しく踊りだしたアレクサンダー大王の息子、元気のいいプトレマイオス七世まで、様々な例がある。もっと新しい例としては、征服者ウィリアム、でぶ王シャルル、ナヴァール王アンリ一世、ポルトガル王アルフォンソ二世、ヴュルテンブルク王フリードリヒ一世やルイ十八世などがあげられよう。また、レオ十世というきわめて太った教皇がひとりいたほか、少なくともひとり、肥満した聖人もいた。これは長いこと「シシリアのばか牛」と呼ばれていたトマス・アクィナスで、彼は三百ポンドあまりの体重にもかかわらず、独居庵の中で空中浮遊をなしとげたのであった。

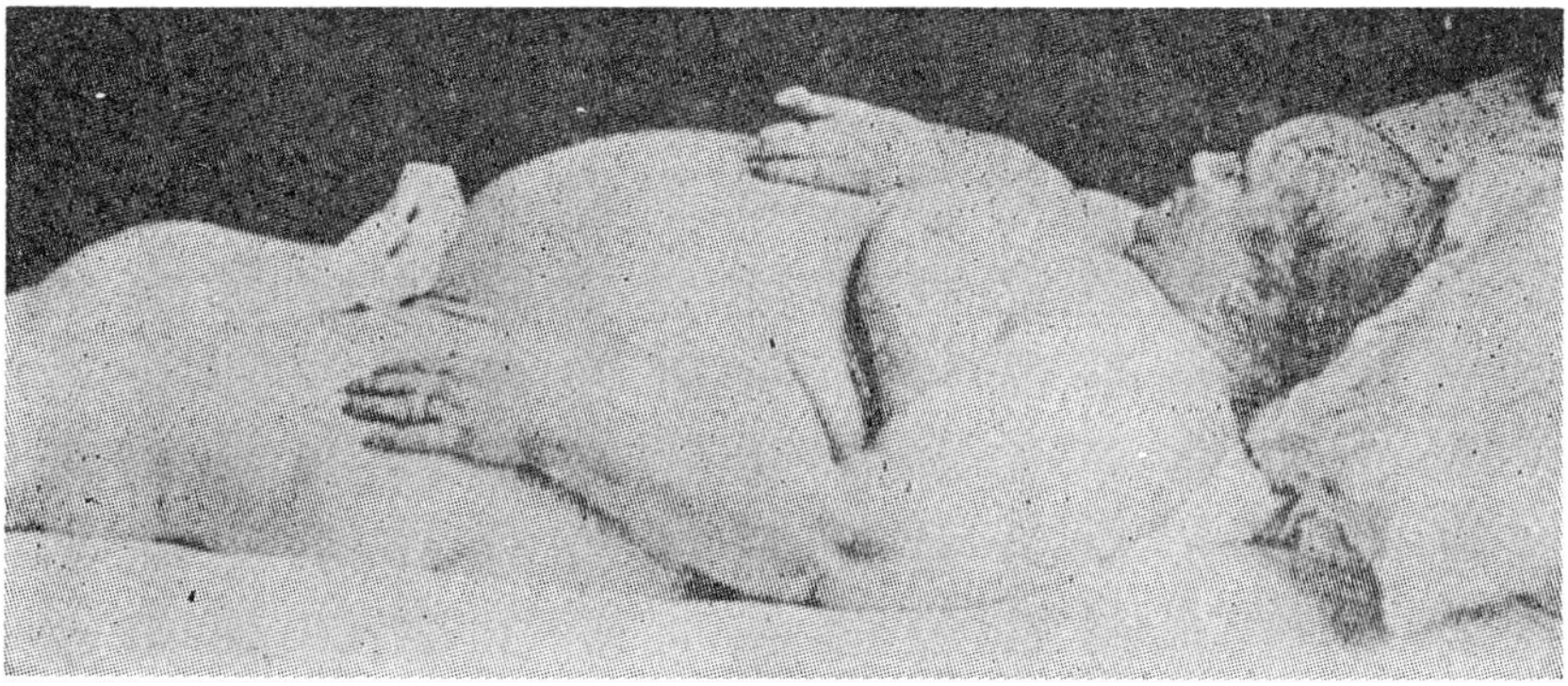

▲脂肪肥満症の例　G・M・グールド＋W・L・パイルの前掲書（1896）より

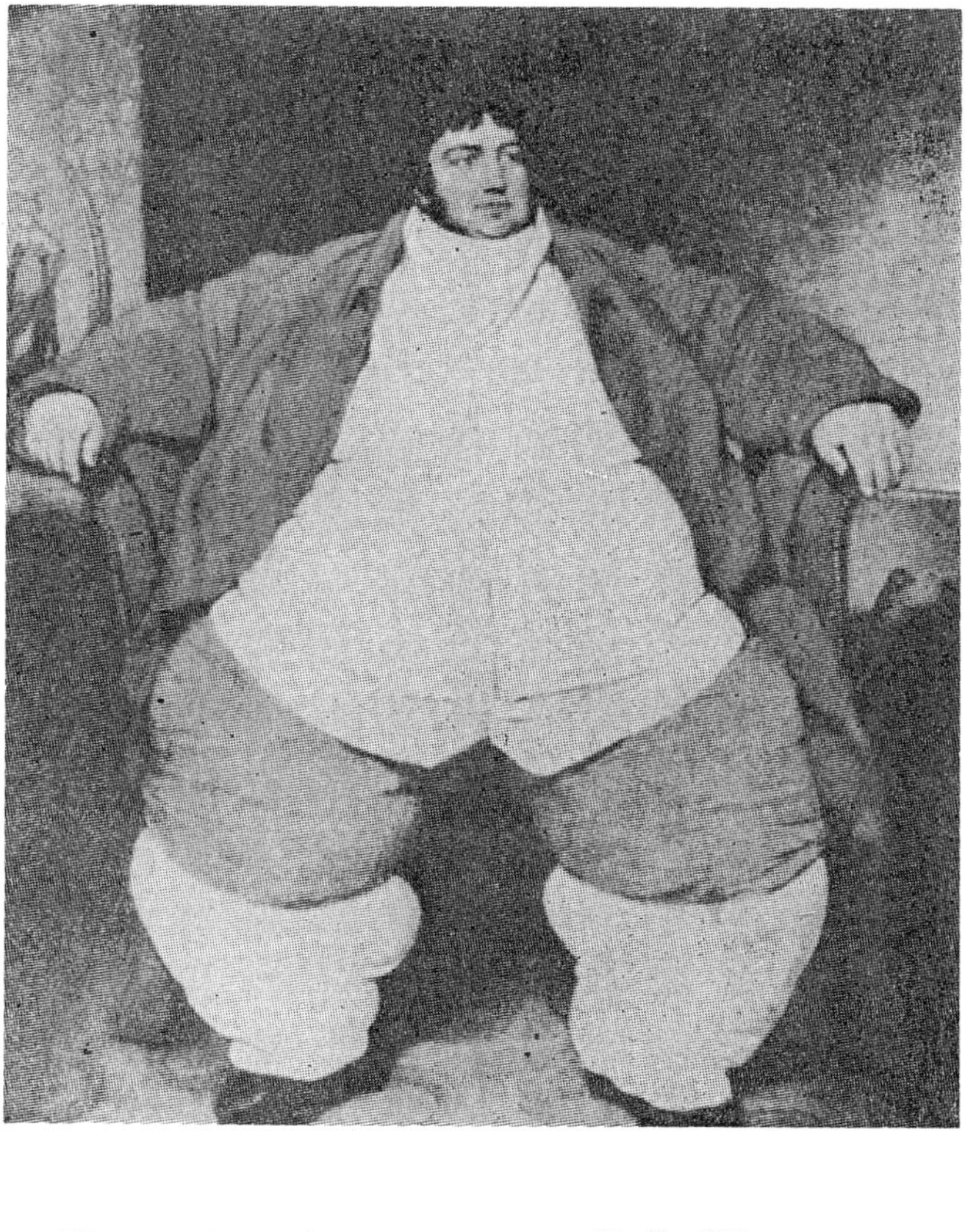

◀陽気なレスター刑務所看守、ダニエル・ランバート　ベンジャミン・マーシャル画（19世紀初頭）

このように見てくると、位階の高さと恰幅のよさとがかなりしばしば観念連合をなしていたルネサンス時代のヨーロッパにて、肥満人が小人や傴僂やアフリカ人のように宮廷ペットにされなかったのは当然と言えるだろう。事実、彼らが一般大衆向けのショウ・フリークとして存在するようになるのは、十八世紀以降のことなのである。特にイギリス人が彼らを珍重したらしく、当時の最も有名な肥満人三人はいずれもイギリス人であった――すなわち、三六四ポンド〔約一六四・九キロ〕の本屋ジョン・ラヴ、六一六ポンド〔約二七九キロ〕の獣脂商、モルデンのエドワード・ブライト、そして、最高体重が七三九ポンド〔約三三四・八キロ〕に達した「レスター刑務所の温好かつ堂々たる看守」ダニエル・ランバートの三人である。

同時代のある証人は次のようにランバートを描写している――「彼は恐るべき肉の塊で、腿はすっかり腹で隠れているため膝以外は見ることができず、一方、枕にも似たふくらはぎの肉はほとんど足を蔽い隠さんばかりにふくれあがっている」と。また、より詳しくは、腹の周囲が三ヤード四インチ〔約二八四センチ〕、ふくらはぎの周囲が一ヤード一インチ〔約九四センチ〕あったほか、幅四フィート〔一二二センチ〕あった彼の棺をかつぐのには屈強な男手十人必要だったことがわかっている。

ランバートは誰からも好かれていたようだが、それでも、同時代のジャーナリストたちは彼をだしにした駄洒落を書かずにはいなかった。たとえば一八〇九年、「心臓の脂肪変性＝でぶ的退化」による彼の死を描く新聞記事も、「彼は人間《モータル》の（＝死に至る）大きさの絶頂にまで達したのであった」とする点でこの誘惑に屈している。また、彼の墓石にも似たようなことば遊びが刻まれている――「かの自然の驚異ダニエル・ランバートを思い出さんがために。レスター生まれの彼は陽気なすばらしい心の持ち主にして、人間的な偉大さ＝肉体的な巨大さにおいて彼にかなう者とてなかった……」。この碑文はしばしば再録されてきたものであるが、それを見たことのない人でも、ピアス・イーガンの『面白い話』の中の描写から、あるいは少なくとも、イギリス中の酒場の屋号に描かれているものすごく太った体の図柄で、ダニエルのことは見知っているはずである。さらに言えば、彼の名前は巨大さの同義語として使われるようになっている。たとえば、ハーバート・スペンサーは『社会学研究』の中で同時代のある学者のことを「学問のダニエル・ランバート」と呼んでいるし、また、ジョージ・メレディスは『われらの征服者のひとり』の中でロンドンを「都市のダニエル・ランバート」と呼んでいるのである。

ダニエル・ランバートは確かに最も有名になった肥満人かもしれないが、歴史上最も体重のあった人物では決してない。『ギネス・ブック』には八百ポンド〔約三六三キロ〕を超過した人物十人がリスト・アップされており、その中には、一一三二ポンドに達したとされるジョニー・アリーや、最高体重が一一八七ポンド〔約五三七・七キロ〕に至ったとして知られるマイケル・ウォーカーなどが名を連ねている。けれども、一〇六九ポンド〔約四八四・三キロ〕をマークして「医学的に計測された最も重い人間」の記録をもっているのはロバート・アール・ヒューズ（ロバート・ワドロウのわずか後に生まれている、それも同じ肥沃なイリノイの大地に）である。ワドロウと同様、彼もあまり長生きはせず、三十二歳の時、単なるはしかが原因となって結局、脚がきかなくなり、尿毒症の併発によって死んでいる。彼のケースは肥満した人たちの中で珍しいものではない。ランバートもわずか三十九歳にして「脂肪変性＝でぶ的退化」によってあの世に連れ去られたのだったし、アリーもまた、三十四歳の時、小屋の床が抜けてしまい、脇の下で体を支えながら助けを求めて喚いている最中に心臓発作で死んでいるのである。

それでいてわたしたちは、巨人たちの場合のように彼らをメランコリーな犠牲者としては記憶していない。その原因の一半は、どうやら、彼ら自身が自分らを犠牲者とは考えずにいるらしいことにありそうだ。それは、彼ら自身もわたしたちと同様、笑いと肥満は手に手をたずさえてゆくものだと信じるよう洗脳されてしまっている結果であろう。少なくとも、カメラを向けられると、彼らは、げらげら、ころころと笑い、ぷるぷる震える腿をひっぱたき、まさにまるで喜びと陽気さを一身に体現しているようにふるまうのだ――「楽しげであるのみならず、他の人々の中に楽しみを呼びおこす契機にもなる」のである。それゆえ、彼らの中の男たちは「ハッピー・ジャック」といった類の名前で、女たちは「ドリー・ディンプルズ《えくぼ》」「ベイビー・ルース」「ジョリー《陽気な》・アイリーン」などとして呼ばれがちなのである。実際、本当に悲しむことができないわけではないのだが、サーカスの肥満女たちはどうやら、私生活においても舞台の上と同様、元気がよく親しみやすい人たちであったようだ。一例をあげれば、体重八百ポンドあって、簡単な手術の後、看護婦たちが肺洗浄のために体をひっくり返すことができなかったために窒息死するに至ったベイビー・ルース・ポンティコの場合、一緒に働いていた仲間たちから〝妖精母さん《フェアリー・ゴッドマザー》〟として慕われていた。彼女は一貫して天性の善良さをもって彼らに接してきていたのである。

これに対して特筆すべき例外はキャリー・エイカーズで、彼女はひどい癇癪持ちであることで知られてきているようだ。ただ、すでに述べたように、彼女は肥満女であるとともに小人でもあり、ショウ・ビジネスからの引退を決心した時には、髭女にまでなりかかっていたのである——それを思えば、「喧嘩好きのキャリー」の名を与えられるに至ったふるまいも、理由にこと欠くことはあるまいと思われる。けれども、より典型的なのはセレスタ・ゲイヤーに与えられた類のあだ名の方である。彼女ははじめ「ジョリー・ドリー」、次いで「ドリー・ディンプルズ」と呼ばれたのだが、太った女たちの「イット・ガール」ないし「世界で最も美しい肥満女性」などとしても宣伝されたのであった。

痩せた女性が特に魅力的であるとされる合衆国においても、彼女や同じくらい大きい仲間たちは、求愛者や愛人や夫にこと欠くことはなかった。統計によれば、ほとんど球形に近いほどふくよかな女性たちは、大学に入学する確率においては確かに痩せた妹たちの三分の一ほどの可能性しかないが、結婚し離婚せずにい続ける確率においてはずっと高いのである。われわれは誰しも、温かく、柔らかな女巨人の豊かな胸、ふくよかな腕に抱かれた記憶をもっているもので、しかもその彼女の大きさは——八ポンド、二一インチの子供だったわたしたちにとって——、大人となったわたしたちにとっての六百ポンドの肥満女性と同じほど、山のように巨大に見えたはずなのである。そして、初めての接触の時から憶えている超豊かな女体を後の恋愛体験の中で再発見するという

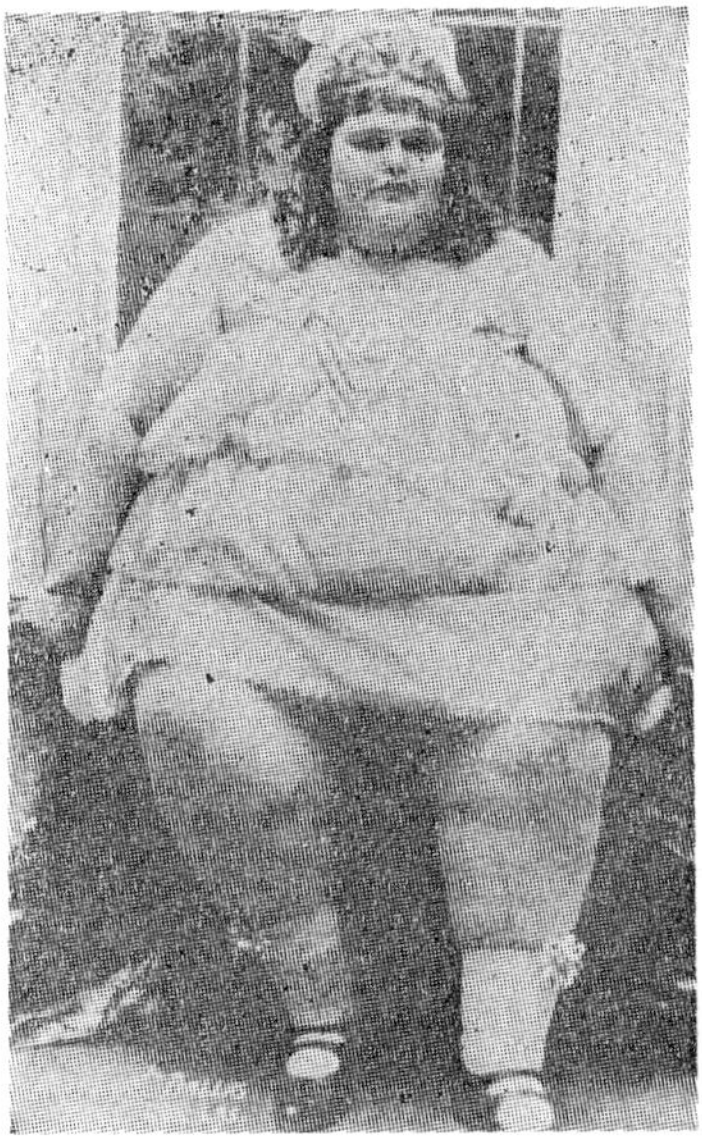

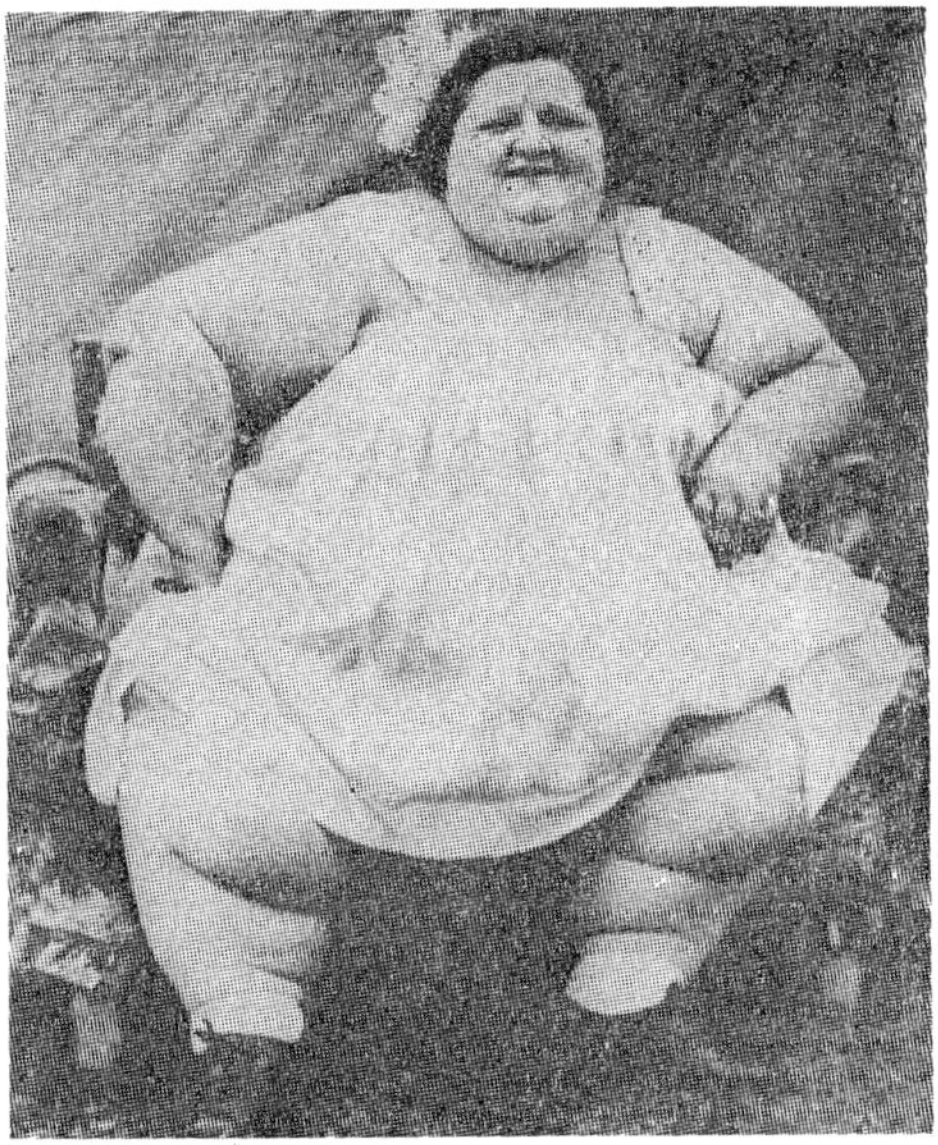

ダラスのアリス◀
同時代の宣伝写真（サーカス・ワールド博物館）
ベイビー・ルース・ポンティコ▶
同時代の宣伝写真（ニューヨーク市立博物館）

▼肥満した小人，キャリー・エイカーズ
グールド＋パイルの前掲書（1896）より

のは、誰もが夢の中に投影する至福に違いない、たとえ、ひと度目覚めるや決して打ち明けることはないにしても。

言ってみれば、肥満女性は――小人男性を可能な例外として除外すれば――すべてのフリークの中で最もエロティックな魅力をもっているのだ。事実、わたしたちの社会――痩せた女性に対するその好みはひょっとすると肉体に対する恐れの名残りなのかもしれない――ほど清教徒的でない社会は、この事実をためらうことなく認めている。ヴィクトリア朝物語の中でそれが告白されているのはシドニー・スミスなどの戯文だけであり、そこでは、ある友人と太った女性との結婚が雑婚であるとされ、その根拠は、彼女が「教区中を」喜ばせられるほどの大きさをもっているからとされている。が、たいがいの場所、たいがいの時代、特に教育程度の低い階級において、男たちは、ちょうど「ヴィッレンドルフのヴィーナス」を創った石器時代の彫刻家たちのように、女性の肥満を開けっぴろげに愛してきているのである。であるから、ある中東の村の「ヴィーナス」の体重が六三七ポンド〔約二八九キロ〕あるのを知って、今、今世紀、驚嘆しうるのはヨーロッパからの上品な旅人のみなのである。

この習慣は一八九六年にはすでにイギリスでも知られていたようで、パイルとグールド両悪徳医師は、彼女らがどのようにして結婚できるように作られるかを説明して読者の好奇心をくすぐっている。「チュニスのユダヤ女たちは……十歳に達するか達しないかの頃から狭い暗い部屋に閉じこめられ、計画的な加工を受ける。その中で彼女らは澱粉質の食料と仔犬の肉を与えられ、ほとんど形の見分けがつかない脂肪の塊になるまで育てられる」。また、「ムーア人の女たちはなつめやしと他の奇妙な食物からなる食餌によって、驚くほど速く望ましい肥満に達する」と彼らは書いている。婚礼に向けて太るという習慣が今なお北アフリカから完全に姿を消していないことは、ポール・ボウルズの比較的最近の小説『蔽いかぶさる空』の中に記録されている。そこでは痩せたヨーロッパ系のヒロインが、彼女をつかまえた北アフリカ人によって、性的使用に必要な肉をつけるためにバナナを腹いっぱい詰めこまれるのである。

生ける骸骨Ⅰ，Ｊ・Ｗ・コフィー

生ける骸骨Ⅱ，ピート・ロビンソン　同時代の宣伝写真
（サーカス・ワールド博物館）

生ける骸骨Ⅲ，ローザ・リー・プレモンズ（1896）
ⅠとⅢはグールド＋パイルの前掲書（1896）より

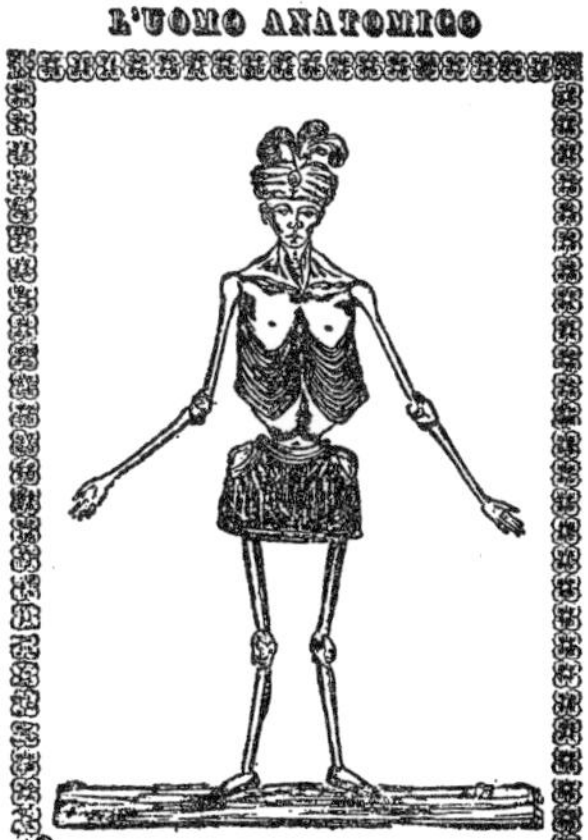

生ける骸骨のポスター（19世紀）▶

これに止まらず、ヨーロッパ文化の他ならぬ中心——すなわち、乳房願望が強く、マドンナたちに悩まされ通しのイタリア——においても、豊満な女体に対する似通った態度を見ることができる。古代ローマの御婦人方は、結婚前の娘たちにはほとんど飢え死にせんほどしか物を食べさせなかったようだが、肥満に対する彼女らの軽蔑は上流階級に限られた逸脱でしかありえない——それはあるいは、プロレタリアの、脂肪をたくわえたヴィーナス信仰に対する意図的なプロテストだったのかもしれない。このカルトは今なお生きており、この地にては、毎年一部の村で「でぶ姫」が選出され、階級にかかわらず誰もがフェデリコ・フェリーニの映画——そこではいかにもふさわしく、少年がはなはだしく太った女性によってセックスの通過儀礼を受ける——にかけつけるのである。『8 1/2』および『サテリコン』においてフェリーニは、このようなふくれあがったヴィーナス像の白黒ふたつのヴァージョンを見せてくれる。けれども、この問題が最も明瞭な形で扱われたのは『フェリーニのアマルコルド』においてだろう。ここでは、思春期を過ぎたばかりの少年が、タバコ屋の売子——禁忌された母と望ましい娼婦との役を一身に担う等身大以上のシンボル——の怪物的に巨大な乳房に顔をうずめたことで、死ぬほど罪悪感と羞恥に悩まされるのである。

こうして見てくると、イタリアの街頭ショウや祭りの研究である『辻広場』(*La Piazza*)において、フリークにあてられたスペースの三分の二以上がデブとヤセを論ずるのに費やされ、中でも太った女たちが一番多くのページを占めているという事実は不思議には思われまい。著者は彼女らを「特に豊かな体つきと華やかさをもった手弱女たちの代表」と呼び、中でも最も豊かで華やかなのはすべてイタリア人であったと誇らしげに言う。そして、彼女らの魅力を喧伝するビラのせりふを蜒々と引用している。そのうちの一番大げさで嘘めいているのはこんな具合である——「マドモワゼル・テレサの美と塑像的体軀、それは一度ならずフィレンツェ、そしてイタリア全土の芸術家たちの名作を生んだ。……途方もなく巨大、並はずれの彼女はこの宇宙で最も美しい女性……ミダス《(ママ)》神の手になると言うにふさわしい……」。

この本の著者は太った男に関してはこれほど熱意を見せておらず、イタリアの観客から女たちほど魅力的でないと見なされている彼らは「わが国の祭りに見世物として出されることはほとんどない」と言う。それでも「人間エレファント」は他の肥満女性たちにひけをとらぬほど誇大に宣伝されたのだった。「よくご覧あれ！　けれども何よりも、よくご注意あれ！　エクスタシーに至ってしまわぬよう。何しろ彼はたとえようもなく美しいのだから!!」とそのビラは言う。また、すでに触れたことだが、太った女に関するカルトが本当に存在したことのない場所の中にも（特にイギリス）、十八世紀には太った男に関するカルトが芽ばえたものだった（すべての政治家の中で最もずる賢く、かつ最もファルスタッフ的なウィンストン・チャーチル、彼は今世紀においてなお、このカルトゆえ選挙で得をしたのだとわたしは確信している）。

痩せ男でさえ、一時、アメリカやフランスと並んでイギリスでもてはやされたことがある。『辻広場』の著者によれば、イタリアでは事情は全く異なっていた。そこでは、痩せた男は一様に軽蔑される傾向があり（「イタリア人の良い趣味の証し」）、その理由はどうやら、サイド・ショウの主導権はいずこも同じくエロスが握っているのに対して、痩せているということは制淫的であると見なされていることにあるようだ。著者は女の「生ける骸骨」の名は一切あげていないが、それに対応する男の方に関しては、決して「街頭縁日のヒーロー」だったことはな

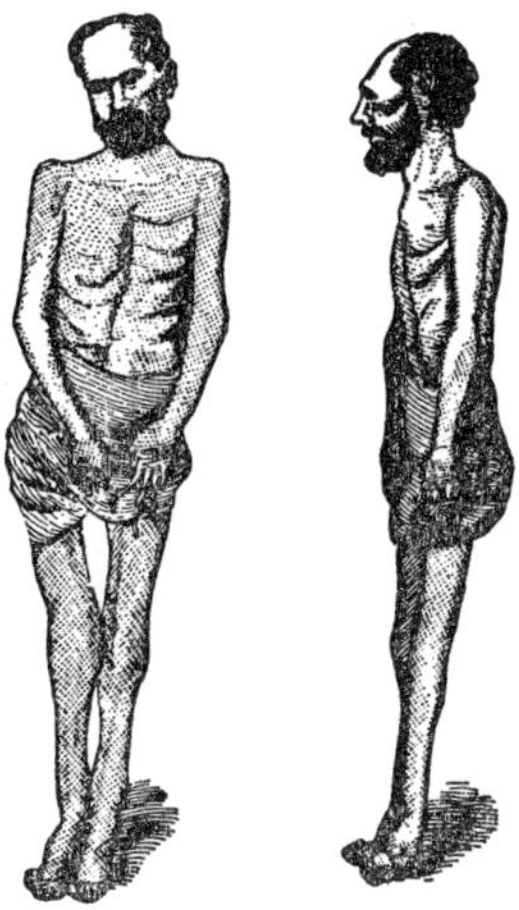

硬直人間　グールド＋パイルの前掲書（1896）より

いにもかかわらず、最も有名だった者たちをリストアップしており、中でも一番よく知られているクロード・スーラのキャリアをある程度詳しく書いている。一七九八年に生まれたスーラは長期にわたって方々で見世物となっており、その間ずっとどうやら、奇形的体重を守るために気も狂わんばかりの厳しいダイエットを続けていたうえ、ロマンチックなしがらみも避け続けていたようだ。恋愛は「自分の状態にふさわしくないと考えていた」ばかりでなく、どんなに太っていようと痩せていようと、恋愛はすべての人にとって危険なものである、と小説を読んで学んだと言っていたのであった。そして、彼のとったこの立場は結局のところ、彼の状態にふさわしいものだったと言えるだろう。というのも――通俗ジャーナリズムがしばしば報じる肥満女と骸骨男の結婚の例や、その両者が一緒にベッドに入っている場面を想像する覗き見的な楽しみにもかかわらず――、結婚の幸福よりも生涯続くセリバシーの方が「生ける骸骨」の神話的意味にふさわしいのだから。そして実際、報じられたデブとヤセの結婚の例の大半は、宣伝担当者のでっちあげた作り話なのである。とはいえ、体重わずか五八ポンド〔約二六・三キロ〕のピート・ロビンソンが、四六七ポンド〔約二一一・六キロ〕のバニー・スミスと結婚したという例が、一九二四年にあることはあるのであるが。

けれども、このような稀な事例を典型化された伝説に仕立てあげようとする傾向は、全く正当化されえないわけではない。というのも、過剰な肥満というものはどういうわけか典型的な女性性を、そして怪物的な痩身は男性性を表わしているように感じられるものだからである。実際、地中海地方では今なお、特に労働階級において、このパターンに従うカップルがいる――小太りの花嫁は年とともにさらに太ってゆき、痩身の花婿はさらに細くなってゆくというわけだ。しかしながら、最後にひとつ言うならば、スーラやロビンソンのように筋ジストロフィーないし脳下垂体悪液質、神経性拒食症によって痩せ衰えた患者たちは、エロスよりはタナトス、すなわち、愛よりは死の記号を発している――実際それは、生ける骸骨、骸骨人間、影男、といった彼らの最も典型的なステージ・ネームが明らかに示す通りである。

人間奇形の研究の中では、彼らは肥満人と一緒に扱われるのがふつうだが、実際には、成長や退化に関する通念を危うくするような真のサイズ・フリーク、スケール・フリークではない。彼らはむしろ、生けるものと死せるものとの間の区別を問い直してくるのである。それゆえ、サーカスや見世物館《ダイム・ミュージアム》の世界においても、彼らは巨人や小人とではなく、また肥満人とでもなく、それとは全く異なった類のショウ・フリークと結びつけて考えられている。それとは、時に本物ではあってもたいがいはいんちきであるショウ・フリークたち、つまり、硬直人間、石化人間とか、それらよりはもっといんちきなのが明らさまでありながらも恐ろしい首なし女(これが見世物に供される時には必ずそばに看護婦たちが控えていて、観客の中の感じやすい人たちは目論み通り失神したものだった)といった類である。この首なし女とは、自動車事故で首を切断され、それでも機械の助けを借りて生き続けているとされたフリークである。

生ける死人、ゾンビー、お化け、吸血鬼、さらにはフランケンシュタインが人工的に命を吹きこんだあの生物、これらの兄弟姉妹にあたる彼らのもつ不気味な性質、それはフリークよりはむしろ怪物を思い出させる。そしてまさにおそらくそれゆえ、彼らは文学的想像力、特にカーソン・マッカラーズやユドーラ・ウェルティといった死にとり憑かれた一部の南部ゴシック派女性作家たち――超自然的なものを描き、あるいは、死後も不気味な類の生存がありうることを暗示する作家たち――の想像力に訴えかけてきたのだろう。しかしながら、このようなサイド・ショウの見世物を前にする時――あるいは本でその絵を見る時でさえ――、わたしはウェルティ女史の「石男」ではなく、ロバート・フロストの詩「クーズの魔女」で描かれた不思議とコミカルな歩く骨の山を思い出している自分を見出す。それはこういう詩である。

屋根裏が骨たちの気に入ったのなら、そこは彼らに明け渡そう
彼らを屋根裏に住まわせよう。時折、彼らが、

夜、階段を降りてきて、途方にくれて立ち尽し……
白墨めいた頭骸を白墨めいた指でひっかきながら、
よろい戸のようにかたかたと乾いた音をさせる時、
わたしが闇の中に身を起こしてこう言うのはそんな時だ……

ここに引いた詩文では骸骨は死んだ愛人の骸骨であるから、確かにタナトス的であるとともにエロス的であるものが含まれている。けれども、その落ちつきを知らぬ乾いた骨が意味するのは、失われたもしくは拒まれた愛であり、恐れと罪責感としてのみ蘇ってくる愛である。ところが、肥満女はこれと全く反対のことを意味する――それは、罪責感も限界も飽食も困憊も知らぬエロスなのだ。これを思うと、わたしたちの世界に残っている最も古いフリークの図像的表現がこの現象――肥満した女――を描くものであることは、どういうわけか正しいことであるように思えてくる。けれども、こうした考察はすでに別の領域に属するものだ。すなわち、セックス・フリークたち、および、彼らをわたしたちが見る神話の領域である。

5

美女と野獣——醜さのエロス

あらゆるフリークは、程度の差こそあれ、いずれもエロティックなものとして受け止められている。実際、異《アブ》常性《ノーマリティ》は一部の「ノーマルな」人間のうちに、この究極の他者をただ眺めるだけでなく全的な肉体感覚において「知りたい」という誘惑をひきおこすのである。けれども、その望み自体、堕落願望のみならず異種間交婚に関する最後のタブーを破りたいという夢をはらんでいるため、フリーキッシュなものとされている。ヴィクトル・ユゴーの『笑う男』に出てくる堕落せし誘惑者貴族は、またもやこの点についても的確に語っている。

わたしは女神？　海の女神アンフィトリテは一つ目族キュクロプスの「フルクティヴォマ・アンフィトリテ」に身を任せたものでした。わたしは妖精？　妖精ウルゲーレは、翼と水かきのついた手を八本もったブグリクスに身を任せたものでした。わたしはお姫様？　メアリー・スチュアートにはリッツィオがいました。美女が三人に怪物が三匹……。わたしは女王のように振る舞う。鰐の頭をした男プテフを愛したトルドーペとは、女王でなくて何だったでしょう。彼女はそのプテフのために三つめのピラミッドを建てたものです。ペンテシレアも、今日では射手座と呼ばれる星になっているケンタウロスを愛したものでした。それから、ハプスブルク家のアナが愛したのは誰だとお思いになって？　それは、醜さにおいて人後におちないマザランでした……。

ロバ頭のボトムに恋するティタニア　シェイクスピア『真夏の夜の夢』の挿画
アンリ・フューズリ画（18世紀後期）

そしてあなた、あなたは醜いだけでなく、おぞましいんですもの。醜さというのは取るに足らないもの、けれども、奇形というのは大いなるもの。醜さというのは美貌の陰の悪魔の笑い。一方、奇形というのは崇高さに近いものなのです。

ここに立ち現われているのは美女と野獣の神話である。けれども、人間よりも進化段階の低い生物とフリークとの同一視よりもっと深いところには、より愚鈍でまさにそれゆえいかなる野獣よりも性能力の強いものとしてフリークを見る傾向が存在するのだ――アリストテレスが女性の外陰部を呼んだ名称を借りれば、animal avidum generandi つまり、生殖に貪欲な獣として。あるいは、お伽噺の美女は典型的な女性性を、そして野獣は男性性すなわちファリュスを示しているところから、ファリュス以外の何物でもない愛人として、フリークを見る傾向があるのである。

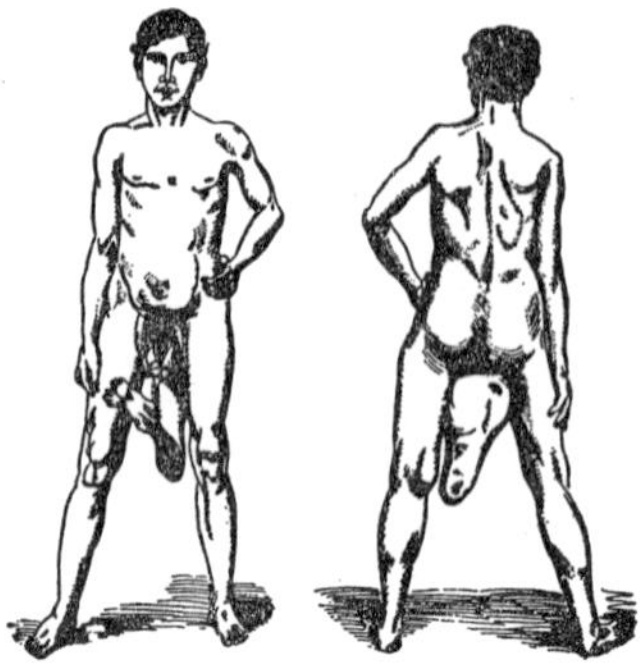

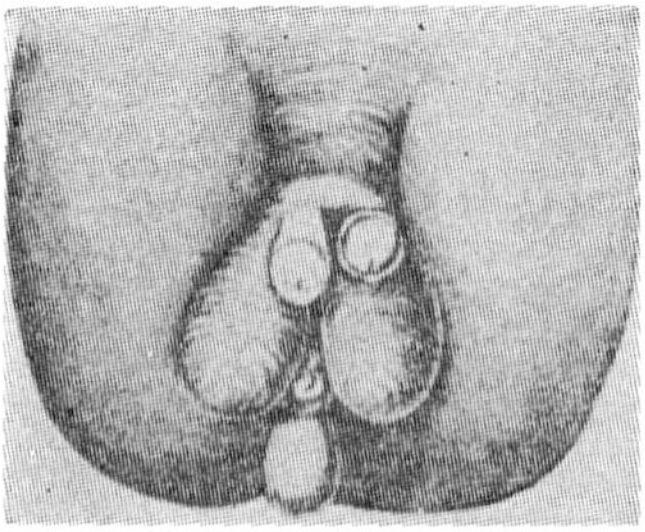

◀▶二重陰茎
◀「二重陰茎男」ジャン＝バプティスタ・ドス＝サントス

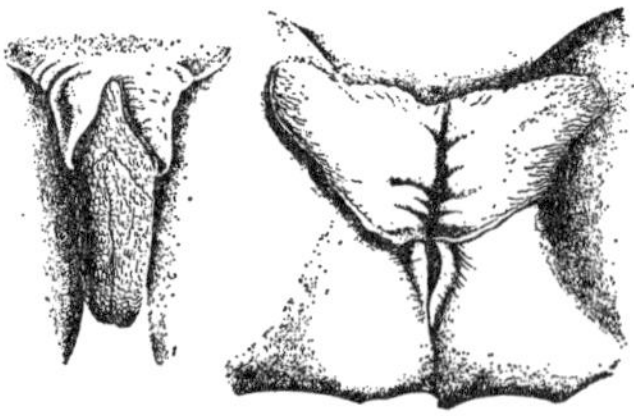

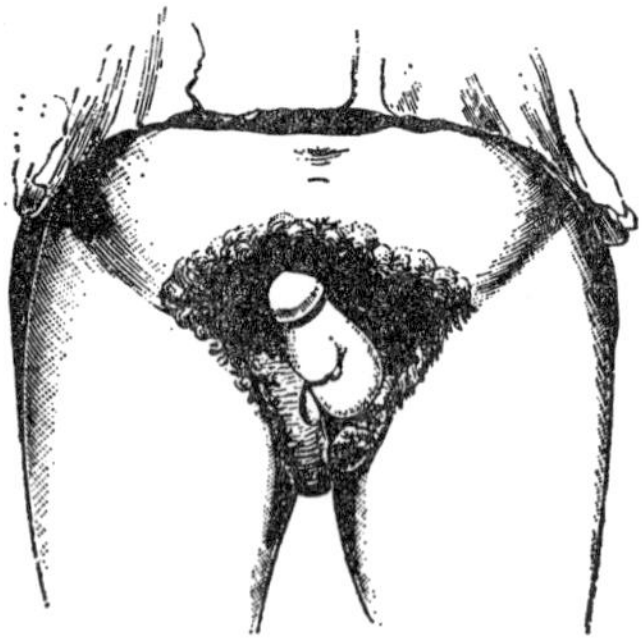

◀▶陰茎型クリトリス
ホッテントット女性の肥大した陰唇
全て、グールド＋パイルの前掲書(1896)より

そうでなくとも、あからさまなセックス・フリークというものも存在する。たとえば、常軌を逸して長いペニス（記録にある最長のものは一四インチ〔約三六センチ〕強）、短いペニスをもった男性とか、ペニスのない男とか、ことにふさわしい例として、ひとつ以上ペニスのある男といった類である。この点に関しては、まるまるひとつの民族集団がフリーキッシュなものとされる例もままあり、白人たちの通俗伝承の中でいずれも怪物的な「一物をさげている」とされるアメリカの黒人たちの場合がそれにあたる。また、ペニスに骨が入っている――いわゆる、アダムの肋骨である――男性に関する伝説的な話もある。しかし、現実においては、そのような状態は「陰茎強直症」と呼ばれる病理学的症例として存在するのみで、この上ない苦痛をともない、完全なインポテンツに至るものなのである。

三つ睾丸があるケース（実際にそういうケースが存在するとしての話だが）も、記録に残されるに値するとされてきているが、その記録が一切存在しないことも確かである。それに対して、睾丸をひとつももたない男というのは、ハーレム用の無害な番人とか教会合唱団の男性ソプラノのための人材として非常にしばしば人工的に作られているため、本来の無睾丸者はあまり興味をひかなくなっている。そしてまた、特に大きい、あるいは小さい睾丸をもった例についても、奇形学の歴史の中ではほとんど扱われておらず、ひとつだけ下に降りていて目にすることのできる単睾丸者でさえ、付録ていどの扱いしか受けていない。卵巣は目で見ることができず、陰門や膣は隠れているため、それらの異常に関するあるていどの長さをもった論議を知りたければ医学の教科書に目を向けねばならないが、それはすでに神話よりは病理学の領域に属することになる。とはいえ、今世紀の前半まで、中国人女性の陰部は彼女らの目のように「つり上がっている」ものだと子供たちは考えていたものだった。

一方、肥大したクリトリスというのは古代以来一貫して大衆的興味の的となっており、ローマの年代記作者たちを信用するなら、当時、そのような一物をもった女性たち——いわゆる tribades や subigatrices ——はノーマルの女性たちと〝自然の理に反する〟悪徳を行なっていた。この問題に関する最も長い言及は、グールド＋パイルの『医学における異常と珍奇』にあるようだ。長期にわたってベストセラーであったこの本は、「バルトリヌス、シェンク、ヘルヴィヒ、ロディウス、リオラヌス、ザッキアス」といった権威を引きながら、「小指ほどの長さのクリトリス」「七インチにまで達したもの」、また、寸法はわからないが「巨大」で、「肛門のまわりにいぼがある」例（過剰なマスタベーションによるものだろうという）、そして「鵞鳥の首のような形をして、長さが一二インチある」例などを披瀝している。この驚異のカタログには骨化したクリトリスの例や、さらには、二分裂、すなわちふたつに分れたもの、もしくは重複してふたつある例なども含まれている。

しかしながら、わたしの知りえた限りにおいて、このような異常をかかえた女性が縁日やサイド・ショウで見世物になった例は存在せず、また、男性に関しても一例だけ、極端に長いペニスをもった男が公的に展示されたことがあるのみである——それ、すなわち、シェイクスピアの最後の戯曲『ヘンリー八世』の中で謎めかして言及されている例の「大いなる道具をもてるインディアン」の場合である。けれども、わたし自身、十二、三歳の子供だった頃、一二インチの一物をもった男に会ったことがあり、その彼は五〇セントを払えば気軽に見せてくれたうえ、結婚生活の内外でそのペニスのゆえに蒙った様々なめんどうを語って聞かせてくれたものだった。

女性の性的異常例を公けに見せることはほとんど普遍的なタブーとなっているが、それに対する明らかな例外は「ホッテントット・ヴィーナス」の場合で、彼女は一八一五年のパリにて観客のすべてに「体のわずかな動きにつれて独特なふるえ方をする巨大な肉の塊」である尻を見せ、また、お気に入りの客には、腿の半ばあたりまでぶら下がっていたらしい陰唇を見せていた。これに関してもグールド、パイル両医師は周辺情報を提供してくれており、「ホッテントット族の中のコケティッシュな娘たちは、極めて激しい虚栄心にかられて人工的に小陰唇・大陰唇の伸長をはかる。伝えられるところでは、彼女らはこれらの局部を引っぱったりこすったりし、さらには、重りを下げて伸ばすのだという……。この奇形化が同部族の男たちを惹きつけるからである」と書いている。

この種のフリークの展示を妨げてきたのはひょっとすると廉恥に関する法や共同体の規準ではなく——なぜなら、両性具有者の見世物はいつでもサーカスや縁日につきものだったのだから——、むしろ、これらが神話的な原型《プロトタイプ》をもたず、それゆえ、真に典型的な怪物性を前にした時に感得される「戦慄《フリッソン》＝身震い」を呼び起こさないという事実なのかもしれない。彼らは民間伝承やポピュラー・カルチャーの中ではとりたてて珍しい存在ではないが、そこではふつう、畏怖を呼ぶ人物としてより滑稽な人物として提示されている。例えば、ユダヤ伝承の中に登場する唯一のセックス・フリークは、ソロモン王がある時出会った暴君《ファラオ》であるが、彼は聖書のテクストの中では「かたわ」もしくは「びっこ」として表現されている——そしてこの不具性は、陽気な聖書注解者らの説明によれば、上半身が長さ一ヤード、脚も一ヤード、そしてペニスも全く同じ長さあったために生じたものだった。また、睾丸のない男と結婚した幸薄き花嫁についての歌や、かの有名な「カーネル・ボギー・マーチ」のパロディ（「ヒトラーは玉ひとつ、ゲーリンクにはふたつ、けれどもちっこいのがふたつ、ヒムラーも似たりよったり、けれどもゲッペルスは全くの玉なしさ」）などの通俗歌謡も、同じように滑稽なトーンをもっている。

ところが、二次的な生殖器官に異常をもったフリークの場合、事情は異なっていて、彼らは、特にその問題の部位が習慣や使用目的によって隠蔽されない部分であればなおさら、しばしば公けに展示されている。しかし、多乳房症は現実の中でも神話の中でも比較的ありふれたもの（たとえば、かの有名なエフェソスの黒いディアナには七つあった）であるにもかかわらず、ふたつ以上の乳房をもった女性というのは仲見世街にあまり姿を見せない。その一方で、グールド十パイルによるもののような擬似医学的な書物にはしばしば絵入りで紹介されている。ところが、尻となると、ホッテントット・ヴィーナスの場合から明らかな通り、全くこれとは異なっている。

彼女が展示されえたのはしのび笑いをもらすような一種の人種的思い上がりによるもので、彼女が陳列された時の名前がすでに悲しいアイロニーを見せているが、それは、彼女の魅力を讃えるある十九世紀のバラッドの中では全くのバーレスクに転じている——

三つ乳首がある女性　グールド＋パイルの前掲書（1896）より

ロンドンの町に行ったことはあるかい
　珍しいものがたくさん
世に知られるご婦人方の中
　一番有名な彼女がいる。
花咲くピカデリー・ストリートに
　彼女はお屋敷をもっていて
金色の文字でこう書いてある。
「ヴィーナス・ホッテントット」。

なぜそこに住んでいるのか
他のもっと物珍しい連中より
　彼女の何を見るべきなのかと
　お尋ねならば
それは（奇妙なものだが）彼女の尻
　大鍋ほどもある尻
というわけで男たちは見にゆく
　このすてきなホッテントットを。

しかし、彼女が引き起こした熱狂、登場直後にヨーロッパ中に伝播したらしいショックの波は、からかい半分でやってきた観客たちが彼女を目のあたりにして、たとえグロテスクな形ではあれ、愛と美の女神を体現すると宣伝された人物に不相応ならざる畏怖の感覚を経験したということを意味していよう。

同様の反応は、性的にいって周縁的であると考えられるあるものの過剰もしくは欠如を烙印として蒙った女性たちによっても惹き起こされる。それとはすなわち、毛である。確かに、性的な成熟とは男性の顔に、そして両性の性器の付近に毛が生えることを意味するのであるから、極端に長い陰毛をもった、あるいは全く陰毛をもたない女性が「医学的な珍奇」として記録されるのは自然なことのようにも思われよう。しかし、頭に毛が少なすぎる女、顎に多すぎる女もまた興味を呼ぶものとされてきているのである。事実、愛の女神のとった最も古いフリーク的形態(それより古いのは太ったアフロディテの形のみである)の中には、禿のヴィーナスと髭を生やしたヴィーナスがあり、キプロスではこの両者が融合され、出産をつかさどるとされる単一の神となっている。

今日なお、豊かな胸とふくよかな体つきをした人物が顎に立派な毛を生やしていたり、あるいは頭に全く毛がなかったりするのに直面すると、われわれは——困惑させはするが決して抑淫的ではない体験として——性の二分法に対する信頼が疑義に付されていると感じるものだ。そのような異常をもった女性たちはふつう、かつらや脱毛剤でその異常を隠して、気づかれずにわれわれと交わっている。そして実際、わたしはこれまでに、濃い髭をもちながらも頻繁に、そして深く剃ることで妻と母という伝統的な役割をうまく果たしている女性二、三人と出会ったことがある。またさらに、一部のネオ・フェミニストたちは同性のそのような人たちを「ノーマル化」しようとしている。あるいは、少なくとも、彼女らが髭をいっぱいに伸ばしていても、怪物ではなく、伝統的な、そしておそらくは彼女らをおとしめるような性役割からすべての女性を解放するための戦いのリーダーとして認識されるよう努めているのである。もっとも、今なお、髭女の中で革命家としてのキャリアよりはフリークとしてのキャリアを選ぶ人の方が多かろうとわたしには思われるのであるが。

踝まで届く長い髪をした女性たちもまた、フリークとして展示されてきているが、その頻度は年々減りつつある。それもむべなるかなであって、彼女らを目にしてもわれわれは、髭女を前にした時のような、境界線が越えられたという感覚や、われわれの習慣的ふるまいに欠かせない区別が危うくされたというような感覚を経験しはしない。これは、髭をもった母親からしばしば生まれる少年たち——彼らは幼児期から顔面に毛が生えはじめ、少年期の初めにはすでにしっかりと髭を生やしていたりする——を前にした時も同様だろう。例の「ウィリンガムの驚異」の場合ですら、幼い時からの髭よりは年齢にふさわしくない大きなペニスのゆえに記憶されているのであって、それは、両性の区別をないがしろにするものでこそないが、非性的な幼少年と性器的な大人という区別をなしくずしにするものだったのである。

この意味において彼は髭女の同類ではなく、伝説や文学の中に生き続けているオールド・パーのような人物(ジョイスは『フィネガンズ・ウェイク』の最初のページで地口としてこう書いている——「かつてまるで塀のごとくしゃきしゃきしていたオールド・パーの死について、人は若き日々には枕もとで、そしてもっと後にはあらゆるキリスト教詩歌を通じて繰り返し聞かされる」)の範疇に属している。このオールド・パーは人生のおしまいの側にて、人間のセクシュアリティに関する観念に挑戦をかけたのだった。一六三五年十一月十六日に没した時、この「シュロップシャーの哀れな田舎者」は、年齢一五三歳九カ月だっただけでなく、検査にあたった医師たちが発見したところでは(報告書によれば)、「その性器はしっかりしており、淫乱ゆえ公けの指弾を受けたことがあるとの報告を裏づけるに十分であった。またその時より後のことだが、齢一二〇歳にしてある未亡人と結婚し、Eum cum ipsa rem habuisse, ut alii mariti selent……」すなわち、他の夫たちと変わりなく彼女と関係をもっていたことが「見てとれた」のであった。

話はそれたが、人気において数多くの髭女たちに匹敵しえた超長髪女はほとんどいない。ただ、七人合わせた髪の長さが三六フィート一〇インチ(約一一メートル二三センチ)あったセヴン・サザランド・シスターズ(サザランド家の七人姉妹)は売れゆきナンバー・ワンのシャンプーの名前になるほどよく知られていたという例があるにはある。また、思春期前にして髭を生やした少年というのもサイド・ショウの目玉になったことはない。そして神話と歴史の間に横たわる無人の領域においても、この両者の先祖は全く記録されていないのである。ところが、この点に関しても髭女たちのおかれている状況は全く異なっている。たとえば、伝えられるところによれば、スウェーデン王カール十二世の軍には髭を生やした女の近衛歩兵がおり、一七〇九年にポルタヴァの戦いで捕まると、彼女は珍品としてペトルスブルグのツァーの宮廷に連行されている。さらに、王族クラスにもこの種のフリークが少なくともひとりいたことが記録されている。一五九九年から一六六七年までオランダの摂政だったパルマのマルガレーテがその人である。

どうやら十七世紀は髭をもった女性たちが殊に脚光を浴びた時代だったようだ。ジョン・イヴリンはその『日記』の一六五一年九月十五日の項にこう書いている――「二十歳の毛深い女を見た……両の耳から長い毛房がとび出している。彼女はまた、このうえなく豊かな顎鬚・口髭を生やしており、鼻のまん中にも、全くまさにアイスランド犬のように、長い毛房が生えているのだ……」と。また、ピープスも一六六八年十二月二十一日の項で、彼お得意の無邪気な喜びをあらわにしつつこう述べている――「ホルボーンに行き、そこで……不器量な小さな女を見た……声は少女のようだが、男でも見たことがないような豊かな、ほとんどまっ黒で硬い髭を生やしているのだ……叢のようで太いと言うべきだろう。それは全く、わたしにとって途轍もなく奇妙なものだったと言わざるをえず、途轍もなく面白かった」。これに止まらず、同じ世紀の初頭には、シェイクスピアがすでに髭をもつ女性三人を魔女としてステージに登場させていたのだった。実を言えば、何世紀にもわたって、魔女は髭を生やしているものとして描かれてきており、その間、鬚の生えた女の顎は魔術を立証するに十分な証拠とされていたのである。けれども、髭をもつ女性の中には聖女もおり、聖ガラ、聖パウラ、聖ヴィルゲフォルテもしくはヴィジフォルテなどがそうだ。この最後の聖女は聖リベラータ、聖ウンクンベルとしても知られており、夫を厄介払いしたい女性たちはこれらの名前で彼女にむけて祈ったものだった。伝わるところでは、彼女は生まれつき髭があったわけではなく、キリスト教に改宗していたにもかかわらず異教徒と婚約していたため、なんとか自分を性的に望ましくないようにしてくれとキリスト教神に祈願したのであった。神はそれに応え、恋人はぞっとして彼女を捨てた、というわけである。すると激怒した父親は彼女を十字架にかけ、かくして、彼女の見方からすれば穢れた交接よりは無限に望ましい結末が訪れたのであった。

これは奇妙な伝説であり、近代の図像学者が説くところでは、布をまとった両性具有的なキリストを描く一部の古代絵画の説明をつけるために、中世後期、時間を遡る形で発明されたものだという。けれども、それはまた、ヨーロッパの精神の中に髭を生やしたアフロディテの神話が蘇ったことをも示している。おそらく、この神話の上に、祝福されし処女性というキリスト教的ハッピー・エンドがいかにも場違いな形で蔽いかぶせてあるのである。しかし、いずれにせよ、このエンディングはありそうにもないものに思われる。現実の歴史において、髭をもつ女たちは夫や恋人を遠ざけたというよりも惹きつけてきているからである。たとえばジュリア・パストラーナ、髭があっただけでなく全身毛に蔽われていて、「世界一醜い女」として宣伝されるほど不器量だった彼女も、レントという名の自分のマネージャーと結婚していたのである。

この両者の結合からはジュリアに劣らず不器量な娘が生まれ、それをひと目、目にするや彼女は嘆き悲しみはじめ、――お涙頂戴記事式に言えば――心破れてほどなく没したのだった。けれども、レントは彼女を手放すことができず、その遺体をミイラにして保存し――目撃証人の語るところでは、娘の赤ん坊ミイラと並べて――陳列しただけでなく、世界中を捜し回って彼女と同じほど毛深くおぞましい若い女を見つけ出したのであった。本名マリー・バーテルズといったこのジュリアの生まれかわりにレノーラ・パストラーナという名前をつけ直したうえで、彼は縁日やサーカスにジュリアの妹として出場させた。それだけでなく、レントは彼女と結婚までし、髭を生やした花嫁ふたりと結婚した歴史上唯一の男という記録をうちたてたのである。この点に関して彼と競合しうる唯一の相手は、剛腕女、肥満女、髭女と相次いで結婚し、どうやらそのいずれとも幸せに暮らしたらしい

▲「世界一醜い女」ジュリア・パストラーナ　グールド＋パイルの前掲書（1896）より
◀髭女グレース・ギルバート　同時代の宣伝写真（サーカス・ワールド博物館）

◀スイスの髭女クロフリア夫人と髭の息子エサウ少年　キュリアー＋アイヴズによるリトグラフ（ニューヨーク市立博物館）（19世紀半ば）

十九世紀のあるイタリア人芸人だけである。しかし、レントの場合はそううまくいかず、あらかじめ予想もされうることだろうが、すっかり気が狂って死んだ。もっともそれでも、「レノーラ」がショウ・ビジネスから引退して二十歳ばかりも年下の新しい夫を手に入れられるぐらいの財を残すていどのことはできたのであった。

彼女と同じほど毛深く、それでいてもっと魅力的だった著名な髭女たちもまた、夫を見つけるのにたいして手間どりはしなかった。例をあげれば、ロジーヌ・マルグリット・ミュラーをはじめ、クレマンティーヌ・ドレ、アニー・ジョーンズ、グレース・ギルバート、ジョゼフィーヌ・ボワドシェーヌ、そしてレイディ・オルガらはいずれも、最低一回は結婚している。確かに、一九四〇年のニューヨーク万国博で「見れば見るほど不思議」サイド・ショウにゴリラ・レイディとして登場したフランシス・マーフィのように、夫を見つけえなかった人もいることはいる。けれども、彼女は後に男であることがわかったのであるから、これは理解できなくはなかろう。そしてこの埋め合わせとして言えば、超女性的であったレイディ・オルガは四人の夫をもったのであった。「たいがいの髭女は男なんですよ」と彼女のマネージャーは尋ねてきた記者に語ったとされている。「女である場合でも男みたいに見えますよね。でも、レイディ・オルガは女なのです」と。

それでいながら彼女は、公けに展示された女性の中で一番長い髭をもつと自称していた。子供時代から「幼児エサウ」「少女エサウ」「エサウ婦人」と名前を変えつつバーナム・アンド・ベイリー・サーカスに出ていたアニー・ジョーンズの頬髯はわずか二インチだった。グレイス・ギルバートのは六インチあったが、過酸化水素で明るい金色に脱色してもっと長く見せていた。一方、ジョゼフィーヌ・ボワドシェーヌのは八インチまで達していたが、どういうわけか口髭は全くなかった。ところが、オルガ、本名ジェイン・バーネルはしっかりとした口髭をもっていたうえ、一三・五インチの顎鬚も生やしていたのである。もっとも、これですら、歴史上一番長かった男の髭に比べれば取るに足らないように見えはする。なにしろ、スミソニアン研究所に保存されているそれは、一七・五フィート〔約五三四センチ〕あるのだから。けれども、これが女性の伸ばしえた最高であり、それを超えた可能性があるのは、一四インチあったと『ギネス・ブック』ではされているジェイン・デヴェリーのみである。いずれが長かったにせよ、ジェイン・デヴェリーは魅力においてレイディ・オルガにたちうちできなかったようだ。オルガはアメリカ人女性の中でサイド・ショウ・パフォーマーとして最も長いキャリアを誇ったのであり、一九四三年にはジョゼフ・ミッチェルの『マクソーリーの素敵な酒場』に登場している。また、その十年ほど前にはトッド・ブラウニングが、生ける骸骨を父親にもつ赤ん坊の母親役として彼女を『フリークス』で使っている。この出産シーンはこの異様な映画の中で最も感動的かつ人間礼賛的な場面だが、オルガはどうやらこの映画の体験すべてが気に食わなかったようだ。「ミス・バーネルはこの映画が世界中のすべてのフリークに対する侮辱であると考えており、それに出演したことを遺憾に思っている」と彼女のマネージャーは後に発表している。

髭女たちは一般に、あらゆるフリークの中で肥満女たちに次いで善良な人たちであるとされている。しかし、レイディ・オルガは酔っぱらったうえでの激憤と、ミッチェルの言うところの「フリークたちの職業病……無情《アパシー》動」との間を揺れ動いていたようだ。肉体によってあらかじめ定められている役割を繰り返し演じるよう運命づけられたパフォーマーたち誰もが退屈にとらわれるであろうこと、そしてそれが、その役割の彼らを金を払って見にくる連中に対する憎悪へと転じてゆくこと、これは十分考えられることだろう。しかし、ジョゼフィーヌ・ボワドシェーヌ、もしくは結婚後の仕事上の名前でいうならばマダム・フォルテューヌ・クロフュリアは、少なく見積ってもレイディ・オルガと同じ程度の知名度をもっていた(バーナムのところにいたわずか九か月の間に、三五〇万人の人が彼女を見たとされている)わけだが、彼女は、こうしたフリークがみんなこうであってほしいと思われるような、模範的に穏やかで気持ちのいい人だったのである。

彼女の気性のよさは、一度しか結婚せず、つまり破綻に至ることなく、比較的早くショウ生活から引退したという事実で説明されるかもしれない。確かにある時、彼女が自分に似せて髭を形取っているのを知って喜んだナポレオン三世が彼女にダイヤモンドを送ったことがあった。しかし、皇帝妃はこれに嫉妬を燃やしたとされる一方、妻がどれほど行ない正しく慎しみ深いかを知っていたクロフュリア氏はいっこうに気にしなかったようだ。スイスの裕福な家庭に生まれた彼女は、しっかりとした寄宿学校に送られ、そこでは、バーナムの宣伝文句に従えば「刺繡やレース、編みものや様々な針仕事など、女性にふさわしい手仕事で特に優れたところを発揮した」という。後に彼女は絵画へと向い、それを通じて画家である夫君に初めて出会ったのだった。彼は「素敵な顔立ちをした」若い男性で、いかにもふさわしいことに「まばらな髭」をしていた。彼との間に彼女はまず女児をもうけ、次いで、彼女よりももっと毛深くなることが確実視される男児を生んだ。

彼女は少年を連れてアメリカに渡り、そこで、彼もまたバーナムのもとで展示された。それは、母親の性別を疑問の余地なく証明するため（ある疑い深い人物は——おそらく、宣伝効果を絶えずねらっている古狸バーナムのけしかけにのせられて——いんちきだと称して入場料の払戻しを求めて訴訟を起こした）であった一方、少年自身が正真正銘のフリークであったからでもあった。「少年の体は一片の隙なく毛で蔽われており、肩と背中が特に甚しい。顔はくっきりとした頰髯で完全に縁どられている。その長さは半インチほど、薄い色をしている。少年は健康、頑健であり、あなたを驚嘆させること間違いなしである」とバーナムのビラにはある。

アニー・ジョーンズ同様「幼児エサウ」と名づけられた彼は十四歳の時までドレスを着た姿で展示され、一部の観客が髭をもった少女だと信じるにまかされていた。しかし、彼は十九世紀末、マダム・クロフュリアのごとき名声も、また、犬面少年ジョジョや獅子面男ライオネルといった人物——このふたつの名前は今だに多くの人人のうちに、たとえば親指トムやジップ、初めてのシャム双生児チャンとエンのような最も有名な人間奇形のみがひき起こしえる認識のショックをひき起こす——のごとき伝説的アピールも獲得することなく姿を消している。

それぞれフェオドル・イェフティチェフ、スティーヴン・ビブロウスキという本名をもっていたジョジョとライオネルは、他の極端に毛深い者たち同様、きわめて深く神話に根ざしているため、反証を目にしつつも、現実

▲半人半ポニー　　パレの前掲書（1573）より

◀鳥少女クークーと小人の道化　同時代の宣伝写真（サーカス・ワールド博物館）

◀蛙頭少年　　パレの前掲書（1573）より

▼ミノタウロス　　ダンテ『神曲』ドレ画（19世紀）

の歴史の中にも存在するのだとわたしたちが信じようと努めてきた類のフリークの一員であることを示すよう名前を変えられている。それとはつまり、アニマル・フリークもしくは獣人間、ホモ・サピエンスが野をさすらう他の獣たちと自分とが異なっていると考えるようになった時以来、絶えず人類の夢の中に立ち現われてきた両義的なハイブリッドのことである。

すべての宗教は、人類が様々な動物種族の子孫であるとの信念をもって生まれ、異なった氏族や部族の存在は、人によっては自分を狼の子孫であると見なし、他の人は蛇の、あるいは亀などの子孫であると見なしている事実によって説明される――時代も下った二十世紀初頭に至ってなお、フロイト、フレイザー、ロバートソン＝スミスといったすぐれた学者ですらこう信じて疑わなかった。それゆえ、こうした動物は蔑視されるよりは畏敬――それも単に先祖としてのみならずそれぞれの系統の神的なる創造者として――されたのだった。ところが、かなり早くからこれに対立する神話が姿を見せはじめ、人間だけは異なった方法で創られ、神的なるものと動物的なるもの、人間的なるものが絶えず合わさり混じりあう変態《メタモルフォシス》の連鎖の外には異なった運命が待っている、と教えるようになった。しかし、この三者の境界が絶対的に定められたのは、神の似姿として創られた人類という神話をもつユダヤ＝キリスト＝イスラムの伝統の中においてのみであり、そこでは、ことばを知らぬ兄弟姉妹に対する人間の優越性を認めることが信仰の一項目となったのであった。

同様にして、この伝統の中においてのみ、人間だけが創造主の似姿として作られた以上、創造主も人間の姿しかもちえないとの結論が引き出されたのである。それゆえ、ユダヤ教徒にとって、神的なるものを動物の形態で表わすこと、ましてや人間と動物とを組み合わせた形で表わすこと――人間の胴に動物の頭をのせることを通例としたエジプト方式であれ、人間の頭と胸に動物の尻、性器、脚をくっつける方を典型としたギリシャ方式であれ――は禁じられていた。異教の偶像崇拝はこうした方向性をもっていたのである――それはローマ・カトリシズムが、キリストを仔羊や紅雀、魚、不死鳥などの象徴で表わすようになり、異教的趣味へと後退しつつ落ちついていったことにも現われている。が、ユダヤ教徒は譲らなかった。プロテスタントも再び正道に戻った。そしてイスラム教徒はそり返るまで背筋を伸ばし、聖なるものに関するあらゆる図象的表象を禁じたのであった。

さらに、イスラエルの聖職者らおよびその子孫にあたるユダヤ教、キリスト教、イスラム教の聖職者らは、昔から、シャーマンや治療師やその他の偶像の僕のように動物の面をつけたり、儀礼において動物を模倣したりすること、すなわち自分より低い生物になることを禁じられている。そして彼らは、人間は誰ひとりとして獣から生まれたのではなく、誰もが人間の形をした神の手から直接生まれたのであると教えることで、それぞれの信徒らがトーテミズムに陥ることがないよう命じてきたのである。それゆえ、獣の形をしたエジプトやギリシャのダイモンらは西洋の文化においては幼稚園送りにされ、子供らは〝ごっこ〟の名のもとで、獣から人間、人間から獣という変身のスリルを味わったり、さらには人間と獣の両方の特質を備えた生物を想像したりすることをしばし許される。実際、十九世紀のアングロ・サクソン世界では、サテュロスやケンタウロスの出てくる古代の物語は、ナサニエル・ホーソーンほどの著名な作家らの手でお伽噺に書き替えられていたのである。また、二十世紀においては、C・S・ルイスのようなキリスト教擁護者でもこうした神話的ハイブリッドをナルニア王国シリーズの著書にもちこみえるわけだが、それは、子供の読者たちにもそれらの生物がその「ふりをしているだけ」なのがわかり、一方、それを読み聞かせている大人たちもそれらを「寓話的なもの」として捉えるだろうという暗黙の了解があって初めて可能なのである。

その一方、教会制度における公式書物においては、それらの生物は地獄の中で生き続けることが許可されたため、その地獄にはかつて神々として崇められたフリークたちが、呪われし者の守護者として再び姿を現わしている。あるいはもっと滑稽な形では、彼らはカテドラルに場所を与えられている。すなわち、壁の装飾的な水落し《ガーゴイル》やグロテスク像となったのである。闇の領域の王子サタンその人も、そのようなグロテスク像として——半山羊人の怪物的サテュロス、つまり、かつて力をはせた荒野の主、大パン神の戯画として——彫りつけられてきている。実際、キリスト教徒にとって、ギリシャの図像的表現《イコノグラフィ》は、たとえ半意識的でしかなかったにせよ、容易に同化しうる意味を前もって象徴的に表わしているように思われたものなのである。というのも、そのハイブリッドの神々、淫らなフォーンやケンタウロスらは、理性の場たる頭ではなく下半身のみ獣の形をしていたのだから。それでもなお、道徳の公的な守護者らは、ユダヤ・キリスト教の神殿からは追放された動物／人間フリークらが人間社会に再び生まれてくるのではないかと心配だったらしく、「不自然」な共棲を禁じる法をうち立てた。「誰であれ、獣と床を共にせし者、必ず死を与えられるべし。……汝、そこにて自らを汚すべく獣と床を共にすべからず。また、いかなる女もそこにて横たわるべく獣の前に立つべからず。それ、混同という過ちなり」というわけである。

あるユダヤ人研究者は次のように論じている――「創造者と被創造物との間に懸架しがたい淵を設けているのが唯一、ユダヤ教の伝統のみであるように、神的もしくは怪物的存在の誕生をもたらすこうした（自然に反する）結合のことを忘却し去っているのもユダヤ教伝統のみである。それは他教の伝統の中では、人間と動物の間の境界線をぼかすものである……」と。けれども、もしこれが本当にそうであるとすると、前述のようなモーセのタブーの語調や趣旨は理解しがたいものとなる。そしていずれにせよ、ひとたびヘブライ伝統がヘレニズムの伝統と混ざりあうや、ユダヤ教・キリスト教・イスラム教というその後継者らは、動物と人間の間の結合が実る可能性、怪物的な子孫――クレタ島のミノタウロスのような――が生じる可能性を信じるようになったのである。確かにギリシャの科学者や哲学者たちは異種間の交配の可能性を否定していた。しかし、アレクサンダー大王の時代以来、旅行者らはインドやアフリカでそうしたフリークを見たと報告していたのであるし、新世界でコロンブスが最初に目にした怪物は Cynecephalus、すなわち犬の頭をした少年だったのである。

さらに、好奇心旺盛な人なら、百科事典や地誌、医術伝承の書などのうちにそうした生物の絵を見つけることができる。たとえば、パレの『怪物と驚異』(*Monstres et prodiges*) を飾る挿画の最初の二枚は、「神の怒りの証例」というキャプションのもと、人間の頭をした馬と、角を生やして鳥の脚をした「ラヴェンナの怪物」を描いたものなのである。また、「種《たね》の配合・混合の例」と題された章には、半分犬だった少年、半豚／半人、そして、人間の手足をした猪の絵が収められている。こう見てくると、後世の思想家たち、近代生物学の祖である敬虔なリンネと、世にはばかる紋切型の考えに挑戦した懐疑的なヴォルテールほどにも異なったふたりがどちらも異種間交婚の可能性を信じたこと、そしてそれが十九世紀まで立派に続いたことは不思議ではあるまい。

ことはこれに留まらず、異種間の共棲を避けてさえ、そうしたハイブリッドの誕生を防ぐことはできないとも考えられた。なぜなら、魔法や、特定の食物を食べること、そして特に「刻印」――つまり、妊娠中に動物におどかされること、あるいは、懐妊の瞬間に動物を見つめること――によって生まれることもあるとされたのだから。これに関してもパレは目に見える証拠を用意している。それは一五一七年に生まれた蛙の顔をした少年の絵であるが、その父親は次のような具合に証言している――「彼の妻が熱を出したため、隣人のひとりはその熱をさますべく、彼女に生きた蛙を手にもたせ、死ぬまで握っているよう言いつけなさいと彼に助言した。その晩、彼女は蛙を握ったまま夫と一緒に床に入った。彼女は夫と愛を交わし、懐妊し、そして、想像力の力によって、この絵に見られるとおり、怪物が生まれたのである」。

そのうえ、吸血鬼《ヴァンパイヤ》や狼人間、蝙蝠や狼に姿を変える人間もいたのだった。ルーマニアの国民的解放者であるヴラド・ツェペシュ公、もっとよく知られた名前で言うなら、すなわちドラキュラ伯爵がその代表だろう。少なくとも、一部の人はこれらの存在を、妖精や処女の強姦者としてギリシャの伝説の中で有名な半人半山羊のサテュロスの存在を信じていたのと同じくらい長いこと信じ続けたのだった。人間の欲望の中で獣的であり続けているものをハイブリッドの形で体現している彼らは、十六世紀の叙事詩、スペンサーの『妖精女王』の中に寓話的人物像として再登場している。

夜、誰もが眠りについた時、彼は見た、
己が愛しき妻が彼らのうちに横たわり、
荒々しく卑しきサテュロスに抱かれ、
そやつがひと晩中その悦ばしき遊びにふけるのを。
彼は日の出までにそやつが九度昇りつめるのを耳にし、
心は嫉妬でいっぱいにふくれあがった。
しかし確かにその夜の例は明らかにしたのである、
妻が彼らをかくも愛したのは故なきことにあらずと。
そんな時かくもありふれた夜は朝の鐘を鳴らした。

しかしながら、この時点ではすでに、これ以外の場所では、サテュロスらはルネサンス科学によって非神話化されはじめており、Homo ferus もしくは Homo selvaticus、すなわち、野生人、ジャングル人と名づけ直されていたのだった。そして、なおも時折、神話的な尾や蹄や角を付与されることはあっても、たいがいの場合、裸で毛が長く、手に何らかの棍棒——しばしば根こぎにされた小さな木——をもった姿で描きだされるようになったのである。

6 野生人と野生児

詩であれ散文であれ、「野生人」について書かれたものは、リンネの時代まですべて憶面もなく伝説と事実とを混同していた。Homo ferus〈野生人〉を、毛深く愚鈍で四足で歩くことができる人間の亜種として「科学的」に定義しようと試みた最初の人がリンネだったのである。しかしながら彼の「科学的」な定義でさえ、ホモ・サピエンスが地球をわがものにしようと長い間戦った相手たるヒト科の他生物に関する記憶の名残りに基づいた神話と絡みあっているように見える。それだけでなく、彼の定義は、いかにも帝国主義拡大の時代にふさわしく、「人種」という新たな神話を前提としているのだ。リンネにとってHomo ferusとは、Homo monstrosus すなわち「怪物」と相並ぶカテゴリーだったのみならず、アメリカ人・ヨーロッパ人・アジア人・アフリカ人——つまり、赤色人・白人・黄色人・黒人——とも並立するものだった。とすれば、その弟子たちが、たとえばヨーロッパ人やアフリカ人の間の生殖は文字通り「異種間交婚」であると説いてまわったこと、また、かつては、まともな人類学者の中にも黒人とはもともとヨーロッパ人と猿との間の禁じられた性的結合の産物であると論じる人がいたことなども不思議ではない。

そしてこの野生人の神話は、そのような種が存在しないことがわかってからも死に絶えはしなかった。それは空間軸から時間軸に移して言い替えられ、Homo selvaticus は、「失われた鎖の環《ミッシング・リンク》」と名づけ直されたのである。

この言い方は『種の起源』が出版されるよりはるか昔に考え出されたもので、一八四六年に早くもP・T・バーナムによって、ある雌のオランウータンを「人類と下等生物、この二大家族の間をつなぐ大いなる鎖の環」として宣伝する際に使われている。近代の進化理論、あるいはむしろ通俗的ダーウィニズムというべきだろうが、それは化石という形でのそんな「鎖の環」追跡ごっこを鼓舞してきたわけで、それ以来、それを発見したとの報は、一般読者を「あなたは猿の子孫なのだ」と説得することを当初の目的とした類の雑誌に定期的に掲載されてきている。そうした出版物がその生きた標本の存在を信じなくなったというきざしもない。実際、今この瞬間、わたしの机の上には一九七六年二月二十八日付の記事があるのだが、そこでは、最新の「猿と人間の間の〝失われた鎖の環〟」であるオリヴァーについて述べられており、その発見者たちの報告によれば、「人間の染色体が四六、猿が四八に対して、彼には四七本ある」というのである。

通俗フィクションの領域では何ものも手放されることはなく、「野生人」は「失われた環」と手をとりあって生き続けている。ただ、今日では、野生人でも大人よりも、子供、野生児について語る方が好まれる。つまり、放り出されていたり長いこと他の人から隔絶していたりしたあげく、もしくはもっと空想にかなう例としては、動物に育てられたあげく「文明世界」に戻ってきた不幸な少年少女たちのことである。ヘッセンの狼少年、リトアニアの熊少年、ザルツブルクの豚少女、シリアのゴリラ少年、そしてテヘランの猿少年といった具合に発見された場所の名と育てたと考えられる動物の名に従ってレッテルづけされる彼ら不幸な子供たちは、もう何世紀にもわたって、捨て子よりはハイブリッドにふさわしい名前によって記録されてきている。『野生児たち』(*Les Enfants sauvages* 一九六四年に出版された研究で、英語には『狼児童たちと人間性の問題』*Wolf Children and the Problem of Human Nature* との題で翻訳されている)の中で著者リュシアン・マルソンは、一三四四年に人間社会に戻ったヘッセンの狼少年から一九六一年に復帰したテヘランの猿少年まで、「確認されたケース」五十三例をあげている。そしてこれ以後にももっと出てきたと言われている——特にインドが多いとされ、それは、貧困と過剰人口、そして自然が比較的多く残されていることによってその理想的環境ができあがっているため、あるいはそこまで言えないとしても、伝説がどこよりも強力で確認がどこよりも難しい場所だからである。

しかし、もちろん、そうした子供たちの神話的先祖は古代にまで遡る。ギリシャ＝ローマの伝説では、テューロは牛たちの中で育ったとされているし、ゼウスは雌山羊アマルテアの乳で育まれ、イアモスは蛇によって蜜を与えられ、ヒッポトオスは雌馬に、ヘラクレスの息子テレポスは鹿に育てられたとされている。そして一番有名な例としては雌狼とキツツキに育てられたロムロスとレモスの場合がある。後世のフィクションの作家たちもこのテーマを捨てはしなかった。傑出したアメリカ人作家ジョン・バースは一九六六年に『山羊少年ジャイルズ』を発表しているが、それは題名の示す通り、山羊に育てられた悲劇的主人公を扱っている。そして、大人になってからバースを読んだ人たちは疑いなく子供時代には、ラドヤード・キプリングの狼に育てられたジャングル少年モウグリや、エドガー・ライス・バロウズの手になるあの英国貴族の子息ターザンらの冒険に心を躍らせたはずである。このターザンは大猿たちの手で、本当の両親について全く知らぬまま育てられたため、ある時、こう語ったものである——「ぼくのお袋は猿で……親父が誰なのかは全然知らない」と。

このせりふはわたしたちのすべてのうちにエディプス的な反響を惹き起すだけでなく、それを読みつつわたしたちはこうしたファンタジーのもつもうひとつの精神的《サイキック》な源泉に思い至るのだ。それとは、ダーウィンに親しんだ想像力や、威厳を傷つける都市生活によって痛めつけられた感受性にとって特に魅力的な夢、ジャングルの奥深く放り出された人間はたったひとりで人類という種の進化の経験を反復しうるかもしれないという夢である。それゆえ、わたしたちはターザン型の典型が、フィリップ・ホセ・ファーマーが一九七四年に「野生人アンソロジー」として発表した『母はすてきな獣だった』といった類の通俗フィクションの中にあふれ続けているのを見ても驚きはしないのである。

しかし、マルソンの論じる「狼児童」はある重要な一点で古典的な神話の枠にはまることを拒否している。彼

サテュロス，あるいは山羊肢少年

猫頭児

毛深い原住民　J・ブリヴァー
Anthropometamorphosis : Man Transformed : or The Artificial Changeling，1653. からの木版画

ホモ・トログロディトゥス，ホモ・ルシフェルス，
ホモ・サテュロス，ホモ・ピュグメイウス
C・E・ホッピウス “Anthropomorpha”，1760 より

らはモウグリやターザン、ロムロスやゼウスのように、王や征服者、いわんや超人や神には決してならないのである。ひとたび放り捨てられるや、その犠牲者らは以後、きわめて非英雄的な生涯を送るのを常としているのだ。それどころか、彼らは最もあたりまえな人間行動を模倣するのにさえ苦労する。特に難しいのはしゃべることである。服を着たり直立歩行をしたりさせること、また、微笑んだり笑ったり、あるいは鏡に映った自分の像を自分として認識させることでさえも難しいのだ。言ってみれば、彼らはむしろリンネの言う tetrapus, mutus にして hirsutus な――すなわち、四肢で歩き、ことばを知らず、毛深い――Homo ferus みたいなものなのである。

　けれどもマルソンはこの「毛深さ」についてこう述べている――「この特徴が含められているのはおそらく文学的な影響によるものだろう。……あるいは、毛深い人たちが巡回サーカスでは動物人間として提示されていたせいもあるかもしれない」と。しかし、これは循環論法というものである。サーカスで「野生人」がこのような姿で展示されたのは、現実においてそうだと信じられていたからなのだから。かつてこうした生物を偽造していた中国の商人たちは明らかにこの考えにのっとっていたのであり、（グールド＋パイルに従えば）彼らを「声帯の破壊によって唖にし」、「四つ足で歩くよう強制した」ばかりでなく、生きたまま皮膚を「わずかずつ剝いでゆき、熊か犬の毛皮の表面を移植していった」のだった――これはあたかもまるで、リンネの『自然の体系』をタネ本にしていたかのようではないか。

　これまでのところにさらに付け加えて言うならば、こうした子供たちが本当に狼や虎や豚、猿や鹿に育てられたことを示す確固たる証拠はほとんどない。近代における最も有名なケース――一九二〇年に発見された「ミドナポーレの狼少女」アマラとカマラ――でさえ、推論とわずかひとりの証人、J・A・L・シング牧師の証言に基づいているうえ、後の研究者がつきとめたところでは、この牧師は村人たちから聞くに耐えない大ぼら吹きと見なされていたのである。それでもこの物語を信じ、再録しているマルソンは、同牧師は聖職者であり、それゆえ定義からして嘘はつかないとしている。それに、他の観察者の言によっても、アマラとカマラは実際に狼のようにふるまったらしいのである——液体を舌ですくって飲み、蹲った姿勢でのみ、それも腹がへった時にのみ食物を食べ、腐肉を掘り起こし、鶏を追い回すといったことだ。マルソンは同じようにして他の例も論じており、「豚少年クレメンスは皮の厚い動物とうちとけ、また、カスパー・ハウザーは馬と一緒にいる時のみ本当に夢中になり、スリーマン少年たちの一部は犬と一緒の時のみ楽しそうだった」とする。

しかしながら、人間の子供が野生の自然の中で生きのびること、そして野生動物と平和に共棲すること、このどちらもどうにもありえそうにないため、狼少年の伝説は初めから作りごとだったのだと信じる方にわたしは傾いている。懐疑的な観察者は昔からそう考えてきており、その中には、十七世紀末に野生の少年ピーターについての物語を揶揄したダニエル・デフォーから、現代でも、A・J・P・テイラーやクロード・レヴィ＝ストロースのようなまともな人類学者から、『ナンセンスの自然誌』を書いた通俗受けをするバーゲン・エヴァンスのような暴露屋まで様々な人がいる。けれども、マルソンのような論者にとって伝説はなかなか死ぬことがない。彼らは、ブルーノ・ベッテルハイムが一九五九年に「アメリカ社会学ジャーナル」の記事で明らかにした動機、すなわち、「まず第一に、こうした動物じみたものたちがわたしたちと似た過去をもっているとは信じたくないという気持ち、……そして第二に」、ひと目見た時、平常の理解を拒むように思えることがらをあまりに性急に、あまりに簡単に「理解し説明したいという気持ち」に動かされているのである。アマラとカマラにおける動物的なふるまいとされるもの（鋭敏な嗅覚と聴覚、笑うことができないこと、唖であること、生の食物を好むことなど）のそれぞれが、狼に育てられたことなど決してない自閉症児とどれほど似ているかを指摘した後で、ベッテルハイムは結論としてこう述べている——

これは一部の人たち——たいがいは彼らの両親——の非人間的ふるまいの結果であって、これまで言われてきたような、動物——特に狼——の人間的ふるまいの結果ではないように思われる。別の言い方をするならば、野生児は、狼が母親のようにふるまう時ではなく、母親が非人間のようにふるまう時に生まれるようだ、ということである。われわれがとらざるをえない仮の結論は、野生児というものは存在しないが、極めて稀な例として、野生母というもの、すなわち、自らの子供の〔もとから自閉症的な〕ひとりに対して凶暴に＝野生的になる人間がいる、ということである。

こういう考察がありながら、子供の学習に関する研究で広く敬意を集めているアーノルド・ゲセルも著書『狼児童と人間児童』(*Wolf Child and Human Child*)では、アマラとカマラの行動に関するシングの報告にばかりでなく、ふたりがかなりの期間狼の庇護のもとにいたといった同牧師の怪しげな推論にも深く依拠している。詩人や作家たちはそれぞれの理由に従ってこうした例にこだわり続けているわけだが、彼らは社会科学者とは異なって、アマラとカマラよりは、ほとんどフリークには見えないカスパー・ハウザーやアヴェイロンの野生少年の方に強い関心を見せている。ハウザーは獣に育てられたことがあるどころか、野生の自然の中に置き去りにされたことすらなく、単に狭い部屋に閉じこめられて最少限の食糧だけを与えられていたのであり、他方、野生少年は捨てられはしたものの、人間、動物を問わず何者とも友好関係をもたなかったのである。

それでいてハウザーのロマン主義的な姿はヴェルレーヌ、メルヴィル、ヤーコプ・ヴァッセルマンといった著述家の想像力にとりついてきている。彼らはハウザーの中に、自らの疎外の象徴を、あるいは単純に、現実と幻想とを区別することの不可能性、人の本当のアイデンティティを知ることの不可能性の象徴を見てきたのである。彼に献じられた一番最近の小説、マリアンヌ・ハウザーの『プリンス・イスマエル』(一九六三年)は、メルヴィルの『詐欺師』からの引用をエピグラフとして掲げている。

「おかしな奴だ」

「かわいそうに」

「いったい全体、誰なんだ?」

「カスパー・ハウザーさ」

「何ということ!」

「珍しい顔つきだ」

「ユタから来た緑の予言者」

「ばかを言え、いんちきだ!」

「類例を見ない無垢。」


そして彼女は、結局この引用の注釈となる文をもって締めくくっている「百姓か王子か。天使かぺてん師か。謎は解かれぬまま残り、こうして闇は複数の身元、複数の真実によって照らされ続ける……」。

ところが、一九六八年の文化革命以来、ハウザーは、「複数の真実」よりも、自己意志による「ミュータント」としての、あるいは「体制《システム》」――監禁から逃げ出したハウザーを「ノーマル化」しようとさらに苦しめたもの――の敵としての自分の役割のモデルを見つけることに関心をもった人々によって守護聖人に祭りあげられてきている。オーストリアの前衛劇作家ペーター・ハントケは、一九六八年に初演され、ドイツの批評家たちによって「この十年を代表する芝居」と称賛された『カスパー』において、この視点を提示している。いかにもあの時代にふさわしく、この作品は学問研究一般とともに言語の習得を抑圧の究極の形態として扱っており、手なづけられた「野生の少年」は最後に至ってこう言うのである――「ぼくは使いものになるようになった……ぼくは喋るように仕込まれた。現実という刑を課せられたのだ」と。そしてまた、同様にいかにもありそうなことだが、ハウザーの像はハントケの手によって、映画に出てくる人気者の怪物たちと混ぜあわされている。「Kaspar は他のいかなる喜劇役者にも似ていない〔ドイツ語で Kasper とは道化の意〕。むしろ、舞台に登場する時の彼はフランケンシュタインの怪物（もしくはキングコング）に似ている」と、当初の演出用台本にはある。

現時点でのドイツ人たちはこの古い伝説を静かに放っておくことができずにいるように見受けられる――あたかもこの伝説が、ナチズム下での野蛮への退行を経た後、ブルジョワ的価値への再教育に抵抗した一国民全体の苦悩を前もって示していたと言うかのように。一九七五年のカンヌ映画祭にヴェルナー・ヘルツォークはこの題材を扱った『カスパー・ハウザーの謎』という映画を出品しているが、そこでは、「俗物的ブルジョワジーの生活に」彼を再加入させる準備をすることによって「彼の中にあったおのずから人間的なるものを押しつぶした」としてカスパーの「善意の援助者」らが批判されている。ヘルツォークの心の中で機能しているアナロジーは、キングコングやフランケンシュタインの怪物とのものではなく、文明の中に投げこまれたターザン――もしくはサイド・ショウで自らを展示することを余儀なくされたフリーク――とのアナロジーである。実際、映画の中にはワンシーン、半ば教育を施された後のカスパーが、以前そうだった「野生人」を、小人と一緒に演じさせられる場面があるのである。

一方、アヴェイロンの野生少年ヴィクトルは主に、行動主義的バイアスをもった教育心理学者たちの関心を惹いてきた。彼らは、「人間」になるということは完全に条件づけによるのであって、どんなに「自閉症的」あるいは「知恵遅れ」であっても、あるいは野生の子供でも適切な刺激‐反応技術によって社会化されうると主張し、ヴィクトルのケースをその証拠とするのである。事実、ヴィクトルを最初に手がけたのは、まさにそうした進歩的な行動主義の教育家、ジャン・イタールだった。当時の保守的な理論家たちから嫌われ、恐れられていたイタールは、マリア・モンテソーリら、後の「進歩的教育」のパイオニアたちに大きな影響を与えたひとりだった。それに留まらず、リュシアン・マルソンが「野生の子供たち」に関する論文を書いたのは、少なからずイタールとその後継者らを弁護するためだったのである。そしてマルソンのこの論文の題名は、野生の少年がターザンよりはヘレン・ケラーと同一化されるとともに、教育が自発性に対する脅威ではなく、恵まれない者に対する救いであるとされる神話の存在を明らかにしている。マルソンの論文の人気はこの神話のもつ基本的な魅力によって説明されようが、それは、パリの新聞「ル・モンド」に短縮された形で掲載されたばかりでなく、フランソワ・トリュフォーの大いに称賛された映画『野生の少年』の発想の源にもなった。この映画のシナリオは、マルソンの論文と、ヴィクトルの再教育に関するイタールの報告文ふたつ(ひとつは一七九九年、もうひとつは一八〇六年に書かれたもの)とともに一巻に収められ出版された。これは英語に翻訳されるや、一種の小さな、アンダーグラウンド・クラシック――つまり、シオドーラ・クローバーの『イシ』やジョン・ナイハートの『黒鹿は語る』などのように、若いアメリカ人に対して人知れずに聖典めいた魅力をたたえた作品のひとつ――となっている。

こうした本――後二者のように荒野から離れなかったアメリカン・インディアンについてのものであれ、前者

フランソワ・トリュフォーの映画『野生の少年』のスティル写真
(ニューヨーク近代美術館)

のように世界に戻ることを強制されたヨーロッパの幼児たちについてのものであれ――は、野蛮人のいない社会というものが耐えがたく殺風景なものだろうと感じる人たちの間で好んで読まれることになる。「あんたがたはぼくらの野生人を奪いとった」とそうした読者は心の中で秘密裡に叫びをあげ、それから教師や親にむけて声高にこう言うのである――「そのうえ、あんたがたはぼくらのために〝失われた環〟を見つけ出すっていう約束を反故にしたんだ。だからせめて、野生児たちぐらい残しておいてよ！」と。

そんな訴えに対して、フリーク・ショウはひとつの返答になっている。少なくとも、深々と体毛を生やした連中や、髭女、鰐女やアザラシ少年らが、刀を飲みこむ芸人や刺青女、驚異の腕なし人間や小人らと並んで〝何でも見世物小屋〟に登場する場合には。時には、毛深いフリークたちは「ボルネオの野生人」とか「失われた環」といった神話的な名前をつけられていることもある。そしてギークらの場合がそうだが、彼らは、シングの語るところによるアマラとカマラのように生きた鶏や鼠の頭を噛みちぎり、そのまま飲みこむなど、そうした神話的存在に付与されてきた役割を再演して見せることもある。ギークという肩書はもともとは、蛇と一緒に檻に入れて見世物にされたサイド・ショウの「野生人」すべてに与えられたものである。それに対して、本当においしそうに生き動物を咀嚼し嚥下する者たちは「ひっつかみ《グロミング》ギーク」として知られていた。ところが結局、「ジーク」というだけで彼らを指すようになったのである。

リンゼイ・グレシャムは小説『悪夢横丁《ナイトメア・アリー》』（一九四六年）の中で、かつてこうした「怪物」らが紹介された時の典型的な前口上を再現している――「……見つかったのはフロリダを離れること五百マイルの無人島……人間なのか獣《けだもの》なのか……腕は二本、脚も二本、頭ひとつに胴体ひとつ、人間そっくり、ところが、毛の生えたその頭の中に住まうのは獣の脳味噌。どういうわけか、人間とよりはジャングルの爬虫類と一緒の時の方が居心地いいらしい」という具合である。しかし、そのカーニヴァルのギークは、（少なくともグレシャムによれば）無人島にたどりついた漂流者でも野生児でもなく、どこかの浮浪者、一文なしの黒人か運に見放された白人の飲んだくれが、暖かいベッドもしくはわずかばかりのドル銭を手に入れようとしているだけのことなのだった。また、ユドーラ・ウェルティはこれと競うように「捨てられたインディアンの乙女、キーラ」として知られたギークを同名の短篇で描き出しているが、そこではそのギークはインディアンでも女でもなく、ただの「えび足の小さな黒人男」であるとされ、彼は小屋の外で「サイレーン」が吹き鳴らされるたびにすべきことをするよう教えこまれていたのである。それでも、その「サイレーン」を吹いていた少年が後に回想するところでは、「鶏を全部食べさせるためには何回かそいつを鞭でひっぱたかなければならなかった」のである。

ところが一方、旅回りのショウに関するノンフィクション『カーニヴァル』(一九七〇年、*Carnival*) の中で、アーサー・A・ルイスはヴェロニカ・シャントという名の本物の「グロミン・ギーク」のことを書いている。彼女はグレシャムやウェルティの描く犠牲者たちよりは『ドラキュラ』の中の「肉食患者」レッドフィールドに似た存在である。彼女の以前のマネージャーはこう語っている。「彼女は仕事が大好きで心から打ちこんでましたよ。ひと晩のうちに生きた鶏の頭を半ダースばかり食いちぎったそのうえにそれをそっくり飲みこみ、それから野鼠を三、四匹まるごと、それに時にはガータースネークを一、二匹ね。客の半分は見てるだけで吐いちゃったもんですよ」。けれども、彼女が一九五八年に結婚した相手の老巡業師ダービーは、彼女が教会に通う善きクリスチャンで、結婚するまで処女だったこと、そして「ヴェロニカがギークになるはめになったのは、十四歳の時、学校から帰ってくるなりお袋さんが配達の若いのとベッドに入ってるのを見ちまったせい」であることを付け加えている。やがて冒瀆的な罵りことばもしくは酒ぐせの悪さに愛想をつかした彼女は夫のもとを去っている。しかし、それに先だって彼女はまず息子をホームに入れている。その理由を彼女は、「あたしらはふたりともろくでなしだったんだよ――ふたりとも頭がおかしいんだよ、さもなけりゃ見世物屋なんかになってたりしないさ」とダービーに語っている。

しかしながら、正真正銘のギークでさえ、結局は、前宣伝や頭上にはためくのぼりや口上役の科白によって、

ボルネオの野生人◀，失われた環クラオ▶　ともに同時代の宣伝写真（サーカス・ワールド博物館）

われわれ人間と動物の仲間との間をつなぐ存在しないある種のメタファーと化せられた偽物なのである。たとえば「ボルネオの野生人」――この名前は、わたしの少年時代には態度の悪い子供らを指すことばとして使われていた――はボルネオなど見たこともなかったのだし、口上役らが語ったように、彼らの土地に上陸した衰弱しきった西洋人の船乗りたちを引き裂くなど、とんでもないことだったのである。それでもエクゾティックな服をまとい、プルタノとワイノと名前を変えられた（ふたりは実際にはコネティカットかロング・アイランドで生まれ、ハイラム・デイヴィス、バーニー・デイヴィスと名づけられていた）この、房々と髭を生やし異常に力の強かった小人のふたり組は、啞鈴を持ち上げたり地べたでとっくみあいをしたりする以上に何も猛々しいことはしなかったにもかかわらず、万人の夢の中の野生人らしく見えたため、金は止めどもなく流れこんできたのだった。

同様に、インドシナに生まれ、一八八〇年代初頭にヨーロッパにお目見えしたクラオは、何世代にもわたってダーウィンの「失われた環」であると認められていた。このおかしな形をした温和な生物を人類と類人猿との間に立つ種であると思い違いをするには、猜疑心を大いに眠らせねばならなかったはずだが、確かに彼女は、「突顎」の顔と「首の後ろにたてがみに近いもの」を形成するほど深い体毛をもち、「足と唇の捕捉力は尋常を超えて強い」のだった。さらに、同時代のある観察者によれば、「苛立つと、彼女は地べたに身を投げだして喚き、足を蹴り上げ、非常に奇妙なふうに自分の髪を引っぱって怒りを吐き出す」のであった。これは子供の古典的な不機嫌の激発（結局のところ、初めて展示された時、クラオはわずか七歳だったのである）のように見えると思うのだが、少なくともこの観察者はそれを彼女の「野生」の証拠として受け止めたのだった。

一八五九年から一九二六年までバーナムのところで展示された長命なフリーク、ジップもまた、Homo ferusのイメージをもたされていた。彼はクラオとは違って、毛深かったわけではないし、ましてや啞でもなく、四つ足で歩きもしなかったのだが、毛の生えたジャンプスーツのようなものを着せられ、公衆の面前では鳴き声をあげたり唸ったりすることだけが許されていた。それは、彼がブルックリン（あるいは一部の情報によれば、コネティカット州ブリッジポート）の貧しい黒人家族に生まれたことを見てとられて（彼は実際に精神薄弱だった）、「彼はゴリラを捜していた冒険者の一団によってつかまえられた。ガンビア川を探険中、……彼らはいまだ発見されざる存在が……全くの素裸で木々の間を……まるで猿やオランウータンのようにうろつき回っているのにぶつかったのであった」というのが嘘だとばれるのを防ぐためだった。時々、「得体知れず」とか「コレハナニモノ？」（チャールズ・ディケンズか当時のイギリス皇太子が発明した名前）として宣伝されることもあったが、ジップはよりふつうには「人間猿」として知られていた。それでいて、肉体的異常といえば、一か所しかなく、バーナムはその猿のようなと言われたココナッツ色のピンヘッドを、ちょん髷ひとつ残してすっかり剃りあげることで強調していた。ジップは、言ってみれば、パッケージングと「ぺてん」の勝利だったわけであり、できることなら、彼自身も犠牲者ではなく共謀者としてその勝利に参加したのであると、そして従って、大いに宣伝された彼の「臨終のせりふ」(「まあ、長いこと騙してやったもんじゃないか」)がよくある死後のいんちきではなく本ものであると、信じておきたいものである。

いずれにせよ、ジップはバーナムのところに来る観客の深い欲求をほとんど七十年間にわたって満足させ続けたのであり、バーナムは、他にも偽の野生人をでっちあげることで——そのうちのひとりはザップと呼ばれ、ジップの兄弟であるとされた——その欲求をさらに満足させようと試みたものだった。けれども、どういうわけか、バーナムも、また他の同業者も「コレハナニモノ?」をもうひとりうまく機能させることはできなかった。灌木のような縮れ毛を生やしたズールー族や下唇に皿をはめた「正真正銘のウバンギ族」、あるいはクリッコという名の「アフリカの野生のブッシュマン」など——すなわち、通俗民族学によって「野生人」と同じものと分類された、「アフリカの最も黒い部分」から輸入されてきた実際の「原住民」たち——の方が稼ぎがよかったのである。

一方、犬面少年ジョジョは失われた環の伝説よりは狼少年の伝説の方にとりこまれた。彼はロシアの処女森林の中で見つかったと言われ、そこでは長いこと木から摘んだ実や、近くの狼らを模倣して摑まえ方を学んだ小動物を食べて暮らしていたとされた。その狼たちからはまた、嚙みついたり唸ったり吠えたりを学んだものとされ(「人間のように見えるが、犬のように吠え、蛇のように腹で這う……」)、キャリアを通じてそれを続けたのだった。実際には、ジョジョ/フェオドルはヨーロッパの見世物街で育ったのであり、同じほど毛深い父親とともに展示されていたのである。その父親は(記録されるところによれば)プードルそっくりの容貌をもち、l'homme-chien すなわち人間犬として宣伝されていた。

フェオドルは、顔全体を蔽い鼻の両側に特に深々と生えていたすべすべの黄色い毛のおかげでプードルよりはむしろスカイ・テリアに似ていたようだ。事実、フリークス写真の世界最大のコレクションをもつエドワード・G・マローンの記憶を信用するならば、芸のクライマックスで、毛布をかぶって顔以外全身を隠し、毛布をはずしてもらうまで狂ったように鳴き続けるという場面では、本物の犬とすり替えられたのだと苦情を言う観客がしばしばいたのであった。しかしながら、アニマル・フリークがすべて、その名を負う獣にこれほど似ていたわけではない。たとえば獅子面男ライオネルの場合、心臓の弱い観客を震え上がらせるほど見事に吼えることができるという以外、どことい って特にライオンに似ているところはなかった、とほとんどすべての論者が口をそろえて言うのである。

それでも彼は、人間／動物のハイブリッドのようなものとして人前に出せる程度には豊かな体毛をもっていた。しかし、近代の見世物街の口上役は、いくら空想力を羽ばたかせた場合でも、こうした異常が「自然に反する」結合から生まれたとは主張せず、むしろ、誕生以前に体験した恐怖による「刻印」の結果であるという含みをもたせる。たとえば、ライオネルは自己紹介を兼ねたおしゃべりで、自分の母親は身ごもっている間に、夫がライオンに食いちぎられるのを見た——それもロシアのジャングルで！——と語ったものだった。そして、マローン

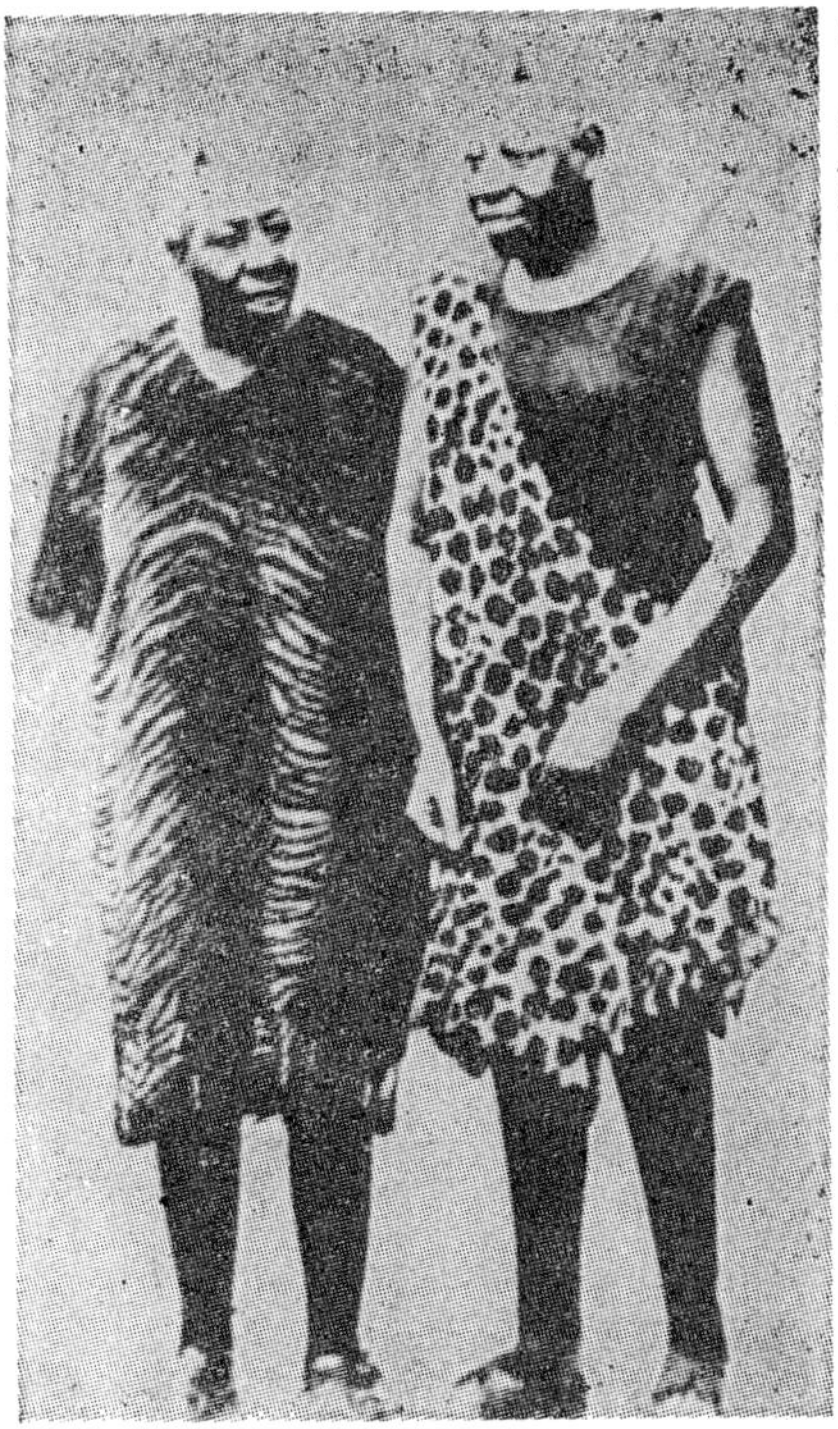

ジップとイシット　宣伝写真（1905）
（サーカス・ワールド博物館）

によれば、「客はその物語を買ったのであり、すすんで嘘の罠にひっかかりたかったのだ……そして金を払えば、彼は何語であれ、寸分違わずその話をしてみせたものだった」のである。また同様にして、ジュリア・パストラーナの妹レノーラとして宣伝されたマリー・バーテルズに関しても、毛深いのは妊娠している時に母親が、自分の飼っている「大きな毛むくじゃらの犬」に驚かされたせいであると報じられていた。

「刻印」ということは今なお世界の各地で特に教育程度の低い人たちの間で信じられ続けているが、最も洗練された人の心の奥底深くにも残っている。そしてこの事実は、大いに異なった出自をもつフリークたちが、われわれ人間を他のすべての獣から隔てる一線は越ええないものだとするわれわれの確信を危うくするような名前を冠されて展示されてきている理由を説明してくれるものなのかもしれない。例をあげれば、脚のない小人のサミュエル・D・パークスは、エドガー・アラン・ポーの短篇「ホップ・フロッグ」を意識してのことか、「蛙少年ホップ」として知られていた。また、ニューギニアの原住民で四肢のなかったプリンス・ランディアン——彼はトッド・ブラウニングの『フリークス』のクライマックスに、口にくわえたナイフで泥の中をわずかずつのろのろと這い進んでゆく役で登場している（実生活での彼は好人物で、結婚してノーマルの子供が五人いた）——は「生ける胴体」として知られていただけでなく、「蛇男《スネーク・マン》」「毛虫男《キャタピラ・マン》」とも呼ばれていた。アザラシ肢患者、すなわち、胴から直接に腕や足が出ているように見える人たちもまた、簡単にこのカテゴリーの中にとりこまれてきている。彼らはふつう、アザラシ少年・アザラシ少女（正式の学問的な病名は実際に「アザラシの四肢」を意味している）と呼ばれており、中でも最も有名になったひとりは「ペンギン娘」として宣伝されていたのである。

さらに、骨格障害や皮膚病の患者たちの数多くは、医学年鑑の中やショウ・ビジネス界で、「鳥娘クークー」とか「猿娘プリシラ」「山嵐男」「二本足アルマジロ」「鰐少年」「蛇男」「豹家族」などとしてリストアップされてきている。そして、昔から信じられてきている神話上のハイブリッドの生き写しとして通るものが自然に生まれてこない場合には、客サービスに熱心な興行主らの手で偽造されている。たとえば、偽の人魚《マーメイド》はフリークの見

◀毛深い少女，▶毛深い婦人，アムブラス城の16世紀蒐集品より

◀犬面少年ジョジョ，▶獅子面男ライオネル　ともに同時代の宣伝写真（サーカス・ワールド博物館）

世物化が始まった時以来、常に展示されてきている。というのも、両脚のくっついた人魚形の胎児は「がらく《ピクルド・》た漬け物《パンク》」ショウの常設品目だが、成長した人魚《サイレン》は存在しないからである。そんな偽物の中で最も有名なバーナムの「フィージー・マーメイド」は、彼のアメリカン博物館の外にはためくのぼりには、美しく実物大以上、と表現されていたのに、中に入ってみると、猿の胴を魚の尾に接木したしおれた二フィートにも満たないミイラなのであった。後代の見世物師らは、ノーマルの若い娘に華々しい鰭や緑の髪の毛をつけて、観客を喜ばせるために水槽の中でばちゃばちゃやらせる方を好むようになっている。事実、この本のプロジェクトを手伝ってくれたリサーチ・アシスタントのひとりは、小さな町の遊園地でこの水中芸(近ごろでは「幻想的な」として宣伝されている)をやってひと夏を過ごしたのであった。

ジュリア・パストラーナと並んで「世界で最も醜い女」のタイトルをもつグレイス・マクダニエルズ(「その皮膚は赤い生肉みたいだった。巨大な顎がひどく歪んだ角度でついているため、彼女はほとんど口もとを動かすことができなかった。歯はぎざぎざで鋭く、鼻は大きく、曲がっていた……目は深く落ち窪んだ底からグロテスクな眼差しを放っていた……」)までもが、「騾馬女」として宣伝されていた。「グレイスはもちろん、本当に騾馬みたいだったわけじゃない。むしろ、顔は河馬に似ていた」とエドワード・マローンは言う。それでいて、彼が続けて語るところでは、「彼女は、一体どういうわけか、たくさんの男を惹きつけた。彼女にすっかり惚れこんだ格好のいい若者の申し入れを受諾するまでに、一体何人からプロポーズされたかは見当もつかないほどだ」という。

しかしながら、歴史上最も醜い男として並ぶ者のないエレファント・マン、ジョン・メリックは、恋愛においてこれほど恵まれてはいなかった。あらゆる野生動物フリークの中で、彼ほど論じられてきたものはない——彼は、驚きと同情の対象であるだけでなく、ヴィクトリア朝時代から現在まで、真に驚嘆の的であり続けている。彼が有名であることの原因の一端は、その物語を最初に記録に留めたのがフレデリック・トレヴェス医師だったことに求められるかもしれない——メリックを搾取された惨めな生活から救い出した援助者である彼は、腕のい

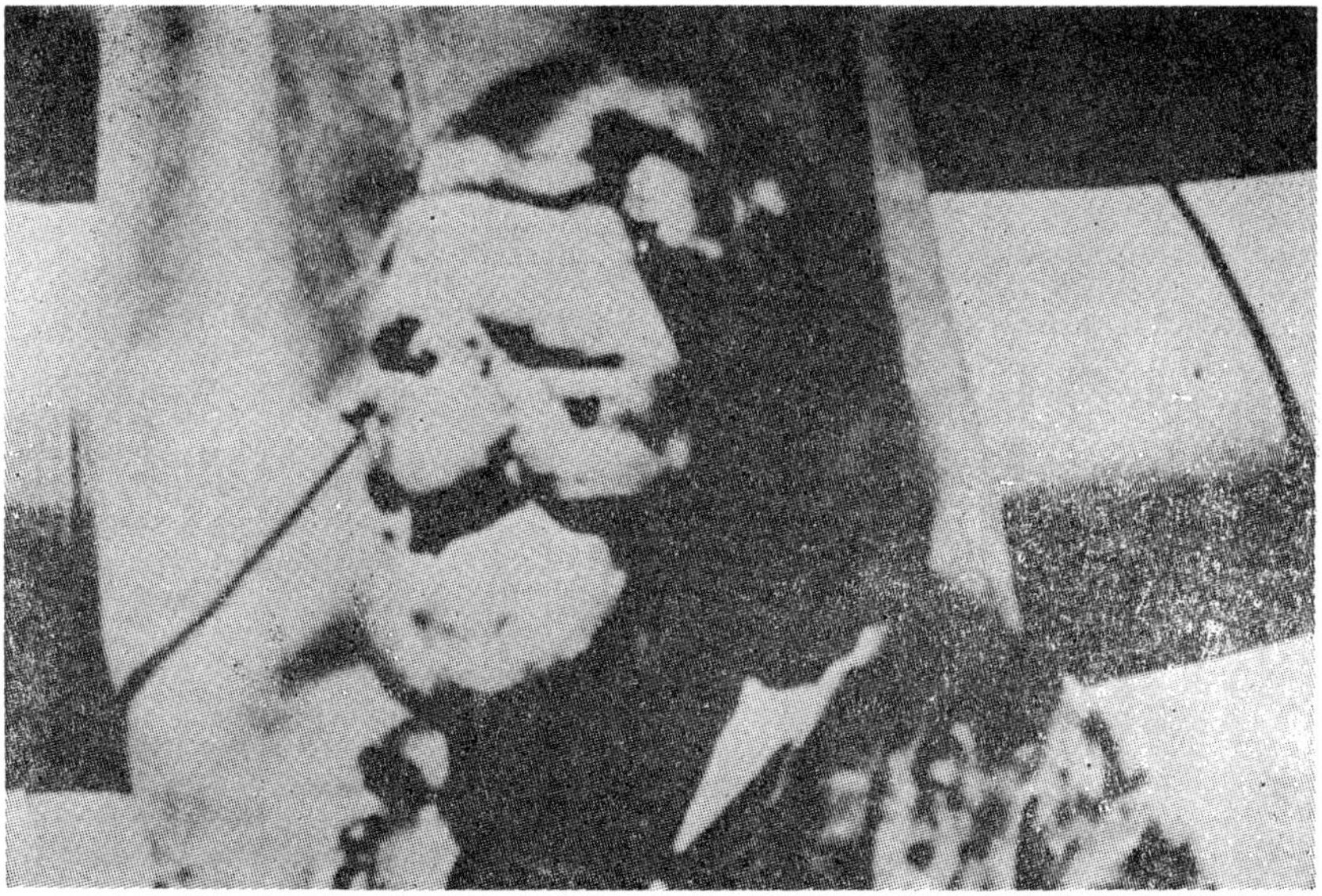

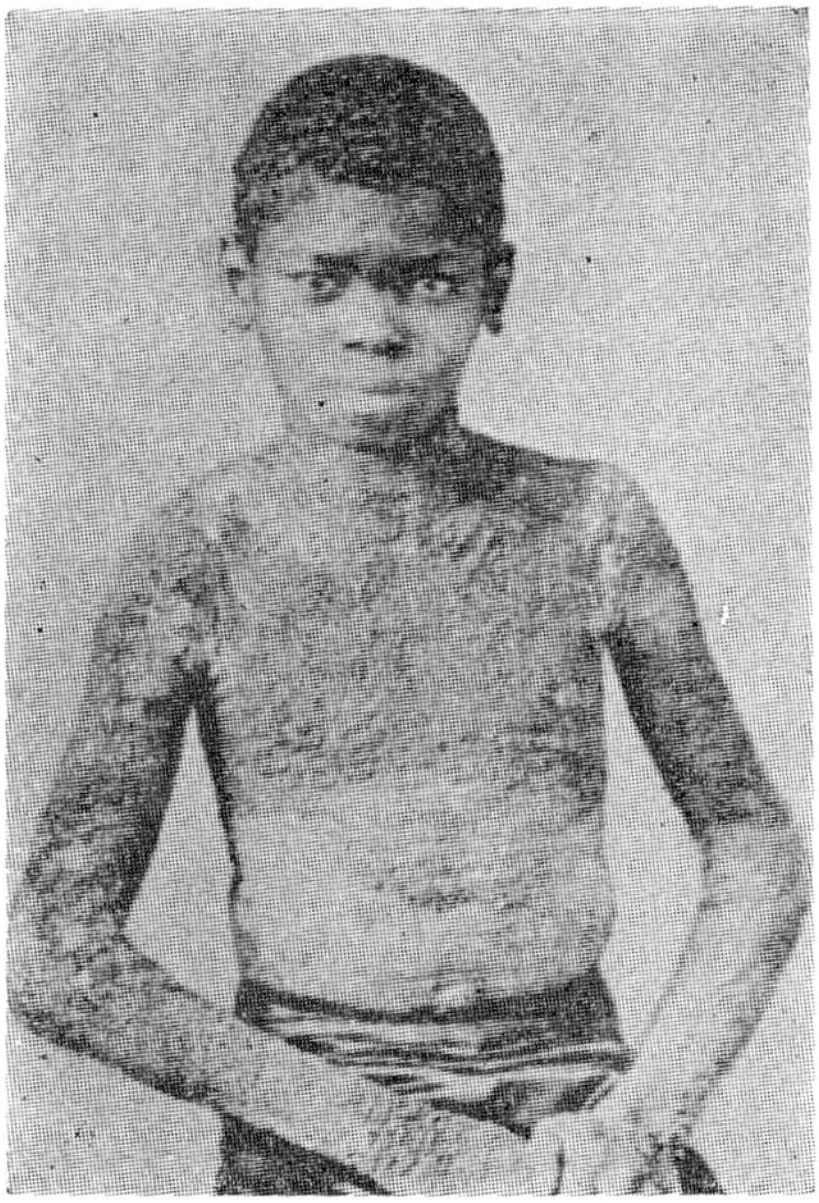

▲騾馬女グレイス・マクダニエルズ　同時代の宣伝写真（サーカス・ワールド博物館）
◀鰐少年　　グールド＋パイルの前掲書（1896）より

い外科医であるとともに文章家としての才能があったのである。この文章が収められているトレヴェスの回顧録はすでに長いこと絶版になっている。しかし、その部分は最近になって二度、再録されている。ひとつは、アシュリー・モンタギュの『エレファント・マン――人間の尊厳に関する論考』(一九七一年、*The Elephant Man: A Study in Human Dignity*)で、もうひとつは、フレデリック・ドリマーの『非常に特別な人々――奇形者たちの闘い、愛、そして、勝利』(一九七三年、*Very Special People: The Struggles, Loves and Triumphs of Human Oddities*)である。この後者において、この部分は、「この本を最後まで読み通したご褒美」として最終章を構成している。

社会学者であるモンタギュは、初め、人間精神の敗北の不可能性の証拠としてメリックの場合を持ち出してくるのだが、それでいて、母性愛の重要性に関する独自のお気に入りの理論を証明するためにも彼の例を用いずにはいられない。従って彼は、「何人と言えども、幼ない時期における適切な愛情」――もちろん、母親の愛のことである――「を受けて力づけられていなければ、メリックのように、晩年の嵐を耐え、乗り切ることはできなかったはずである」と論を進める。しかし、誰にもましてエレファント・マンをよく知っていたトレヴェス医師は、その母親が「無価値で非人間的」であったと確信していたのである。

しかし結局のところ、自分の目的のために彼らを何らかの形で搾取せずにフリークについて書くことは誰にもできない、とわたしには思われる。もちろん、わたしも含めての話である。トレヴェス医師でさえそうだ。何年もたってからエレファント・マンの思い出を書き記した(一八八四年から一八九〇年までメリックとつきあいながらも、その文章は一九二六年まで発表しなかった)彼も、ヴィクトリア朝時代を蔽った感傷癖を代表して記録・証言しているというだけではなく、メリックの死の時点で再び持ち出されてきた責任問題に答えるという意図をもっていたようなのである。一八九〇年四月十六日付でロンドンの「タイムズ」紙に発表された婉曲な「検死官の調査報告」からそのような責任問題の性質を的確に知ることは難しいが、その記事は以下の通りである。「検死官の話によると、当人物は珍人として方々のショウに出演させられていたことがあり、死去した時点で当調査を取り行なうことが思慮にかなったことであると判断されたのだった」。
トレヴェスがメリックをロンドン病院に連れていったのは、そして、同病院長F・C・カー・ゴム医師がその入院費を一般の寄付で集めたのは、まさにこうした搾取から彼を保護するためだったであろう。けれども、以後、メリックはトレヴェス医師の監督下にて、様々な医学会に出させられたのであり、以前興行主の利益のためにやっていたのと同様、今度は科学の名のもとに、裸身をさらすことを余儀なくされたのだった。しかしながら、検死官はメリックがベッドの中で自然死したと結論したため、トレヴェスを指弾しえたのは彼自身の良心の法廷だけだったはずである。そしてこれほど手厳しい法廷においてさえ、死を間近に控えたエレファント・マンがどんな姿だったかに関して現在のわたしたちのもつ唯一信頼しうる証言は彼がそうした会合のために用意した報告文であるという点をもってトレヴェスは情状酌量を求めえたはずである。

が、これらの報告文——「頭骨の一部に先天性エクゾストシス〔骨ばった腫瘍〕、広範囲にわたるパピロマ〔小さな乳首状の腫瘍〕の増殖と、皮膚から大きく垂れ下がった組織、骨をも含む全右腕のはなはだしい肥大」——は「奇形学」の透明な言語で書かれているため、それだけから、なぜメリックが時代の驚きの的になりえたのかを知るのは容易でない。とはいえ、確かにある箇所でトレヴェスは、メリックの神話的な名前の由来を説明している——「頭のはなはだしい歪みと、広範囲を蔽うパピロマの増殖から、患者は〝象人間〟と呼ばれてきている」と。そしてまた、別の箇所には、メリックが自分の状態を、「自分が生まれる直前に、母親がサーカスで象に蹴り倒された時のショック」のせいであるとしていたことも書かれてある。これは、さもなくば彼にとって途轍もなく説明不可能に思われたであろうことに立ち向かうメリック流の方法だったのである。「先天性エクゾストシス」やら「パピロマの増殖」などということばを使うのが医師たちの方法であったのと、それは同じことだ。

しかし、彼らの使う反神話的な言語は、メリックの外見の与える不快と魅惑の複合された感覚——それゆえに彼は野次馬に襲われることなく通りに出ることはできなかった——を少しも伝えはしない。これに関しては、彼の病気を「パキデルミアを伴なう全般的ヒペルストシス〔骨の過剰成長〕」とか「多発性ネウロフィブロマトシス〔末梢神経、頭蓋骨神経および皮膚の腫瘍〕」などとする後の診断にしても同じことである。しかしながら、同僚の専門家よりは一般読者向けに書かれたこのテーマを扱う最後の文章でのトレヴェスは、専門用語を控えた文学的な調子を用いて、若干の成功を見せている。

彼の最も衝撃的な特徴は、巨大な、そして歪《いびつ》な頭だった。額からは骨ばった巨大なパンのような部分が突き出している一方、後頭部からはスポンジ状の、キノコみたいな皮膚の袋が垂れ下がっていた。その皮膚の表面は茶色いカリフラワーのようだった。……額の骨状組織の増殖によって片方の目はほとんど塞がれていた。頭の周囲の長さは彼の腰回りとほぼ同じくらいあった。上顎からはもうひとつ骨の塊が突き出していた。口からピンク色の切株のように飛び出したそれのせいで上唇は裏返しになり、口は涎の出てくる切れ目でしかなくなっていた。……顔は節くれだった木片ほどの表情を浮かべることすらできなかった。

続けてトレヴェスは同情と不快の調子をいや増しに強めながら、メリックの背中、尻、脚、腕と順に描写している。しかし、この文学的再創造を読んでも、そこに描かれているような怪物を思い描こうとするわたしたちは挫折を感じざるをえず、もともとまず第一に視角的な存在だったものを適切に伝えうるのは絵だけであるとの確信から、トレヴェス医師の指示のもとで撮られたメリックの写真に目を向けることになる。トレヴェス自身も最初、自分が残すことになる病理学的研究用の写真とは大いに異なる一枚の絵を通じて、メリックの怪物性を知ったのであった。そして、その四十年後、彼はなおも、一八八四年に二ペンスを払えば誰でもエレファント・マンが汚れた毛布をとって裸身の恐怖をさらけ出すところを見ることができた小屋の宣伝用ののぼりを記憶に留めていた。

エレファント・マン　四態
「英国医学会報」(1886) より

この下品な創作には、悪夢の中においてのみ可能であるような恐ろしい生き物が描かれていた。それは象の特徴を備えた人間の姿だった。変態はさほど進んでおらず、まだ象よりは人間に近かった。そしてこの事実――なおもそれが人間であるということ――それこそ、まさにこの生き物の最も不快な特徴だったのである。そこには、同情を呼ぶ奇形者的なところは一切なく、フリークの醜さもなく、あるのは動物に変身しつつある人間というおぞましいほのめかしばかりだった……

こう書き記しながら、わたしは机のすぐ向こうにあるカルナーク大寺院の、象の頭をしたガネーシの石彫の複製に目をやる。それは恐ろしげだが、動物の頭と六本の腕をしていながら、おぞましくも、グロテスクでもない。そしてわたしは、トレヴェス医師は受け入れるのを拒むかもしれないが、このインドの聖なるイコンと、ヴィクトリア朝末期のイギリスの街頭に翻っていたポップ・アートののぼりとの間にあるアーキタイプのレベルの連続性に思い至るのである。ガネーシの奇形も伝統的に「刻印」として――父母なる神々は彼が受胎した瞬間に、交接する二頭の象を見ていたとされる――説明されているのだ。けれどもトレヴェスの文章は、まさに人間／動物フリークという神話の破壊に向けられている。あるいはむしろ、世俗のブルジョワ世界により受け入れられやすい形で再神話化していると言うべきかもしれない。そのブルジョワ世界にとっては、科学によって説明されえない怪物や神秘、真に良心的な裕福な人々の努力によってやわらげられない苦しみは存在しないはずなのである。メリックの凄惨な苦しみでさえ最終的にはやわらげられたのだから。

彼の晩年の牧歌的な三年半の様子は、おそらく、彼の死後にF・C・カー・ゴムが「タイムズ」紙に書き送った手紙の中で一番うまく描かれている。それは、恩着せがましく、自画自賛的であるがゆえに、どういうわけか、一層感動的であるように思われる。

こうして哀れなメリックは、ここで、……残りの人生を人目につかずに快適に過ごすことができたのです。病院当局をはじめ、医療スタッフ、牧師、修道女、看護婦らは一致団結して、彼の存在の悲惨を可能な限りやわらげようと努め、その結果、彼は自分の病室のことを……自分のうちと呼ぶようになったのでした。そこには数多くの見舞客が訪れ、その中には国中で最も高貴な人たちも含まれていたものです。……彼は大の読書家で、蔵書もたくさんありました。ある婦人——彼女は演劇関係者の中でも最も優れた人のひとりでした——の厚意を通じて籠作りを学んだうえ、一度ならずも、芝居に連れていってもらい、閉ざされたプライベート・ボックスから観劇することができたのでした。

彼は当病院付牧師の宗教教育から多くのものを得、……牧師との最後の会話では、……この場所に連れてきてくれた神の御慈悲……に対する深い感謝を表明したのでした。毎年、六週間にわたる静かな田舎家への外出を彼は大いに楽しみ、しかしながら、帰ってくるといつも、再び「うち」に帰れたのを喜んでいました。これだけ寛大な特権を受けていながらも、彼は大人しく、控えめで、彼のためになされるすべてにたいへん感謝しており、必要な規制にはすすんで従ったものでした。

けれども、彼の実際の死の床の場面は、トレヴェスの方がうまく描き出している。それは、彼がメリックの信仰心よりは人間性の方に興味をもっていたからでもあろう。田舎への外出の手はずを整えたのは彼であり、その最後の回の様子を描く手つきは実に愛情がこもっている——「マイル・エンドの店先の汚濁にまみれた物陰におののきながらうずくまっていたことのあるメリックが、今は、木立ちの間の開けた所で日光をあびて坐っているのだった。集めてきたすみれの花を束にまとめながら」。そしてその次にはこう締めくくられている。

田舎から帰ってきてからほぼ六か月後、メリックがベッドで死んでいるのが発見された。一八九〇年四月のことである。彼は眠っているかのようにあおむけに横たわっており、ベッド・カバーすら乱れていないことからして、苦しむことなく突然死んだことは明らかだった。彼の死に方は奇妙だった。というのも、彼は頭が大きく重すぎたため、横になって眠ることはできなかったのである。横になった姿勢をとるや、巨大な頭蓋は後ろに落ちるように傾き、その結果、彼は少なからざる苦しみを味わったものなのである。眠る時に取らざるをえなかった体勢は非常に変わっていた。彼は背中を枕で支えて上体を起こし、膝を胸元まで引きあげ、腕を組んで両脚を抱いたうえで、曲げた膝の上に頭を休めたのである。

彼はしばしば、「他の人たちと同じように」横になって寝られたらいいのに、とわたしにこぼしたものだった。わたしは彼がこの最後の晩、ある程度の覚悟をもって、その実験をしてみたのではないかと思う。枕は柔らかく、それゆえ、そこに乗せられた頭は後ろに折れ、首の骨が脱臼したに違いない。というわけで彼の死は、その一生を支配した望み――悲痛な、しかし叶えようのない、「他の人たちと同じように」なりたいという望み――のもたらした結果なのである。

これは心の琴線に触れる真心のこもったエンディングであるが、トレヴェスはこうして締めくくることはできず、どういうわけか、ありふれたキリスト教的な結末を避けようとの決意にもかかわらず、『清教徒の前進』へ言及することで自らの物語の神話的な力を強める必要を感じたようだ。

彼は〝絶望の沼〟に放りこまれたわけだが、雄々しい足どりで向こう岸までたどり着いた。彼は心なき〝虚栄の市〟の街角で、「すべての人のための見世物」にされた。彼は手ひどい扱いを受け、罵られ、〝軽蔑〟の泥を浴びせられた。彼は巨人〝絶望〟の支配を逃れ、ついに「救いの地」に到達し、そこにて、「重荷は背中から降ろされ、二度と再びそれを目にすることはなかった」のだった。

ところが、わたしの心の中に不協和音のようにしてひっかかっているのは、悲痛さや敬虔さの音調ではなく、エロティシズムのそれなのである――(トレヴェスの要請に応えて)彼のもとを訪れ、彼に話しかけ、彼の手を握り、彼にサイン入りの写真まで送ったりした華麗な女性たちによっていや増しに高まったメリックの女性に対する差し迫った欲望なのだ。「彼の肉体の奇形は、彼の年齢にふさわしい本能や感覚には影響を及ぼさなかった」とトレヴェスはこの、二十六歳にして没した若者について教えてくれる。「彼は惚れっぽかった」。そしてまた、一八八五年の「ロンドン病理学会会報」に発表された、それほど用心深くない報告文の中でトレヴェスは、「特記す

象頭人間　F・リケトゥス画
De monstrorum, 1616より

べきことに、陰茎および陰嚢の皮膚はあらゆる点において完全にノーマルである」と書いて、メリックの肉体の状態の皮肉を浮き彫りにしている。

エレファント・マンの魅力は初めから両義的な形で性的なものだった。彼の初期のショウは、布をまとった体が長いサスペンスの末に完全に露わにされる、という一種のストリップティーズだったのである。そして、トレヴェス医師が後に行なった一連の講義・実演ですらすっかりこのフォーマットから抜け出すことができなかったのは、今に残る「英国医学会報」に載った写真が物語る通りである。結局のところ、メリックの恐怖の全貌は、全き裸身においてしか見ることができなかったのだ。しかし、彼は——初期の観客の中にも、そして病院の中でも——野獣の彼に対して美女の役を演じようという人物には出会えなかった。彼が好んで空想した理想的に盲な女性というのも結局、現実には現われなかった。そういうわけで、女性の側で彼に対応するジュリア・パストラーナやグレイス・マクダニエルズとは異なって、彼は配偶者をもつことがなく、子供ももうけなかった。それはもしかすると、彼女らふたりの場合と違って、彼の場合は、エロティックな刺激の音が「動物に変身しつつある人間というおぞましいほのめかし」にかき消されてしまっていたからなのかもしれない。

7

両性具有者《ヘルマフロディテ》たち

エレファント・マンの場合もそうだが、他の男の動物／人間ハイブリッドの場合も、彼らに関する言及には一切、性別の混乱は見られない。しかし、女の野生動物フリークは一般に両性具有的《アンドロジニー》な存在として体験される傾向がある。たとえば、ポンペイから出土した壁画には、ヘルマフロディトゥス神の従僕として髭を生やした女性が描かれているのだし、古代キプロスのアフロディテは、一方では、禿で髭を生やしているように描かれ、他方では両性の性器をもっているものとして描かれていたのである。しかしながら、彼女の性の二重性は、多産を意味するものとして受け止められていた一方、髭女、すなわち魔女のそれは、伝統的に子宮の中の子供と畑の作物を枯れしおれさせるものと考えられてきている。

わたしたちは今では、いかに邪悪な女であれ、男の生殖力を失わせることはできないと考えるようになっているが、それでもインポテンツを引き起こせる女はいるのではないかと恐れている。そして実際、最近の研究の中には、そうした「魔女」に対する恐れを、彼女らによる性の領域の侵犯という視点から説明したものがある。「女性が男性の自我をもつと魔女が生まれる……魔女は自らの肉体に敵対するようになり、それを犠牲にすることに喜びを見出す……魔女の悪魔的な欲動は男性自我をも破壊しようと目論む」。また、ミサンドリスト派のラディカル・フェミニストたちが魔女を役割モデルとして採用しているという事実は、この視点の補強材料となろう。

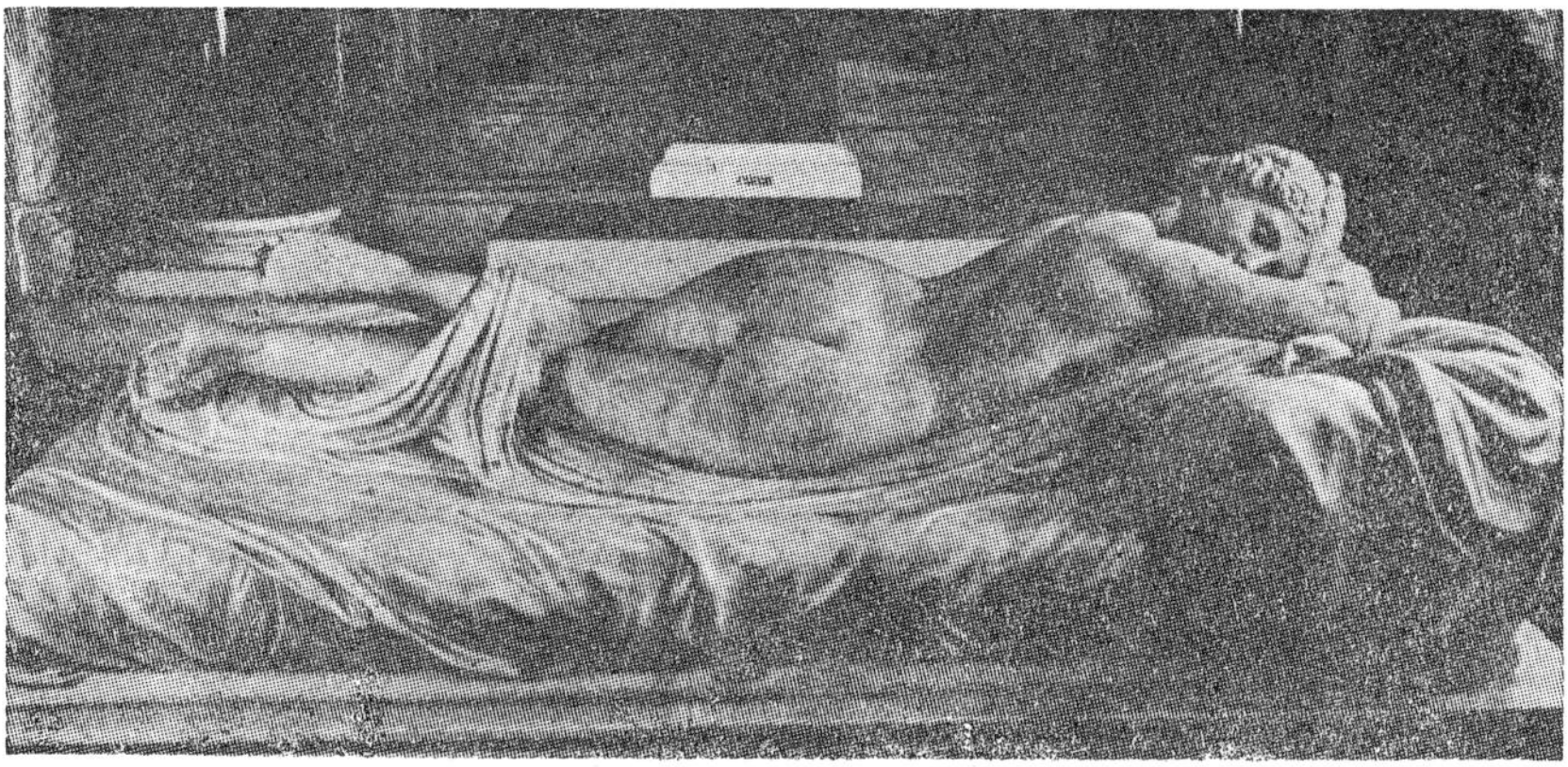

眠れるヘルマフロディトゥス　ヘレニズム彫刻（ローマ，ボルゲーゼ美術館）

しかしながら、すでに見たように、髭女たちは一部の男性の欲望を激しくかき立ててきているのである。その中にはマッチョ・タイプの男――彼女らが挑戦をかけてくる男性性を後生大事にする者たち――が少なからずいただろうとわたしは考えている。

けれども、顎にたくさん毛の生えている女、あるいは頭に全く生えていない女というのは、真の両性具有性の婉曲な表象なのであり、それは見る者のうちに他のどんなフリークよりも深い両義的な身震いを引き起こす。過去数年のうちにわたしはフェリーニの『サテリコン』を二度見たが、どちらの場合にも、観客は、怪物と不具者《ミュティレ》の世界が作者によって開示される時――とても小さなペニスと蒼ざめたミニ乳房を不条理にも合わせもった両性具有者が衰弱し、死んでゆく場面――に、特に動揺したようだった。その乳房は、種を明かせば、人工のもので、演じた役者は性的にノーマルな少年だった。そしてフェリーニは、撮影中、人工ペニスも用意していた。最後の最後まで、かわりに白子の少女を使うべきかどうか決めかねていたのである。登場させる「バイセクシュアル」フリークがなにかしら偽物じみていなければならないことだけは初めから彼の頭にあった。というのも、両性具有者は男性女性の間の境界のみならず、現実と幻想の間の境界をも危うくするものだからである。そして結局、それが成功し、わたしと一緒だった観客の中の最も若い者たち、ファッショナブルなものとしての新たなるアンドロジニー・カルトに参加しているようなヒップな者たちのうちにさえ、魅惑された恐怖をひき起こしたのだった。

同様の両性具有者信仰は魔女狩り最盛期のイギリスでも栄えているが、それは、髭を生やした女呪術師は滅ぼされねばならないという信念を決して妨げることはなかったし、推測だが、実際の両性具有者は生まれた時点で殺すことが許されていたものと思われる。要するに、両性具有者ほど激烈な両義性をもって捉えられているフリークは他にないのだ。それは彼ら以上に、肉体的にはねつけながらも精神的にはひきつけられているというテンションを生む者が他にないからであり、これはマリー・デルクールが『両性具有者たち――古典古代期のバイセクシュアル人物をめぐる神話と儀礼』（一九六一年、*Hermaphrodites: Myths and Rites of the Bisexual Figure in Classical Antiquity*）という先進的な研究の中で指摘している通りである。

アンドロジニーは聖なるものの両端にある。純粋なる概念、精神による純粋なヴィジョンとしてのそれは、最も優れた諸属性に飾られた姿として立ち現われる。しかし、ひとたび血と肉を備えた存在として現実化する時、それは怪物性以外の何ものでもない。それは不幸な一群の人々の上に顕現された神々の怒りの証しであり、それをまとった者たちは可能な限り早く抹殺されるのだ。

しかし、古代人には少なくとも、木を彫り、石を刻んでアンドロジニーという美しい夢を表現した神々の像があった。それに対してわたしたちは、本ものであれ偽ものであれ、いずれにせよ人間であるショウ・フリーク、仲見世街の「モルフォディテ」で我慢しなければならない。もしかすると、縁日の男／女《おとこおんな》が最近になってようやく、自らの異常性を示すのに性器を見せるのをやめ、「扮装」によって――古代中国の音楽劇で色の違いによって男と女を区別した仮面と同様、因襲的な服装をまとうことによって――役割を演じるようになったのはこのせいかもしれない。

典型的にはロバータ＝ロバート、フリーダ＝フレッド、ジョゼフ＝ジョゼフィンなどといった二重の名前で呼ばれてきたこうした「謎の人間」たちは、急激にサイド・ショウから姿を消していきつつある。しかし、まだ展示されているところでは、片側はかつてのファッションで男性服とされたものをまとい、反対側は女性服とされたものをまとった姿をとっている。髪の毛も同様で、横顔の片方はアルカイックにも男性的なクルーカットに刈られた髪をいただき、もう片方は「女性的」な長く豊かな髪で飾られている。また顔も片側は髭を剃るか抜くかしたうえで厚くルージュを塗られ、反対側は髭で黒々としたまま残されている。

服やヘアスタイルのユニセックス化が進む前は、こんな表面的な模造アンドロジニーでも観客にとっては十分

已れを露出する両性具有者のスケッチ（17世紀）
J・パリス・デュ・プレシス *A Short History of Human Prodigies and Monstrous Births* …の未刊行原稿より（大英図書館）

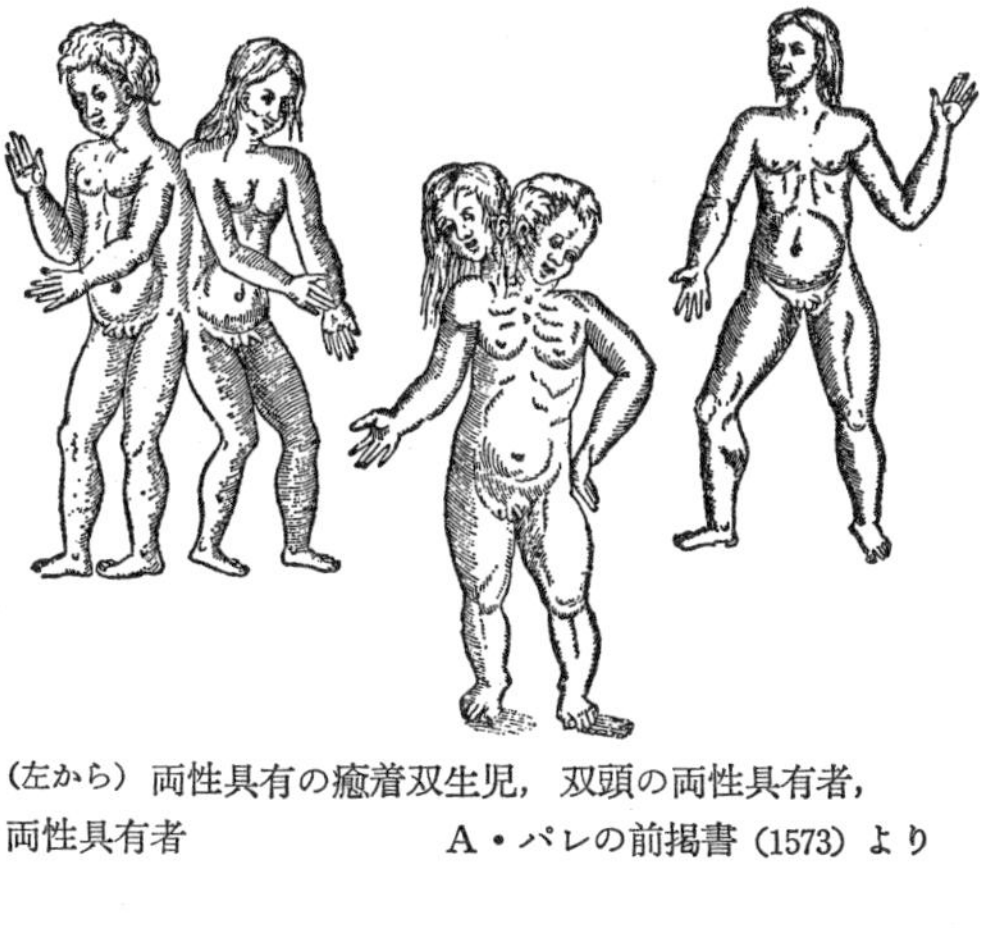

（左から）両性具有の癒着双生児，双頭の両性具有者，両性具有者　A・パレの前掲書（1573）より

にスリリングだったようだが、中にはいつでももっと見たがる客がいて、彼らは「モルフォディテ」らが服を脱いで、片方の胸は豊かにふくらみ毛がないのに他方は平らで毛がふさふさしているのを見せるのに喜んで金を払ったものだった。しかし、テント内での場合でさえ、性器はたいがい隠されていた。ただ、口上役は性器の二重性を匂わせたもので、時には特別に数人だけ（ほとんどいつも「女性お断り」）最後のミステリーを覗くことが許された。けれども、たいがいのパフォーマーは、一九二〇年代に「体ひとつの兄と妹——世界の九番目の不思議」として宣伝されたモンドゥのように、「申しわけないが、私は神経質なたちなのでそれには応じられません」と言って、その最後の露出は拒んだものだった。

モンドゥは単に本当のことを言っただけなのかもしれない、が、本当はそれ以上何も見せるものがなかったのかもしれない。縁日の両性具有者の一部は確かに、誰をも満足させられるだけのフリーク性をもった本もののインターセックスだったに違いない。が、残りのほとんどは確実に偽ものだった。生活をたてるためにそうしているか、あるいは、自分の生理学的な性別に対する精神的な不満を表現していたのかもしれない。いずれにせよ、誰ひとりとして、片側が男で反対が女であるなどということはありえなかった。観客はそうであると予想するように仕向けられていたわけだが、そうした外見は化粧品とシリコン注射で作られていたのである。

実際問題として、両性具有者のこうした見せ方がどうして普及したのかを理解するのは難しい。たとえば、アンブロワーズ・パレの中の挿画は、若干小さめの、しかしはっきりとわかる性器を二種類もった彼らの姿を全裸で示しているが、それ以外の部位に差異はない。また、モンテーニュはある時診察した三十歳の「怪物」についてこう書いている——「性器にあたる部分は全く存在しなかった。が、そのあるべき場所には三つ小さな穴があり、そこから小水がたえず流れ出ているのだった。この哀れな男には髭があり、なおも女遊びをしたがっていた」。

しかし、十七、八世紀に至ると、両性具有者が一般観衆に裸体で展示されることはなくなっていた。それでも、人々が興味津々で見に来たのはやはり性器であって、それゆえ、それがなければ比較的あたり前な服にとりつけられた覗き窓《フラップ》を開けて性器を見せたものだった。これはサミュエル・ピープスの求めに応じてジェームズ・デュ・プレシスが描いた絵に見られる。ところが、ある時点でこの覗き窓方式は、ジョゼフ＝ジョゼフィン方式にとって代わられたのである。それは、ヴィクトリア朝時代、フリーク・ショウ全般、そして特にそのエロティックな部分に対する圧力が強まったためなのかもしれない。いずれにせよ、十九世紀末までには、性器の露出は両性具有者ショウにおいて、中心から周縁へと移っていた。その例外は「ピクルド・パンク」の場合で、瓶に入ったこうした奇形胎児――死んでいるだけでなく、ちゃんと生まれたこともない胎児――は、「みだらな露出」に対するタブーにはひっかからないものとされたからだった。

　ジョゼフ＝ジョゼフィン方式の歴史的起源の確定はこのように困難だが、その神話的源泉を見つけるのはなお難しい。西洋の神話や伝説の中で、両性具有者が左右で性別の異なるものとして描かれたことは一度もないから

ジョゼフ＝ジョゼフィン　男／女
同時代の宣伝写真（サーカス・ワールド博物館）

だ。確かに、「両性をあわせもち、交互にそのそれぞれになるアンドロジニーの種族」について書いているプリニウスは、「そのいずれもが、右胸は男のもので左胸は女のものである」というアリストテレスの言を引いている。しかしながら、プリニウスの記述は、通過儀礼の後に「女の服を身につけ、一生それを着続ける」というスキュティアのシャーマンたちの儀礼的性転換に関する誤解を反映しているようだ。

つまり、ギリシャ人はこの習慣を、たえず馬に乗っていることによるインポテンツのせいであると説明したのである。「彼らは女のところに行って性交ができないと、神に対して何らかの罪を犯したせいだと考え、女の服を身につけたのである。彼らは自らの不能を公けに宣言し、女のように生活し、女の仕事に専心するのである」とヒポクラテスは説明している。しかし、ギリシャ神話の中にも似たような儀礼の痕跡は認められるのであり、盲の予言者ティレシアスの伝説が特にそうである。彼は交接中の蛇を邪魔した結果、性別を変えられたのだった。あるいは、オリュンポス山上の議論でゼウスが語ったことの方を信じるならば、それは、彼が、女の方が男よりもセックスに悦びを感じるものだと述べたからだった。

さらに、儀礼的な性交換はデュオニュソス劇の中にも残っていた。そこでは人間が神の役を演じたのと並んで、少年が女を演じたのである。これはルネサンス時代のヨーロッパで芝居の復活とともに復活した習慣であり、男色につながるとして、そしてまた、そうでないにせよ神の法は「女の服を身につけた」男すべてに死を命じているとして、教会の敵意をかったものだった。にもかかわらず、古代世界と同様キリスト教世界でも、プリニウスがすでに「女から男への転換は根拠のない話ではない」と書いていたように、思春期もしくは更年期に男に変わるように見える女もいたのである。そして、今日ではホルモン・バランスの変化、もしくは、偽の女性外陰部に一時的に隠されていた男性性器が顔を出すことによるとわかっているこうした「変身」は、半ば死にかけていた古代の神話を甦らせたのである。

一方、アリストテレスの記述というのも、槍を投げるきき腕が自由に使えるよう右の乳房を切除したとされるアマゾネスの伝説の歪曲されたヴァージョンを表現しているようだ。あるいは両性具有者に関するアナトリア神話を若干反映しているのかもしれない。これは今でもインドに残るもので、そこでは時々、シヴァは男の胸と女の胸をそれぞれひとつずつもった姿で描かれているのである。もちろんのことながら、古代ギリシャ彫刻でそのように表現されたヘルマフロディテはいない。ギリシャではバイセクシュアリティの神秘を形で表わすのに、人

ポンペイの両性具有者と髭女　　ポンペイ壁画より

体を上と下で区切る方が好まれたのである。そうしたカルト・イメージはハームと呼ばれるファリュス形の柱を女の服で包むことから始まったため、ヘラスの歴史を通じて一貫して上体が女で下が男という形のまま続いた。時にはそれは、ヘラやアフロディテ、デメテルの形をとり、すると、平常時のファリュスもしくは驚くべき勃起を示すべく持ち上げられたガウンのもとで、同時に母性的な乳房が豊かにふくらんでいるということになる。けれども時には、女の胸をもった裸のヘルメスやプリアポス、ディオニュソス、アポロ、あるいはゼウスという姿をとることもある。

その姿勢にはいつでもエロティックな魅力が秘められているものだが、最も初期のヴァージョンでの彼らは、直立し、見る者を威厳をもって制している。しかし、子供神エロスとガニュメデスの、より柔和な魅力を身につけ、真のヘルマフロディトゥスに変身してゆくにつれて、彼らは頭を腕に横たえ、人を招くように横になる。この新しい神に対する信仰がそれを揶揄する者たちに対して勝利を収め、崇拝者らがその像のもとに毎月の四日、花と食物の供物を捧げにくるようになった時、この神はすでにこうした姿をとるようになっていた。そして、今日のわたしたちが西洋世界の美術館に見出す彼は、たいがいこの姿をしているのである。

わたしたちはそうしたヘルマフロディトゥスの像をまず後ろから見る。彫刻家たちがそういう向きで作ったからである。そしてその脇腹と背中の素敵な曲線を目にしたわれわれは女性像なのかと思うかもしれない。ヒアシンス色の髪の毛をした頭の向こうに回って、その美しい顔を見ると、その過ちはなおも助長されるようだ。ところが、視線を降ろしてゆくと、彼らの体が「女性たちの快楽のために……突起をつけている」ことにわれわれは気づくのだ。とにもかくにも、ルネサンス期の作家・画家の想像力をとりこにしたのはこの像だったのである。先に引用した気のきいたせりふが示すように、シェイクスピアとて例外ではなかった。しかし、マリー・デルクールは、これだけでは明らかに説明不足であるとする。彼女はこう書いている。「こうした両義的な形態のうちには、明らかに同性愛的な夢が表現されている。すでに人々が忘れつつあった過去においては、二重存在の姿は豊かさ、富、永遠性の約束を象徴していたのである。ギリシャ的思考がこうした意味を再発見しようとしていたまさにその瞬間にあって、画家たちはどうやら、彼らの時代において普遍的とされ疑義に付されることがなかった類の官能性を満足させることにしか興味がなかったようだ」と。

しかしながら、両性具有者の像が、多形的倒錯の悦びへの夢と完全に切り離されているということは、いつの時代にあってもありえなかったのではないかとわたしには思われる。そして明らかに、現代にあっては何人といえども、ヘルマフロディトゥスに対する自らの反応と、同性愛者・服装倒錯者なかんずく性転換者——要するに、一方の性別に属しながらも、所属する文化によって他方の性別のものとされる役割を、誰にもはっきりとはわからぬ理由から、演じたいという欲動に動かされた人たち——に対する自分の対応とを切り離すことはできないだろう。より「未開な」文化はこのような欲動をもった男性逸脱者を許容し、実際のインターセックス者たちと一緒にして、女性の服を着せ、伝統的な女性の仕事を行なわせたものである。しかしながら、わたしたちの文化においては、彼らの置かれた状況は困難であり続けている。生理学的インターセックスに対する恐怖の一半が彼らに転嫁されているのである。

「モルフォディテ」〔morphodite、モーフォダイト〕ということばは、もともと実際のセックス・フリークに対して使われていたものだが、「ファゴット」「クイア」「ドラッグ・クイーン」〔いずれも「おかま」の類〕などとふつう名付けられた人たちを、それよりさらに軽蔑をこめて呼ぶのに使われてきている。そして、サイド・ショウの「半々人《ハーフ・アン》間《ド・ハーフ》」——モルフォディテであると主張しているが、ファゴットの方ではないかとしばしば思われている——は、二重に軽蔑されているわけである。たとえば、ロバート＝ロバータとしても知られるボビー・コークはある時、からかい半分でかあるいは邪な欲望からか、彼の「女性的な側」にみだらな申し出をした観客たちに、一発お見舞いせずにはいられなかった。そして、少なくともその一度、彼は相手を殴り倒したのであった。「男性的な側」では、彼は「釘のように固かった」のだ。

しかし、縁日に登場する時、性倒錯者のたいがいは、テン・イン・ワン〔奇形見世物館〕ではなく「クーチ・ショウ」の方に出演し、女装をするとともに性器をごまかす。ブルース・ジャクソンの『イン・ザ・ライフ』(一九七二年、*In the Life*)には、ある性倒錯の見世物屋とのインタヴューが収録されているが、その人物はインタヴューの初めにこう語っている。「巡回カーニヴァル《カーニー》と一緒に旅したこともありますよ……当時はストリップをやってました。その頃は女として売り出されてたんです。胸にはパラフィン注射をして、前張りがわりにゴム・バンドを使ってました」。そして続けてこう言う。

クリネックスを一枚、ペニスのまわり、亀頭のすぐ下のところに巻いて、四分の三インチ幅のゴム紐でしばるんです。……それから自分の一物を全部、……股間に引っぱり降ろして、睾丸は腹の中に押しこみ……それ以外はみんなお尻の割れめの中にできるだけきつく押しこむんですね。そこでもう一回、ちょうど背骨の根元に結び目がくるように、ゴム紐を結んで、残りは腰に巻くわけ……。こうすると、後ろに衝立を置かなければならない以外、素っ裸で出られるわけです。……ゴム紐を使った前張りはヴァギナみたいに見えるんですよ……空になった金袋は前に引っぱってきて、それでヴァギナの唇を作ったもんです。……そこにキスをして、それでも気がつかない男はいっぱいいましたよ。

しかしながらこの方法は、二十分以上は耐えられない。それに対して、最近の外科技術によれば、痛みを伴わずにペニスを永久に陰門に変えられるうえ、オーガズムの能力も残しておけるのである。さらに、こうした性転換に対する敵意は消えてはいないものの、ゲイの男性たちが「ストレート」の同性たち向けに開いてきた「意識向上」セッションによって、彼らのみならず同性愛者全般にとって、生活は若干楽になっている。

とはいえ、誰もが男か女のどちらかにはっきりと区別されて生まれてきて、それゆえ、そのどちらかとしてふるまわねばならないとナイーヴにも信じ続けている人々の間には、現実のインターセックスに対する恐れと猜疑心が根強く残っている。が、両性の性器を与えられた人がその両方の特権を行使するのを、一体何が阻みうるだろうか？　プリニウスはキリスト紀元の一世紀にすでに、両性具有者とバイセクシュアルの悦びを結びつけて考えていた。そしてそれより五世紀前にプラトンは、アリストファネスの口を借りて、同性間の愛を正当化する両《アン》性具有《ドロジュー》の神話を語っているのである。

その神話によれば、原初の両性具有者は複合体——雄十雄、雌十雌、あるいは、雄十雌——として創られたのだという。しかしながら、嫉妬した神々によって切り離された彼らは単性具有となり、失われた結合を回復すべく永遠に対の相手を捜すことになったのである。「われわれは誰もが切り離されたので……常に自分の片われを捜しているのだ。かつてアンドロジナスと呼ばれた類の複合体の片われである男は女を愛する者となる……女から切り離された女は、男には惹かれず女に惹かれるようになる。……ところが、男から切り離された片われの男は男を追うようになる……彼らがそうするのは恥を知らぬからでなく、逆に勇敢で男らしいからである。……成年に達した彼らは若年者を愛する者となる……」。

これは奇妙な説である。そして、中世のラビたちが採用すると、これはなおさら奇妙なものになる——彼らはホモセクシュアリティに敵意を抱いていたのだが、『創世記』がある箇所では人類が両性具有として創られた（「彼は男と女を作った」）ことを示唆しつつも別の箇所では女が男の後に創られたとする矛盾を説明するためにこの説を採用せざるをえなかったのである。こうしたタルムード注釈者によると、最初のバイセクシュアル人間は両性器が愛の交わりを行なえないよう背中同士でくっついていたのだという。けれども、アダムがこのように「ひとりぼっち」で、それゆえ睡眠中に魔の誘惑にさらされたままでいるのは「よくない」ことに気づいた神は、男をその半身であった女から切り離し、異性間の共棲を可能にしたのだった。

このふたつのどちらをとるにせよ、両性具有として描かれるのは、神もしくは神々ではなく、原初の人間の方である。これに対して、神的なる力としてのバイセクシュアリティ、すなわちヘルマフロディトゥスとしてのそれは、ほとんど神話の尾鰭をつけずにきている。マリー・デルクールはこう指摘している――「詩人たちはヘルマフロディテにひとつとして冒険を授けておらず、彼の誕生の物語に少しばかり飾りをつけることのみで満足してきている。そして後代の様々な宇宙起源説は、バイセクシュアルの夢にとり憑かれていながらも、バイセクシュアリティをその象徴となるに最もふさわしいこの神の属性とせず、いくつかの神的存在に、それぞれの完全性の徴のひとつとして分け与えたのだった」。とはいえ、その「彼の誕生の物語」をオヴィディウスは『変身譚』の中で真に感動的な詩文として書いており、これは後代の作家の数多くの想像力をとりこにしてきている。その中にはシェイクスピアも含まれており、彼はこの物語を、性的に攻撃的な女による若者の非男性化を意味するものとして再解釈したのであった。この神話の中には最初から、バイセクシュアリティは望みの実現として夢見られてはいるが実際には不妊と不能を意味するのかもしれない、との示唆が含まれていたのである。

オヴィディウスが語る中では、愛するヘルマフロディトゥスに拒絶された水の妖精サルマキスが、ふたりを永遠に離れえない一体として下さいと神々に祈り、その願いは奇跡によって応えられる。

するとふたつの体はひとつに合体したようだった
ひとつの顔、ひとつの形……
そして固い抱擁でつながれたこのふたりは、
もはやふたつの存在、男と女ではなく、
そのどちらでもなく、それでいてその両方なのだった……

ところが、ヘルマフロディトゥスも、もはやこの変身をもとに戻すことができないかわりに、最後の願いをかなえてもらうのである――すなわち、両性具有の夢が、彼の後を追う者すべてを、彼と同様、破滅させるようにという願いを。この最後の願いを述べる時の彼はすでに去勢されており、「ほとんど最高音域に属するような声で」叫ぶのである。

……おお父よ母よ、これをかなえてくれたまえ！
この池に今後飛びこんでくる者すべてが
ここから出る時には半分だけ男になり、
この邪な水との接触によって弱々しくなっていますように！

その声はそれ以来、細くはなっても、われわれの耳の中で鳴り続けている――それは、われわれが性の差異を超えた愛を追求する時だけでなく、男と女の「ノーマル」な愛によって育まれながらも「アブノーマルな性器」をもって生まれてきた生きものを見つめる時にも鳴り響いている。そして、生理学的な性別はふたつではなく多数、二極分離体ではなく連続体としてあるのだとついに確信した時にのみ、われわれはその声から逃れられるのである。

バイセクシュアリティに関する諸神話は、この事実と折り合いがつけられるよううまい具合にわたしたちの心の準備を整えてくれるわけではないが、それでも、赤ん坊が生まれるたびに口にされる「男ですか、女ですか？」という質問の背後に、ふつうは口にされない、より深い質問が潜んでいることを思い出させてくれる――「生きてるんですか、死んでるんですか？」「人間なんですか、それとも化け物《モンスター》なんですか？」といった質問のことだ。この質問はどちらも、地上から生命が途絶えることはないし、われわれが望むほど生命が大きく変わることはない、と安心させて欲しいという願いを表現している。しかし、実際に死んで生まれたり、双頭、単眼で生まれたりする子供がいるのと同様、助産婦やシャーマンが性別を見分けられないほど曖昧な表現型をもって生まれる子供もいるのである。「化け物だ！」と、無邪気な人たちは恐怖に顔をそむけながら叫びをあげることだろう。そして、より学問的な人たちが発明した「アンドロジニー」「ヘルマフロディテ」あるいは「インターセックス」といった呼び名も、この初原的な恐怖を和らげることはほとんどできない――それらも相変わらず、雄と雌というふたつの「ノーマル」な性の「不自然」なハイブリッドであると暗示しているからだ。

親たちの中に、そうした子供の性器を隠し、男の子あるいは女の子として間違われないような服を着せる人がいるのは不思議でもなかろう。そして、彼ら自身も仮面劇を演じ続け、発露の日――たとえば、何かの運動競技会で性別証明を問われる時――まで嘘をつき、曖昧なことを言って逃げ続けるというのも、なおさらうなづけることだろう。多くの場合、このようにして発覚する、あるいは検査を受ける前に逃げ出すのは、女の子として通っている性的に曖昧な子供たちである。けれども、性によって区別されているわれわれのスポーツにおいて、彼らはいったい誰と競争すべきだというのであろうか？　ルールブックが何と言おうとも、現に存在するこうした中間性者のためのオリンピックはいったいどこで開かれているというのだろう？　十八世紀半ばに、アルブレヒト・ファン・ハラーが両性具有症に関する初の科学的論文を書いて以来、解剖学者、遺伝学者らはわれわれに彼らの存在を告げ続けてきているのだ。最近のある医学書の言を借りれば、「性の発達における異常には比較的広い幅」があり、「また、比較的高い頻度」――全出生数の三から四パーセントほどともされる――があるのである。

しかし、それほどの数が生まれていることを確認するためには、中世の産婆さんじみた肉眼による大ざっぱな性別識別法を捨て、七つの異なった判断規準によって――それぞれによる判断結果は一致するとは限らない――子供の性別を見分けるようにしなければならない。その規準とは、外生殖器、内生殖器、性腺・染色体・ホルモンによる性、そして、割り当てられた性、性別アイデンティティという七つである。この最後のふたつは、もと

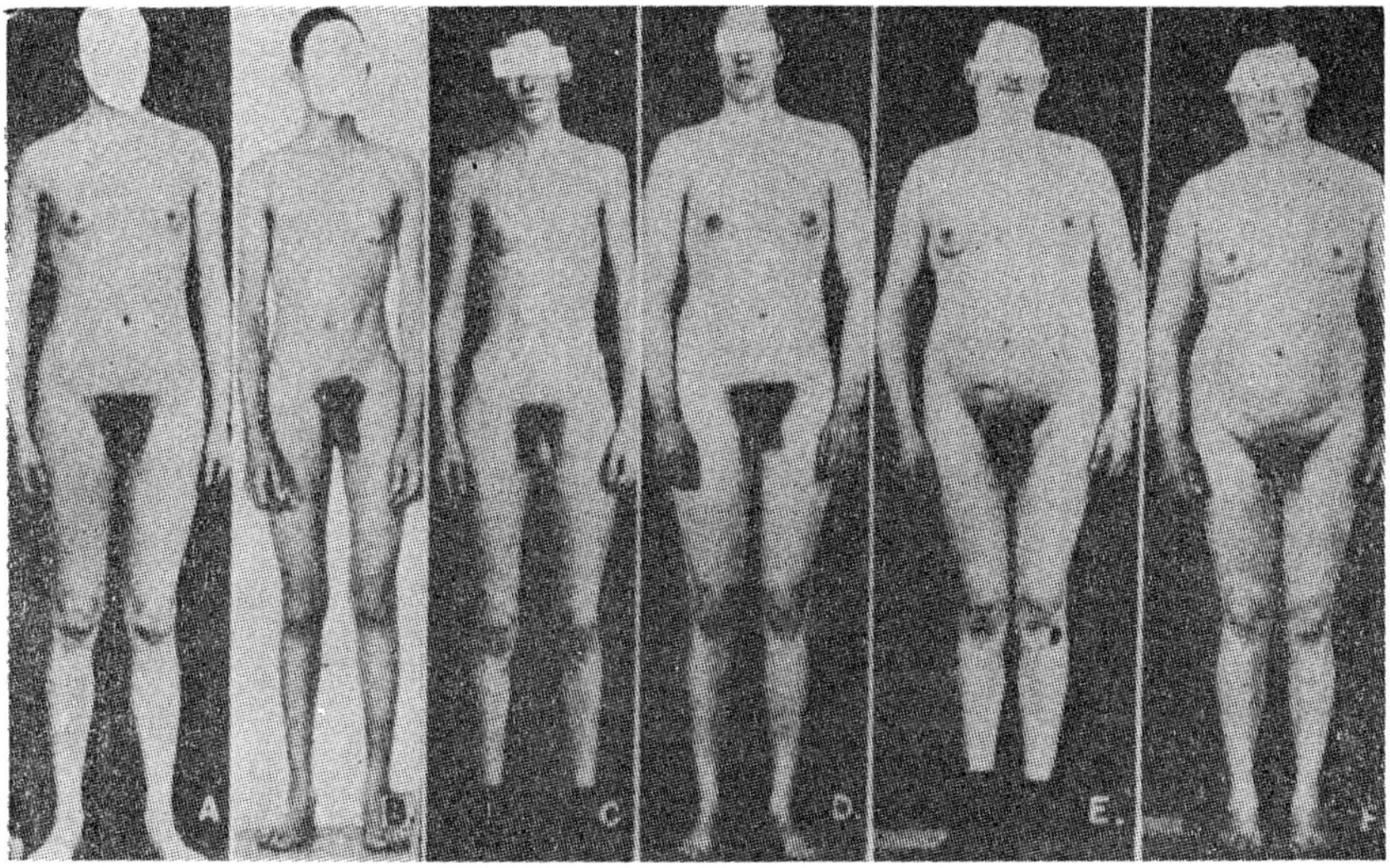

▲クリネフェルター症候群
「臨床内分泌学ジャーナル」(1942.11) より

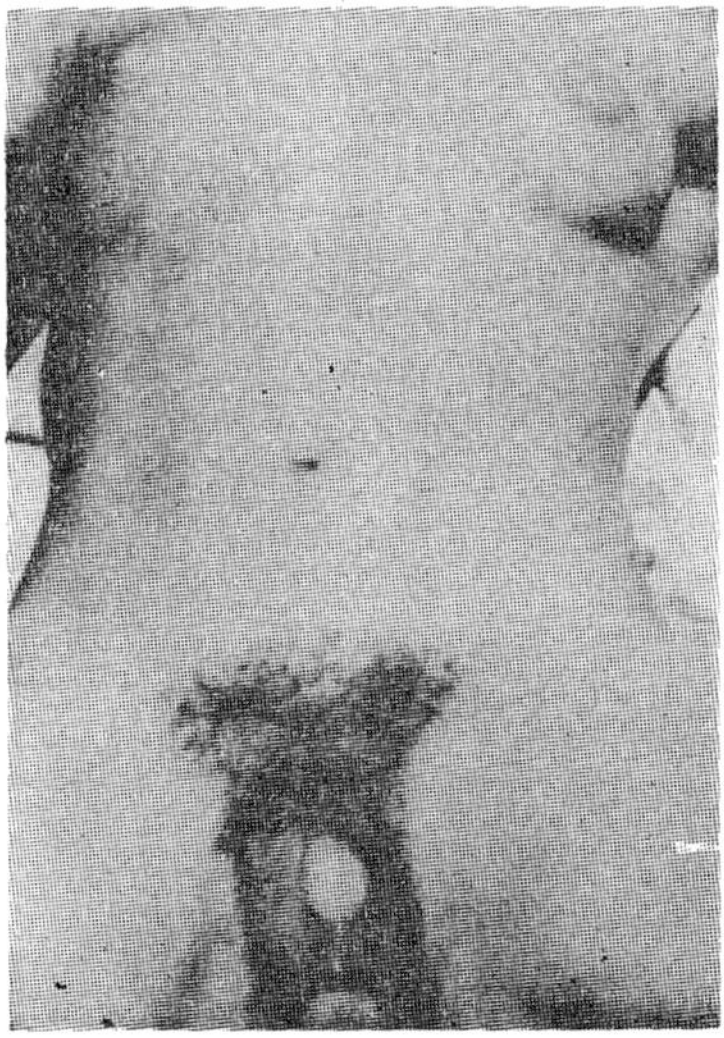

▲睾丸一つと卵巣一つをもつ両性具有者
J・マニー *Sex Errors of the Body*
(1968) より

もとは、生理学的というよりも心理的・社会的なものであり、そのひとつめは、子供にどういう名前がつけられ、どういう服を着せられているか、髪はどう切られているか、どういうおしっこの仕方を教えられているかといったことによる。ふたつめは、自分の体をどう捉えるようになるか、そして特に、どちらの性にリビドーを向けるようになるかによる。このふたつはどちらも、生まれた時にどんな外生殖器をしているかによってまず決定されるため、染色体、性腺による性、そして内生殖器による性とさえ、矛盾する可能性が絶えずあるのである。染色体・性腺・内生殖器、これらはいずれも出産前から存在しているものだ。

染色体は、それどころか、妊娠した瞬間から存在しているのであって、精子が卵子のＸ染色体にもうひとつＸ染色体をもたらした場合、子供は遺伝的には女となり、Ｙ染色体がもたらされた場合には男となる。しかしながら、どちらの場合にもまず差異化されていない性腺が形成され、それが、ＸＸにおいては卵巣に、ＸＹにおいては睾丸になる（少なくともそうなるべきなのである）。その次の段階で、管が形成される。これはふつう、男においては抑制されているが、女においてはこれが子宮と輸卵管になってゆく。この後になって初めて、まだ外面的には区別のつかない外生殖器が、陰嚢か陰唇、ペニスかクリトリスへと差異化されてゆくのである。その一方で、性によって異なるホルモン・バランスが設定されてゆくわけだが、これは、再び思春期ないしそれ以後になって崩れることもあり、すると、プリニウスの時代にすでに知られていた性の変更じみたことが生じるのである。

一般に、これらの要素ふたつ以上の間に矛盾がある場合、あるいはそのどれかに異常――たとえば、ＸＸＸとかＸＹＹなどといった染色体構造や、睾丸と卵巣がひとつずつあるなど――がある場合、その子供はインターセックスとして分類される。しかし、そうした異常の原因やそれら相互の関係については、なおもさまざまな見解がある。その体系的な説明は一八七六年、クレプスによって初めて試みられた。彼は初め、擬似両性具有者を、性腺に男女両方の要素をもった「真の両性具有者」と区別し、そのうえでこの後者を、性腺の両義性が「両側的《バイラテラル》」か「片側的《ユニラテラル》」かあるいは「側面的《ラテラル》」か――すなわち、片側だけに見られるか、両側ともか、あるいは場所によって異なるか――によって十六の下位範疇に分類した。

分類学を自らの職務のすべてとしたその時代の生物学者たちと同様、彼も、世界を名づけ直すこと(望むらくはラテン語で)だけで非神話化ができる――すなわち、世界の不思議を理解へと回収できる――と信じていたようだ。ライオンのことを百獣の王ではなく Felis leo と考えることによって、野生動物に対するわれわれの態度が変わってくるのと同様、確かに、性的に異常な子供のことを、hermaphroditus verus completus masculinus dexter と呼ぶのと「化け物」と呼ぶのでは、見方に違いが出てくるだろう。けれども hermaphroditus という語のうちにすでに古い神話の残滓が残っているのであり、リンネ式の分類システムを受け継いでいる人は誰ひとりとしてそんな時代錯誤的な含意から完全に逃げ出せずにきているのだ。

その努力を怠ってきたというわけではない。一例をあげれば、インターセクシュアリティの分野に携わる後の学者たちは、クレプスの用語を「性腺不形成症《アプラシア》」「形成不全症《ディスプラシア》」とか「睾丸過剰形成症《ヒポプラシア》」「性腺発生不全症《ディスジェネシス》」「完全初等非性腺症《アゴナディズム》」――いずれもギリシャ語語源――といった、より中性的な病因学用語で置き換える試みをしている。それでも、見まがいようのない神話的アウラを漂わせた「ヘルマフロディティズム」という鍵となる語を完全に放逐することはできずにいるのだ。さらに言えば、「雄《メイル》」「雌《フィーメイル》」ということばですら神話的であり、特定の形態を含意しているだけでなく、ふるまいと役割に関する一群の前提と結びついている。性を表わすために約束に基づいて用いられているシンボル(♀と♂)でさえ、どうしようもなく占星学的・神秘的な連想とからみあっているのだ。ちなみに♀は、人間の雌を表わすだけでなく、金星《ヴィーナス》とエジプト十字、すなわち「生命の十字」を表わしているのである。従って、あらゆる物語と歌のよって立つ源である神話、すなわち結局のところわたしたちの始原的な原型であるものを非神話化しようとする試みはすべて、道を誤っていて先が見えているように思われるのである。

しかし、その努力が放棄されたことはなく、研究者たちはあらゆることばを文字シンボルで置き換えられないものかと試みてきている――「ノーマル」の雌を表わすのに、コミットメントを含まないXXを、「ノーマル」の雄を表わすのにXYを使い、これらからの「逸脱者」をXXY、XXXY、XXX、XXXX、XXYYや、XO／XY、XO／XX、XXO、XX／XXXなどで表わすというものである。けれども、その彼らもまた、原点となる二性を、Y染色体の存否を決定する最も単純な試験法に基づいて「染色質ポジティヴ」「染色質ネガティヴ」と呼んでいるのだ。ところがさらに、性的に異常な人間たちをいつでもこれほど透明な方法で指し示して伝えあうことは、医師たちにすらできないことがわかってきた。その結果、彼らは患者たちを、たとえばXXX者なら「スーパー・フィーメイル」〈超雌〉――例のワンダー・ウーマンやコミックの記憶を呼び起こすことばである――と呼ぶなどして、再神話化してきている。けれども一番ふつうなのは、インターセックスのどの種類かを言うのに、その「発見者」の名前を使う方法である。それによれば、たとえばXXY、XXXY、XXYY者らは一般に「クリネフェルター症候群」あるいはよりくだけた場では「クリネフェルター」として言及される。同様に、性腺非発生症（女性においてX染色体がひとつ完全に欠けている）もしくは同発生不全症をもったXOたちは「ターナー症候群」あるいは「ターナー」と呼ばれている。そしてここでわたしは（神話化されていないものを概念として捉えることに関する自らの無能を暴露しつつ）告白せねばならないのだが、ジョゼフ＝ジョゼフィンと同じほどヴィヴィッドにわたしの心に刻まれて残っているインターセクシュアルとは、この二種類だけなのである。膜状の首をして、未発達な乳房をもった小人的な女性たち、すなわち「ターナー」たち、そして、小さな睾丸と両側的ジネコマスティア――すなわち、ふたつの女性的なおっぱい――をもった男たち、すなわち「クリネフェルター」たち、このふたつだけなのだ。

わたしを特に悩ませるのは後者である。それは彼らが、ヘルマフロディトゥス神の古典的表現と、狼狽させるほど似ていながら大きく異なっているからなのかもしれない。かの神と同様、彼らも、女の胸とペニスとをひとつの体のうちに見せることによって、ふさわしさに関するわれわれの観念に挑んでくる。確かに彼ら、後代における神の化身たちは――少なくとも、一九四二年のクリネフェルターの研究書に載っているラボ写真を見る限り――明らかに男性的な体形をしており、ヘレニズム時代の男色家たちの憧憬を集めた彫像たちのもつ両義的なエロティシズムの魅力は一切欠いている。それに、われわれは彼らをオヴィディウスの『変身譚』に登場する幸薄き若者と同一視することもできない（そしてこれは、彼らの顔を隠す白い長方形や、体の陰影を消し去る殺菌照明のせいだけでは決していない）。が、同書の本文の教えるところによれば、彼らは時にはあの若者同様、去勢＝非男性化されており、「髭の欠如、高い声、小さなファリュス、小さな前立腺などによって被去勢者の徴候」を見せるのである。要するに、彼ら自身にとっても、また、こうして彼らを伝説的な恐怖ではなく医学的な症例として捉えるようになる家族たちにとっても喜ばしいこととして、彼らは、非神話化されたのである。

しかしながら、クリネフェルターを一員としてもつに至った家族の人たちのたいがいは、こうした臨床写真を目にしたことがなく、ましてや、そうした写真が最も典型的な形で載っている専門家による専門家のためのモノグラフ研究書を読んだことはない。ジョン・マニーの『性に関する身体の過ち』（一九六八年、*Sex Errors of the Body*）のような一般向けの本もあるにはあるが、そうした本がしろうと読者の手に届くかどうかは疑わしいところだろう。傑出した医学心理学者であるマニーは、一方では進歩的な「性教育」にコミットしつつ、他方では、彼の呼ぶところの「ヴィクトリア朝時代式のタブーとお上品ぶりに対する反発としての性革命」の普及――あるいは、彼の使っているこれほど陳腐でない言い方を借りれば、かつては「一般人」には許されない「貴族の特権」と見なされた「性的な自由」を拡張すること――に肩入れしている人である。

彼が主たる読者対象としているのは、「学校教師、医師、牧師、ソーシャル・ワーカー、心理学者、結婚カウンセラー」など、つまり、性的不安の緩和にかかわる専門職従事者たちである。が、一種の締めくくりのことばとして、このような専門家ではない読者も「性の形態と機能に起こりうる極端な例を知ることで……自らのノーマル性をより尊重できるように」なって欲しいとの希望を表明している。これは終わりのことばとしては妙なものである。というのも、われわれのうちの一部の人、主にフェミニストということになろうが、彼らにとっては、性的「ノーマル性」の概念そのものが「ヴィクトリア朝時代式のタブーとお上品ぶり」の名残りのように思われるのだから。こうした人たちにとっては、インターセクシュアリティの研究は、われわれ誰ひとりとして純粋に男性であったり女性であったりするのではなく、程度の差こそあれ、いずれもバイセクシュアルなのだ（あるいは、少なくともそうであるようにふるまった方が具合がいい）という、以前からの確信を補強するものなのである。確かにこの視点を支えるそれらしい証例が、少なくとも「性別《ジェンダー》」の領域にはある。というのも、性別アイデンティティや性別による役割というものは明らかに、約束ごとの問題なのであり、社会的に決定され強化されているものなのだから。

ただ、彼らはさらにこう主張するはずである——形態学および発生学が示すように、われわれはユニセックスとして出発する、あるいはもっと正確に言えば、われわれはすべて、胎児としての発達の最初期には「女」なのであり、従って、男性というのはある意味では逸脱の表われなのである、と。そしてまた、従って神話的に言っても、男が「女から」創られたのであり、家父長制的なヘブライ人の聖典が語るような、その逆ではないのである、と。こうした論議は、相同《ホモロガス》であるものと同一《アイデンティカル》であるものとを混同している限りにおいて、また特に、受胎の瞬間から死の瞬間までわれわれを体の全細胞において男もしくは女としている染色体による性の大原則を無視しているという限りにおいて、見せかけだけの偽りのものと言いうるだろう。けれども、まがいもなく、神話的・政治的な誘引力はもっている。ということは、社会的な事実になりうるということだ。そして、こうした論議を推進する少数の男女は、伝統的な男女の区別が因襲以外の何ものでもなかったとしてその子供たちを育てている。そうした子供たちは同じような服を着せられ、同じ型に髪を切られ、同じおもちゃを与えられ、同じ職業的な役割、家事における同じ役割に向けて訓練されている。

こうした子供たちにおいて、一方では、より大きな社会が彼らに期待するものと彼らが教えられてきたふるまいとの間の、また他方では、肉体的な体形体質および思春期の性質の差異化と、彼らが謳歌するよう教えられてきたユニセックス的外見との間のテンションが大きくなった時、いったいどうなるかを語るにはまだ時期尚早である。自らの性腺および染色体の性と対立する性別《ジェンダー》を誤ってあてがわれてしまった子供といえども、その外生殖器がその付与された性別役割とあからさまに対立しない限り、他の人間より苦しみと不安に彩られた人生を送ることはないことがわかっている。が、運命によって与えられたものを受け入れることができない神経症的な親によって、性器の示す性とは逆の性としてわざと育てられた子供たちが、悲痛を味わうことになるのは顕著な事実である。ただ、病理学的というよりは政治的な理由によって、非因襲的な性役割をもつよう訓練された子供たちがうまくやっていけるかどうか、それはどちらとも言いがたい。

ただ、ひとつだけ確かなことがある。彼らが医者や心理学者の手に落ちた時、あるいは導き手であった親を逃れて自らを彼らの手に委ねた時、そうしたテンションはさらに増す可能性が強いということだ。というのも、政治的な位置はどうあれ、そうした専門家たちは、臨床の現場で性的に異常な子供にぶつかると職業的に言って保守的な対応をするものだからである。ほとんど熟慮することなく、彼らは自らの熟練を用いてその子供を「男」もしくは「女」として生きてゆけるよう――「異性」との、快楽を伴う、そして場合によっては、生殖を伴う性交ができるよう――作り変えようとすることだろう。要するに、インターセックスたちはその時点での「ノーマル性」の規範に合うよう――彼らの「本当の」性（染色体や性腺によるもの）にあわせて、あるいは、その見せかけの性（外性器によるもの）にあわせて――「修理」される、もしくは調整されるのである。

医学書の図や説明を読んで推測されることだが、膣と陰門をもたない「女」たちに、メスや金属探針を使ってそれを作ってやるのは比較的容易なことである。また、それよりかなり難しいとはいえ、退化したペニスしかもたない「男」たちにちゃんとしたペニスを作ってやることも可能なのである。さらに、その最初の手術が成功し、早くからホルモン療法もしくは化学療法を始めて、定期的に続ければ、そうした「男」たち「女」たちも満足のいくオーガズムを味わうことができるようになる。そしてその「女」には、「ノーマル」の姉妹たちと同様、生理も訪れるようになるのだ。そうなると、つまるところ、彼女の問題は、「ノーマル」と呼ばれているものに（より革命的な人たちが勧めるであろうように）挑戦したり、それを超越したりするよう教えることによってではなく、担当医師がしたように、それを受け入れて順応することによって解決してしまったわけである。

性のジレンマや性の機能不全に関する標準的な「治療法」においては、この順応させるという原則が疑問に付されることは決してない。一見したところ根本的に別の問題であるように見える男の「性転換者《トランスセクシュアル》」の場合ですら同様である。確かに彼らトランスセクシュアルたちは「意図されていたもの」に近づけられたわけでは決してない。外科手術とアンドロゲン／エストロゲン療法は、彼らの場合、ふつうの判断規準七つともが否定しているようでありながら彼らが望んでやまないもうひとつの性へと、言ってみれば「自然に反して《コントラ・ナトゥーラ》」変えるのだから。しかし、たとえ彼らの経験する「性の変更《セックス・チェンジ》」が因襲的な人々にとってショッキングなものであるにせよ、結局のところ彼らもまた「ノーマル化」されて一件落着となるのである。実際のところ、彼らはすっかり変身しているため、彼らがいずれもつであろう配偶者ですら、その性が科学の創造になるものだと気づくとは限らないのである。いずれにせよ、こうして、ヘテロセクシュアリティと「ノーマル性」という「ブルジョワ的」制度（結婚という制度、とまではいかないにせよ）は再び維持されるのである。しかし、まさにそれによって、ショウ・フリークのまるまる一範疇が見世物小屋から姿を消し、医学雑誌へと召還されるのである。

8

シャム双生児たち

シャム双生児もまた、外科手術によって「修理」されうるため、ほとんど姿が見られなくなってきている。フリークたちのマネージャーを務めるネイト・イーグルは、一九六四年に「この国で現在、本もののシャム双生児はひと組として舞台に立っていないのではないか」(その芸は偽物で容易に見せかけられる)と語ったとされている。が、ほんの二、三十年前には、彼の先輩格のひとりによれば、「よりどりみどりだった」という。大げさに喋ることで生活を立ててきた人たちの語ることだから若干の誇張はあろうが、これは、ほとんど外科技術の進歩のみによる驚くべき変化を表わしている。今でもこうした双生児の誕生を年に二、三回は新聞で読む——そして直後に、あるいは一、二年後に、彼らが切り離されたとのニュースが続く——のだから、癒着した双子の誕生が前より減ったということは考えにくい。要するに、彼らは、ショウ・ビジネス史上のできごとではなくなり、心臓切開手術や最新の臓器移植手術を受けた人たちと同様、医学史上のできごとになったのである。

今では、生きているシャム双生児の切り離し手術の試みが早くも一六九〇年にあったこと、また、死んだ片われから生きている片われを切り離す試みの失敗例が十五世紀にあったことがわかっている。しかし、「アメリカ医学会報」が「切り離し手術の後これほど長く(一年)、シャム双生児の両者が生き続けているという例は知られる限りこれが初めてである」と報じたのは、ようやく一九五三年十二月十二日のことだった。その数週間後、「サイエンス・ニュース」に出た記事によれば、一九五三年まで同じ手術の成功例は四例しかなく、そのうちの三例では双子の片方のみ助かり、一例だけ両方とも助かったのだが、それでも六か月しか生きられなかったのだという。こうした前例の中で最も有名なのは「オリッサ姉妹」として知られたラディカとドディカの場合で、一八九三年、四歳の時からヨーロッパで展示されたふたりは、十二歳の時に外科的に切り離された。しかし、ドディカが結核で生死の境にある時に行なわれたこの手術は、彼女を犠牲にしてラディカを救うための必死の努力という性質のものだった。事実、ドディカは執刀中に死に、しかしそれでも、ラディカは二年、余計に生きただけだった。

人はこうした手術に初めて成功した双子の名前がオリッサ姉妹と並んで有名になっているものと想像するかもしれない。が、それを報ずるリポートでは、用いられた医学的技術(ヴィタミンK、ストレプトマイシンおよびペニシリンの投与、そして保育器と人工呼吸器の使用)こそ特定されていたものの、当事者の名前は「双子A」「双子B」と

ラディカとドディカ
G・M・グールド+W・L・パイルの前掲書(1896)より

なっているだけだった。その一方、関わった医師の名前は後代へと残されている――「クリーヴランド・マウント・サイナイ病院のそれぞれ産科、小児科、外科に属するハイアット・カイトマン、アール・E・スミス、ジャック・S・ゲラー三医師」である。その後に切り離しに成功したサンティナとジュゼッピーナ・フォグリアとか、クララとアルタ・ロドリゲスとか、研究室の中で育てられたロシアのマーシャとダーチャ姉妹といった双子たちの名前も、報道されこそしたものの、われわれの記憶の中で神話的な響きをもつには至っていない。シャム双生児は、怪物からノーマルな人間を作り出す医師たちを主人公とする心理劇において、端役となったのである。

確かに、彼らも、切り離されることを拒否すれば、今なお一種の名声を博することができる。メアリーとマーガレット・ギブの場合がそうで、ふたりは不可能なものと信じて育った手術を受けるよりも、一九六七年、五十四歳で癌で死ぬことの方を選んだのだった。あるいは、切り離された場合でも、このクロニクルを書くのを休憩している時に今日の新聞で目にしたような類の見出しになることはできる。一九七六年二月十三日付、カンザス州ウィチータ発のその記事は、「シャム双生児を誘拐、父親病院から脱出」と題されている。続けて読んでゆくと、そこでは、切り離し手術を受けたばかりの娘たちを病院に見舞いに来たW・L・ケイツが突然、その片方を寝台に乗せ、もう一方を抱き上げて、逃げ出した――ふたりとも里子に出されることになっていたためらしい――ことが報じられている。メキシコ系アメリカ人と結婚した黒人であるケイツは、姿を消す前に、「連中は人種のせいでふたりを奪い取ろうとしているんだ」と語ったとして引用されている。けれども記事の終わりには、どうやら皮肉ではなくこう書かれている――「これは医学史上、シャム双生児の切り離しに成功した二十番目の例だった」と。

が、こうした「ハッピー・エンド」が可能になる前は、数多くの癒着した双子の名前が、両性具有者の場合とは対照的に、西洋世界全体を通じて、よく知られていたのである――これはおそらく前者が、卑猥な感じを与えることなく二重性の神秘を体現していたからだろう。彼らを前にした時、見る人は必ず嫌悪の戦慄を感じたはずだが、それは不思議な類の情愛によって中和されるため、それを伝える文章では、女の双子の場合は特に、親愛の情を伝えることばが多用される傾向がある。いずれにせよ、こうした「怪物」たちは、十六世紀初頭以来、名前で特定されてきている。アメリカ大陸発見の直前、一四九〇年にグラスゴーで生まれた「スコットランド兄弟」は、十八歳の時、スコットランド王ジェイムズ四世の宮廷に上っている。一部の記録によればふたりは脚が二本しかなく、腿より上からだけ分かれていたというが、頭ふたつ、手四本と並んで脚も四本あったとする記録もある。それはどうあれ、彼らは楽器を弾いたり、「トレブルとテナーの二部に分かれて」歌ったり、ラテン語・フランス語・イタリア語・スペイン語・オランダ語・デンマーク語やアイルランド語で気のきいた会話をしたりして、宮廷の人々をとりこにしたという。

そして、シャム双生児の扮装をすることで愛する女性を射止めようと試みる愛人を扱った十九世紀のある芝居の序言に引用されている十六世紀の俗謡歌詞からはジョンとジョーンの例を知ることができる。曰く、「ジョージ・スティーヴンスと妻マーガレットの間に、紀元一五六六年四月四日生まれたふたりは……腹でしっかりとつながって、互いに腕で抱きあうようになっていた……」。この両性の双子の話は、同じ序言の中で語られている「互いの背中でくっついて……ハンガリー王国に生まれ、片方の名前はヘレン、もう一方はジュディータ」である「ふたりの怪物娘」の話と同様、事実だと信じることができれば素敵なことだろう。

この後者は、アレグザンダー・ポープが、そしてビュフォンが『自然誌』の中で言及している有名な「ハンガリー姉妹」である。ふたりの眠る墓にはこう刻まれている――「一本の尿道をふたりで使い、話によれば、肛門もひとつ。他の部分の数は揃っていて、それぞれが自分のを使う。……体の中がわれらの目から隠されたままであること、ああ残念にも！　しかし、ここにて銅からなるその全身を眺めることができる」。さらに、その死後に、少なくともひとり、ある神学者は、ふたりが結婚すべきだったかどうか、そして、ふたりが復活の日にはひとつの体で、あるいはふたつの体で起き上がるのか、と真剣に論じたものだった。しかし、ジョンとジョーンというのは全く伝説的な話である。一卵性双生児は、体がくっついていようといまいと、異性ではありえないのだ。が、人は昔からそれがありうるのではないかと絶えず考えてきたものなのである。

同性同士のシャム双生児というのは、ある程度頻繁に生まれるものではあるが、それでも昔からいつも空想に包まれてきた。そして十六世紀以前では、空想の方が事実よりも勝っていた。たとえば、一一〇〇年に生まれたとされるビデンデンの乙女たちは、そうしたフリークの最初の例であるとしばしば言われているが、どうやらこれもジョンとジョーン同様、明らかな偽物であるようだ。が、C・J・S・トンプソンは『怪物の神秘と伝承』（一九三〇年、*Mystery and Lore of Monsters*）の中で、彼に先立つパイルとグールド両医師同様、信じているような様子で彼らの話を伝えている。そして、ドリマーもまた、「と言われている」とか「伝承によれば」といった言い回しを多用してはいるものの、尻と肩でつながっていてその間は離れていた――いかにもありそうにない話だが――というこのエリザとメアリー・チョークハーストの物語を語る誘惑に勝てずにいる。

伝説に従えば、三十四歳の時、六時間以内の差で両方とも死んだというこのふたりは、故郷ケント州ビデンデンの教区宛に、毎年三五ポンドの収入を生み出す地所を残し、その収入が貧者のためのチーズとパンに使われるよう指示したのだという。この行ないは今日まで続いてきており、その途中では、パンを平たいケーキ状に作ってそこに「生きた時そのままの姿」の彼女らを判で押すという習慣にまで発展した。わたしはこのケーキの絵を見たことがあるが、それからすると、ケーキの方が先にあったのではないかと思われる。つまり、子供の絵のように、ふたりの女性が互いの肩の後ろで腕を交差させているため、片方は右腕がなく、もう片方は左腕がないように見える、そんな「人形《ひとがた》」を説明するために、この伝説全部が発明されたのではなかろうか、と思うのである。

フリーク・ショウというものが始まった時以来、シャム双生児をめぐって生まれた通俗神話が数多いにもかかわらず、彼らは――小人や巨人、デブやヤセ、また両性具有者とは異なって――原型《アーキタイプ》に関しては真空地帯から浮上してきたようである。洞穴の壁に描かれた絵で彼らのプロトタイプと同定できるものはないし、地中海地方

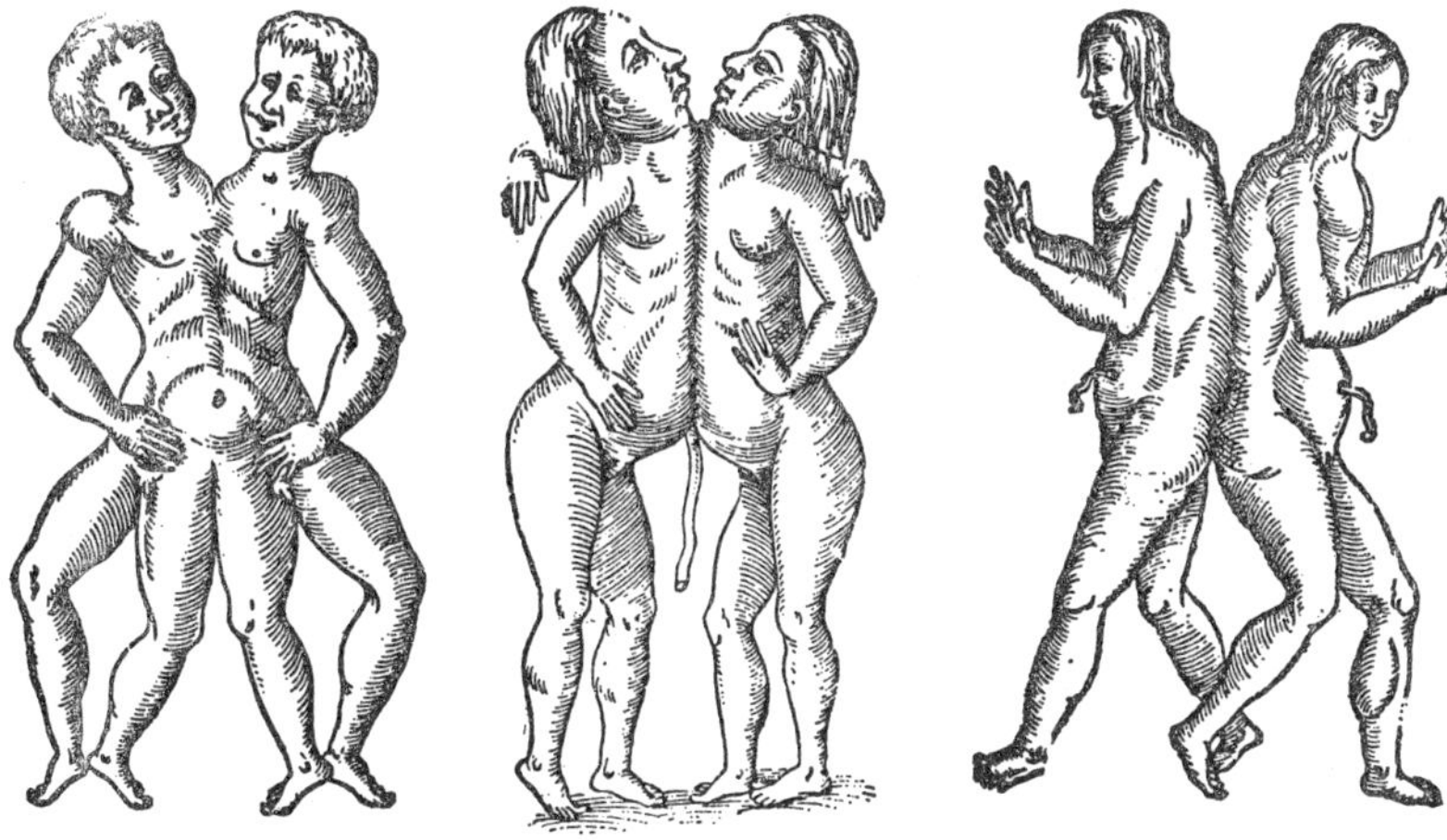

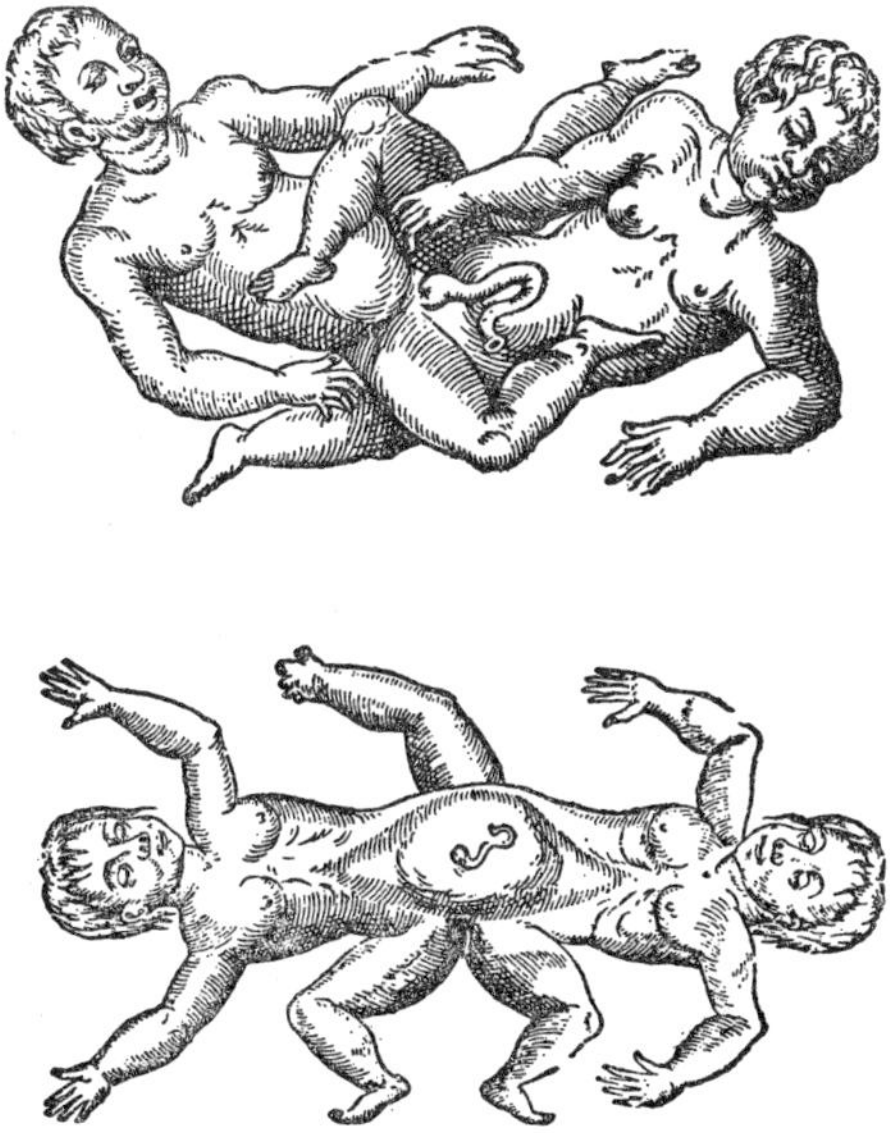

シャム双生児　五態
アンブロワーズ・パレの前掲書（1573）より

▲ビデンデンの乙女たち
G・M・グールド＋W・L・パイルの前掲書（1896）より

の民話にも黒き森の地方の民話にも登場してこないのだ。確かに、小アジアからニュー・サウス・ウェールズ、ソロモン諸島の間にあった様々な未開文化が、双頭の人間や神々の図像を残してはいる。けれども、それは、単一の身体の末端や部分の数をふやすことによって神的な、もしくは悪魔的な力の強さを意味させる図像学的伝統に所属するものだ。これ以外の点ではそれぞれ大いに異なっている三頭の地獄犬ケルベロスや二顔のヤヌス、多数の腕をもつシヴァといった伝統的な生き物はいずれもこの原型の系に属しており、三本目の脚でサッカーをしたフランク・レンティーニのような大がかりな怪物や、より小規模なものとして、エリザベス一世の母親で両手に一本ずつ余計に指があったアン・ボレイン、足指十二本の婦人としてのみ知られているイスキア島の洗濯女などのフリークを目にした時には、彼らの記憶が掘り起こされてくるのである。

二重ペニスもしくはクリトリスとか、睾丸三つとか多数の乳房とかをもった性的な〝過剰による怪物〟でさえもふつうはこのカテゴリーに入れられている。が彼らは、最も恐ろしくこの世的でない姿をとった時には、体の完結性の問題を問いかけてくるのみならず、美しいとか人間的であるといったわれわれの観念を枠組づけている対称性の制約規準まで問うてくるのである。われわれが彼らを認識し恐怖するのは「ミュータント」としてであり、進化線上の最終地点である(あるいは、そうあるべきだ)とどうしても考えてしまう人間の姿——いかにも機能的で優美な最終的調整がなされているため、どう変えてみたところで退行のように見えてしまう姿——に対する脅威としてである。そして、この点において彼らは、毛深さのフリーク、醜さのフリークや、男《おとこ》/女《おんな》と、そしてさらには小人や生ける骸骨らとも類似している。

これに対して、シャム双生児はわれわれの個人性に、そしてその個人性が依って立つところである自と他の区別に、挑戦をかけてくるのである。ことばを変えて言うならば、われわれの体ではなく意識——かつてわれわれの魂と呼ばれていたもの——の単一性を危うくするのだ。彼らだけでなく、一卵性双生児はすべてわたしたちにこの挑戦をかけてくる。そしてこの結合されていない一卵性双生児に関しては、カストルとポルックス、ロムロスとレモス、ヤコブとエサウ、ポリュネイケスとエテオクレスといった強い神話的な響きをもったプロトタイプが存在している。ここに掲げた例が示唆する通り、そのたいがいは敵対する双子の兄弟であり、一方が町の建設者もしくは民族の救い主となるために他方は血まみれの死に沈まねばならない。現実のシャム双生児に関する記録者たちは神話のこの部分を採用して、特に男のシャム双生児を気質と趣味において対立するものとして描いてきている。たとえば、スコットランド兄弟に関しては、一方が常軌を逸して間抜けで他方が特別に賢く、「ふたりは奇妙な討論を……しばしば行ない、時には意見が一致せず、稀に殴りあいに至ることもあった」と伝えられてきているのだ。

　チャンとエンについては、お互いの欠点を寛大に受け止めあっていたとする伝記作者もいる反面、死期が近づいて弱ってきたチャンが酒にのめりこんでゆくにつれて、両者の間の確執は激しくなっていったと主張する作者もいる。さらに、チャンは「婦人方が大好きで」あったのに対して、エンはそうでなく、チャンがスパイスのきいた東洋の料理が好きだったのに対してエンは薄味の野菜料理を好んだとか、また、チャンが公けの場で下ネタの冗談を言っては、より慎重で学者肌のエンを恥入らせた、などという話が伝わっている。実際のところ、マローンの話を信用するならば、「ふたりはよちよち歩きができるようになった時から死ぬ日まで、公けの場であろうとなかろうと、喧嘩ばかりしていた」という。そして、互いに交わした最後のことばは怒りにかられたものだった。しかし、その頃には衝突を避けるために話をしないのを常としていたのであった。マーク・トウェインが一八六八年に狂言仕立てのエッセイで利用したのはこうした気質の違いだった。そこではひとりは酔っぱらい、もうひとりは絶対禁酒主義者として描かれており、ふたりとも南北戦争に参加して「ともに勇敢に戦った。エンは北軍、チャンは南軍として。そしてふたりはセヴン・オークスで互いに相手を捕虜とした……」とされている。そしてそのおしまいで描写されているのは、お互いに容赦なく殴りあう肉弾戦なのだが、しまいには「野次馬たちが止めに入ってふたりを分けようとしたが、どうにも分けられないため決着が着くまで続けさせた」とある。

これが、敵対する双子の間の諍いが、両者がつながっている場合には滑稽なものになってしまうという事実に対するトゥェイン流の対処法だった。兄弟殺しという古典的な解決策は、一方の死が他方の死をもたらすがゆえ、回避されてしまうのである。しかしながら、この不条理性を認識したところで、愛する人の腕の中でさえ一方が他方にとって代ってしまえるほど見分けのつかないふたりの人間という観念のうちに存する不気味さを消し去ることはできない。この不気味さがよりよく表現されているのは、分身を扱うゴシック物語や詐欺師的な神格を扱う古代神話である。そこでの彼らは似姿に扮装することで相手の運命とアイデンティティを盗むのだ。そしてまた、鏡もしくは透き通った水たまりに映った自分の姿を目にして、わたしたちがナルシスの原型的恐怖を生き直す時、この感覚はさらに強化されるのである。

シャム双生児に関するわれわれの先祖たちの意識の中では、分身の神話が複数性の怪物の神話と合体して、〝死がふたりを分つまで〟結びつけられた「怪物的な自身」と、それと見分けのつかない「怪物的な他者」の神話が生まれていた。そしてこの神話が、残念なことに、切り離されることを拒否した双子を前にした時でさえもはやわれわれには経験できない戦慄を生んでいたのである。ただ、まだ自分らのことを「一生鎖につながれている」と感じていた昔のショウ・フリークたちを思い起こすことによって、もうわずかのところまで、わたしたちにもかつてのスリルを再生させることができる。わたしがまず思い浮かべるのはデイジーとヴァイオレット・ヒルトン姉妹である。彼女らは「一生鎖につながれている＝結びついている」(*Chained for Life*)という陰気な題の映画を作り、おそらくそれゆえに、トッド・ブラウニングの『フリークス』にシャム双生児を代表して出演するよう選ばれた。『フリークス』の宣伝ポスターには「サイド・ショウでの愛情生活の物語」と頭書きされており、それに続いて、「ふつうの大きさの女は小人を愛することができるか?」とか「男《おとこ》／女《おんな》の性別はどちらなのか?」といった質問よりも先に、「シャム双生児は愛の交わりを行なうのか?」というのがきている。

シャム双生児　チャンとエン（19世紀）（サーカス・ワールド博物館）

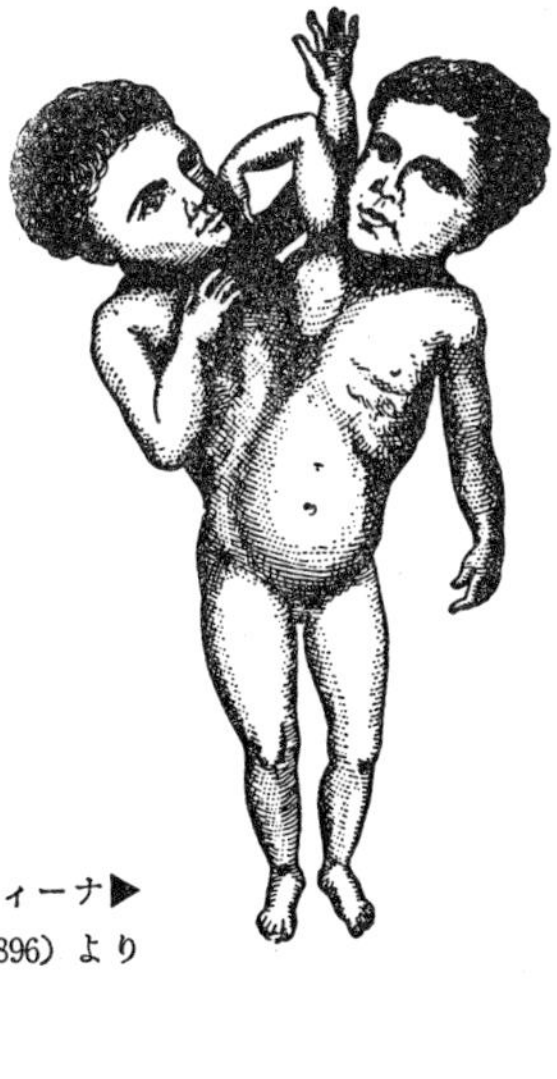

リタとクリスティーナ▶
G・M・グールド＋W・L・パイルの前掲書（1896）より

この質問は、それに続くものとして暗示されている「もし行なうのだとしたら、どうやって？」というものともども、記者たちが飽くことなくデイジーとヴァイオレットに尋ね続けたものである。ヴァイオレットはその両方に答えている――「気にするのをやめることもありますし、時には本を読んだり、あるいは黙って昼寝をしたりしたものです……わたしたちは必要な時以外、もうひとりが何をしているのか知らずにすますすべを身につけていたんです」、彼女はそう語ったと報じられている。どの時代であれ、癒着した双子というものは観客のうちにエロティックな空想を惹起したものである。彼らはどうしても複数的な性交の可能性――あるいは少なくとも、性的プライヴァシーの不可能性――を思わせてしまうのだから。ヴァイオレットとデイジーはどうやら、この点に関して、他の大半より刺激的な存在だったようだ。というのも、彼女らは髪をカールして蝶々をつけた小さな子供だった時からすでに魅力的であり、思春期をとうに過ぎて何度か結婚に失敗した後でなおも、その無垢な少女じみた格好を続けたのだから、なおさらだったのである。事実、彼女らと最もセクシーなシャム双生児というタイトルを争いうるライヴァルはただひと組、ローザとジョゼファ・ブラゼックのみなのである。

一時、ローザとジョゼファはヒルトン姉妹の競争相手だった。ただ、一八七八年生まれの前者の方が若干年上だった。しかし、ふたりは一九二二年まで昔風のボヘミアン・ダンスを踊ったりジプシー・ヴァイオリンを弾いたりし続けた。そのため、一九七一年に至って、当時八十三歳だったエドワード・マローンはなおもふたりの魅力を記憶に留めていたのである。「このふたりの女はまるで、メイ・ウェストが尾骶骨でくっついてふたりいるみたいだったよ。ふたり調子を合わせて腰を振って、そりゃあもう、たいしたショウだった」と彼はあるインタヴューで語っている。さらにマローンは続けて、ふたりが大受けし始めていた一九二一年、ジョゼファが(1)妊娠しており、(2)それでいてまだ処女である、と発表したことを語っている。これは「誤解＝誤妊娠《ミスコンセプション》」として当時の記者たちをくすぐったのである。ところがそこにきて、フランゼルという大工が来たるべき子供の父親であると名乗り出、ジョゼファに結婚を申し込むことで、ふたり（ローザはジョゼファが本当のことを言っていると誓っていた）の顔に泥を塗ったのだった。大いにああでもないこうでもないともめた後でふたりは、結局のところ彼が父親なのかもしれないと認めたのだが、すると、牧師や判事の誰もが、彼女らふたりの、それまでの「道徳的卑劣さ」を許すことになってしまうのを恐れて、式を執り行なってくれなかったのだという。この話は、心から是非とも信じておきたいと思う。しかし、そこで彼らはヨーロッパに行き、三人ともが結婚して「その不自然な生の残りを生きるべく落ち着いた」というくだりになって、マローンの信憑性は崩れてくる。というのも、ローザとジョゼファは合衆国を離れたことは一度もなく、結婚の日付として彼が主張するものよりずっと前に、シカゴで没しているのである。

いずれにせよ、この「ボヘミア姉妹」が、最も熱烈なるフリーク・ファンを別にすると、人々の記憶の中から次第に姿を消していったのに対して、ヒルトン姉妹は今なお暖かく思い出されている。その証拠に、今この瞬間、わたしが腰を降ろして眺めているのは、最近出た彼女らの古いポスターの複製絵はがきなのである。「サン・アントニオのシャム双生児デイジーとヴァイオレット・ヒルトン、ヴォードヴィル界の大事件」と題されてそこに描かれたふたりは背中合わせになっているが、ともに正面を向くよう体をねじり、ふたりともサクソフォンを手にして、キューピッドの弓のような形の口には微笑を貼りつけている。彼女らを甦らせたのが、ジャズ・エイジに対するわれわれのノスタルジアであることは明らかだろう。「あたしたちはふたりでジャズ・バンドなんです」と、一九二四年、まだ十五歳だった時、ふたりは記者に語っている。「音楽の勉強をしてきて……今では大きなラッパを唸らせたり、すすり泣きさせたり、泣きわめかせたりごろごろ言わせたりできるところまできました」。ふたりはまた、ボブ・ホープのステップを見習ってブラック・ボトムが踊れるようになっていた。それはちょうど、ルディ・ヴァリーを聞いてサクソフォンを独習したのと同じだった。そしてさらに、同時代の神話的人物とのつながりを見せる事実を最後にもうひとつあげるならば、ふたりは互いに相手が性的快楽を味わっている瞬間には、自分をオフにしておけるよう、大フーディニの指導を受けていたのだった。

“ユナイテッド・ツインズ”ヴァイオレットとデイジー・ヒルトン◀,
“ユナイテッド・アフリカン・ツインズ”ミリーとクリスティーン▶
ともに同時代の宣伝写真（サーカス・ワールド博物館）

芸人としてのふたりの生命は長くなかったが、サイド・ショウを卒業して移った先、栄光のヴォードヴィル界が「映画作り」によって輝きを失ってしまった後、三〇年代になってからもハリウッドでなんとか仕事を見つけることができた。彼女らが本当に独立するのは、しかし、一九三二年からのことだ。というのも、それまでふたりは自称「保護者」ら——彼らはふたりが成人した後なおも、稼ぎを横取りし続けていた——によっていいように扱われていたのである。ところが、その一九三二年、ふたりは十万ドルの損害賠償と他人から干渉を受けない権利を認める判決を勝ちとった。この裁判が始まった時、新聞見出しは「シャム双生児、奴隷的身分だと明かす」と謳ったものだったが、それが終わってふたりはやっと、「自由ってすてきね！」と記者たちに語れるようになったのである。その直後には週五千ドル稼ぎ、一時はピッツバーグにホテルを所有していたふたりだが、不幸なことに、結局はその自由を使って大儲けするだけの才覚はないことが明らかになった。一九六九年、香港風邪で死ぬに至った時、ふたりはノース・カロライナ州シャーロットの近くのスーパーマーケットでふたり組のレジ・ガールとして――おそらくは、ひとりがレジを叩いて、もうひとりが袋に詰める役だったのだろう――働いていたのである。が、これは、大見出しになった法廷ドラマの結末では「自由」であると宣されながらも、生涯互いの奴隷であり続けたフリークにとっては、適切なエンディングであると言えそうだ。

これよりさらに皮肉な例は、「ユナイテッド・アフリカン・ツインズ」としても知られた「ミリー＝クリスティーン姉妹」の場合である。南北戦争前の南部に黒人として生まれたふたりは、生まれた時から互いの奴隷であるとともに他者の奴隷でもあったのである。奴隷解放宣言が発された時点でふたりは、十年の生涯のうちの九年までを、彼ら「奇妙な人間の塊ふたつ」を三万ドルで入手したひとりめの「御主人様」、とある Jos. P. スミス氏によって見世物にされて過ごしてきていた。ところがふたりは、より乱暴な興行師に誘拐され、まるで使い捨ての所有物のように四方八方の州へと連れ回されたあげく、イギリスにまで連れていかれたのだった。その地にて、激論を生んだ裁判沙汰の結果、ふたりは合法的な「所有者」のもとに連れ戻されたのである。その人物はショウがない時にはふたりを妻――ふたりにとっての「白人かあさん《ホワイト・マ》」――のもとにおいて、「確たる英国国教会の基本的原理」を学ばせた。彼の死後、ふたりはその妻を経済的に支え続けた――ふたりの言によれば、「ルツがナオミに対して見せた深き献身」をまねしてのことだった。さらに、おそらく彼女らの手になるパンフレットによれば、ふたりはいつまでも善きクリスチャンであり続け、観客に向けて、こんなふうにして終わる信仰の歌を歌ったものだった――

エヴァの日々からわたしのような者はひとりとてなく、
これからもひとりとてないでしょう。
わたしはわたし自身にとっても、

通りがかる人たちにとってと同じで驚きなのです。
それでもわたしは幸せ、正しい人間なのだから。
わが救い主、わが神を愛しているのだから。
わたしがひとりに創られていようとふたりに創られていようと、
神の行ない給うたすべてを愛しているのだから。

しかし、マローンによれば、ふたりとも英国国教会を離れていたという。ミリーは熱心なバプティストとなり、クリスティーンは讃美歌の類を歌うよりも淫らな歌をわめく方を好んだのだという。そのうえ、ふたりが「嘘偽りのない話」として語ったように、実際に「白人かあさん」を養い続けたのだとしても、それは自分らの利益を犠牲にすることなく行なわれたのだった。一九〇〇年代初頭に引退した時、マローンによれば、ふたりは二五万ドルに達しようかというほどの額を「ためこんでいた」のである。そして、バプティスト教会のアフリカ布教団宛の寄付を除いた残りからの収入で、一九一二年十月九日、クリスティーン、続いてミリーが没する時まで生活し続けた。しかし、マローンの語るところは、インサイダーである見世物屋の意図的な名誉毀損——つまりは、信じやすい「カモ」の観客に宣伝係が吹きこんだ「ホラ」とはことさら正反対の「マジな話」——を反映しているがゆえに、にわかには信じがたい。いずれにせよ、彼マローンは、ビル・カーマイケルが『驚くべき蒐集家たち』(一九七一年、*Incredible Collectors*)でそのおしゃべりを記録するに至るまで、遠い昔のことを語ってみせるおしゃべりな一老人にすぎなかったのである。しかし、マローンは少なくとも、ミリー＝クリスティーンの人間性を全く無視して作りあげられたたわごとの中から、ふたりが生きた人間であるという感覚をわずかではあれ救い出そうと試みているのだ。

バーナムのところのパンフレットはこれとは正反対の意図をもっており、表紙の絵からして、描写しているだけだとしながら神話化を推し進めている。「頭をふたつもつ少女」というキャプションの下、ミリー＝クリスティーンが登場しているのだが、そこでは腕が二本しかなく、肩から膝頭までがすっかり癒着しているように見えるのである。実際には腕は四本あり、つながっているのは仙骨から尾骨までのみであることは付録部分の「医学的情報」の部分で明らかにされているが、そこには、ハンガリー姉妹と同様彼女らも「肛門は共用であり、……実際に大便と小便をふたり一緒にする」とも書かれている。実際、ひょっとすると、泌尿生殖管をひとつしかもたずに体がふたつあるというのは、ひとつの体にふたつ頭をもつというのと等置される怪物性であるのかもしれない。

しかし、この後者の異常をもった人物は見世物小屋で展示されるに至るまで生きられたことがほとんどない。ただ、死産で生まれた双頭の赤ん坊というのは幾例かあり、その姿は今日でも医学書に見ることができる。かつて、ジョン・ハンターはプライベート・コレクションの一部として、アイリッシュ・ジャイアントの骸骨とともに、ひとつめの頭骸の上にもうひとつ頭骸をのせた（有名な「ホームズ症例」）インド人の子供——幼くしてコブラに嚙まれて死んだ——の骸骨を陳列していたものだった。また、「三つ目男」ウィリアム・ダークスは一九七〇年に至ってなお「シングル・0」として展示されていた。彼は妻の「鰐女」が死んだ一九六八年以来絶えず引退

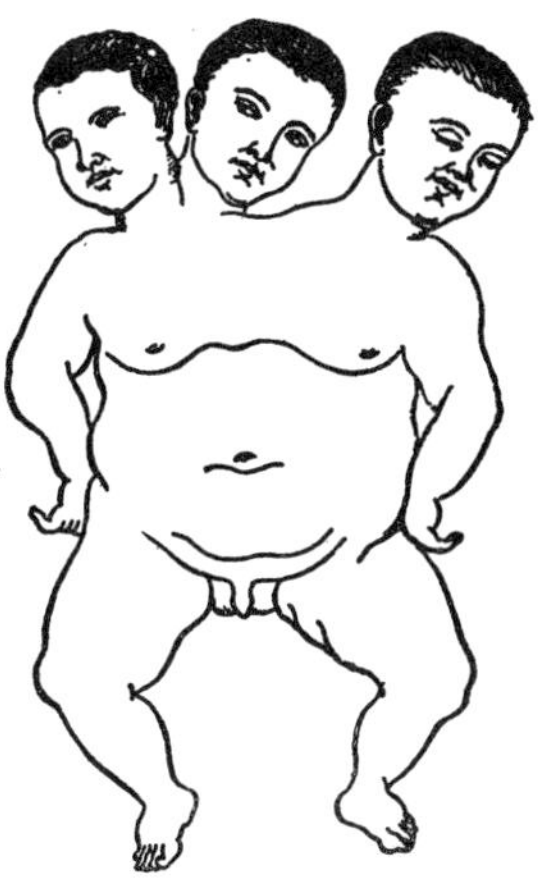

三つ頭のある少年

ホームズ症例
ともに，G・M・グールド＋W・L・パイルの前掲書（1896）より

を口にしていたのだが、なおもひとりでショウを張れるほど奇怪な見世物だったのである。実際には彼は、完全に分かれていない――あるいは奇妙に癒着した――頭をふたつもっていて、そのために、キュクロプスのような三つめの目とともに、二重の鼻と裂けた唇をしていたのだろうと思われる。

しかし、一般の人が見て双頭人間に一番近いものとしてとらえるのはトッチ兄弟だろう。ジョヴァンニ＝バッティスタとジャコモと名づけられた――おそらくは、頭がふたつあることは神の目からしても人間の目からしても人間がふたりいることを意味する、という点で教会法と普通法が一致を見たためだろう――彼らは各自、一対の肺と自分専用の心臓、そして使用可能な腕を二本もっていた。しかし、第六肋骨から下では完全にくっついており、肛門とペニスがひとつしかないだけでなく、脚が二本しかなかった。ふたりが完全に融合しているという感じを妨げているのは、尻が三片あることだけだったが、ショウ・フリークとしての価値は、いつまでたっても歩けなかったという欠点によって傷がついていた。ジョヴァンニ＝バッティスタの方がもうひとりよりかなり発育が遅れていたため、ふたりが立とうとすると〝彼の方の〟足が地面まで届かなかったのである。その結果、不使用によって足は両方とも退化していった。大いに理解できることだが、ふたりは与えられた運命を耐えがたいものとし、ショウ・ビジネスに短期間携わった後、イタリアに引き揚げ、死によって解放されるまでひっそりと憂鬱を癒し続けることになった。しかし、ふたりは、哀感《パトス》の人物としてよりおかしさの人物としてではあるが、アメリカ文学の中に生き続けている。というのも、マーク・トウェインが彼らの宣伝ポスターに触発されて、「かの尋常ならざる双生児」と題する短篇を書こうと思いたったからである。

この「途方もなく空想に富んだ」短篇はところが、書き進んでゆくうちに、立派な長篇小説と同じだけの長さをもつに至った。登場するのはルイジとアンジェロという名の「二核人間」で、その前者はやがて、大罪を犯して吊し首にされる。それに先だって、執行人たちは大いに議論を戦わせるのである――「いや、アンジェロ伯爵は潔白だ」と中のひとりは反対する。すると、他のひとりはこう応じるのだ。「誰が彼を吊すなんて言った？

もうひとりのやつを吊すだけだ」。「というわけで、〝かの尋常ならざる双生児〟の物語は終わりを迎えるのである」とトウェインは、ここでクールに締めくくっている。ところが、そこにきて、ありふれた一組の一卵性双生児——というよりも、ひとりが白人でもうひとりが黒人であるにもかかわらず初めのうちは全く見分けのつかなかったふたりの赤ん坊、と言った方が正確だろう——がこの物語をのっとりはじめ、笑劇となるにはあまりにも暗い結末を要求してくるのである。そこでトウェインはこのふたりのために例のフリーク兄弟を犠牲にすることにし、アンジェロとルイジを真ん中でふたつに割るという、まだどの医者にもできなかったことをやってのけた

トッチ兄弟　同時代の宣伝写真
(サーカス・ワールド博物館)

のであった。

それでもトウェインは、一瞬ではあれ、つながった双子の生物学的な苦しみと、南北戦争前のアメリカにおける黒人奴隷と白人奴隷主の社会的な苦しみとの間に、痛切なアナロジーを見出したようだ。この洞察を説得力のあるフィクションに仕立てあげるには悲劇性と喜劇性の巧みな混合術が必要だったわけだが、それをまだこなしきれなかった彼は中途でくじけてしまったのであった。いずれにせよ、『まぬけのウィルソン』のいくつかの版に付録として収められている原ストーリーのメモには、ジョヴァンニ＝バッティスタとジャコモのような「怪物」はその不面目がわれわれのうちに涙よりは笑いを生んでしまうがゆえに、なおさら悲劇的なのだということに彼が気づいていたふしを伺わせる部分が残されている。

われわれの多くは、より悲劇的なトッチ兄弟やヒルトン姉妹よりはチャンとエンのことを思い出したがるものだ。彼らの物語は、若干の不都合をかかえつつも、ハッピーエンドで終わるものとして読みうるからだ。彼らは、肌の色とフリーク性のゆえに初めのうち彼らを嫌悪し恐怖していた頑固で荒っぽい田舎社会の人々からついには敬意を受けるようになって死んでいったばかりでなく、(多くのつながった双子たちの場合と違って)死ぬ時まで三十年以上にわたって、地元の農民聖職者の「ノーマル」で全く「白い」娘たち、セーラ＝アンとアデレイドのイェイツ姉妹と結婚していたからである。彼らはこのふたりの妻から二十二人の子供をもうけた。うち十二人はおそらくエンを父親とするセーラの子供で、十人はおそらくはチャンを父親とするアデレイドの子供だったが、一家の聖書には、誰の子とも分類せずに記入されていた。しかし、この家族は別々の家に住んでおり、一方ではエンが主人で他方ではチャンが主人なのだった。一般的に言われているところでは、ふたりがそれぞれの家に三日ずつ順番に住むという習慣は、妻姉妹のソリが合わないことが明らかになった時に始まったとされている。しかし、わたしは、チャンとエンが、互いにもうひとりの自分から逃れることは一生できなくとも、少なくとも、起きている時間すべてを妻ふたりと子供二組を前にして過ごす必要はないのであるまいかと感じるようになったためではないかと思う。

その子供たちが誰に「属する」のかということを、ふたりはあまり気にしなかったものと思う――自分らをひとつの人格と見なして、法的書類や私信には、チャンとエン、ではなく、単にチャン・エンと署名していた彼らなのだから。また、結婚式が行なわれる前、義理の父となるべき人物の農作物に火をかけると脅しをかけていた近所の人々も、バプティスト教会がこの二重結合を承認すると、それに従ったのであった。ふたりの花婿がそれぞれ交わりの床をふたつもっていて、二組の夫婦のそれぞれに花婿がふたりいる、といった冗談が交されたことはあったのかもしれないが、わたしたちのもとには、ずっと後になってマーク・トウェインが手を加えた形でしか伝わってきていない――

やがてエンは義理の妹の妹に恋をし、結婚し、その日以来、彼らはみんな昼も夜も一緒に暮らしている。その溢れんばかりの仲のよさは見るに美しいだけでなく、われらの誇る文明に対する辛辣な非難でもあるのだ。

写真を信用することができるなら、花嫁はふたりとも、町の他の女たちと同じようにそれなりに見事に野暮で陰気な婦人になっていった。その一方、夫たちは夫たちでちゃんと働いて自活していける――どの男ふたりとも同じくらい素早く木を切り倒したり屋根の梁を張ったりできる――ことを身をもって見せていった。要するに彼らは、同じようなフリーク仲間がそれまでなしとげえなかったこととして、自らの主になったのであり、さらには他者の主にもなったのである。つまり、隣人たちと同様彼ら<u>も</u>、疑いなく黒人ではあってもおそらくは「ノーマル」の男女からなる奴隷を所有して<u>いた</u>のである。わたしにとってはこれが、彼らの驚嘆すべき生涯のうちでも最も驚嘆すべき点である。彼らは他者をつなぎとめておくことによって自分らの怪物的結びつきが和らげられ、あるいは無化されると感じたに違いないと思うのだが、わたしが読みえたものの中にはこの点に触れたものはない。ところが南北戦争の結果、その奴隷たちは自由の身となり、それだけでなく、彼らの地方の経済はすっかり破壊されてしまったため、チャンとエンはこれ限りのこととして自分らを公衆の見世物とすることを余儀なくされたのだった。

それまでにも数度、農業経営の仕事を一時中断したことはあった。その理由の一端は、外科手術による切り離しについてヨーロッパの医者たちと相談することにあった。が、ふたりは妻たちに、結婚による結びつきよりさらに強いこの結びつきを決して解消しはしないと約束してもいたのである。その結びつきが解消すれすれのところまでいったのは結婚式の直前のことで、フィラデルフィアの医師の一団が今にも切り離しを始めようとしている瞬間にアデレイドとセーラが止めに飛びこんできたのだった。それでも彼らは、もう一度だけ試してみようという気持ちに突き動かされたのであった。胸骨のすぐ下でふたりを結んでいる「剣状突起」は最も薄い部分で一インチ半、最も厚い部分でも三インチ未満しかなく、柔軟だったため、この「ユナイテッド・ツインズ」は向かい合った形で生まれたにもかかわらず、互いに背を向けられるようになっていた。しかし今回、医師たちは切り離しは死を意味すると固く主張した。

その旅は少なくとも経済的には成功だった。しかしもちろん、ほぼ半世紀前に引き起こしたような熱狂は望むべくもなかった。確かに、妊娠した女性たちが恐れおののいて彼らと同じような「怪物的」な赤ん坊を産むようになってはいけないからと一時フランスが行なったような形で彼らの出演を禁止する国はひとつもなかった。しかしその一方、かつてのスリルは失せてしまったようだった——彼らを初めて診察した偉大な病理学者ルドルフ・ヴィルチョフは、それが、ふたりが年をとってかつて観客を大喜びさせた倒立回転飛びや宙返りができなくなったためだと考えたものである。しかし、違っていたのは彼らの力の衰えのせいよりはむしろ、ふたりの自分自身に関する新たな感じ方のせいだった。彼らはもはや、人を喜ばせるのに熱心で、ふたりの人間が一体になっているという異常以外何も提供するものがないかつての若いパフォーマーではなかったのである。彼らは、一時的に運が傾いたためにもう一度だけ身を落として出演している六十歳のまともな市民だったのである。それに、自分らがすべての癒着した双子の生けるプロトタイプとなっていたことに、自分らの芸名が同様の異常をもったすべての兄弟姉妹を指す普通名詞になっていたことに、どうして気づかずにいたはずがあろう。

もちろん、昔からいつもこんなだったわけではない。一八一一年、シャムに住む貧しい中国人一家に生まれた(それゆえ、「シャム双生児」というのは誤称であると言える)直後、彼らは二度抹殺の瀬戸際に立たされたものだった――一度は、地元の迷信からふたりの死が求められた時、もう一度は、地元の医師たちが、致命的な結果をもたらしたに違いない原始的な技術を用いてふたりを切り離そうとした時である。しかしふたりは生き延び、成長し、国王に認められて御前の儀式に出演する――そこではふたり揃っておじぎをしたり、床に頭をぶつけながら跳ね回ったりした――に至ったのだった。後になって、シャム人たちは自分らの国が、外国においては猫と象と癒着した双子の国として知られるようになってしまったと不平をこぼすようになる。しかし、初めのうちは、猫と象に加えてもうひとつ価値ある輸出品目ができたことを誇りとするふうだったのである。そして実際、チャンとエンは高い価値をもっていた。彼らの輸出を推し進めた政府高官と両親との間で山分けされるべき頭金として、三万ドルが入ってくることになったからである。

一八二九年、ハンターとコフィンという名のふたりのアメリカ人商船スキッパー(後者は阿片の取引にも手を出していた)によってしかるべき金額を支払われ、アメリカへと連れ去られた時点では、彼らもミリーとクリスティーン同様、一生を奴隷として過ごすことになるように見えたものだった。彼らは奴隷たちの習慣であったように、「所有者」のひとりの名字をとりさえしたのである。しかし、コフィンがよるべなきカモを相手にしているのだと考えたのだとすると、その考えはやがて裏切られることになる。チャンとエンはショウ・フリークになる前からすでに商売人として鶏肉と保存食「百年玉子」の取引を行なうようになったのである。それゆえ、フリークとしての自分ら自身を商品として扱うようになった時点で、彼らは中国の祖先たちの伝統としてある明敏ぶりを披露するだけの準備を積んでいたのであった。成年に達し、彼ら自ら自分たちのマネージャー役を務められるようになる時までに、ふたりはすっかり金を稼げる一流スターめいた存在になっていたため、P・T・バーナムでさえふたりの申し入れる条件をのまないわけにいかないほどだった。バーナムは彼らのしいた強い態度を一生許すことがなかったようで、後年、『自伝』の中ではふたりのことを冷たく、しかも名声に見合わず簡潔に触れるにとどめている。

いずれにせよ、ふたりは一八三九年に至ってショウ・ビジネスはもうたくさんだと考えるようになり、その年、ノース・カロライナ州の田舎に住居を構えてアメリカ市民になるとともに、過去との別離を示すかのように辮髪を切り落とし、名字をバンカー(Bunker)と変えた。この名のもとに彼らは埋葬されており、今でもその子孫たちの多くはこの名を誇りをもって名乗っている。わたしにはこの名字は、好んで選んだにしては常軌を逸したもののように思われる——それは伝説の中の戦いを思い出させるだけでなく、かの単語 bunkum〔人気取り演説、ほら話〕をも惹起するものだからだ。しかし、伝記作者たちによれば、チャンとエンはある「ニューヨークの友人」にちなんでこの名字をつけたのだという。おまじないのつもりでつけられたのか冗談のつもりだったのか、そのいずれにせよ、この名字はまじないとしてうまく機能してきている。というのも、バンカー一族は時に色が黒かったり目がつりあがっていたりする子孫が生まれた以外、完全にアメリカの「ノーマル性」のうちに同化されてきているからである。

チャンとエンの子供たちは、ふたり聾唖だった以外、誰ひとりとしてフリークではなかった。そして、以後三世代についても同じことが言える。「全国に散らばって、少なくとも一千人、彼らふたりの孫、曾孫、曾々孫が生きているはずである」と一九五三年、彼らの最後の子供が死んだ時に書かれた記事にはある。「その子孫の中には、ユニオン・パシフィック鉄道の社長や合衆国空軍少将といった傑出した人物の他に、ふつうの納税者が多数いる」。ふつうの納税者といっても、少なくともマウント・エアリー近郊に残り住み続けている子孫は、「平均的な農民より若干上の部類」であると近所のある人物は評している。そしてこの人物はこうつけ加えるのである――「バンカーの人間で自分の土地を所有してない人はほとんど知らない」と。

言ってみれば、初めから終わりまで全くのサクセス・ストーリーのように見えるのである。しかし、もう少し詳しく見てみると、当初からチャンの方がエンよりも若干、成功に恵まれていたことがわかる。実際、いつでも彼の方が若干余計に努力したようであるし、ふたりが取っ組みあいの喧嘩をした時には、彼の方が容赦なく、執念深かったようなのである。こうなった原因は、ひょっとすると、初めから小柄に生まれた彼の方が結局、細身で一インチ背が低かった――彼は特別に底の厚い靴をはくことでこれを隠そうとした――ことに求められるのかもしれない。さらに悪いことに、彼は一八七二年、切り離し手術をしてくれる医者を捜しに赴いたイギリスからの帰路の途中で、エンに近い側の半身が不随になってしまったのである。これはチャンの深酒癖（エンは酒を飲まなかったし、チャンの酒で酔っぱらうこともなかった）によって悪化した事態であると兄弟ふたりともが考えていたが、それ以後彼はそれまでになく酒にのめりこんでゆき、それによってふたりの間の確執はさらに深まってゆくことになった。

ある時点では、両者が互いに肉体的に傷つけあうことがないよう、拘束衣を着せられたこともあった。しかし、晩年には、何をもってしてもチャンの激憤を静めることはできず、激昂のうちに家の中の貴重品を火中に投じようとする彼を抑えることはできなくなった。その間ずっと、エンの方が彼の体重を日増しに多く支えねばならなくなり、チャンは体の不自由から、ぶらさがった不機嫌な子供という態を見せるようになっていった。それでいながら、ふたりとも、死以外にこの一生続く結びつきから自分らを解放してくれるものがないことは重々承知していたのである。エンがついに没したのは一八七四年一月七日早朝のことだが、それは、凄惨な夜を過ごした後のことだった。それは、チャンがさらに弱ってきていたにもかかわらず、ぴたりとスケジュール通りいつものように家を移動することで始まり、これまたいつものようにいつ床に入るかをめぐるいさかいで終わった夜だった。

チャンの方が頑なに譲らなかったのである——それはひょっとすると、ひと度床に入るや、二度とそこから起き上がることがないのを虫の知らせで知っていたからなのかもしれない。

翌朝起こったことは、フィラデルフィア医科大学の二月八日分の会議録音の中で語られている。それによると、エンはチャンがすでに死んでいることに気づかぬまま目を覚ましたのだった——あるいは単にその事実を認識しようとしなかっただけなのかもしれない。そのかわりに彼は息子にこう尋ねた。「『チャンおじさんはどうしてる?』。すると子供は、『チャンおじさんは冷たいよ——チャンおじさんは死んでるよ』と答えたのです。たいへんな昂奮が始まったのはそれからでした。エンは即座に喚き叫び出して、呼びつけた奥さんに対して『わたしの最期がきた』と言うや、ぐったりしてしまったのです」。エンの未亡人の証言からもう少し詳しいことがわかっている。

チャンが死んでいることを知ってから妻を目にしたエンは、「わたしは死にそうだ」と言ったが、チャンの死については何も口にしなかった。それからすぐ彼は排便したいと望み、それに三十分かかった。彼は腕をこすり、せわしなく上げ下げし、息がつまるようだとこぼした。チャンに対しては、自分の近くに引き寄せた以外、注意を払わなかった。最後のことばは、「主がわが魂に慈悲をかけて下さいますように」だった。

チャンの死は発作の再発の結果であるようだが、家族が頭や顔を傷つける切開はしないようにと、そして、ふたりの連結部分は後ろからしか開かないようにと条件を出したため、検死解剖は限られたものになった。エンの死が何に起因するかという問題には答えが出ていない。それはあまりに素早いできごとだったため、まだ生きている彼の体を兄弟の死体から切り離そうと枕もとに控えていた医師たちは手術を始める暇もなかったのである。また、解剖のために集まったラッシェンバーガー、パンコースト、アレン、ホリングワース、エイブラハム・ジャコビ各医師は、それ以外に意図するところがあったのだった。つまり、主に、ふたりをつないでいた「剣状

ペルマルとサミ

「三本足の男」フランク・レンティーニ

上段ともに同時代の宣伝写真（サーカス・ワールド博物館）

ラルーと寄生体

G・M・グールド＋パイルの

前掲書（1896）より

「頭以外完全な人間が腹から生えている怪物」

A・パレの前掲書（1573）より

突起」の性質を特定したいということ、そして、ふたりが生きたままでは安全に切り離すことができなかったと確信しておきたいということである。いずれにせよ、彼らはふたりの体を科学の名のもとに切り開き始めるや、ショウ・ビジネス界では「ユナイテッド・ブラザーズ」もしくは「シャム双生児」として知られたこの兄弟を名づけ直し出したのだった——まずは「対称形二重発達による怪物」と。そして次いで「Omphalopagus Xiphodydimus」(臍の部位でつながった双子)であると。

しかし、解剖が終わる前に今一度、エンの死因の問題が再浮上し、パンコースト医師が態度を決めかねているとアレン医師が立ち上がり、こう発言した。「エンはおそらく、恐怖から死んだのだろう。膀胱がふくれあがっていたことは神経系に激しい感情的動揺があったことを示しているようだし、昏睡状態に陥るまで気はしっかりしていたのだし……」。再び索状組織の吟味に戻ったことからもわかるように、この指摘はすぐに忘れられ、最後にジャコビ医師が、ハンガリー姉妹から純粋に神話的な「ビデンデン姉妹」までにわたる過去の有名なXiphophages に関する物語を述べて締めくくった。その先、記録には「この問題に関して発言を求める参加者がなかったため、動議に基づき、散会した」とあるのみである。

しかし、「恐怖から死んだ」という一句は、生涯にわたる相互依存の恐ろしさを呼び起こしつつわたしの心の中で反響し続けている。わたしは彼らの関係の中に、わたしにとってより親しい共生的関係が戯画化されているように感じるのだ。それは彼らの場合のように肉体に刻印されているものではないが、同様に逃れがたい、親と子、結合していない兄弟姉妹、恋人同士、夫と妻といった関係である。チャンとエンと同じく、こうしたペアも、建てまえ上はどんなに対等であろうと、本当に全く対等であることは決してない。というのも、避けがたくも必ずその一方が他方により強く依存し、より長くしがみつき、より多くを要求するものだからだ。そしてその両者はたえず、一方が死に始める時に、そして——他方はなおも生きているのに——ついに死んだ時に起こる究極の不平等の脅威にさらされつつ生きるのである。しかし、チャンとエンよりも、また、クリスティーンが体を曲げる

▲マートル・コービン　同時代の宣伝写真（サーカス・ワールド博物館）
▶ルイーズ・L．G・M・グールド＋パイルの前掲書(1896）より

ベティ・ルー・ウィリアムズと寄生体▶
同時代の宣伝写真（サーカス・ワールド博物館）

と弱い方のミリーは空中でばたばたするしかなかったミリーとクリスティーンよりも、さらには、どちらもがジャコモの脚として考えていた歪んだ脚が決して地面に届かなかったトッチ兄弟よりも、そのいずれよりも、対等ならざるものが結びつけられていることの恐怖を劇的に見せる別の種類のショウ・フリークが存在するのである。

それとはすなわち、$1\frac{1}{2}$人間たち、完全な体に不完全な「寄生」体がくっついている人間たちである。その中で最も有名なひとり、〝ラルー・ザ・ヒンドゥー〟は一八九九年、バーナムのところの奇形人間たちが「フリーク」のかわりに「驚異《プロディジー》」と呼ばれることを要求した抗議集会に参加している。残っている写真の中の彼（本人は一九〇五年、メキシコにて鉄道事故で死んでいる）は、われわれを惑わせ、あるいはわれわれの常識に挑むかのように寄生体を体から離してもち上げながら、じっと黙ったまま抗議の眼差しを向けている。彼の、完全にひとりの人間とは言えない延長部分は、本人と同じほどエクゾティックで華々しい服に、しかし本人とは違って女性用の服に包まれている。実際にはそこには未発達なペニスがあり、ショウの外でのラルーは、そのペニスも小便をし勃起する——おそらくは、それ自身の想像不可能な夢に反応して——のだと言って自慢したものだった。しかし、その夢というのがどこで生起しえたのかは何とも言いがたい。その頭——そんなものがあったとして——は兄ラルーの上腹部に深く埋まっていたのだから。

寄生体と被寄生体の性が異なるというのは実際にはありえないことなのかもしれないが、興行主らはその方が客の入りがいいのを知っている。それゆえ、もうひとりのヒンドゥー人$1\frac{1}{2}$人間ペルマルは、女の双子が彼の胸の下に頭を突っこんでいるとして宣伝されていた。彼はその片われをサミと名づけることまでし、異なった性別のみならず別の意識までもっているとしたのであった。振り返って見てみると、上半身に寄生体をもったフリークたちの中で、その付属体に独自の名前をつけなかったのは、ラルーただひとりなのである。それに対して、下半身に寄生体をもったフリークたちはほとんどそれに名前をつけたりしない。それはおそらく、その見せるべき「もうひとり」をちゃんと見せるには性器まで露出しなければならないからだろう。それゆえ彼らは、最も典型的には、体をふたつもっているというのではなく、四肢を余計にもっているという形で提示されるのである。

この類のフリークの中で最もよく知られているフランク・レンティーニは今世紀初頭、「三本足の不思議」として宣伝されており、彼に関する宣伝活動は、「余計な」脚でサッカー・ボールを蹴ることができるという点に集中していた。実際にはその脚は、未発達の双子——重さは二五ポンドしかなかったが、骨盤と不完全なペニスまではもっていた——の脚だったのである。それより一世代後、魅力的な黒人女性ベティ・ルー・ウィリアムズは「四本足・三本腕の少女」として宣伝され、いつもツーピースの水着を着て登場したものだが、彼女の双子部分にはちゃんとした下半身だけでなく、上半身のおまけまであった。また、それよりはるか昔、十九世紀フランスで縁日にやってくる人々を大喜びさせたルイーズ・Lは、同じように「四本足の貴婦人」として知られていた。完全な骨盤ふたつと足をふた組もっていたほか、彼女には臍のすぐ下にもう一対乳房まであった。しかしどうやら、その彼女も生殖器はひとり分しかもっていなかったようだ。

ところが、「四本足のテキサス女」と呼ばれたマートル・コービンとなると、膣をふたつもっていたうえ、その一方から三人、もう一方からふたり子供を産んだとされていた。このマートルのように、下半身を二重にもったシャム双生児の大半は、アイデンティティ・フリークやポリメリック（四肢を過剰にもつ人）としてよりはセックス・フリークとして受け止められてきている。たとえば、パイルとグールド両医師はマートルやルイーズに対応する男性らのことを、寄生＝被寄生の「怪物」としてではなく、*diphalic terata*（双陰茎の奇形）として分類しており、「好奇心をもった自然な心に強い興味を呼ぶがゆえに」こうしたフリークは「いつでも大いに論議の的となってきた」と指摘している。この両医師自身の論ずるところの大半は、癒着した付随的な脚一対のほかに完全に機能する大きな男性性器ふたつをもったキューバ人、ジャン＝バプティスタ・ドス＝サントスにあてられている。彼らによれば、ドス＝サントスは「常軌を逸した動物的熱情をもっており、興奮するには女性をひと目見るだけで充分だった。彼はペニスを両方とも、片方で果てるともう一本で続けるというふうに使うと言われていた……」という。

ジャン＝バプティスタは当然のことながら、骨盤にくっついてふたつめのファリュスをぶら下げている痕跡的身体を、名前をつけるに値するもうひとつの自分などと考えはしなかった。しかし、上腹部に寄生体をもったフリークたちの大半はそう考えてきたのである。一例としてあげるならば、二十世紀初頭のローマ人被寄生者ジャン・リッベーラなどは、結婚して四人子供があり、見世物街を離れると寄生体の弟を隠すためにゆったりとしたマントを着ていたにもかかわらず、その弟を「ジャック」と呼ぶようにと主張して譲らなかった。さらに彼は、たいがいの寄生体と違ってジャックには手足に完全な爪があるのみならず、未発達な頭が隠れながらも存在していることを自慢としており、それゆえ、ひとりの人間として扱われる資格があるとしたのであった。ひょっとするとジャンは十七世紀の先人ラザルス・コロレード——その胸からはほとんど感覚能力のない弟ジョアネス＝バプティスタが生えていた——の例に従っていたのかもしれない。ジョアネスの頭は外から完全に見えており、髭まで生やしていたが、その目は開くことがなく、開いたままの口は音を発することがなかった。しかしながら、それでも彼も永遠の魂をもっているに違いないとの信念に従って名前を与えられたのだった。

しかしながら、観客においては、こうした寄生体＝被寄生体は、自と他の相互依存にまつわる恐怖を呼び起こすのではなく、むしろ、体がひとつのまとまりをもっているという感覚に挑戦してくる類のフリーク——たとえば、尻と脚と足がないため、『フリークス』のクライマックスのシーンで、美しく全体性のあるものを追って両手で動き回る「半分人間」ジョニー・エックなど——と結びつけて捉えられる傾向がある。しかし、ジョニーとは違って、上半身についた寄生体はふつう頭をもたないため、無頭人《アセファロン》——頭骨のみならず、意識や記憶、そしてアイデンティティそのものまでが住まう場所としてわたしたちが信じるようになっている脳も欠いているあの究極の怪物——の悪夢へと溶けこんでいってしまう。

これよりさらに周縁的なのは、きちんと形をとっているというよりもそれらしく見えるだけの四肢をもった半

ジャコモとマテオ（17世紀の版画）

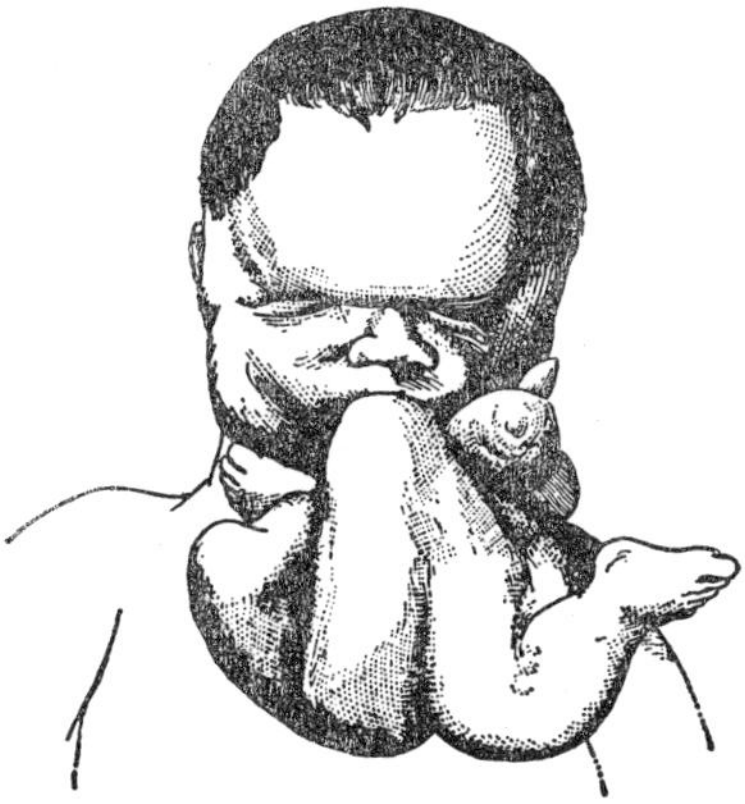

▲ラザルス・コロレード
◀顎上の「怪物」
ともにG・M・グールド＋パイルの前掲書（1896）より

ば人間的な肉の塊が、被寄生者の口から姿を見せているように見える顎上寄生体である。以前は皮膚嚢腫と呼ばれ、今ではテラトマとして知られているものの一種であるこれはまた、胎児内胎児にも似ている。胎児内胎児とは、グールド十パイル両医師によれば、「男が妊娠して兄弟か姉妹を体内にもっていると表現してもよいような、あるいは、幼児が外からは見えない形で双子の片われを連れているといった奇妙な症例」である。この両医師は、ある男性の腹部を切開して取り出した腫瘍に歯と毛があったという例、そしてもうひとつ、二十七歳の男性から、激痛を経た後に、「胎児の骨とふやけた胎児の肉」が生まれおちたという例をあげている。

昔の医師たちにとってこうした事件を神話化しないですますのは困難だった。それは、敬虔なキリスト教徒にとっては、アダムから生まれたイヴの「奇跡的な誕生」を連想させたのだから。一八九一年になってなお、メキシコ市で起こった同様の事例は「母親となった男」という見出しのもと、世界中に報じられ、そえられた木版画には、「父親」の背中の腫瘍から姿を現わした泣いている赤ん坊が描かれていたのだった。かつては、未婚女性の泌尿生殖器系の管にこうした嚢腫が発見されると、「不貞節」の証しとされたものだった。その一方、思春期に達するまでまだ間のある少女たちの場合には、処女懐胎の「奇跡」として説明されるのがふつうだった。父親の介在なくして二歳九か月の少女の腹から取り出され、伝えられるところでは九か月以上生き続け、初めから「熱き精神に対する早熟な思慕」を見せたという赤ん坊の場合などがそうだ。

こうした伝説的な話から現代の医学書のケース・ヒストリーに目を移すのは悪夢から醒めて現実に戻るような感じだ。テラトマを「外胚葉・中胚葉・内胚葉に発する組織からなる腫瘍」と診断する現代の医師たちは、テラトマを構成するのが「皮膚、中枢神経組織、歯、分泌腺、呼吸器系もしくは消化器系粘膜」のいずれでもありうるという点をもって、それをできそこないの双子とか流産した胎児とかの呼称で呼ぶのに抵抗している。しかし、その医師たちも、他の腫瘍がその持主と染色体的に言って同性であるのに対して、テラトマは、あたかもそれ自身の萌芽的アイデンティティをもっているかのように、雄・雌・両性具有のいずれでもありうるという事実を前に、躊躇せざるをえない。しかもテラトマは他の癌状組織とは異なり、男よりは女に、黒人よりは白人にできやすいという特性をもつ。そういうわけで、どれほど徹底的に神話が駆逐されたといっても、この点では謎が残るのである。

また、かつての奇形学が混同して捉えていたテラトマと胎児内胎児の区別も、詳しく見てゆくと怪しくなる。現代の研究者たちは、後者は「かなり明らかにその持主の単一接合子的双生児」であるのに対して、前者はそうでないと主張してきており、また、「擬似的な人間形態をとるテラトマ」の場合とは違って、後者は常に「第二頸椎をもち、時にはこの頸椎に対して適切に配置された器官や四肢をもつ」と言う。しかし、一九五一年に報告されたケースでは、「脳と頭骨以外では先天性奇形の認められない水頭症の新生児」から胎児内胎児が五つ見つかり、そのうちの三つには「明確な形をとった脊椎の痕跡」があったのに対して、残りのふたつにはなかったのである。死産で生まれた兄のふくれあがった頭の中に、ちょうど子宮の中のように巣を構えながら誕生することのなかったこの五子、これはパレやグールド十パイルの描いたどのおぞましきものよりもわたしを悩ませ続けている。

それは、死者が医師のメスを借りて死者を産み出すという帝王切開の究極的パロディだからというだけではないし、処女生殖の狂い、もしくは失敗ということを暗示するからでもない。思うに、わたしを最も悩ませるのは、結ばれていない双子から結ばれた双子、そして寄生体＝被寄生体という系ではいかにも厄介な形で露出されているもうひとつの自己が、時には、ちょうど予想外の妊娠や診断外の病気のように、痛みによって発覚するまで、隠れて内に存在していることもありうるという認識なのである。もはや、ひとつの体イコールひとつの自己、ひとつの自己イコールひとつの体と確信できなくなったわたしは、虚しくこう尋ね続けるばかりなのだ——じゃあわたしの「わたし」はいったいいつ、どこで始まり、終わるのか、と。けれども、ひょっとしてわたしが目に見えぬまま、感じとれぬまま内に抱えている兄弟が、悪意にかられて自らの存在を告げてくるまで、いったいどうしてわたしにこの答えを知ることができるものであろうか？

第2部

9
神学から奇形学へ

すべての人々と同様キリスト教徒は、どこか他の世界から来た生物としてではなく、自らの家族から生まれた奇怪な子供として奇形に初めて出会った。しかし彼らはそうした異形の子供たちを、異教徒たちのように神々の化身とみなすことはできなかった。そして神性は怪物的なものではなく完全性と同一視され、乳児殺しは神の掟によって禁じられていたため、彼らは奇形児を古代エジプト人のようにミイラにして崇拝したり、ギリシャ人やローマ人のように儀式として殺すこともできなかったのである。

それでは、「異邦人」の悪魔そっくりの先天的奇形（セイレンに似た体の形の定まらない怪物、ヤヌスのような双頭のもの、アトラスのように脳腫瘍を背負った幼児、そしてプロメテウスのような内臓突出の犠牲者）をどう考えるべきなのか？　そして、自分の子供を抱きしめようと手をのばし、邪神に似た人間を見出す親が感じる殺人的衝動にどのようにして対処すればよいのか？　神の意志によって子供が生き永らえた場合、悩める両親は、人々がこの奇形児を見つめ、不思議に思い、そのために入場料を払うようになるだろうことをすぐに発見する。それでも、まもなく彼らは子供を愛することを学ぶようになる。しかしその魂の救済を祈る祭壇の前にひざまずき、あるいはその子の叫び声に夜目ざめる時、彼らは「なぜ」と尋ねざるをえなかったのである。

これに対して学者は解答を試み、そうした誕生を教父による完全な説明の体系にあてはめようとした。その体系によれば、ある種の奇形は、信仰にゆだねられるべきものだったが、結局、その怪物たちは合理的な自然の摂理の一部とみなされ、それゆえ説明できるものとなった。彼らは、三つの理由によって存在すると主張される。すなわち罪によって引き起された神の怒りのしるしとして、子供の誕生がいつでも最初の創造と同じような奇跡であることを人間に思い起させるものとして、そして人間の幸福に向けられた予言と前兆としてである。古代人でさえ、最後の理由を信じていて、教父たちの主張によれば、この点で彼らは、啓示を時に先んじて得ていたのである。

これらの理由はみな、奇形の存在を〝因果関係的〟に説明するのではなく、〝目的論的に〟説明する。だからそれらを受け入れ、われわれの考え方を改めること以外に、彼らの境遇についてできることは何ひとつとして示唆されていない。しかしキリスト教徒を自称する何人かの人々は、奇形が魔術による所産であると主張し、その不幸な人々を生まれた時に殺したのである。教養豊かな聖職者でさえ、おそらくヨーロッパじゅうを定期的に吹きあれた魔女狩りによって判断を失い、神が悪魔の使者に子供をそのような恐ろしい形に変えることを認めたのかもしれないと思った。そうした場合には、悪魔の邪悪な作品を殺すのが、おそらく信心深い人々の義務とされたのだ。

アメリカにおいて、奇形を主の罰のしるし、あるいは悪魔の手先とする考え方は、最初の上陸とセイラムの魔女裁判の間の時代に特に強いものだった。例えば、一六三八年、ブラッドフォード知事は、ウィンスロップ知事にハンキングトンという夫人と彼女の奇形児についてこんな手紙を書いている。

私は、以前にあなたがたに彼女の奇怪で不思議な子供のことを聞きました。そして彼女が死ぬ前、その過ちを認める告白を撤回したということも……時間が許すのであったなら、その怪物の正体と形について確認するため、あなたがたの御協力をあおぐべきだったのだが……

そしてウィンスロップ知事はその返事で、「魔術の証拠として調べられた死産児を保管していた」と答えたとされている。さらにそうした態度は一八三八年になっても、ニュー・イングランドにはびこっていて、親指トム将軍の祖父が、彼の出生を「ストラットン家に対する神の怒りのしるしだ」と言ったりしている。

西欧のキリスト教精神は、古代哲学から引き出した神学的説明との結びつきを考慮したため、最初から分裂していた。トマス主義者の演繹的推論は、特にアリストテレスが明確に系統立てて説いたような異教的な知性を失うことなく、その迷信を追放しようと努力していたのだ。そして、アリストテレスは、奇形が造化の戯れ、自然のいたずらだと主張した。それゆえアリストテレスに由来する伝統は、こうした創造物を恐怖ではなく面白さの根源とみなし、彼らを身分の卑しい人々の利益のために見世物にすることや、ペットとして金持ちの家庭で飼うことを正当化する。

アリストテレスはまた 後の弟子たちが採用した奇形の原因に関する学説を、中世とルネサンスに伝える原因ともなったが、それらの説すべてを彼が認めていたというわけではない。認めた説の例には、圧迫や突然の強打による子宮内の外傷性の衝撃が奇形を引き起す可能性があり、受胎時の精液の過多や過少の放出が、奇形生成の要因であるという考えが含まれる。一方認めなかった説の例の中には、ひどく醜い物への恐怖心や、それを見ることによる妊婦の「刻印」づけが怪物を生むとか、雑種は下等な動物との交配が原因であるという確信がある。確かに一般に否定されたアリストテレスの唯一の学説は、現存するすべての種はばらばらに作られた四肢と付属器官の組み合わせに起因しているというエンペドクレスの仮説だった。しかし、これは創世紀における天地創造の話を明白に否定するため最も異端的なキリスト教徒でさえ承認することができなかったものである。

十六世紀の終わりまでに、それらの学説は神学と融合し、因果関係的でありかつ目的論的な「標準」となる奇形学を作り出した。それらの怪物伝承は、ある時には学問的なラテン語の著作に、またある時には自国語の大衆

インドの怪物——ハートマン・スキデルの著書（1493）の木版画より

向けの概論の中に具体的に表現されたため、印刷機や木版刷りよりも古い伝統に由来する絵を使って説明された。そうした絵は、明らかな悪ふざけや寓意的な形姿、そして変常者を等価に並べて再現した。慣習により変常者は彼らが小さな子供や幼児であろうが、あるいは流産した胎児であろうが、完全な大人として描かれるようになった。ゆえに、彼らはどんな人魚やケンタウロスとも同じように神話的に描かれる。その上、図版はしばしばひとつの著作から他のものへと再利用されたため、それらの主題は実際の奇形というより神話の不変のイメージのように見えたのだ。

アルドロヴァンデの『奇形の歴史』*Monstrorum historia*、ボワテュオーの『驚くべき歴史』*Histoires Prodigieuses*、リュコステネースの『異象および予兆の年代記』*Prodigiorum ac ostentorum chronicon*、そして、ルエフの『人間の懐胎と生殖』*De conceptu et generatione homines* を含むこうした著作の中で、アンブロワーズ・パレの『怪物と驚異』(一五七三年)が、私には最も魅力的に思える。そして、それが最も頻繁に版を重ねている。しかし当初その本は、盗作、学識不足、古典の教養もなく職人にすぎない単なる外科医が見せびらかしているだけの最も低水準の趣味に迎合するもの、という理由で一部の内科医に非難された。

パレは、確かに無断借用したわずかなラテン語の著作を誤訳した。また、彼はその必要のないポルノ風の一節を紹介してもいた。それは、「男性の身体の一部のように硬直させることができる」何人かの奇形の女性たちの過度に発達した小陰唇に関するもので、彼女たちは、同性の器官に性的な歓びを与えることができるのだとされた。パレは、そのような陰唇が、外科手術で取り去れると勧めることで、埋め合わせをしようとしたのだ。しかし、人を不快にさせるこの部分は本の残りの部分と同様フランス語で書かれてあり、それゆえ外科医ばかりではなく、(ある憤慨した批評家が言ったように)「それ以外の言葉を話さない女性や少女」を含む一般の読者にも読むことができてしまったのである。

パレが、予言者エズラ、聖パウロ、聖アウグスティヌスからエンペドクレス、ヒポクラテス、アリストテレス、そしてプリニウスにまで広がる出典リスト（それらのほとんどは見掛け倒しだが）を前置きとして始めるこの作品に、教義上の問題で反論をとなえるものは誰もなかった。実際のところ、彼は、そうした出典リストによるよりも、彼の同時代人、特にボワテュオーに負う所が多く、その最初の章を構成する「奇形の原因」のほとんどを彼から引いている。

第一に神の栄光である。第二は神の怒り。第三は精液の過多量。第四は精液の過少量。第五は想像力。第六は子宮の狭小。第七は妊娠中に、あまり長時間、足を組んだり腹部を圧迫したままずわっている母親の行儀の悪い着座の姿勢。第八は、妊娠中の母親の腹部に対して加えられる打撃や転倒。第九は遺伝性や偶発的な病気。第十は、精液の腐敗。第十一は、精液の混合。第十二は、さまよう乞食の術策。第十三は、悪魔や邪神による。

これらの区分のひとつひとつに対して、パレは、奇形の特定の種類を明示し、たとえば、カエルの顔を持つ子供や全身を毛におおわれた少女は、「想像力」の結果であり、一方、犬や豚の頭を持った少年は、人間と動物の精液の混合により生み出されたと主張する。同様に、頭のない人間と半人半獣は、精液の過少量が原因であり、体が結合した双子や寄生者と被寄生者の結合は精液の過多量により、両性具有者は、どちらも支配的立場をとらない母性と父性の精液の混合に起因すると主張する。

すこし後の著述家たちは、こうした母性の精液の存在を否定し、むしろ左と右の睾丸からの精液の確定しないバランスのことに触れた。とにかく、それらの説は、パレの最初の十三の原因のどれにもあてはまらず、また惑星の配列が奇形の誕生に影響を及ぼすという彼の示唆にもあてはまらない。あるいは、特に醜悪な奇形をモーゼの律法によって禁じられた習俗である生理期間中の交接に帰する彼の説にもあてはまらない。結局、私が思うに、伝統的に混乱した問題に整然とした秩序を組みたてるパレの決意よりも、何をも除外すまいとする強い衝動の方がそれらにおいては勝っているのだ。不思議なことに、パレは巨人と小人を扱っていない。しかしこの点に関しては、彼ひとりにとどまらないのである。十八世紀になっても、大きさの大小の奇形は、アイデンティティにかかわる奇形、性の奇形、あるいは半人半獣の奇形と分離して扱われた。例えばギャスパー・スコットは、「奇形の驚異」に対立するものとして、彼らを「人間の驚異」と呼んだ。要するに、パレが使うような怪物と驚異という言葉は、サイド・ショウが「人間の珍奇」と呼ぶものや、医学研究者が「先天的奇形」と呼ぶもののどちらとも、まったく同義であるわけではないのだ。

パレは、奇形を、自然に勝る、あるいはそむく万物として定義づける。それはいわば、恐怖と歓喜をまぜあわせる現象でもある。すなわち長く信じられる伝説、変常者、異常な病気、偶然の出来事、あるいは単に未知な動物の種属なのである。そのような創造物や注目すべき出来事は、ある反応をまきおこすために必ずしも特別なものである必要はない。例えば、サイは何十万年もの間生存し続けているからといってその怪物的な地位を失うことはない。また単に〝エキゾチック〟なもの――すなわち、まだ大衆観光旅行の手の届くところにはないが、アンドレ・トヴェの『世界のコスモロジー』のような通俗的な神話的地理学によって描かれているもの――ですらこの中に含められるのであり、トヴェのこの本は動物園とサーカスのサイド・ショウと自然史博物館を見学する楽しみと、「サイエンティフィック・アメリカン」や「ナショナル・ジオグラフィック」、カルロス・カスタネダの四部作のようなポップ・オカルティズムを日がな一日拾い読みする楽しみとを兼ねそなえた作品になっている。

そのような百科全書的な不思議な時間つぶしは、大衆文化から決して消えることはなかった。四世紀以上後になって、グールドとパイルの『医学における異常と珍奇』は、ヴィクトリア朝時代の読者に同じ働きをし、そして出版後八十年経って、それは再びベストセラーとなった。わたしの少年の頃には、よく固唾をのんでページを素早く繰った不思議な現象に関する一種の少年本が存在したが、今でもその種のものはあるに違いない。その中のさし絵を私はまだ思い出すことができる。てん足をした中国女や長い爪おおいをした中国人官吏《マンダリン》、頭から足まで刺青をしたポリネシア人、釘のベッド上のインド人行者、そしてだらりと垂れ下がった下唇の、胸をはだけたウバンギの娘たち。P・T・バーナムは、今から一世紀あるいはそれ以上前にそうした本の効果を「生きたまま」彼のアメリカン博物館に再生したのである。そしてそれは、テン・イン・ワン〔奇形見世物館〕や小さな町のカーニヴァルの中、すたれたとはいえ、今に受け継がれている。

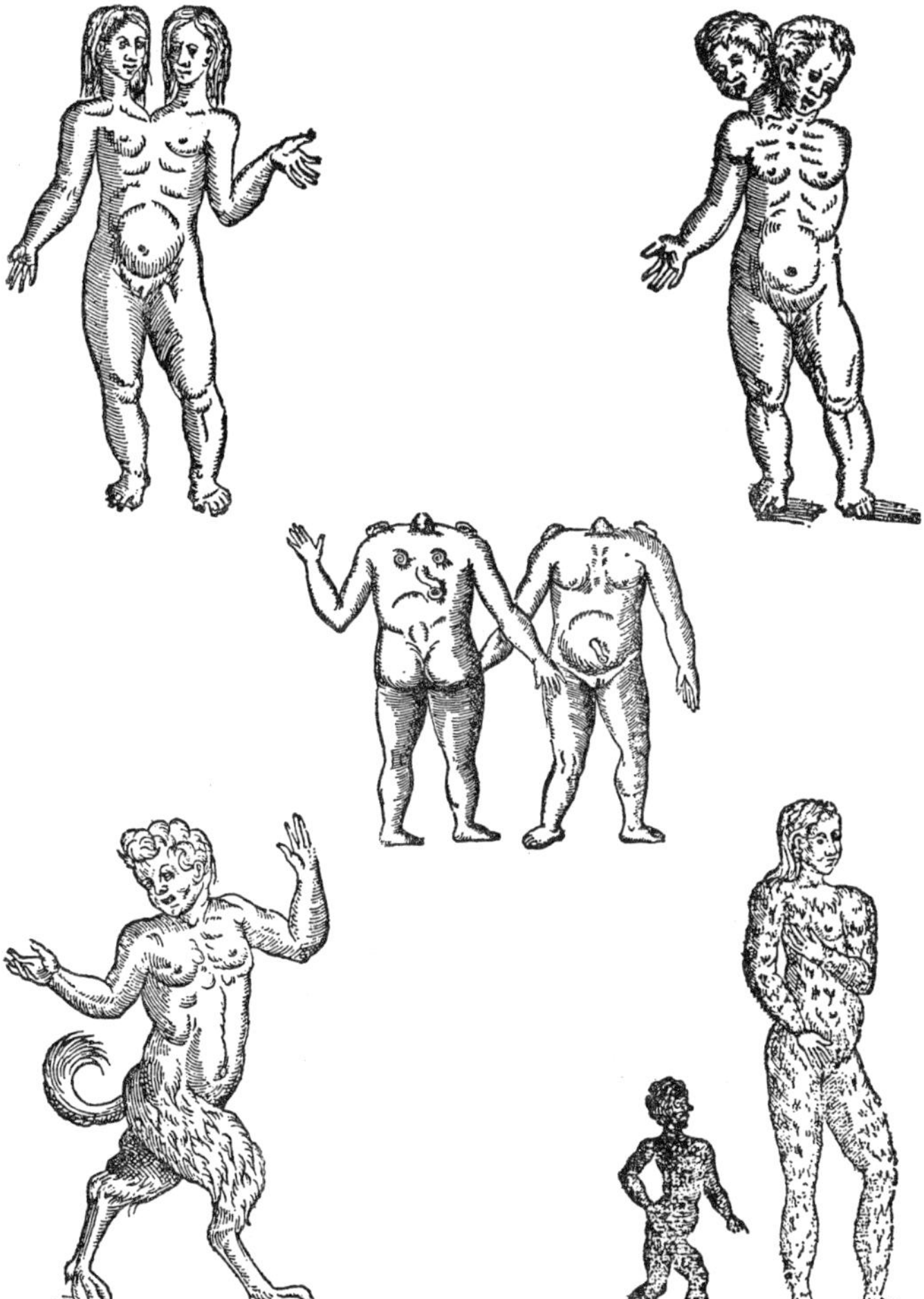

頭のない女の怪物——精液の過少量による例(中央),
片手・双頭の少年——精液過少量の例(右上),
双頭の女——精液過多量の例(左上),
多毛の女と黒い子——怪物の想像力による例(右下),
ヤギ少年——精液混合の例(左下).
いずれも，アンブロワーズ・パレ『怪物と驚異』(1573) より

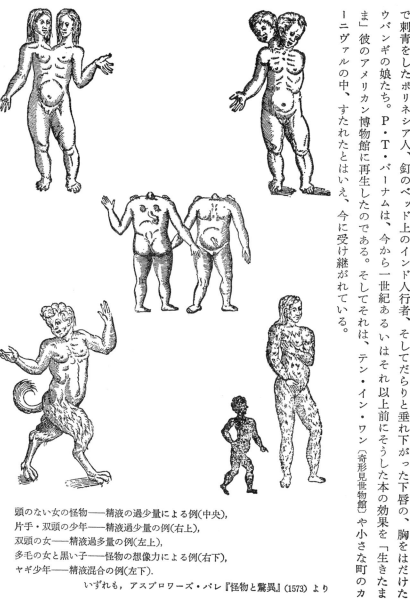

しかし現代科学は、その雑多な様相を、専門化された研究科目によりそれぞれ分析可能な個々の分野に分割してしまった。パレの『怪物と驚異』は、最初に「特異な種」と「変常的な個体」に分類された。前者は、楽園と地上の研究である宇宙地理学《コスモグラフィ》に委ねられ、後者は奇形原因の研究である奇形学の主題となった。そして宇宙地理学から、作図法、現代地理学、生理学と動物学、そして最後に民族学と人類学が出現した。一方で未発達の奇形学は、それ自体が胎生学、形態学、遺伝学へと分化し、後に現代的な臨床的・実験的奇形学に再び統合されたのである。

『自然誌』第七巻で、プリニウスは、人間に関する総論を離れて「インドとエチオピアの一部が特に驚きに富む」と述べ、とりわけ犬の頭を持つ男、巨人、ピグミー、そして足が後方に向きそれぞれに八本の指がある人間を明記していた。しかし数世紀前に、ホメロスとヘロドトスがすでにそれらの国々の奇怪な種族に言及している。ただ彼らは、インドとエチオピアをたがいに絶望的に混同している。おそらくそれは、彼ら自身が円形世界の文化と地理の中心を占めていると考えたため、周辺にあるすべての場所をおたがいに接しているとみなす傾向があったためであろう。ともかく、アレクサンダーの時代になっても、ギリシャ人探検家はナイル川の両岸に住むと伝えられていた伝説の種族をガンジス川の両岸に発見しようとしていたのである。

ヘロドトスから半世紀の後、クテシアスがそのような種族を見たことを報告している。そして、アレクサンダー大王の軍がやって来て去って行った後、チャンドラグプタ王朝の使節メガステネスは二千年の間残ることになるその区域の標準的民族誌をつくり、アレクサンダーの指摘を追認した。「東方の不思議」と呼ばれる随筆の中でルドルフ・ウィトカワーは、人間の奇形が、「普通」の家族に生まれる「突然変異」ではなく、自分たちの種を再生する特異な人々として存在していると信じることの必要性にもとづいて、この持続する種族を遡って調べている。もっと後にアメリカ・インディアンの立場について討論するようになったように、教会の博士たちは、彼ら奇形者がノアの子孫、いわば魂をそなえた人間なのか、あるいは下等動物なのかどうかを討論した。そして、彼らはついにこのどちらも人類であると決定を下し、地中海人と彼らの違いを、バベルの堕落の後の人類の拡散の結果であると説明している。

とにかく彼らは、インディアンの存在と同様に神話の怪物の存在も疑いはしなかった。なぜ彼らは疑わなかったのだろう? プリニウスは「怪物のような人々の一部は多くの人々にとって驚異的で信じられないように思えるだろう」と述べたあとで、「実際に目にするまで、誰がエチオピア人の存在を信じただろうか」と付け加えている。彼は、「息をする空気と鼻から吸い込むにおいだけを食べて生きる」種族は、燃える石炭の上をはだしで歩く種族や、「日の出から日没まで目を動かすことなく太陽を凝視して」立つ種族と同様、存在しうると、主張したかもしれない。まさしく、シェイクスピアは、千五百年後に暗黙のうちに同じ主張で、ひとつのせりふのうちで「お互いを食べあう人間」と「頭が肩の間からはえている人間」についてオセロに言及させている。

その上、そうした奇跡的な創造物の目録は、クテシアス、メガステネス、プリニウスの作品からソリヌス、セビリャのイシドルス、ブルネット・ラティーニ、バンサン・ド・ボヴェ、アンドレ・トヴェまで、きわだった変化もなく確認され、そして再確認された。それらを読むことができなかった人々にとって、東インドの怪物たちの変わることないイメージは、モザイク壁画、写本の彩飾、大聖堂の前面の彫刻、そしてこの怪物以外では信頼できる地図の余白にあるデッサンの中に保存されていた。しかしそれはどのように始まったのだろうか。なぜ最初のヨーロッパ人旅行者たちは、決して存在していなかったとわれわれの最高の知性が語るものを見たと信じ、あるいは嘘をついて見たと報告したのだろうか? そして、もし彼らが空想で描いていたのだとしたら、どうして同じ種類の人間の怪物を思い浮かべたのだろうか。ギガス、サイノセファウロス、スキアポード、キュクロプス、ピグミー、アンドロジニー、トログロダイト、ファネシアン、アストミ、ブレミエ、それらは巨人、犬頭人、傘のような足、ひとつ目、小人、両性者、穴居人、長耳人、口のない生き物、肩よりも下に頭がある生物である。

これに対する古くからの解答は、東インドの人々が、何でもすぐ真に受けるヨーロッパ人旅行者たちに嘘を言ったということだが、もっと考えられることは、彼らが、西洋人が当然と考える歴史と伝説の間の区別をまだしていなかったということだろう。あるいは、ヨーロッパ人は、特定の神を象った偶像《イコン》を、まだ近づいたことのなかった地方の部族の姿であると誤解したのかもしれない。とにかく、ヨーロッパ人にとって、キリスト教以前の西洋神話の中に原型をもつ生き物や、彼らの世界の家族に時おり生まれる奇形に類する生き物を信じるのはきわめて容易だった。それはおそらく民族的、文化的に、彼らが人間の限界として受けとめ育ってきたものを超えた人間と出会ったショックを和らげる方法だったのだろう。

そのショックは、彼らの夢と現実を区別する認識の格子をいくらか破壊したように思う。そのため彼らは、心をかき乱す「ノーマル」の原地人たちよりさらに彼らと異なる種族を単に聞いたり信じたりするのではなく、見たように思ったのだ。エチオピアやインドの怪物の伝説が、その国の人々の語った事に原因するのではなく、ただ彼らのあるがままの姿から生じたと考えることが可能だと私は考える。つまり、怪物のようなものとして感じられた異国の種族が、夢の論理によって、異国の種族のように感じられた怪物へと変化したのである。確かに、ヨーロッパ人による未知なる国々への探検が十五世紀に再び始まった時、怪物的な種族の夢が思い出されたのだ。もちろん、今度はそれはアメリカ、パタゴニア、ポリネシア、そして南太平洋の島々へと移植されたのだが。

たとえばマゼランの死後、彼の世界一周旅行の報告を書いたピガフェッタは、フエゴ島の巨人だけではなく他の様々な地点で、アマゾン族、ピグミー族、自分の長い耳にくるまって眠る寓話に登場する人々にさえ遭遇したと記している。中でも犬面の怪物が、すべての怪物の中で最も頻繁に見出されている。彼らは、アンダマン諸島、ミコバル諸島、ビルマ、そしてロシアで報告された。一方、コロンブスは彼が上陸するずっと以前に、そうした怪物が尾のある男と毛のない人間とともにアメリカ大陸に存在したと証言する。中世の後期に寓話の家が寓話の生き物のために考案された。それがプレスター・ジョンのあの奇妙に移動する王国である。人々はそれが中国、インド、南アフリカ、あるいはわれわれ自身の世界とは不連続な地理的空間に立てられているのかどうかわからなかったにもかかわらず、その存在は信じていたようである。

現代でも、われわれは奇怪な種族がわれわれの深層心理よりむしろこの地球の遠い場所に生息していると自分に思い込ませようとする試みをあきらめてはいない。しかし、われわれはおそらく、雪男《イエティー》や雪男の名をつけ直した毛のはえた巨人がいまだに報告されるヒマラヤをのぞき、その遠い地域を失いつつある。確かに、サスクォッチや巨大な足《ビッグフィート》という名前で呼ばれる同じ怪物が北アメリカにも再び出現している。しかしながら、それは前後の状況から古いオブセッションというよりも新しい映画のための宣伝の産物のように思えるのだ。

ともあれ、産業革命以前の西洋人の意識が、非ヨーロッパ人の種族と直面することによって変えられたように、われわれの意識を変えるのが今日における宇宙旅行の予期と未来の衝撃である。われわれはブレミエやスキアポードよりも空飛ぶ円盤の方を幻覚のなかで見がちだ。しかしわれわれは、最初の人間が他の惑星に下り立つ時、かつての帝国主義者の悪夢がよみがえり、テレビを通じて火星のアストミや金星のサイノセファロスの報告が戻ってくるだろうと無理なく期待することができる。というのも、アメリカのサイエンス・フィクションが長い間にわたってそんな遭遇を準備していたからだ。しかしソビエト連邦においては、SF作家たちは、知覚力のある生命がどこで発見されようとも、それは地球と同じように生物進化と社会的発展という段階を経ているはずであるということを信じるよう要求される。ロシア人がわれわれに信じ込ませようとしている科学の教えとは、退廃的で小市民的なファンタジーが何を語ろうと、怪物的な人間はどこにもいないということである。

けれども人間の科学は、その始まりにおいて、常道を逸脱した人類の存在を仮定した。そして植物や下等動物と同じように、「普通の」人間を分類する体系の中に包含することにより彼らを非神話化しようと試みた。一七五五年の『自然体系』の第十版の中で、リンネは、属と種に従った二名法体系を導入した。それによって彼は、ホモ・モンストロススやホモ・フェルスからホモ・サピエンスを区分することを可能にしたのである。そのような分類には階級性の強い秩序の前提が内在している。それは「怪物的人間」に始まり、「野生人」にあがり、そして黒人、茶人、黄色人そして赤色人の順に上に登り、最後がヨーロッパの白人なのである。同じ分類学体系の中に、全人類を、すなわち野生人も文明人も、怪物人間もノーマルも含めたことは、「怪物」を非神話化するのには役立ったかもしれないが、それは「人種」の不当な神話を作るという高価な代償を払うことになった。

たとえば、ヴォルテールは十八世紀の終わりに次のように宣言する。「白人と黒人との差は、サルと黒人の差に等しく、エビとサルも同様である」。そしてリンネの弟子ファブリカスは、黒人が明らかに劣ると考える理由を、人間と類人猿の間の混血の結果として説明しようとした。南アメリカとサハラに近いアフリカは同じ気候にかかわらず、前者には類人猿も黒人も存在しなかったのに、後者にはその両方ともが発見されたと彼は主張した。その上、さらに黒人と白人によるもっと後の交配、いわば第二段階の異種族混交は、十九世紀の人類学によれば、馬とロバの交配と同じように生殖力をもたない子孫である白黒混血児を生み出したとされた。

そうした人種差別主義的な神話は、しかし、ダーウィンの『種の上昇』（一八五九年）による進化論が勝利をおさめ、類推によってそれが草創期にある発達人類学へと拡張されるまで、ヨーロッパ人の非ヨーロッパ人認識に決定的な役割を果たしはしなかった。突然変異者に対する偏見のない新しい関心は、逸脱と適応と「自然淘汰」なしに進化は決して起りえなかったとするダーウィンの確信によって生まれたというのは論理的には可能だが、真実ではないだろう。彼の初期のほとんどすべての読者は、ホモ・サピエンス以上に、生物が進化することは可能でもないし望ましくもないと彼がいっていると受けとめている。そして、それゆえ生存競争は、その時点で終わりはしないが、生物学的段階から社会的、文化的段階へと移動するのだ、と。新しい人類学の教えによれば、この第二の「人間の昇進」は、人類を「原始主義」や「未開状態」から、「文明段階」へ、アルファベットや車輪を持たない文化から印刷機と高等科学技術の文化へ、要するに世界中でかろうじていとなまれている「不愉快で野卑、そして短い」生からヨーロッパで（そしてしばらく後には合衆国で）享受されている類の生へと人類を引き上げたのだった。

西洋帝国主義によって白人の不断の放浪者たちと、「より下等な種属」として定義された人々との間の対立が可能になるまで、人類学は本当に隆盛をきわめることはなかった。その成立以後、かつて困惑するほど多様なものとして体験された人類の諸種族はふたつの集団に分類されるものとして認識される。一方は、他者の文化を「理解」し、その所産を収集し、そしてその神話と習慣に関する論文を書くことができた。そして他方は、ただ狂うか、順応するか、死ぬことしかできないのである。

地(球)の果てで捜し出された奇怪な異邦人に関する古いヨーロッパの神話は、進化の神話と交差した時、人間であることが何を意味するのかに関するわれわれの概念に深く影響を与えるふたつの別の神話を生む。最初のものは、〝失われた環《ミッシング・リンク》〟の神話である。すなわち、われわれが「サルの子孫」である以上(ダーウィンの暗喩をひっくり返せば、トーテム信仰への回帰になるだろう)、おそらくピテカントロプス・エレクトスやジャワ原人がそうなのかもしれないが、人間と類人猿との中間にある生物の化石がどこかに存在しなければならないという確信である。そして、第二は、第一のものに直接的に関係するが、退化の神話である。すなわち、〝異種族混交〟を通じて、われわれの子供あるいは孫が、未来に、過去には見出せない下級人間を創造してしまうかもしれないという悪夢のような不安である。

ダーウィンとマルクスと近代人類学の創始者たちによって共有されたこの神話的人種優劣説は、トマス・ディクスンJr.の通俗小説『ヒョウの斑点』の中に荒々しく明示される。それは一九〇二年に出版され、一九一五年のD・W・グリフィスの偉大な映画『国民の創生』を導いた。この映画はその副題「白人の苦難をめぐる物語——一八六五—一九〇〇」が明らかにするように、ク《K》ー・ク《K》ラックス・ク《K》ランを正当化しようとした。クライマックス・シーンで、白人の父親は娘の手を求めていたハーバード出身の「白黒混血児《ムラート》」に向かってこう言う、「ニグロが先祖の男や女は、一世紀離れても、突然、厚い唇、縮れた髪、平たい鼻、黒い皮膚をもつ純粋なニグロの子供にもどった子を生むだろうという事実を私は知っているのだ。私の家族の中におまえの血が一滴入ることで、家族を歴史の中で三千年さかのぼらせることができるんだ」。

しかし最近になって、人類学者たちは、人類学の初期の自民族中心主義《エスノ・セントリズム》から脱出しようとしている。実際、彼らの多くは反対の端へとゆれている。というのも、彼らの先輩が遅れているものと見なした「文字のない社会」を、人間と人間の間と同様に人間と自然の間の釣り合った関係の模範として称賛しているからである。その上、一部の若者たちは、産業文明の隙間でそうした人類学者たちが「部族生活」であると教えたものを熱心にまねようとした。しかし、彼らの努力は、単に「原始主義」と「文明」の間の古い区別を逆さにしたにすぎない。人種差別をなくす目的で児童を他の地区の学校へバスで通わせることに反対する暴動者たちは、まさに私が書いている時にもシカゴやデトロイトそしてラレイの通りで窓や頭を粉砕しているが、彼らは、クロード・レヴィ＝ストロースが今唱導している神話——「こうした〝未開人〟の控えめな頑固さは、人間の諸事実にそれ本来の広がりを付与する手だてを今なおわたしたちに与えてくれる」とするもの——よりも、ヴォルテールからディクソンに至る西洋の想像力をとりこにしてきた神話の方に似たものに従って動いているのである。

一方、世界の他の場所、特にソビエト連邦と中東では、怪物的な「人種」に関するこれと似た概念が、ナチズムへの強い反感にもかかわらず、ユダヤ人に向けられている。ヒトラーが粛清しようとしたのは、ユダヤ人ばかりではなく、フリークたちもまた同様だった。そして彼は、「怪物」の原因を科学的に研究する実験奇形学者たちの仕事の中に支持を見出した。その奇形学者たちとはストラスブール大学のエティエンヌ・ウルフや、同大学で解剖学の講座をもつヒルト教授といった人々で、この後者にヒトラーは謝意を表してユダヤ人の骸骨のコレクションを船で送り届けたほどだった。〝贈り物〟への満足を表わすために、ヒルトは一九四二年の終りに、「嫌悪をもよおす下級人間の典型であるユダヤ人のボルシェヴィキ人民委員たちの頭蓋骨を入手したことによって、われわれは具体的な科学的証拠を獲得する機会を得るのだ」と述べた。それはきっと「民族の純血」に関するナチ理論の真実性に関する証拠ということだろう。

しかしウルフとヒルト教授は、クテシアスからパレ、それからリンネとダーウィンを経て、初期の近代人類学へと伝わる系列に属していない。彼らは別の系列の後継者である。その系は、パレからエティエンヌ、そしてイジドール・ジョフロワ・サンティレールという「奇形学」の発明者たちを経由するもので、一九〇〇年以後、小人症のような遺伝的特質を支配する法則の再発見や生物科学の中心的関心が分類から実験へと移ったことによっ

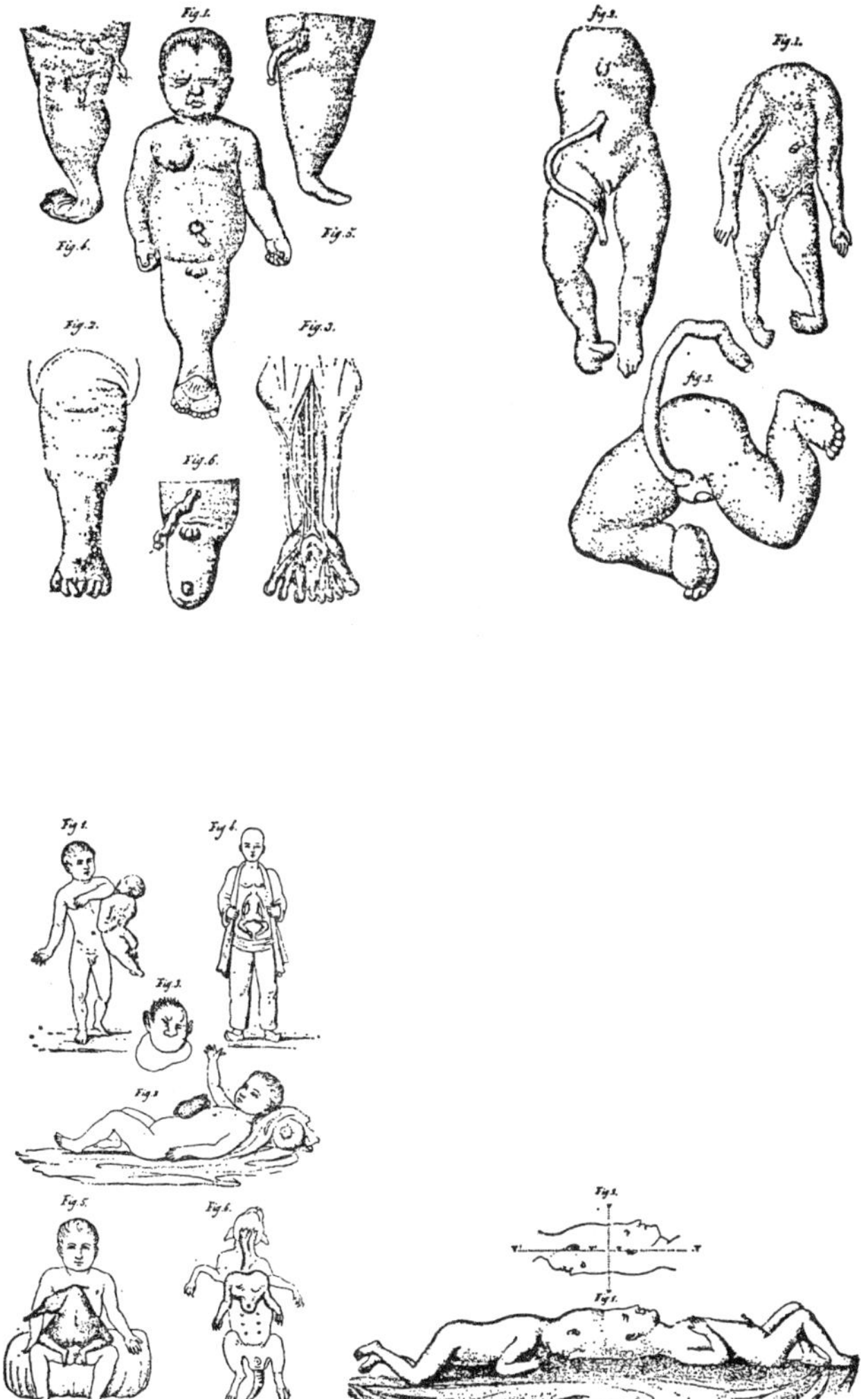

人魚形胎児(左上)，無頭人間(右上)，
先天性寄生者(左下)，頭でつながったシャム双生児(右下)．
いずれも，ジョフロワ・サン・ティレールの奇形研究より

て根本的な変化を蒙ったものである。

「奇形学」という用語は、釈明つきでだが、現代の研究者により今でも使用されている。たとえば、定評のある医学教本『先天的奇形』(*Congenital Malformations*, 1971)の著者であるジョゼフ・ウォーカニー博士はわれわれに語る。「先天的奇形に関する科学にあてはまる言葉が存在しないために」、彼の前任者たちは、「生きることと両立しえない結合した双子や著しい奇形」のようなはなはだしい奇形に関してそれまで使用されてきたことばを引き継いだのだと。まずそのような怪物の研究は、事実にもとづき、因果関係学的であった。そして記述が神話学的でなくなるにつれ緻密になっていくにもかかわらず、分類法はジョフロワ・サンティレールの『動物と人間の器官配置の異常の歴史』(*Histoire générale et particulière des anomalies d'organisation chez l'homme et les animaux*, 1826)以来ほとんど改められていない。ウォーカニーが自ら認めるように、「分類学的そして体系的な奇形学においてその後継者たちは十九世紀の権威者たちに匹敵していない。そして、これらの科学者が知っていた多くの事柄は、忘れられている」。

しかしながら、因果関係の領域において、本質的な変化が起っている。それは、近因と究極的原因の間の古い境界線が、内的つまり遺伝的あるいは発生論的原因と、外的つまり受胎後のあるいは環境上の原因の間の新しい二分法にとってかわられたからである。実際、外的原因の範疇において、パレの十三の仮説のいくつかはわずかだけ改められた形式で復帰している。先天的異常のうち外的起源によるものであるとわかっているのはわずか二パーセントであるにもかかわらず、驚くべき数の学説が、それらを説明するために提唱されてきた。例のフランスの外科医のお気に入り、すなわち外部からの肉体の外傷と子宮内の圧迫というふたつの説もそこには含まれている。心理的なショックあるいは極端な感情的ストレスが奇形を生み出しうるという確信でさえ、最近頑固な科学者によって浸透しつつあるのだ。

同様に、たとえ占星術でなくとも天文学的な影響が、おそらく占星術の「似非科学」への興味の再興に応えて、

TABLEAU GÉNÉRAL ET MÉTHODIQUE DES HERMAPHRODISMES.

HERMAPHRODISMES	(CLASSE I.) SANS EXCÈS dans le nombre des parties.	Appareil sexuel essentiellement mâle. . .	1er ORDRE. HERMAPHRODISME MASCULIN.		
		Appareil sexuel essentiellement femelle. .	2e ORDRE. HERMAPHRODISME FÉMININ.		
		Appareil sexuel présentant des conditions intermédiaires entre celles du mâle et celles de la femelle, et n'étant réellement d'aucun sexe.	3e ORDRE. HERMAPHRODISME NEUTRE.		
		Appareil sexuel en partie mâle et en partie femelle.	4e ORDRE. HERMAPHRODISME MIXTE.	Les organes mâles et femelles étant superposés	*Hermaphrodisme superposé.*
				Les organes d'un côté étant tous de même sexe; ceux de l'autre côté étant les uns mâles, les autres femelles.	*Hermaphrodisme semilatéral.*
				Les organes droits étant d'un sexe, les gauches de l'autre.	*Hermaphrodisme latéral.*
				Les organes profonds du côté droit et les moyens du côté gauche étant d'un sexe, les autres de l'autre.	*Hermaphrodisme croisé.*
	(CLASSE II.) AVEC EXCÈS dans le nombre des parties.	Appareil sexuel mâle avec quelques parties femelles surnuméraires.	1er ORDRE. HERMAPHRODISME MASCULIN COMPLEXE.		
		Appareil sexuel femelle avec quelques parties mâles surnuméraires.	2e ORDRE. HERMAPHRODISME FÉMININ COMPLEXE.		
		Un appareil sexuel mâle et un appareil femelle.	HERMAPHRODISME BISEXUEL.	L'un des appareils ou tous deux incomplets.	*Hermaphrodisme bisexuel imparfait.*
				Les deux appareils complets (cas non réalisé).	*Hermaphrodisme parfait.*

HISTOIRE

GÉNÉRALE ET PARTICULIÈRE

DES ANOMALIES

DE L'ORGANISATION

CHEZ L'HOMME ET LES ANIMAUX,

OUVRAGE COMPRENANT DES RECHERCHES SUR LES CARACTÈRES,
LA CLASSIFICATION, L'INFLUENCE PHYSIOLOGIQUE ET PATHOLOGIQUE;
LES RAPPORTS GÉNÉRAUX, LES LOIS ET LES CAUSES

DES MONSTRUOSITÉS,

DES VARIÉTÉS ET VICES DE CONFORMATION,

OU

TRAITÉ DE TÉRATOLOGIE,

PAR M. ISIDORE GEOFFROY SAINT-HILAIRE,

Docteur en médecine, professeur de zoologie et d'anatomie générale à l'Athénée royal de Paris, aide-naturaliste de zoologie au Muséum royal d'histoire naturelle, membre de la Société d'histoire naturelle de Paris, des Sociétés royales des sciences de Lille et d'Arras, du Muséum d'histoire naturelle de Douai, etc.

TOME PREMIER.

AVEC ATLAS.

PARIS,

J.-B. BAILLIÈRE,

LIBRAIRE DE L'ACADÉMIE ROYALE DE MÉDECINE,

RUE DE L'ÉCOLE DE MÉDECINE, No 13 *bis*.

LONDRES, MÊME MAISON, 219, REGENT-STREET.

BRUXELLES, AU DÉPÔT DE LA LIBRAIRIE MÉDICALE FRANÇAISE.

1832.

ジョフロワ・サンティレール『動物と人間の器官配置の異常の歴史』初版(1832)
タイトル・ページ◀と,
同書中の両性具有者の分類表▲

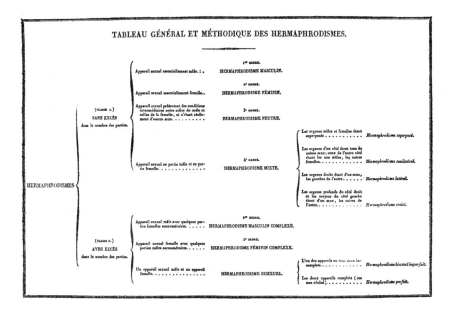

再び認められつつある。しかし、そうした立場を再び主張する報告は、「月の満ち欠けが、人類の出生率、そして妊娠率やおそらく排卵率にわずかではあるが統計的に有意な影響を及ぼし」、ついには、それが怪物の発生率にまで及ぶことを示す研究に基づいているのだ。われわれはまた、「腐敗」——男性の精子のではないにせよ、年とともに劣化する少女の卵子の——が奇形の赤ん坊の確率を増加させると確信するようになっているのである。最も熱心に保持された古代の学説のうちでまったく否認されているのは唯一、「かけ合わせ」の説だけなのである。しかしわれわれの時代では、異種間の繁殖が幸運にも成しとげられている。

おそらく、その学説が初期アメリカ社会の最も抑圧的な側面と切っても切れない関係にあるためわれわれの抵抗が特に強いのだろう。たとえば一六四一年、ニュー・ヘイヴンの植民地建設の三年後、片目の召使いが〝忌まわしい不潔さ〟のために告訴された。それは、彼の働く農場の雌豚が片目の豚の子を生んだ時だった。その唯一の目の上には「肉の塊のようなものが現われ、そして垂れ下がった。それは虚ろで男の生殖器のようなものだった」。三年にわたる裁判、自白そして前説撤回などの後、彼は処刑された。しかしそれは彼の子と想定されるものが目の前で腹を刺しつらぬかれてからだった。われわれの土地では最初から、動物の孤独な番人たちがまかされた動物を相手に性的な慰みを求めていたのである。いまだにモラリストたちはそれにふるえあがるが、今ではその彼らもそのような結合が生殖の可能性をもつとか、極刑に値すると思いはしない。

十九世紀の奇形学者たちの新しい説明は、それ以前のものほど長続きしなかった。ジョフロワ・サンティレールと彼の傑出した後継者ダレストは、基本的にふたつの説に信を置いた。すなわち「羊膜の癒着」と「発育の中断」である。第一は、臍の緒などの束縛により不具にされた完全な胎児を前提とし、時代の胎生学の研究に多くを負っている。そして第二は、胎内にある生体の一部が他の部分と一緒に発達しないことにより生じる奇形を仮定したもので、やはり胎生学に多くを負っているが、「個体発生は、系統発生を繰り返す」——子宮内の個体は種の発達の道筋を一歩一歩たどりながら発達する——というダーウィン説信奉者の確信に影響されている。第一説は、伝統的な学説である「精液過少」よりも、片手片足あるいは両方のない奇形に対する妥当な説明のようだが、現代の研究者たちには、それが「機械論的」であるように見える。少数の事例の説明には妥当であるが、それは彼らが直面する多数の問題には何も手がかりを与えない。第二説は、「異種交配」の仮説をより同時代の科学に適したものに置きかえる試みをあらわすが、それは現代の奇形学者たちを満足させることができない。「阻止された個体発生という説は、原因の原因に関して何のヒントも与えていない。一体なぜ阻止があるのか、ということである」とウォーカニーは書いている。

けれども時間の試練にうまく耐える第三説は(いわゆる疾病分類学の学説なのだが)、多くの奇形が「胎児の疾患」の結果として起ると仮定した。一見して、これは、パレの九番目の原因「遺伝性、そして偶発的な疾患」を如才なく更新しているにすぎないようである。そして実際、それが初めて組織的に述べられた時、子宮組織の炎症におけるバクテリアとウイルスの役割は、まだ思いもよらなかった。それでもなお、奇形生成因子として妊娠期間中の風疹、巨細胞化含有疾患、そしてトキソプラスマ症を確認している最近の研究は、「胎児の形成された部分の疾患がおそらく他の部分の形成を妨げるのではないか」、そして「未成熟期に、奇形的に発達した部分は、胎児期に疾患になりやすいだろう」という推測を正当と認めている。

その上、「疾病分類学の学説」から、ビタミン欠乏と治療薬の病因学的な役割に関する付随的な仮説が引き出されている。たとえば、ヨウ素の欠乏が甲状腺腫やクレチン病を導き、ビタミンAの欠乏が、目の異常、U字形腎臓、そして水脳瘤を導くことが証明されている。またサリドマイドはアザラシ症、鼓膜の異常閉鎖、胸腺の欠如を引きおこしうる。その上、外部からの因子に対立するものとしての内在性要因に与えられる比重が、最近変わってきている。主に両性具有の領域で観察された奇形の一〇〜一五パーセントが、確実に内在性要因に起因しているとされ、これは外部因子に対して証明されるよりはるかに高い割合を表わす。そして、現代の研究者は、残りの八五パーセントのほとんどが、遺伝子の突然変異から起ることが証明されるだろうと推測する。実際、

ＤＮＡが「コード化された」遺伝子情報を細胞質に伝達するという発見以来、十九世紀の科学によって軽蔑的に退けられた「もとからの奇形の原種」という古代の学説が勝利をおさめているのである。

ウォーカニーのような何人かの懐疑的な奇形学者たちは、「現在、突然変異の生化学的な概念と先天性奇形の事実とのギャップは計り知れず」、パレの「十三の原因」とそれほど異ならない「盲信と推測によって結びつけられているにすぎない」のだと、彼らの同僚に警告するが、それは留意される傾向にない。素人の私の有利な立場からいえば、実際、フリークの起源に関する確かな知識は、アリストテレスの時代からそれほど増加しているとはいえないように思う。確かに、われわれは、過去一世紀半にわたって人間の生殖と遺伝を決定する「法則」に関して非常に多くを学んできた。それゆえ、一部の先天性奇形が遺伝子によって伝えられたものだということばかりでなく、より詳しく、余分な指やエビのはさみ形の手は優性遺伝される一方、小人症や小頭症は常染色体の劣性遺伝子の産物であり、無孔肛門や睾丸の女性化は伴性遺伝の産物である、などと確信をもって明言することが可能になっている――これは、一八二七年に人間の卵子が発見され、一八七七年にその受精が観察されるまでは不可能だったことだ。

しかしそのような発見は、奇形の本質的な性質および生物学的機能という問題を未解決にしていた。Ｔ・Ｅ・グレニスターが二〜三年前に述べたように、「どのように奇形が起るのかの解明に関しては進歩があるのだが、しかしなぜそれが生じるのかは、いまだに哲学の問題なのだ」。あるいは「宗教の問題」と彼は加えてもよかったはずだ。時代の子である彼はそうしなかったのだが。とにかく、原因の原因には時折、言及があるものの、科学は自らが再び目的論、形而上学、神学の手に渡るのを恐れるため、「なぜ」という疑問を追求することに興味を示さない。同様に、目的よりもむしろ手段の研究に専念するほとんどの科学者たちは、価値判断の問題を避けようとする。それでいて、彼らは価値判断に満ちた仮定から出発する。奇形学の領域には、すべての疾患と同じように先天的奇形が悪であり、それゆえ、それを癒し、除去するものは何でも善であるという自明の確信があるのだ。

「怪物」を使っての実験は、十七世紀という早い時期に、最初は彼らの治療や予防というよりはむしろ彼らの産出のためにだけ進められた。その上、それは初期においては、企業精神に富む養鶏場主らによる人工孵化の改革の試みの偶然の副産物だった。彼らの実験は生きたニワトリを生み出したが、それらは「怪物的な形をしたもの」になりがちだった。そのことは経営者らを狼狽させたが、奇形学の歴史家にとっては歓喜のもととなった。奇形を作る最初の計画的な試みは一七七四年まで見出されなかった。その年、エイブラハム・トレンブリーは、(神話からヒントを得て)それらの生物の背面(上面)を切り開くことによって多数の頭を持つヒュドラをどうにか作り出した。そしてサンティレールたちは、次の世紀にこの例に従い、ニワトリの卵を震動させ、突き、ワニスを塗り、そして逆さにしたが、要領を得ない結果となったようだ。第二次世界大戦までに、怪物を創作する技術は、卵性の魚や水陸両棲の動物や鳥に限られていたものの、酸素欠乏、感電、そして化学薬品の注射などにまで広がっていた。さらに卵の特定の個所に特定の外傷を与えることにより、どのように特定のフリークたちを作ることができるかが解明されていた。

科学者の集団は、「理解」と「統制」が、実験を行う目的であると常に主張してきた。しかし、いくつかの報告は、用いられた冷淡な処置や得られた奇怪な結果に喜びを見出しているようだ。あるいは少なくとも多くの現代作家たちはそのように感じている。十九世紀の終る前に、H・G・ウェルズは、『モロー博士の島』で、トレンブリーとサンティレールの後継者たちが自らの技術を最初は哺乳動物に、次に人間に用いた時、何が起るのだろうかを想像しようとした。彼の否定的見解は、サー・フランシス・ベーコンのようなユートピア的な先輩たちと根本的に異なる。ベーコンは、『ニュー・アトランティス』で、異種交配することによって新しく有益な動物の種を作ることのできる科学者たちの集団を予知した。われわれの時代では、ベーコンの見解は現在活動している奇形学者たちの間で一般的であり、ウェルズの見解はサイエンス・フィクション作家の間に広まっている。SF作家たちは、概して未来の「生物学の技術者」を創造的なヒーローとしてではなく、彼らの方法が生命への攻撃であり、彼らの成功が未知の恐怖の創造であるような黒魔術師として描く。一般に、そのような心得違いをした実験者たちは、フランケンシュタイン博士のように、自分の創造した怪物によって滅ぼされる。しかし、これは、実際の実験者たちの運命では決してない。

エティエンヌ・ウルフ博士の『怪物の科学』に、私はウェルズの『モロー博士』以上の恐ろしさを見出すのだが、それらの実験が三十年以上も前に行なわれたにもかかわらず、彼は最近の奇形学上の著作に敬意をこめて引用されている。一九四八年に初めて出版された彼の大研究は、見たところでは一九四一年に書かれ、それから一九四五年に修正された。著者は、もしかしたらナチとして投獄され、あるいは強制的に追放されたのかもしれない。しかし原文の中の謎めいた調子はそれを曖昧にしたままである。とにかく、その本は、自己満悦の調子で、「怪物（「怪物」あるいは「怪物性」は、より慎重な彼の後継者たちが、それを「先天的奇形」と呼ぶのに対し、彼がより好む名前である）が科学に入り込んで以来ようやく一世紀というにもかかわらず、……決定的な進歩がなされている」という所見で始まる。その「進歩」の本質に関する疑義を一掃すべく、彼は続ける。「かつてわれわれは怪物を記述することから着手し、今日いかに彼らを繁殖できるかを知っている。その上、今まで知られていなかった新しい形態を作ることもできる……」。クライマックスに近づく時、全能の幻想に圧倒され、彼は誇る。「人間は、ある意味では胎児の形態をもてあそぶ（それは、「怪物」という名詞と同じくらい極端に彼が愛した動詞である）ことができるのだ……意志どおりに、そして……〝シリーズ式に〟大半の怪物を組み立てることができるのだ」。「シリーズ式に」という言葉は、予言のように「クローニング」を示唆する。それは、実験生物学の最新の顕著な進歩で、ひとつの肉体の細胞から無限に、同一の実物の形態を模写する可能性を切り開きつつある。SF作家にとって、クローニングは、最大の悪夢を意味する。個人の違いが時代遅れであるとすることができるし、またそうあるべきだという確信から、性とは無関係に変化することなく模写された理想的な「ノーマル」だからである。

しかしエティエンヌ・ウルフの実験は、すべて受胎後のものだった。そのため、自らの奇形を次の世代に伝えて再生産できる真の「突然変異」は、彼の視界の外にあった。ショウジョウバエの染色体が、そうした結果をえるという展望のもとで放射線照射を受けていることを彼は知っていたのかもしれないが、そうと告白はしていない。むしろ彼は、哺乳動物を「もてあそぶ」ことが許されなかったという事実を遺憾に思うのだ。だがそれも彼の時代には起っていた。実際、一九三三年から一九三七年の間に、ヘイルという奇形学者が、ビタミンAを欠乏させた雌豚が生んだ子豚の「すべてが眼球なしに生まれ」、そして何匹かには付帯的な耳や口蓋裂や場所を誤った腎臓があったという実験を報告している。ヘイルの結果は疑いを持って迎えられたが、ウォーカニー博士や他の人々の同様な実験は結局、懐疑的な人々を納得させた。そして今日では、妊娠している哺乳動物は単に伝統的な「外傷」と欠乏ばかりでなく、放射線照射やホルモンや薬品の強制的な補給なども受けている。

豚はまだ犬や猿とならんで使用されるが、ネズミ、ウサギ、ハムスター、そしてハツカネズミの方が、むしろ実験に好まれる。というのも、それらが比較的安価で、維持しやすく、カゴに入れられた状態で非常に生殖能力があり、そして（最近の記事の言葉で）「肉眼で見える検査を容易に可能にするのに十分な大きさ……しかし骨格検査のために骨をやわらかくするのを容易にするのに十分なほど小さい子」を生むためである。あいにく、それらの反応は、人間の場合に観察された奇形生成反応と厳密に一致しない。従って「最後は人間が試験種にならなければならない」。しかし、その記事はこう結論をくだす。「この記事の分野の外側にある道徳や社会的要素が、人間の被験者の使用を妨げるのである」。もう一度、われわれは、科学がその前で沈黙して立っているような重要な問題に直面するのだ。

しかし人間のフリークは実際、歴史が始まって以来ずっと儀式の審美的な、営利的な目的のために生産されている。われわれはすでに、ある社会がいかに（特に女性の場合に）自然の標準を超越し否定する美の規範を満足させるために幼児を故意に不恰好にするかにすでに気づいている。その例は中国人による足の緊縛、ウバンギ族による下唇の引き伸ばし、ホッテントット文化における陰唇の伸長、そしてより穏やかには十九世紀後半から二十世紀初頭の西洋において共通のコルセットと締めひもの着用などである。さらに、北アメリカのインディアン部族においては新しく生まれた赤ん坊の頭を板の間にはさんだのであり、また、ルネサンス後期のヨーロッパは子供たちが乞食に支えづえとして使用されたり、見世物興行師に売りとばしたりできるように発育を止められたのであり、両性の身体が奇形にさらされてきたのだ。それはヴィクトル・ユゴーが情熱をこめて書く主題である。

おもちゃの人間が成功を収めるために、彼は早くから処置を受けなければならない。小人は若い時に変形されねばならない……形の整った子供は大して面白くはない。せむしの方がもっと面白いのだ。

それゆえ芸術が育った。人を引き取って不具にする仕込み手がいた。彼らは顔を取って口輪を付けた。彼らは発育を止めたのだ。彼らは容貌をゆがめたのだ。奇形学的症例の人工製造には、その規則があった。それは、まったくの科学だった。それは人が整形外科学の反対のものとして想像しうるようなものだった……

けれども現代の奇形学者たちの目的はまったく異なる。彼らが追求するのは知識である。そして、彼らはそれゆえサディズムや強欲ではなく公平な好奇心と好意を動機としている。その上、彼らは、仲間の科学者や社会、そしてまだ生まれぬ人々に対して責任があるのだ。しかしながら彼らが「もてあそぶ」のはまさにそのまだ生まれぬ子供たちである。彼らが、妊娠している雌豚から彼ら自身の種である妊婦へとどんどん進む前にためらうのは当然だろう。しかし、彼らが権利として、胎内にある人類、いわばわれわれすべての未来を使って実験することを要求する気持ちになることもまた不思議ではない。特に、妊娠している女性に与えられた抗鬱病剤と抗吐剤が強力な奇形生成因子であることが判明した一九六一〜六二年の際立ったサリドマイド・スキャンダルの後、ひとりならずより多くの医者の声がその権利の抗弁に張りあげられた。

彼らは、その実験が二十〜三十人の妊娠している女性に「治療的流産に先だって」試験されたならば、何千人もの奇形者が決して生まれてくる必要はなかったのだと主張した。しかし実際、それは、いかに不注意にであろうと、はるかに多くの人々に試されていた。彼女らの多くは、サリドマイドを処方した同じ医者によってそうした「治療的流産」を受けることをすすめられたのだ。しかし何人かの実験家は、その悲しい出来事に喜ぶべき根拠をなんとか見出す。というのも、彼らはそれが「奇形学的な調査にとてつもない勢いを与えた」と指摘するからである。マンチェスターおよびバーミンガム大学の社会予防医学の教授であるイアン・レックは、将来の研究のためのモデルとして彼ら自身が出現させてしまった災難に対する同僚たちの反応に言及している。彼の主張によれば、記述的研究に始まって相関的、分析的研究を経てはじめて所定の「実験」――皮肉なことに、その実験は以前に処方された化合物を摘出することだった――に至るという具合に、これほど整然と行われた研究はそれまでなかったそうである。

しかし彼が説明していないのは、単にその薬品を（コンターガン、ソフテノン、ニューロセディンそしてディスタバルという名のもとに）製造した会社ばかりでなく、医業自体にとって、証拠が明確だった一九六二年の終わりにあっても、なぜサリドマイドの奇形生成の影響をみとめるのがそれほど困難であったかということだ。その時点では、特にそれが最初に合成された西ドイツにおいては、新生児の間のアザラシ症の増加が、広く原子灰の降下やテレビ受像機からの放射線のせいにされたのである。一方では、ディスティラース（生化学物質）株式会社の専務取締役が「ザ・ランセット」誌のコラムで多くの要望に答え、彼の会社は病院に供給を続けるつもりであると医師たちに保証していた。サリドマイドの回収を最初に要求した研究者であるレンツ博士でさえ、彼の同僚のひとりの妻に奇形の赤ん坊が生まれて初めてその要求を行った。そして彼は、私が意義があり感動的であると認める謝罪表明を要求の前にかかげた。「科学的な観点から見て」、彼は一九六一年に書いた。「それを論ずることは時期尚早に思える。しかし、ひとりの人間として……私は沈黙したままでいることができない。」

奇形学者にとって、風疹を生み出すウイルスのような、彼らには責任がない奇形生成因子に非難の指をさすことの方がいかに容易であったことか。また、彼らは、日本の産業資本家による水銀廃棄物のために水俣湾が汚染されたこと、あるいは合衆国による広島の原爆投下の後遺症に起因する奇形について話す場合にも困難を見出すことはない。後者の場合は、医師がその大惨事の生存者たちの間では異常な出生が急増していると——統計的な調査では裏づけられていないにもかかわらず——指摘したところで、自分の学識がおとしめられるとは感じないだけに、特に啓蒙的である。しかし、彼ら自身の同僚を密告することは、価値判断にかかわる別の問題である。そこにおいて、「価値判断から自由な」科学は、まさに一方でそれらの存在を否定しながら、その価値の問題を扱うことをせまられる。

サリドマイド（奇形）児の場合、類似する価値の問題が、奇形が生まれる一五ないし二〇パーセントの見込みのために妊娠を「中絶させる」べきかどうかという問題に引き込まれた。医者自身やましい心から意見を語る場合、問題はことの外、難しくなる。当然、両親はまず、なおさら科学的分析になじまない問題を心の中に提起しなければならない。すなわち、どんな状況下であれ、彼らは堕胎を是とするのか否とするのか、ということだ。もし是とするのであれば、どのていど不幸の確率があればその行為を正当化するにたりるのか？　本当に彼らは奇形の子供をこの世に招来するのが誤りであると確信しているのか？　はなはだしいアザラシ症患者を含むフリークたちの数多くが、仕事や結婚や家庭生活に関して他の人々と同様にうまく対処できることが判明しているのに？　とにかく、その子供が生きている限り、家族と国の重荷になるであろうということだけのために、両親は子供に生命を否定する権利があるのか？

ひとたび、赤ん坊がアザラシ症あるいはアメリック症（ひとつあるいはそれ以上の手足が欠如している）と判明すると、他の問題が現われる。人は人工装具に助けを求めるべきなのか、それとも過去の堂々とした「驚異の腕なし人間」たちのようにあるだけの手足で何とかやっていくよう教えるべきなのか？　類似の問題は、両性具有者やシャム双生児のような「修復可能な」奇形によってよりはっきりとあらわれ、巨人や小人のようなどっちつかずの場合にも浮かびあがる。さらに、奇形児に治療を受けさせようという個人的な決断の背後には必ず、もっと根本的な決断があるのだと思う。それは社会全体によってあらかじめ決定されているため、無意識的なものだ。それはつまり、他の時代の他の文化においてのように、称揚され、利用され、あるいは単に生きられるべきものとしての差異をもっているのではなく、矯正されるべき差異をもっている「患者」であるとその子を定義するという決断である。

われわれが、個人としての変異者から集団としての変異者へ、いわば病理学から疫学へと移る時、価値の問題はいっそう悪化する。私は「生命維持装置が、生活不能な重度の奇形からはずされるべき」かどうかについて、一度は公のテレビで、またしばしば個人的に、両方の立場の医者による辛辣な討論を聞いている。そしていかなる場合にも、論点は、子供が「生活不能」であることを、誰がそして何の規準に従って決定するのかということなのだ。また、問題が、彼らを個別にどう扱うかというよりもむしろ、そのような出生全体をいかに防ぐかになる時、異議がなくなることはない。確かにウォーカニー博士がわれわれに語るように、専門家筋では、「防止が最終的な目的であるという全般的な合意がある」ため後者の問題が、ほとんどの奇形学者の関心の中心を構成するのである。

皮肉にも、それはヒトラーの確信でもあった。彼は、そのような「症例」の検証を専門家に委ねた。遠まわしに「〝帝国協会〟、病院と海軍営造物」と呼ばれた評議員会は、「四人の医者に加えて最高の医学の権威」から成っていた。しかし一九四一年までに、その「協会」のやり過ぎに反対する国民の激しい抗議があまりに大きくなったため、すべての「大人の安楽死術」は中止を命じられた。しかしそれは、(一九五三年にイギリスで公にされたエリー・A・コーエン博士の『収容所のなかの人間行動』によると)〝14 f 13〟というコード名のもとに強制収容所内で秘密に続行されていたのである。

ヒトラーのために喜んで働く人々の判断は、すべての医者の判断力と同様、彼らの時代と場所の医学理論によって規定された。それゆえ彼らは次のような仮定に至る。――(a)バイシンメトリーである奇形はすべて遺伝性であるため、それらに苦しむ人々には、子孫を作らせるべきではない。そして(b)いくつかの少数民族集団、特にユダヤ人とジプシーは、その事実ゆえ、怪物的な者たちであり、滅ぼされるべきである。しかし、小人はもっと理解し難い理由のために、格好の標的となり、双子は対照実験のための機会を与えたため同様だった。たとえばメンゲーレという博士は、双子の兄弟が心臓へのクロロホルム注射により同時に殺されるという実験を、「医学の歴史におけるすばらしい事柄」(二人の双子の兄弟が一緒に死に、同時に死体解剖を可能にする状況にあるのだ)と表現している。それは、ウルフ博士の悪夢が本当になる、あるいは西洋の奇形学のすばらしい夢が悪夢に転じたのと同じであった。そしてそれは、ウォーカニー博士が、彼自身は奇形にならない遺伝子プールを作り出すことの唱導者であったにもかかわらず、なぜ一九六四年に同僚の医者たちに警告する気になったのかを説明している。

ドイツ第三帝国のある時に、〝遺伝性疾患の防止のための法律〟が、その未熟で残酷な方法により多くの不完全な遺伝子を除去したとしても、この法律に動機を与えた精神はまた健康で貴重な遺伝子というはかりしれない宝をもった二千万の健康な人々の除去へと至った。

また一方で彼は、いくつかの疫学研究から、先天性奇形の発生に影響を与える要因には、出産の順序、季節的・時代的変化、そして両親の社会経済的な地位や化学的な環境ばかりでなく、妊娠時の母親の年齢も含まれるということを学んだと報告している。彼は要するに(どの研究者も以前の世代の「事実」を否定するものだと知りつつ、医者としての職分上、その時代の理論を受け入れねばならないため)、更年期に近づく女性の場合に卵子の熟し過ぎが胎児の奇形の要因であるという彼の時代の理論を受け入れた。そして彼は、可能なかぎり「高齢の女性に対する子宮内処置」によって、あるいはそれができない場合には、「性交の制限によって異常卵の受精を防ぐこと」で可能なかぎりこれを相殺すべきであるとする。傍線は、私の仕業で、それらのことばがわたしの頭の中に鳴らし続けている特別な反響を意味している。しかしモーテルや婚姻の床を予防警察が巡回するという、これらのことばがわたしの中に呼びさます光景は、科学の中立な領域に属するものではなく、奇形学者がフリークたちの後援者としてよりも最大の搾取者として描かれがちな神話的で熱烈な芸術の世界に属するのである。

10

フリークスと文学上の想像

エレファント・マンに関するエッセイの著者フレデリック・トレヴェスは、〝フリークたちの友人としての科学者〟の神話にまつわる感動的な散文を綴った唯一の医者である。しかし、書き手としては彼よりも才能の劣る多くの医師たちがそのあとも試みを続けており、たとえば彼らのひとりが送ってきた手紙を、私はちょうど最終章を書き上げていた時に受け取った。私は、「フィードラーが、われわれの文化における〝フリークたち〟の役割を概説する」と見出しをつけられた地元でのインタヴューでこの本について語った。そして発言よりもむしろその見出しが、彼を反発させたのだ。

……幼児病院の精神内分秘学部門の計画調整者、そしてニューヨーク西部の人間成長財団の医学顧問として、私は、小人化した患者や背の高すぎる患者たちの心理社会学的な取扱いに深く関わっています。もちろん、問題の主要な部分は、社会の標語をうまく処理するということです。「フリークたち」というタイトルのもとに彼らの問題の一部を扱う本を見る時、彼らは一体どのように感じるでしょうか。しかもその本が、彼らが治療を受けている同じ大学の別の学部から出るのであってみればなおさらです。

これらの人々のために、私はあなたに、近刊書のタイトルを何かもっと穏やかで、悪影響を及ぼさないものに変えるよう勧告します。……

彼は、おとぎ話の言葉である「巨人」を避けたにもかかわらず、矛盾することに「小人」という言葉を使った。彼の同僚はそうではない。その同僚は翌日私に「医学の問題が無作法な言葉で論じられる時、人間の精神がいかに傷つきやすいか」を告げるため、そして「この理由でわれわれは、ちび、フリーク、小人という言葉の使用を避け、〝成長の問題〟と言う」と忠告するため私に手紙を書いてきた。明らかにそうした医者たちの言う「われわれ」と、私が自己同一視できる「われわれ」との間の相違は言語で始まる。詩人によって尊ばれ、多義性と驚異でつつまれた「フリーク」や「ちび」のようなことばよりも、彼らは人間の異常を明らかにし婉曲に言う「心理社会学的な取扱い」や「成長の問題」のようなことばを好むのだ。

語彙の段階で始まる多くの相違同様、この相違は政治活動に帰結する。すなわち文学に関する（不穏当・猥褻な部分の）削除と検閲であり、テン・イン・ワン〔奇形見世物館〕の閉鎖である。早くも一九〇八年に、「ザ・ネイションン」紙（ロンドン）の社説は次のように発表している。

……単に病理学的であるものを公にすることに対しては、ずっと以前から反発があった。奇形は大体において疾患なのであるという認識が、その仕上げをしたのである。巨人が肉体の超人やおとぎ話の悪人とみなされていた時には、彼を見に行く価値があった。しかし、われわれは今、彼の脳のつけ根にある何かが、尋常でない均衡を失した成長の原因であることを教えられたのだ……

しかし、フリーク・ショウの人気は確かに下り坂なのだがあまりにゆっくりであったため（一九六〇年代、約七千五百万のアメリカ人が、まだ毎年通っていた）、その〝教化された〟反対者たちを満足させることができず、彼らは、医学ができないことを完全にする法律を要求したのである。

六〇年代の初めに、カーニヴァルの見世物から喚き叫びながら連れ去られた四本の手足が不具である十五歳の少女の話に影響されたフロリダの記者が、「人間や動物の奇行を公開する商売」に対し改革運動を始める。そして、「入場料が課されるサーカスや見世物、あるいは同様の場所において、不具であったり肉体的に歪曲していたり、奇形であったり、姿が崩れていたりする男女、子供を、報酬や代償とひきかえに展示する者すべて」に対して禁固ないし罰金刑を定めた長く実施されていない法規の存在を読者に思い出させたのだ。

しかし、その規則を施行する試みがなされた時、それはアザラシ少年シーロとピグミーのプーバーの挑戦を受ける(「奴らは僕をどこに送る気なんだ。田舎にもどすだって。お断りだ、死んだ方がましだよ」)。彼らは、彼らの種族が数世紀にわたって続けたような方法で生活費をかせぐ権利を主張したのだ。一九七二年十月、フロリダ最高裁判所は、六対一の投票によって彼らに有利な評決を下した。しかし私の知るかぎり、ひとりの画家、作家、映画作家も、証人としては呼ばれなかった。彼らは「フリーク」という名で彼ら自身が呼ぶ人たちの益となるような発言をずっと前からしていたのだが。そのような芸術家たちは、禁止に動じない〝人間奇形の会議〟をその途上で設立していた。その会議は、その奇形の種類と範囲の広さにおいて、「アメリカ娯楽産業」の最高の努力に恥辱を与えるようなものだ。キリスト教の到来と科学の進歩によって奪い取られた神話の魅力をいかに取り戻すかを作家たちが学ぶにつれ、人間の変異者は小説と劇の中心に移っていったが、しかしそれは十九世紀になってからのことだったのである。

小人はルネサンスの宮廷画家のお気に入りの主題であり、宮廷仮面劇で彼ら自身の有様を戯画化して演じたことだろう。しかし、一般公開用に書かれた芝居では、彼らは実生活で演じていた愚者の役でさえ登場することはなかった。シェイクスピアの『トロイラスとクレシダ』の登場人物には、「体が歪んでいて口汚ないギリシャ人」としてテルシーテースが入っているが、彼はわれわれの正常性の概念に異議を唱えるような特定のフリークではなく、むしろわれわれが生きる文化のコードが偽りであることを示すような根源的要素を象徴している。要するに、彼は、縁日に出品される実際の奇形者ではなく、イギリス文学と同じほど古い野蛮な自己の悪夢的投影に由来するのだ。アングロ・サクソン人の叙事詩「ベーオウルフ」の中でグレンデルと名づけられているこの野蛮な自己は、そこでは「怪物」「悪魔」「悪鬼」として描かれているが、どちらかといえば地獄の悪霊というよりは洞窟の毛深い原人のように見える。ジョン・ガードナーが一九七一年の小説でこのグレンデルを再創造し、不名誉から救い出そうとした時、グレンデルは「動物的な生存者」、つまり馴化されていないわれわれの動物的性質の代用物として定義しなおされたのだった。しかし、また彼は愛情をこめて「フリーク」と呼ばれている。

忘れ去られていたのではなく、「野蛮人」という名称で呼ばれていた数世紀の間に、彼の穴居人としての起源は、古典的伝説のサテュロスとイギリスの民俗伝承の「野蛮人」から借用された特徴で上塗りされた。スペンサーの『妖精女王』の第三巻にあるように、仲間の人間を喰らう強姦者である彼は、毛深い皮膚、葉でできた帯、そして特に武器として使う粗野な棍棒や引き抜かれた木株によって識別できる。

……巨大な歯を持ち、その口は牙のある穴のようだ。
彼は人間と野獣の強姦と略奪によって生きてきた。そして、肉の血を餌にした……
彼の腰は緑の葉帯に包まれ、これ以外の服を着ることはない。
そしてその髪の毛は鋼鉄のようで
その手には、長い樫の若木がにぎられていた。

彼はさらに変容し、シェイクスピアの『テンペスト』にキャリバンとして再び現われる。彼はそこではもはや人間の肉を食べないが、人間の娘たちはまだ切望する。プロスペローが「おれの岩屋で……大事な娘を辱しめよ

プロスペローとミランダに立ち向かうキャリバン
――ヘンリー・フュスリによるシェイクスピア作『テンペスト』への挿画（18世紀後期）

うとしたから……」と非難する時、まったくの怪物のように彼は答える、「おお、おお、おお、おお！――あれはまったく惜しかったぜ……この島じゅうキャリバンの子だらけにしてやったのに」。彼は、それゆえより明確に「低能者」、「豚の子孫」、あるいは「鬼ばばあのおとし子、――人間の姿をもたぬ者」と分類されない場合には、総称的に徹頭徹尾「怪物」として言及されている。そして、初めて彼を見る時、ひとつの特徴が、縁日の見世物のフリークを思い起させる。それは次の一節のためだ。「おれがいま昔行ったことがあるイングランドにいたら、阿呆どもが銀貨の一枚ぐらい恵んでくれるだろう。」

しかし、ちょうどその頃、新世界で発見され、イギリスの奇形者と並べて金を取り展示すべく探検家たちが連れ帰ったインディアンと同じように、キャリバンもまた原住民なのである。シェイクスピアは、彼が「嵐模様のバーム―ス」よりむしろアルジェ生まれだったと示唆する。しかし、ルネサンスの詩人たちにとって、怪物たちはアメリカやアフリカなど、非ヨーロッパのすべての国々と連想で結ばれていたのだから、アルジェだろうとバームースだろうと大差はない。シェイクスピアの最も上品なアフリカ人、オセロさえ、彼自身の国で食人種やブレミエ族に会ったという物語を語っている。一方、『ティトゥス・アンドロニカス』で、ムーア人アロンは「鬼畜のような顔」をした「異様な目つき」の悪人として描かれる。そして彼の半分白人の子供は、「ヒキガエルのように忌わしい」のである。プリニウスの時代からそうであったように、要するにシェイクスピアにとって、異国趣味と奇形性とは同義のままなのだ。それでいて、彼の同時代人たちと同様、彼は祖国の怪物人間たちよりも異国人のほうが神話化しやすいと感じたのだった。

人間の怪物は、ベン・ジョンソンの『バーソロミュー市《フェア》』からさえ除外された。しかし、その物語はそうした「怪物」たちが五世紀にわたって陳列されていたスミスフィールドに設定されている。ジョンソンは焼いた豚を売る女、馬の乗り手、洋服の行商人、人形の出品者、太鼓をたたくウサギ、そして五本足の小牛を含む他の有名な市の呼び物を描き、言及する。しかし彼は人間の奇人たちのところで口ごもる。彼らは十七世紀の終りまではっきりと姿を現わさなかったかもしれないが、ジョンソンの時代には確かに存在していた。ジョン・イーヴリンやサミュエル・ピープスのような著述家が二つの頭を持つ少女や両性具有者を見ようと押しかけるほど彼らが流行になったその後でさえ、フリークたちは詩劇からも諷刺劇からも除外されたままだった。その上、ジョージ・クルックシャンクのような十八世紀の大衆芸術家たちが見世物のフリークの絵を描いたにもかかわらず、デフォー、リチャードスン、スモレットのようなよく知られた小説家たちは、ほとんどそれらに気づくことはなかった。

フリークたちは何世紀もの間そうであったように、主にノンフィクションで取り上げられた。すなわち彼らが空想ではなく説明のできる自然の事実として扱われた百科辞典、宇宙地理学書、医学論文、神秘学に関する研究書などである。また、営利的な、あるいは宗教的な目的で驚くべき出生を宣伝する小冊子やチラシ広告もあった。両性具有者は、その生活費のために広告され、また、耳の下に肉の「襞襟」をもって生まれた子供は、聖書の引用により、新奇な流行の様式に対する神の怒りの実例として描かれるかもしれなかった。

そのような論文や片面刷りの大判紙は、膝頭のあるべき位置に目玉のついているような翼のある怪物と著者によって目撃された本物の双頭の子供との区別をつけないという過ちにより素朴なものと思えるかもしれないが、われわれは翼のある怪物が教会ばかりでなくその時代の科学によっても認証されたことを思い出すべきだろう。しかし信念が判断を狂わせることさえなければ、ルネサンス以後の賢明な読者は、本物の怪物と空想の怪物とを区別するのに悩むことはなかった。たとえば妖精、エルフ（いたずらな小妖精）、空気の精は、スペンサーやバンヤンのようなロマンスの作家たちや、あるいはアレクサンダー・ポープのような詩人たちの得意の分野とみなされた。彼らの作品の中には、そうした妖精たちが、巨人や竜や古典神話の混血生物たちとともにあふれていたのである。

ただ子供たちと最も素朴な田舎の人々だけは、そのような創造物が魅惑的な「偽り」の世界に属するということを認識することができなかった。そして、その世界は、おそらく『真夏の夜の夢』のシェイクスピアと『ロミオとジュリエット』の中のマキューシオのクイーンマブの話により最もうまく描き出されている。

あいつはね、妖精どもの取上げ婆だ。
あの瑪瑙の小石みたいな可愛い姿でやってきてさ
車を曳くのは芥子粒ほどのあの小人ども、
寝ている人間の鼻の上を、音も立てずにお通りだ。
車の輻は、足長蜘蛛の長い脛、
覆いはイナゴの薄い羽根
索き綱は可愛い小蜘蛛の糸、

伝統の中では小人めいてはいてもそれなりの大きさをもっていた妖精たち（もしかすると最初は先住ケルト族のことだったのかもしれない。イギリスを侵略したはるかに背の高いチュートン族にはケルト族がそう見えたことだろう）を、極小の大きさに縮め夢のような月光下のような雰囲気に浸したのは、どうやらシェイクスピアが初めてだったようだ。後の見世物師たちは、異常な他者を神話の格子を通して見ようとする「ノーマル」たちの傾向を利用して、彼らの展示する成長の止まった人間をこの妖精たちと同一視させようと努めたが（「この小人の女は、三フィートにも満たず、三十歳で……〝妖精の女王〟と呼ばれております」）、これら本物のショウ・フリークたちは、「……のふりをしよう」の世界、すなわち想像的文学の世界には入りきらないものとされたのだった。セルバンテスが、『ドン・キホーテ』で中世騎士物語に対する全面的な攻撃を始めた時、彼は神話の巨人のかわりに「本物」の巨人をおくのではなく、それがまったく存在しなかったことを示唆しようとした。しかしその半分狂っている英雄は、空想がなければ世界は忍び難いものであろうということに気づいていて、作者の言うことを信じるのを拒否するが、セルバンテスが発明者のひとりとなったこのジャンルを取り上げた人々は、空想家に対する戦争を続けるためにそれを使い続けている。たとえば、サミュエル・リチャードスンは、百年後に「文学の新種」が、「一般小説に満ちているありそうもない奇異なことを除外すること」で、「ロマンス作品の華やかさや誇示」とは異なることをまだ自慢していたのだ。

ウィリアム・ベックフォード、M・G・ルイスそしてマルキ・ド・サドのような疎外された反逆者たち、あるいはクララ・リーヴやアン・ラドクリフのような女流のベストセラー小説家たちにより十八世紀末に書かれた恐怖の物語に、「ありそうもない奇異なこと」が再び現われた時でさえ、それはフリークたちではなくグロテスクなものに具体化された。グロテスクなものとは子供たちが退屈しのぎに自分をこわがらせるのと同じように、著

ボリス・カーロフ演ずる映画『フランケンシュタイン』(ジェイムス・ホエール監督，1931)

者が信じるふりをした古めかしい迷信の痕跡なのだ。そのジャンルのすべてにおいて、サド＝マゾヒズム、近親相姦、兄弟殺し、父親殺しのような心理的な異常が、読者の興味をそそるために利用された。しかし、生理学的な異常は、サドの隠れたポルノグラフィーを除きどこにも現われない。そのサドの小説では、両性の性器を持つ怪物たちが、大変に単調な悪夢の中で「ノーマル」の純潔を襲うのだ。

新しいジャンルにフリークの新種を紹介することで禁制を破ったのは、女性というより十七歳の少女だった。メアリー・シェリーは、自分は夫やその友人であるロード・バイロンやポリドリより面白い「怪談」を書こうとしているだけだと信じていたのかもしれない。しかし彼女の『フランケンシュタイン』は、自然の中には存在しない怪物を作り出す現代テクノロジーの物語であると判明する。彼女は、同時代の科学実験よりもプロメテウスやファウスト博士などの古い神話に通じていたが、この物語が空想の中に現われる直前に、彼女は、死体を電気ショックで蘇生させることに関する討論に耳を傾けていた。それから目を閉じて眠ろうとする前に、「体を引き伸ばされた恐ろしい幻影のような男が、ある強力な動力の作用で生命の徴候を見せる」のが彼女の目に浮かんだとしてもそれほど不思議ではない。

過去の多くのフリークと同様、人間／非人間の混合物ではあるが、人間と獣というよりむしろ人間と機械の混合物である生物を描くのに「幽霊」、「悪鬼」、「悪魔」、「怪物」のような伝統的な言葉を使った彼女は、その「退屈な怪談」が「サイエンス・フィクション」と呼ばれるジャンルの始まりになろうとは思いもしなかったようだ。後の作家たちは、「ヒューマノイド」、「アンドロイド」、「ロボット」、「サイボーグ」、そして「生物工学人間《バイオニック・マン》」のような新しい名前を子孫のために創作し、シェリー夫人が知らずに発明した未来へと投影した。そして、その未来に住むわれわれは、彼女の物語を、活字や漫画本で、そして映画で、と形を変えて語り直すのに決して飽きはしない。その上、われわれはさらに進んで、彼女のフランケンシュタイン博士とは異なり、わざと恐ろしい超人間《メタヒューマン》を作る科学者や（その原型を逆転させ）「生物工学」によって彼らの出現する可能性を除去しようとする科学者たちを未来において想像している。

しかしすべては、一八一八年に『フランケンシュタイン』が現われた時にはまだはるか先の話だった。ジュール・ヴェルヌやH・G・ウェルズがサイエンス・フィクションにその第二の出発を与える前に、ほとんど一世紀が経過したのだ。そのためにゴシック様式におけるシェリー夫人の直接の後継者たちは、怪物に対する模範《モデル》の追求において、前方よりはむしろ後方を見た。たとえば一八四七年に「ホップ・フロッグ」を書いたエドガー・アラン・ポーは、彼の物語を「道化師たちが、まだ宮廷でまったくすたれてしまうことはなく」、そして「小人が愚者と同様にありふれたものだった」ルネサンスに設定した。彼のかたわの英雄は、小人であり、愚者である。この「三倍もかけがえのない人」は、「いわば突然の歩調、つまり跳びはねることと揺れ動くことの中間で進むことができた」が、美しい小人の少女の愛を得て、彼らふたりを虐待する王を滅ぼす。

この物語は、むやみにサディスティックで、やや説得力に欠ける。しかし、明らかにポーはホップ・フロッグと一体となり、われわれが、われわれとよく似た「ノーマル」たちに対する彼の復讐の成功に共鳴することを望むのだ。子供時代に、われわれは、靴屋の小人たちや白雪姫の七人の小人たち、そしてクレメント・ムーアの古典的な詩に「とても陽気な年寄りの小人」として描かれる聖ニコラウスのような気のいい小さな人々を愛するようになった。しかし、ホップ・フロッグは、小さくて、恐ろしくいびつであるのみならず、意地が悪い。確かにポーは、グロテスクでない男の小人を想像できなかったようだ。もちろん「A・ゴードン・ピムの物語」のダーク・ピータースとして、少なくとも破壊者であるよりは援助者である小人を作り出しはしたのだが。弓のようにまがった両足、毛のない不恰好な頭蓋骨、そして「悪魔の……にぎやかな歓楽……を示す」にやにや笑いをたたえて歯を突き出し、「せいぜい四フィート八インチの背たけしかない」として描かれるピータースは殺人者としてその小説に登場するが、実は不幸な英雄の救済者として存在しているのだ。

しかしピータースは、同時代的なアメリカ人、つまりポーの小説が出版される一八三七年の数年前にナンタケットから出帆したと思われる混血のインディアンとして描かれている。もっと象徴的なのは、ポーが、同様にフリークたちに取り憑かれたフランスの同時代人、ヴィクトル・ユゴーのように、ヨーロッパの過去に彼の怪物たちをはめ込むのを好んだことだ。ユゴーの好む人間の奇人は、小人よりもむしろ普通の大きさの醜男だったのだが、彼もまた、時代を遡らせる。というのも、ユゴーは、われわれに、「笑う男」が、「十七世紀によく知られ、十八世紀に忘れ去られ、十九世紀に前代未聞となった恐ろしく得体の知れないごろつき結社」であるコンプラチコス〔子供買い〕によってとらえられ、フリークに変えられたと語るからである。

歴史家によれば、コンプラチコスは虚構であり、ユゴーが主人公の周囲に作るルネサンス後期のイギリスもまた同様に虚構なのだ。さらわれ、不具にされ、余興で見世物にされ、退廃的な上流階級によって性愛的に利用されたあげく、本当らしくもないが、その主人公は下院議員になる。しかし、しいたげられ搾取される人々の代表として発言しても、彼は貴族階級にどなりつけられ、沈黙するのだ。彼らは、彼のことばにではなく、彼の顔の

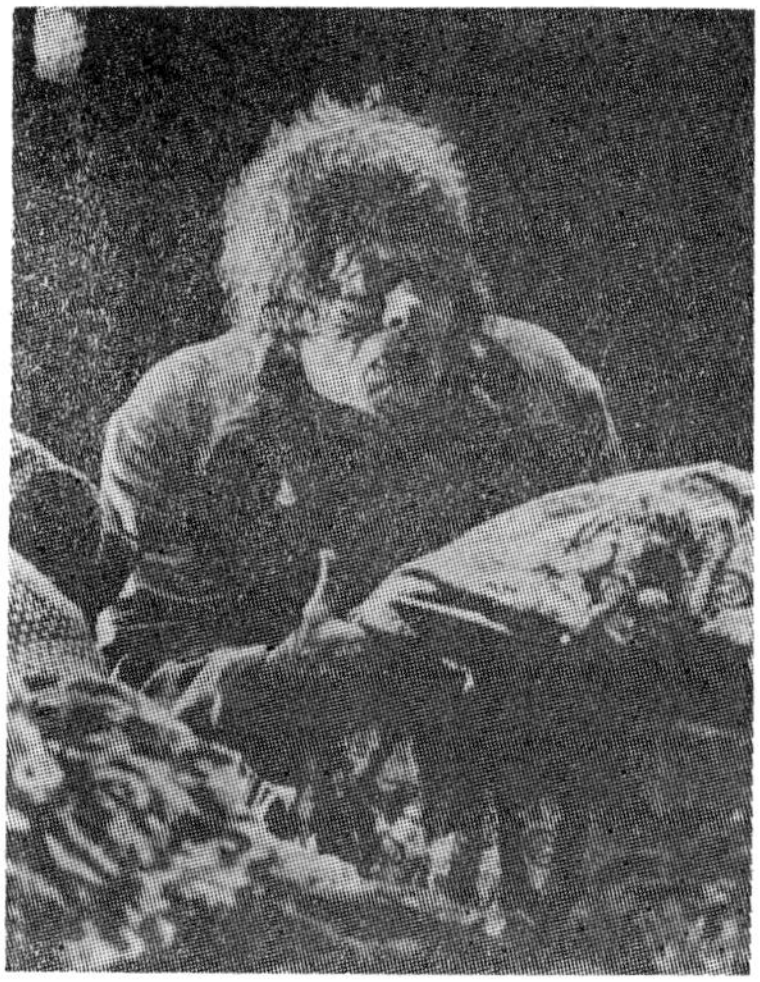

◀ノートルダムのせむし男カジモード，ロン・チャニー扮する1923年映画作品より

▶ハイデルベルクの醜悪な小人ペルケオ，アドリアン・ファン・デル・ヴェルフ画（18世紀初め）

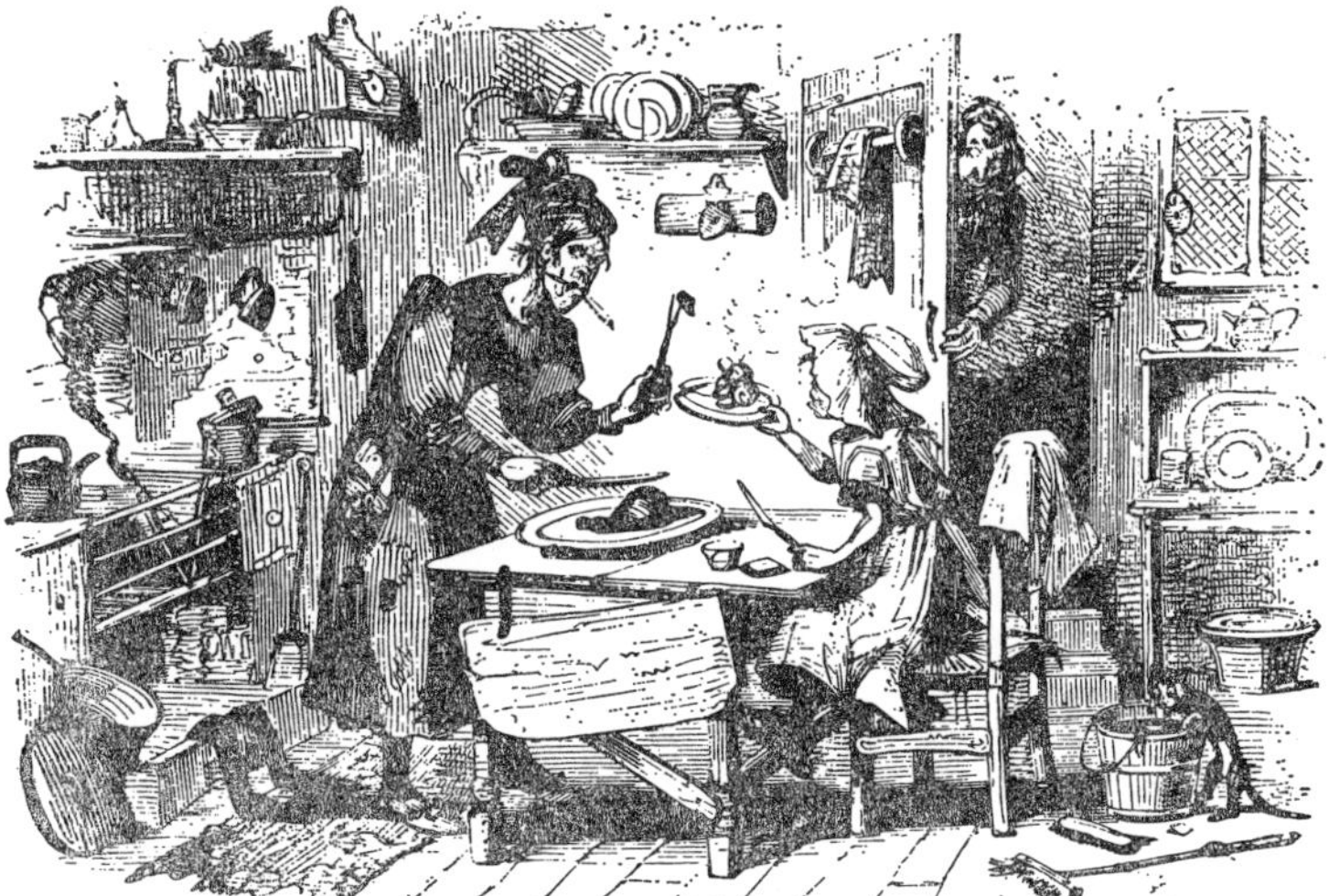

マーキオネス——ヒロインとしての小人。チャールズ・ディケンズ『骨董屋』へのフィズ挿画（1841）

滑稽な仮面にこう反応する。「口の代わりの割れ目、鼻の代わりの二つの穴のついた突起、顔の代わりのぐちゃぐちゃの固まり」と。

しかし幻想、社会の寓話、そして個人の悪夢が混合されたこの姿は、本物のフリークたちを手本に作られた。それは、〝ハイデルベルクの醜悪な小人〟ペルケオとフランスの最も有名な宮廷のおかかえ小人であるトリブレである。同様に、ユゴーの最初の小説『ビュグ・ジャルガル』におけるジャマイカ知事の奴隷ハビラは、クモのような足と縮れた赤い毛皮でおおわれた巨大な頭を持つ大きな腹をした軟骨発達異常症患者として描かれる。けれども彼と「笑い男」の中間には、最も有名なユゴーの醜男、カジモード、ノートルダムのせむし男がいる。

われわれは最初、愚者の祭りの誰が最も奇怪に顔をゆがめることができるか、誰が「愚者の法王」になれるかを決定するコンテストで、カジモードが張り合うのを見る。「彼の体全部がしかめつらであった」ために、彼は容易に優勝する。「彼の大きな頭、そのすべてを赤い髪がおおっている。肩の間にある巨大なこぶ、それに対応する突起が正面にもあった。両腿と、両足の骨格が、ひどく奇妙にずれていたために、それらはひざだけでしかお互いに触れることができなかった」。その上、彼は「右目が巨大ないぼの下に完全に消滅するのに対して、小さな左目に赤いふさふさとした眉毛のかかった」一種のキュクロプスであり、小人よりは「破壊され、そしてぶかっこうに修繕された巨人」であるようだ。とにかく、「笑う男」と同様にカジモードは十七世紀の虚飾的な顔と偽善的な見かけの背後の恐怖を明らかにする。そして、彼らは、敗北しながらも復讐の日を予兆する。失恋や激しい憎悪から生じる抑圧された意志が、彼らを醜悪とみなして暗闇に追いやる体制を破壊する日を。

要するに、彼らは、フリードリヒ・エンゲルスとカール・マルクスがほとんど同時期に、ヨーロッパにとりつく「幽霊」と呼んでいたものを象徴する。しかし『共産党宣言』の幽霊は、過去からではなく土地所有者から土地を収用することを夢にみるプロレタリア階級にすでに具体化された未来からの幽霊だった。そして、ルネサンスの宮廷につかえた道化師やペットの小人は、中世の民間伝承に現われる幽霊と同様、プロレタリア階級にはふさわしくない象徴である。もし、何らかの種類の〃フリーク〃がヴィクトリア朝時代のうわべの楽天主義の水面下にある革命的恐怖《テロル》を体現することができたとするならば、それはカジモードのような生きた人間の「珍奇《キュリオシティ》」たちでしかありえなかった。そして彼らの人気が高まっているさ中ですら、人道主義者たちは彼らの搾取に反対していたのである。

しかしチャールズ・ディケンズ以前に、彼らを直接に扱った著名な作家はいなかった。ヴィクトリア女王と同様、ディケンズはフリーク愛好家だった。そして、最初のアメリカ旅行でバーナムのアメリカン博物館に連れて行くようせがんだのだ。『ボズのスケッチ』――それによって彼は初めて知られるようになったのだが――の中の一篇がグリニッジ市の見世物フリークたちに捧げられるのは驚くにあたらない。その三日間にわたる春の祭りで、彼は一ペニーで、小人、大女、「完全な白髪を持つ、不思議な美しさの若い女」そして本物の「野生のインディアン」を見た。彼は、小人に最も魅せられた。その小人は、六部屋ある家のように彩色された小さな箱に押しこまれ、その窓のひとつから、ベルを鳴らし、ピストルを撃った。数年後に彼が『骨董屋』を書くようになった時、それゆえ、彼は、その見世物の世界と、バーナムにならって「珍奇＝骨董品《キュオリオシティ》」と呼んだその芸人たちを思い出した。「キュオリオシティ」ということばはまた、古い家具、甲冑ひと揃い、そして雑多な古物にも使用されたのである。

そんな朽ち衰えた骨董品に囲まれた小さな孤児の少女を想像していた彼はやがて、トランプの名人、すり、競馬の予想屋、娼婦、芸当をする小犬、大言壮語する二人組の詐欺師、パンチ人形芝居の裏方、巡業蠟人形の女所有者、巨人と「両手両足のない小人の女」などに囲まれた彼女を心に描くようになった。実際、ディケンズの本は、最も標準的なフリーク・ショウでもある、その時代の大衆文化の手引き同然なのだ。しかし、そしてこの本自体が、グリニッジのフリーク・ショウ同様、その大衆文化の一角を形成しているのである。それが初めて世に出た時、批評家たちは、小さなネルと彼女の老いた祖父の哀れをさそう逃走、そして特に彼女の悲惨な死に強く目を奪われ、その事実に気づくことはなかったのだが。

けれども、一番最初の賛美者たちが、ネルの執念深い追手であるクィルプに涙を流して笑いながら気づいたように、『骨董屋』は、コミック・ホラーでもあったのだ。クィルプは、バーレスクとグラン・ギニョールに同等に由来する人物なのだ。つまり悪い夫、更に悪い娘婿、年ごろになるかならないかの少女たちに欲情する好色者としての著者のカリカチュアなのである。そのうえ、「一ペニーでどこででも見ることのできる小人よりもさらに醜い小人」として描かれるクィルプは家庭や仕事場にもっぱら現われるにもかかわらず、小説の感傷的な前景と、フリーク・ショウの背景のきずななのである。実際、少なくとも登場人物の半数が、奇形的に小さい、特に、ネル自身に始まり、「きれいで、おだやかな話しぶりの小さな」クィルプ夫人を経て、キットにとって残念賞として役に立つ下層階級の少女である「心の優しい、愚かで小さなバーバラ」や、おそらくクィルプの私生児であると思われる三フィートの背たけの不可解な「マーキオネス」に至る女たちが奇形的に小さいという事実にもかかわらず、クィルプが実際に「小人」と呼ばれるただ一人の主役なのである。

ディケンズは、彼の本のシェイクスピア風結末で、コーデリアの死の哀感を模倣しようとしたにもかかわらず、最終的な効果は望遠鏡を逆から見る時のようなもので、小人たちによって上演される「リア王」のような感じだ。それゆえ私はヘンリー・ジェイムズに共鳴する。彼は、(私と同じように) 小さなネルに涙を流しつつも、彼女やその後のジェニー・レンのような小人のヒロインを自由に笑うことができると感じていた。そしてジェニー・レンについてこう所見を述べた。「ディケンズ氏の哀れをさそうすべての人物と同様、……彼女は小さな怪物であり、ディケンズ氏の、すべての小説において感傷的な役目を果たすせむし男や愚者、そして早熟の子供の一団に属すのだ」。ジェイムズは、彼自身、グロテスクなものの魅力を感じないわけではなかったがサイド・ショウの熱心な愛好者ではなく、彼の同時代人であるシェリダン・ル・ファニュ、ブラム・ストーカー、そして(「ジキル博士とハイド氏」の場合を除く) ロバート・ルイス・スティーヴンソンらと同じように、本物の「怪物」よりも想像上の妖怪を、フリークたちよりも幽霊の方を好んだのである。

一方、エドワード・リアとルイス・キャロルは、動物と人間、大きいと小さい、自己と他者の境界線がぼやけてなくなるような、「子供専用」の世界を作ることによって、奇形的なものに対する趣味に耽溺した。「すべてはナンセンス」だとふたりは主張する。そして、キャロルは、彼の幼い読者たちに、その物語は大人になることで永久にさめてしまうはずの「夢にすぎない」と語る以上の作家ではない。その幼い読者たちは、大人になる時、ハンス・クリスチャン・アンデルセン、クリスティナ・ロゼッティ、ウィリアム・モリス、ジョン・ラスキンそしてディケンズ自身のような著名なヴィクトリア朝の文学者により(検閲の努力にもかかわらず)書き続けられたおとぎ話をも置き去りにするはずだ。こうした文学者の物語においては、通俗恐怖小説や「ナンセンス」ものにおいてと同様、小鬼や人魚、巨人や小人などが想像力の中で生き続けてはいたが、それは、ルネサンス期に降格されて以来の「見せかけ」の地位に甘んじたうえでの話だった。

けれども、おとぎ話を出典とした時でさえ、ディケンズは、マーク・トウェインを除く他の同時代人の誰とも異なり、伝説的な怪物をショウ・フリークやわれわれ自身と同じほど真に迫った生物に変形させえた。しかし、トウェインは常にディケンズの作品を非難するように語ったものであり、好ましいと述べたのは、区別のつかない分身という彼自身の好む主題を扱う『二都物語』に関してだけだった。それでも彼は、幾万もの他のアメリカ人とともに、三年後に死がせまっていたディケンズの一八六七年の講演旅行を聞きに行った。トウェイン自身は一八三五年(彼の生年)に最後に現われたハレー慧星が再び現われた一九一〇年まで生き、このことは、サイド・ショウから生まれ出た隠喩を彼の心にもたらすことになる。

「これらの不思議なフリークたちを御覧あれ」、トウェインは、ほとんど信じられない神が、この戻ってきた流星と彼自身について言うのを思い描いた。「彼らは一緒に入って来たのだから、一緒に出て行かねばならぬ」。こうした一生結合されたフリークとは、すべての人間奇形の中で最も彼の想像力をとらえたシャム双生児である。

彼がシャム双生児以外で物語を捧げる唯一の人間奇形は、「けば立った緑のかび」におおわれ、「縮ませられた、みすぼらしい小人」、「人間の屑の不快な破片」である。その小人は、「アトランティック」誌の一八七六年六月号に載った「コネティカットでの最近の反道徳的行為のカーニヴァルに関する事実」に出ている。しかしその小人でさえ他我であることが明らかになり、語り手は、それまで気づかずにいた罪責感を暴露したがゆえに彼を殺し焼却してしまうことでかたをつけるのだ。いわばその小人は、トウェインが「私の代役、二元性における私の相棒、私の中に住む他者、そして完全に独立した人物」と呼んだもののもうひとつのヴァージョンなのである。

自分にあからさまなペンネーム、マーク・トウェイン〔二つの意〕を与えた瞬間から、サミュエル・L・クレメンスは、その第二の自己に苦しめられた。そして、彼の最後のことばは、ジキルとハイドと二重人格についてのまとまりのないつぶやきだった。その間、彼は、『王子と乞食』のトム・キャンティとイギリス王位継承者から、未刊の原稿「夢はどっちなのだ」のトム・Xとジェフにいたる、よく似た何人もの人物を創造した。トム・ソーヤとハック・フィンでさえ、『ハックルベリー・フィン』の終わりごろには、おたがいに完全に区別を失ってしまう。そして、この一連の人物群は、『まぬけのウィルソン』の奴隷ヴァレ・ド・シャンブルと自由人トマス・ア・ベケット・ドリスコルで頂点に至る。対になった人物の一人は、誰も説得力を持って説明できない何らかの理由で、いつもトムと呼ばれている。そして、いつも中心となる主題は転覆である。すなわち、使用人が主人として、平民が王として、追放者がお気に入りの息子として、ニグロが白人として通ってしまうということなのである。

本物の結合した双子、最初にシャム双生児のチャンとエン、そしてトッチ兄弟や双頭少年に出会って初めて、トウェインは自分の不可分の他者に関するふさわしい隠喩を見出すことができた。しかし、それを見出しはしたものの、彼は、トッチ兄弟をモデルとする結合されたイタリア人貴族のつがいルイジとアンジェロを三度使ったが、必ずしもうまくこなすことができなかった。一度は、ほとんど全篇彼らの苦境から笑いを搾り出すことに向けられた短い茶番めいた作品で、次にはアメリカの小さな町への彼らの侵入が奇形がもつ滑稽な暗示的意味ばかりでなく、社会の狭量な道徳的感受性をも暴露するよう意図された長篇小説で、最後に『トム・ソーヤ、外国に』のエピソードとして試みたのである。このエピソードにおいてトウェインは、そうしなければ語りえない物語を語るために、ハックの声を再び呼び求めようと考えたのであった。

第一の短い笑劇は、短いままでは収まりがつかなかった。長篇小説では、ルイジとアンジェロを半分に切り離すことでしか救うことができず、ふたりを滑稽なエキストラに変える方向に向った。ハックは、このふたりのエピソードに至る前に、自分の新しい役割に嫌気がさしてしまう。残るは、『まぬけのウィルソン』のエピソードである。そこではルイジとアンジェロは、もはや結合されていない。それゆえ、そこに残存している彼らに関するジョークは理解不能なものだ。これ以外には、『かの驚くべき双子』というトウェイン自身がつけたタイトル

トッチ兄弟公演ポスターを見つめるマーク・トウェイン
マーク・トウェイン『かの驚くべき双子』口絵（1894）より

これら驚嘆すべきシャム双生児たち
M・トウェイン『かの驚くべき双子』
(1894) へのF.M. セニアの挿画

を持つ断片集と、双子の絞首刑などを含む書きかけの挿話がいくつかある。前者はすばらしい芸術作品であり、後者は、失敗の記録にすぎない。しかしどちらにおいても、彼は、シャム双生児が糸口を与えると思われた二元性／同一性の神秘と折りあいをつけえていない。おそらくこの理由のために、フリークたちは、（トウェインはそうしなかったが）彼らを展示される姿と内面において示そうとし続けるわれわれの時代の作家たちをじらし苦しめ続けているのだろう。

　ヴィクトル・ユゴーを除いて、二十世紀になる以前に、このように内側からフリークを描こうとした作家はいない。そのために、ウォルター・デ・ラ・メアの『小人の回想』が一九二二年に出た時、それは、先例のない、不可解なものに思われた。彼のヒロイン、ミジェティナと呼ばれる妖精のようなヴィクトリア朝風の淑女は、自分の性や大きさに対する人々の反応にうまく対処できないため、旅回りのサーカスで、自分を「自然の驚くべき怪物」として誇示することにする。ブロンドの純潔と子供のような弱さを強調する衣装を初めのうち着ていた彼女は結局、化粧をし詰物をすることで、「卑しむべき悪」の見せかけ、つまりはなはだしく好色な魅力を演じることになる。彼女は、一方の姿では畏怖と恥辱を、そしてもう一方の姿では性欲を惹起するという両方の役割を楽しむ。しかし、彼女の二重の仮面は、大きな不幸に終る。すなわち、彼女を愛し、馬で彼女を連れ去ろうとする男の小人の死と彼女自身の自殺の試みの失敗である。

　デ・ラ・メアが再現するショウの世界は、実体のない、ゆがめられたものであり、下層の人間の一断片というよりはむしろ、ゴシック的グロテスクである。ミジェティナの仲間の芸人である象人間《エレファント・マン》、肥満女、そして斑点少年は、ぼんやりした背景の人物のままであり、一方等しく彼女を拒絶しそして魅惑する興行人と彼のジプシーの情婦は、優雅なことばづかいとミジェティナもその作者も気づかずにいるらしい恩着せがましくへりくだった態度によって歪曲されている。けれども、その世界で、彼女は、人生の残りを生きがいのあるものにする真実を学ぶのだ。「私たちみんな見世物じゃないの。ねえ、私たちの十人に九人は、見世物になろうと必死になっているじゃないの」。そして、われわれは自分が現われているこの小説のことをたずねる彼女の声を最後に聞く。「それに、この物語そのものは何なの？　……知らずに再び――本の中で――見世物になっているわけではないですか」と。

ショウ・フリークの本当の世界は、しかし、ポーの時代から、人間の奇形を何か他のもの、例えば芸術家の立場、貧しい人々の抑圧、性の恐怖、そして社会生活のつかみどころのない本性の隠喩に変えてきた小説においてと同様、ここでもしっかりと把握されてはいない。そしてそれゆえ、それらは、われわれに、自分自身の逃れがたい異常な運命を人に見せるパフォーマーであることがいったいどんな感じのものであるのか十分な手がかりを与えてくれはしないのである。

11

フリークスの沈黙とサイド・ショウのメッセージ

その肉体が雄弁に語っていることに言葉はふさわしくない媒体でもあるかのようにフリークたちは「出版物」を避けたため、フリークであることをどのように感じているかについての信頼できる記録を残してはいない。公の「自伝」は常に彼らの興行主によって流布されているが、それらはいずれもゴースト・ライターの手になるもので、出し物の向う側のものではなく、相変わらず出し物の一部となっている。したがって、限界はあるが、『小人の回想』のようなフィクションがフリークたちの頑固な沈黙の打破により近づくことになる。しかし彼らの立場の本当の意味は、ヴィクトリア朝時代に宗教的な市の解体から発展し、サーカスのサイド・ショウや大衆博物館として今に伝わっている大衆芸術の形態に内在しているのだ。

その発展の中心人物は、独自の媒体の開設によってディケンズと同様、十九世紀の重要な創造者となったP・T・バーナムだった。彼ら二人が、ユゴー、ポー、そしてウォルト・ホイットマンら――そのいずれもが〝大観衆《マス・オーディエンス》〟の第一世代の想像力を形成するのに貢献した――とともに、同じ十年のうちに生まれたことは、確かに偶然の一致ではない。彼らの時代は、前例のない社会流動と急速に拡大する知識の時代であり、そこでは、あらゆる分野の成功者たちが、その新しい観客のために、自らの生涯を書物として記録した。バーナムもその例にもれず、『P・T・バーナムの生涯』、『苦闘と勝利』、『P・T・バーナムの回想の四十年』と題した自伝を生

17世紀のショウ・フリークのスケッチ（ジェイムス・パリス・デュ・プレシスの著書より）
（左上）腹部から生長した頭をもつ男，
（左下）角をもつ子供，
（右上）結合したまま生まれた子供，
（右下）双頭の子供。

涯を通じて書き、あるいは書き直している。それは、ウォルト・ホイットマンの『草の葉』(この初版も一八五五年に登場し、最後の改訂版は、バーナム自伝の最後の版と一致する)と同様素朴でありながら洗練され、空想的でありながら迫真的真実であり、とてつもなく尊大で毅然としたアメリカ人の作品である。

その中で、バーナムは、彼の名声と富の獲得とともに、アメリカ国民の趣味を変えた「珍奇」を想い起している。すなわち、彼のお気に入りのふたつの悪ふざけであるジョイス・ヘスと「フィージーの人魚」、彼のお気に入りの三人の芸人である親指トム、ジェニー・リンド、巨象ジャンボ、そして彼が火事によって消滅するのを見届けた最愛の建物である「イラニスタン」とアメリカン博物館である。前者は、ブライトンにあるジョージ三世の東洋風宮殿にならって作られたアメリカの田舎の家というばかばかしいものだった。しかし、後者は、その名前が示唆するように、われわれの文化にとって重要な施設となった。それはもとはといえばスカダーという男から買いとった特別な骨董品とフリークたちの宝庫であり、さらに他のつぶれた「博物館」の残り物をぎりぎりまで詰め込んだため、バーナムが「広大な一国の博物館……不思議な世界の不思議な摂理に関しての、見聞すべき価値のあるすべてのものの百科全書的な梗概を含む、自然と芸術のすべての種類の無数の事柄」と表現するものになった。その建物が炎で焼き尽くされた時、彼は再び建て直し、その中の様々な驚異を描いた絵で玄関を飾り土地の名物にしたため、南部連邦の放火犯人たちの一団が、もう一度すっかり燃やしてしまおうとしたほどだったという。

その火焔爆弾は失敗に終ったが、結局一八六五年、欠陥のある暖房装置から出た火がこのアメリカで最後の完全な博物館をすっかり消滅させてしまった。最初の建物はジョージ・ワシントンの肖像画で有名なジョン・ピールにより一七九〇年に設立されたものだった。バーナムのふたつのアメリカン博物館は商業目的の全体的なマルチ・メディアの展示場をつくる試みを見せているが、彼の生涯の間に、こうした施設は、次第にすたれていく運命をたどった。それは、政府機関や個人の財団が抬頭し、その大ざっぱなコレクションを「専門家」たち

親指トム将軍を教育するＰ・Ｔ・バーナム――バーナム著『苦闘と勝利』(1927) より

により指示され、分化したより小さいコレクションへ解体し、無料で国民に公開し始めたからである。これを察知した時、バーナムはマンハッタンの南のその場所を去り、旅へ出て、テントを張ってのちに「地上最大のショウ」として知られることになる興行を掲げる。そしてどうにも運ぶことのできなかったものすべてを、新しく設立されたニューヨークの自然史博物館とワシントンのスミソニアン協会に寄付したのである。

その後の生涯において、バーナムは新しい博物館の人々が喜んで受け取る残りの「珍奇」を、彼らがやんわりとした蔑視をもって断る彼の助言とともに、与え続けている。彼らのその態度は、「博物館運動と自然史の普及に関してはバーナムの功績があった」と時折指摘されるくらいではとても割りのあわない態度だった。誇大な広告やぺてんを「学問的な行為」や「教育的奉仕」とすり替えたことを自慢しながら、バーナムの後継者たちが、彼の死後十年も経たないうちに、新しい博物館は「概して、大多数の人々の持続した興味を引くことができなかった。それらは知れわたってはいたが評判はよくなかった」と告白したのとは対照的に、バーナムは自分の全盛期にうまく手を引いたのだ。けれども、われわれがバーナムを思い出すのは、こうした博物館運動の先駆者としてではない。もっと重要な貢献が別のところにあるためなのである。

しかし、どこに？ 彼は決してJ・P・モーガンやジョン・D・ロックフェラーのような際立った大立物ではない。彼は、大富豪として死に、最後の破産の後でさえ、新たな投資をおこない続け、政治や社会改革（彼は、禁酒党公認候補として大統領に立候補するところだった）、そして隠居の楽しみへと関心を移していったことからもわかるように、決して商売それ自体を楽しんでいたようには思えない。また、どんな批評家も（少なくとも私以前の人たちは）彼を真面目にとらえていないため、著作家として重要であるということもできない。さらに大衆博物館の全盛期が過ぎ去った時に第二希望としてサーカス業に変わったため、本当の凝り屋が言うように「すすんでサーカス屋になった」わけではなく、アメリカのサーカスの創始者と呼ばれるわけでもない。大方の意見では、彼はなによりまず「ぺてん師」と敏腕家として生き、だまされやすい人々にこう叫んで大喜びさせたのだ。「毎分ひとりずつ、お人よしが生まれるんだ！」。するとみなはそのことばが自分の隣人のことを言っているのだと考えたのである。決して真実のすべてではないのだけれども、確かにこれは真実の一片ではある。

また、彼自身による呼称にもかかわらず「見世物師」は、彼を表わすのに十分ではないだろう。というのも、バーナムは大衆を楽しませると同時に教育者でもあり、さらに子供たちが感じる畏怖を大人によみがえらせ、自然を再び神話化することができる（科学は自然を中性化したと言われるようになって久しかった）魔術師でもあったのだ。そして、〝驚異としての世界〟についての彼のヴィジョンの中心にあるのが、フリークたちなのである。自らの王国のほとんどすべての物を、彼は人類学者や動物園の館長、博物館の学芸員や劇場の支配人にまで広がる人々から手に入れた。しかし、われわれは奇形学者や心理内分秘学者の努力にもかかわらず、人間の奇形について考える時、まだ親指トムやアンナ・スワン、ジョジョと獅子面男ライオネル、そしておそらく特にチャンとエ

▲大火災の後のバーナムの「アメリカン博物館」

バーナムの「人魚ショウ」のポスター▲と，
実際に出されたバーナムの「本ものの人魚」▶
いずれも，バーナム『苦闘と勝利』より

ンを思い浮かべるだろう。すなわち、ウィスコンシン州バラブーにある舞台に変わることなく立ち続けている彼らの典型的な姿をである。――あたかも、バーナムがわれわれに教えた夢が魔力によって、眠れる森の美女のごとく時間の外に存在しているように、彼らはそこで立ちつくしているのだ。

フリークの見世物は、もちろん古代から存在し、他の異教的習慣同様、中世のヨーロッパに復活した。しかし、しばらくの間、奇形者は、彼らの家や地方君主の宮廷において見世物にされた。彼らが初めて集団で一般大衆に公開されるようになった時も、祝祭日に聖地に限り展覧されるべきだと主張する教会の保護のもとにあった。初期の「怪物」たちが、そうした祭礼を祝う大縁日にどのように現われたのかを語るのは難しい。小売商人の陳列露店や、食べ物飲み物を提供する屋台や、竹馬に乗って歩いたり刀の突端でバランスをとったりする芸人たちのほうが彼らよりも前から存在している。表立ったテーマは宗教的だが、ことばはみだらな生の芝居でさえ、やはり彼らより先にあった。そしておそらく人形劇も同様だったのだろう。

とにかく彼らの出現が記録されるのはエリザベス女王時代までなく、彼らが主要な呼び物になったのはようやく王政復古期だったのである。町中に分散している催し物の年に一度の大集合で、最も大きく活気にあふれ、最も長続きしたバーソロミュー市《フェア》についての一八五八年の記述のなかで、ヘンリー・モーリーは、「社会の風潮はチャールズ二世の宮廷により堕落し……怪物への趣味は病的になった」と評している。それから彼は同時代人に「バーソロミューの市は消え去り、チャールズ二世がその腕の下をくぐるのを好んだ巨人を見たがる英国の青年もほとんどいない」と念をおすのだ。しかし彼の本（ルネサンスと十八世紀のちらしの古い原稿やさし絵からの頭文字で装飾されている）が、彼が嘆き悲しむ「珍奇」へのノスタルジアを満たすために書かれているのだから、彼はいくぶん不誠実であるといわざるをえない。

一八四〇年のバーソロミュー市《フェア》の崩壊を招いた騒乱――酔ったあげくの殴りあいが起り、女性の見物人が服を脱がされたりした――に関するモーリーの記述さえも、ヴィクトリア朝の道徳が禁じようとしたお祭り気分への心ひそかないつくしみを露わにしている。そして彼は、ヘンリー一世が宮廷おかかえの道化師から修道士になったレイヤーの切なる願いで一一三三年に最初の特権を与えた、年に一度の大食いと無秩序への哀歌でことばを結ぶ。そのレイヤーこそ、P・T・バーナムばりのずうずうしい自信で一連の奇跡を捏造し、観客たちをスミスフィールドの定期市に引き付けたのである。

(左上) バーソロミュー市の創始者・修道士レイヤー，(右上) ミス・バフィン，(右下) バーソロミュー・フェアに出演したケラム・ホワイトロー，(中央) サイモン・パーブ氏，(左下) 斑点のある少年
ヘンリー・モーリー『バーソロミュー市の回想』(1859) より

私は英国で七世紀にわたって続けられた祭りの物語を最初から最後まで語ってきた。わが国の大都市の野外の通りでおこなわれ、毎年よそから人々を集める数少ない人気のある祭りの中で、これが最高のものだった。その奇行に、われわれは大衆の騒乱と混合されたひとつの国民の気質を見る。けれども、国家がそれを必要としなくなった時、内政裁判所はほんの数人の警官の助けをかり、それを静かに葬り去ったのである。

しかしバーソロミュー市《フェア》が死んだのだとしても、それは単に生まれ変わるためだったのだ。フリークの見世物がスミスフィールドで禁じられていたその時に、新たなレイヤーがフィージーの人魚を公開していた。一八四九年、お菓子の屋台のひとにぎりに縮小されたその市が最後の開催を宣告された時、アメリカン博物館はとうとうディケンズ、サッカレイ、そして英国皇太子をも含むことになる大いなる群集を引き付け始めていた。

けれども何ものも不滅ではなく、バーソロミュー市のようにアメリカン博物館はその原型である巡業サーカスとともに消滅した。とはいっても、フリーク・ショウ自体は消滅しておらず、みすぼらしい田舎町の店先や海岸の避暑地の遊歩道に沿って並ぶ小屋掛けなどの「十セント博物館《ダイム・ミュージアム》」として残っており、また小さな町はずれの空地に一夜のうちに組み立てられる巡回遊園地でも、大観覧車やクーチ・ショウ、ホット・ドッグの売店や賭場のわきで弁士が呼びこみをするテン・イン・ワンのいかがわしい不思議の国に入ろうと、「かも」となる人々は列を作るのである。そしてひとたび中へ入った彼らが目にするのは、一種のドラマである。すなわちフリークたちの沈黙はビザンティン風のモザイクと同じように固定され、型にはまった図像言語の形態へ転換されるのである。芸人の数すらも、魔法の数字である十人と決まっている。しかし彼らのすべてが先天的奇形である必要はなく、刀を飲みこんだり、炎を食べたり、鼻に釘を突っ込み、肉体に釘を打ちつけることができるという以外はごく正常な人間たちもまたこのショウに加わる。さらに人魚、頭のない女、ゴリラに変身する少女といった公然たるインチキ――「錯覚《イリュージョン》」と呼ばれるようになっているもの――とともに、刺青をした男や女のような自家製フリークもいる。そして、ジョン・デリンジャーの父親やボニー・パーカーの母親のような、有名な犯罪者の生き残っている親類までもが一時は公開されたのである。

けれども、テン・イン・ワンのメッセージを体現するのはやはり一般的なフリークたちである。つまり、時折ピンヘッドやシャム双生児や男《おとこ》／女《おんな》がいるほかは、手と足のない驚くべき人間とか、巨人、小人、肥満女、生ける骸骨、そして髭女などなのである——思いもよらない意外なものはそこには何もない。また、新手の公開方法というものも存在しえないため、われわれはまもなく、自分が今どこの町で、生涯のどの地点でこの見世物を見ているのかわからなくなってしまう。ショウに出る奇形者は、決してわれわれのレベル、現実のレベルで公開されはしない。大体において彼らは、見上げなければならない掛け布でおおわれた舞台の上でカーテンを背にして立つ。時々、特に特別料金が要求されるトリの呼び物であるような〝インチキ〟の場合、彼らはわれわれが見下ろさなければならない柵で囲まれた「くぼみ」に置かれる。その上、フリークたちは単にそこに立っているだけでなく、明らかに何かを演じる。たとえば、ほかにできることが何もない場合には自分の体に釘を打ちこんだり、また、彼らが〝腕のない驚異〟やアザラシ少年であれば、自分の足の指の間や首とあごの間にはさまれたマッチでたばこに火をつけたりする。

少なくとも、びっこをひいたり、片足で跳ねたり、よろよろと歩いたりして動き回りながら、彼らは自分の出自と宿命についての半ば伝説的な物語を語って聞かせるていどのことはする。そして、一方で弁士の声が休みなく続く——時には録音された音楽を背景に、また近頃では弁士の声自体録音されて、われわれの見ているものを説明するのだ。われわれはそこへ入ってゆく時でも、それぞれの芸人がおざなりに演ずることになる役柄を、その芸人が生まれた時にはもう死んでいたかもしれない画家の手になる垂れ幕を目にして、何を見ることになるのか前もって知らされてもいたのである。バーナムの時代には、公開されるフリークたちは実際の自分の奇形を甚だしく誤って伝える線画で図解された小冊子を売った。そして、しばらく後には、今でも郷愁をさそう歴史書や写真集のページにあるような、彼らが夢の中の姿のように見えるほどぼやけた白黒写真も売っていたのである。

今でも、もし魔法がうまくはたらき、運よく酒やクスリに酔っているか、おめでたいほど無邪気であれば、見るはずのものをそこで見ることができる。つまり神話を体現しているかのような不幸な人間ではなく、神話それ自体——ジャングルのすみにこそこそ隠れている動物との混合体や、ジャックがハープとニワトリをだまし取った人食い鬼よりも大きな巨人、からしの種よりも小さな小人をである。しかし、魔法がうまくきかないか、だめになれば、古テントのかびの悪臭と足もとの汚れたおがくずのつぶれる音に気づいてしまうのだ。そして、フリークを見上げる時、見返すためではなく見られるためにそこにいると思っていた者たちの目の中に敵意と倦怠を認めるだろう。ことばと音楽のごまかしの背後にフリークたちの沈黙を聞くのは、この瞬間なのだ。そして、それは実はあまりに現実的だという意味なのだが、「一杯くった」とか「いかさまだ」と叫ぶことになる。あるいは、笑う。失敗した奇術や、それを信じた自分を笑うように。

ともかくテン・イン・ワンは、単にアメリカの大衆文化の一部ではなく、最も単純な者にも、最も洗練された者にも同様に手に届くところにある幻想と現実、喜びと悲しみ、畏敬と嫌悪の相互存在のありふれた象徴となったのである。それゆえ、芸人たちは、文化の中心からその周辺へ、主要都市から小さな町へ、ブロードウェイからドヤ街へと後退していくにつれ、その意義を他の媒体へ順応させようとした。すなわち、紙の中のことばへであり、スクリーンのイメージへである。最初は、いわば、素朴な絵画やポップアートとして始まったサイド・ショウは、より自意識の強い芸術、より現代的で大がかりな芸術の主題となってゆくのである。

われわれは、カーソン・マッカラーズの『結婚式の参列者』と、しばしばアンソロジーに収められるようになっているユードラ・ウェルティの「硬直した男」や「キーラ、追放されたインディアンの娘」で、フリーク・ショウの役割に気づいている。そのようなゴシック風の女性作家たちは、今日徐々に批評家の注目を集め始めている。たとえばエレン・モアーズは、マッカラーズの『金の眼の輝き』について、一九七四年四月四日号の「ニューヨーク・レヴュー」誌に寄稿し、「才能に恵まれ、感受性が強く、奇妙で、気の狂った、猿や子供と同じように小さな生きもの」への「正常《ノーマル》」な女性の愛をテーマとした作品と評している。そこから彼女はアイザック・ディネーセンから不幸な写真家ダイアン・アーバスへ、つまりフリークにとりつかれた他の女性芸術家の作品へと進んでゆき、ジューナ・バーンズにとらわれるのだ。バーンズの『夜の森』に関して、彼女はかつてT・S・エリオットが自分に関しては決して使われないことを望むと書いた「恐るべきフリークたちのサイド・ショウ」という言葉を使っている。

しかし、この文脈ではその言葉は、暗喩のままである。なぜなら、エレン・モアーズが特に言及する他の文学(アーバスは別問題である)と同様、『夜の森』は見世物に出るフリークたちではなく社会の中の(あるいはバーナムの芸人たちよりも作者の方に近い)「フリークたち」を扱っているのだから。ゴシック小説は、最初から、自分自身を「フリーク的」とみなす作家たち、あるいは他者が自分のことを「フリーク的」であると見なすことを知っている作家たちによって主として生み出されてきたのだ。確かに、そのジャンルの大家として思い出されるのは心理学的な烙印をおされた集団のメンバーである。単にエレン・モアーズが思い出させる女性たち——ストレートであれゲイであれ——ばかりでなく、チャールズ・マチューリン、ブラム・ストーカー、そしてシェリダン・ル・ファニュのようなアイルランド人、ウィリアム・ベックフォードやM・G・ルイス、そして若き日のトルーマン・カポーティのようなたいてい若者である同性愛の男たち、そして、D・H・ロレンスがそのほとんどが怪物じみたキャリバンになってしまったと考えたあの「逃亡奴隷の国」の人々、すなわち一般のアメリカ人である。中でも、南部連邦の敗北以来は特に南部のアメリカ人であり、とりわけ注目に値するのはフラナリイ・オコナーであろう。

彼らにはみな自己嫌悪が作用していて、それゆえ彼らの仲間にナサニエル・ウエストやジーン・トゥーマーのような、忌みきらわれる少数民族集団の悩めるメンバーを見出すことも驚くにはおよばない。ウエストの小説の中心に位置する唯一の完全な異常者は、ウェストが自分自身をそう呼ぶのを好まなかったにもかかわらず特に「ユダヤ人」と名ざししている数少ない人物のひとり、『イナゴの日』の中の醜悪な小人エイブ・クシチである。同様に、われわれの世紀の注目に値する最初の黒人作家ジーン・トゥーマーは、その生涯の後半を白人として過ごしたのであるが、『ケイン』の悪夢のような場面のなかで、頭にボクシングのグラブを着けたグロテスクな黒人の小人でいっぱいの舞台を持ち出す。そして最後に、第二次大戦後、奇形の存在しない純粋な人種をめざすナチの夢が崩壊した時、すべてのドイツ人が感じた後遺症的な罪悪感を象徴する形で様々な種類のフリークたちが、ギュンター・グラスやヤコフ・リントのようなドイツ人作家たちにとりつくようになるのである。

しかし他の二十世紀の作家たち、つまり自らの秘められた自己のイメージを見出すよりサイド・ショウの正体を暴露することに興味を持つ「リアリスト」たちは、実際に彼らの何人かが客引きとして働いていたサーカスを正面から扱った。私は、そのような小説を多数読んだが、それらがあまりにばかばかしかったり、説得力がないため、ほとんど記憶に残ってはいない。わずかな場面、たとえばハーバート・ゴールドの『抗弁しなかった男』やロバート・ハインラインの『異星の客』の一部分が思いだされるだけである。後者では、火星人のスーパー・ヒーローが、しばらくの間、フリークたちの見世物で働くのである。「テン・イン・ワン」には読心術者はいなかったが、魔法使いはいた（火星人自身のことだ）。ひげをはやした女はいなかったが、男女両性具有者はいた。刀を飲む者はいないが、火を食う者はいた。刺青の男はいないが、へビ使いでもある刺青の女はいた。そしてほら吹きどものために彼女は〝完全なヌード〟で現われるのだ」とハインラインは書いている。

どういうわけか、わたしは、リンドバーグが大西洋を飛び、サッコとバンゼッティが処刑された年に出版されたあの放浪の小説家ジム・タリーの『サーカス・パレード』を最もよく記憶している。時に感傷的で時に粗野な文体で書かれたこの小説は、全身毛でおおわれた少女、肥満女、怪力女や小人ピグミーらが、神話的な人物としてではなく、犠牲者や敗者として登場する物語であり、確かに職工や小作人が主人公であるよりは面白味があるかもしれないが、やはりどうにも気の滅入るような話である。けれどもピンヘッド、七九〇ポンドの肥満女を含むこの小説は、フリークたちがタヒチ島の王女と同じように異質であると感じるような中流階級の読者に驚異と畏敬の感覚を提供したのである。そしてリンゼイ・グレシャムのように、後の何人かの小説家は、その事実を慎重に利用した。グレシャムは、彼の一九四六年の小説『悪夢の裏通り』で、まずその題名で驚異的なるものを思い出させ、古代から魔術的な目的で使用されたタロット・カードへの言及を通じ象徴的な意味を浮かびあがらせるのだ。

にもかかわらず、彼のテン・イン・ワンにいる芸人たちは、小人のモスキート少佐から、まやかしの電気女と水夫のマーティンと呼ばれる刺青男を経て、飲んだくれのジークにいたるまで、現実に即して描かれている。その上、彼らひとりひとりの心の中に性欲と盗癖があるため、魔術的な趣味には合いはしなかった。タイロン・パワーとジョーン・ブロンデル主演による一九四七年のその映画版は、「ニューヨーク・タイムズ」の批評家に「衝撃と嫌悪」と語らせ、その映画が「嫌悪すべき劇的な領域を横切るものである」と言明させた。

しかし後のある批評家は、その映画がタイロン・パワーに「彼の生涯で最良の役柄」を提供したうえ、「エドムンド・ゴールディングの後期の経歴で最も完成度の高い作品である」という理由で、「映画ベスト・一〇〇〇の中の一本としてあげている。しかしゴールディングは、『グランド・ホテル』や『永遠の処女』のような「女性映画」と、大当たりした『剃刀の刃』で名声を博した人であり、この映画の監督として選ばれるには不適切であった。ゴールディングはグレシャムの小説の中の最も難しく残酷な部分――それは結局、最も真実あふれる部分であるわけだが――をどう扱ってよいのかわからず、検閲を気にしてカットしてしまうか、あるいは婉曲に語ったり感傷的な調子に陥ったりしてしまったのである。けれどおそらく綿密に組み立てられたセットのおかげで、どうにか魔力が生き延びたのだ。すなわち、宣伝発表を信じるならば、ハリウッドのスターの半分がそこに来たという、「一〇エーカーに広がり百のサイド・ショウがあるカーニヴァル」ゆえにである。

ジョーン・クロフォードは、キューピー人形を獲るために輪を投げた。ラナ・ターナーは、肥満女とやせ男を見るために娘のシェリルを連れて来た。グレゴリー・ペックは、彼の筋肉をためし、「力だめし」の機械に大ハンマーを振りおろしベルを鳴らした。レックス・ハリソンは、火を食う男からレッスンを受けた。ダナ・アンドリュースは、アヒル撃ちをやってみた。

しかし、多くの観客の心の中に――シナリオを、映画を、さらにはその広告をも超えて――生き残ったのはギークだった。それは、映画というきらびやかで日常的な新しいメディアには描きえないと一時思われていた暗黒の恐怖を人々に与えたからだった。

以前にフリークにあったものを、今、大衆に提供しなければならないのは自分たちであるという意識に動かされた映画作家たちは、単に笑わせたり泣かせるだけでなく震えおののかせもしたいと決心した。しかし最初のうちは、楽団のピアノの単調な音を除き映画に色も音もなかったため、あまり成功しなかった。そして無声の白黒画面で十分に効果を発揮したにかかわらず、映画は、スクリーンが話し方を獲得するまで、その魅力の一端が大声でしゃべる呼び込みの大音声に依存するようなサイド・ショウの表現形式を自分のものとすることはできなかった。確かにヴァイタフォーンのオーディオ技術の最も早い効果的使用のひとつが、一九二八年の『吠える人』の〝会話場面〟――この部分以外はサイレント――に見出される。何人かの新聞批評家たちは次のように不満を言った。「音響装置は昨晩の映画に何の効果も与えていなかった。実際、今では軽蔑されている字幕をともなった無声の場面になるとほっとした」。しかし、彼らは、フリークの見世物の賛美者というよりも、むしろ無声映画のファンであったにちがいない。

映画が大衆映画とエリート映画に分割されるずっと以前に、フリークたちは映画という新しい媒体を「家族の娯楽」にしておこうとした道徳家たちから不信をもって見られ続けていたにもかかわらず、サーカスの舞台と同じようにスクリーンでもくつろいでいられるようになっていた。しかし、観客はといえば、そこにいつでもアンビヴァレントな魅力を感じてきている。それは、どういうわけか映画のフリークたちが、ショウのフリークたちよりリアルだからである。そのために、われわれが彼らの存在に感じる魅力と嫌悪の両方が、意識の閾値近くまで上がる。そしてそれゆえに、以来ずっと、フリークたちは単に興行的成功を期待する監督ばかりではなく、イングマル・ベルイマン、ルイス・ブニュエル、そしてフェデリコ・フェリーニのような、批評家の評価を求める監督たちのお気に入りになったのだ。

しかしベルイマンのフリークたちは、彼のルター派的神秘劇の中の他の要素と同じように、現実的というより寓話的である。そしてブニュエルは、肉体的そして性的な障害者に比べ、本物の奇形にそれほど関心をもたない。唯一フェリーニの最も感動的な作品が映画以前の大衆文化を扱い、サーカスと見世物の本物のイメージを再現している。フリークたちが、『道』と『フェリーニの道化師』におけるように実際の芸人である時だけではなく、『サテリコン』の奇形たちや全作品を通じて登場する肥満女、あるいは『アマルコルド』における狂人を救うために梯子に登る小人の修道女のように日常生活の流れの一部でしかない時でさえ、彼らはサイド・ショウのスターたちのようにわれわれの記憶の中にスポットライトで照らし出されて残るのだ。

しかし、すべてのフリーク映画の中で最も秀れた作品とは（それはまたすべてのフリーク・ショウで最もすばらしいものでもあるが）、十万もの本物のテン・イン・ワンが不十分に暗示することしかできなかったものを創造するため、映画の広がる時空の連続性を利用することでできたものであり、それは自分自身を「芸術家」ではなく「産業」の協力者として考えた映画作家トッド・ブラウニングの創作物だった。彼は、ほとんど自分自身で書いた約二十五本の長篇映画を監督したと記録されており、他にも今は失われた作品があったに違いない。しかし彼は、以前、映画俳優兼スタントマンをやっているが、また、曲芸師やバーレスクの〝立役者〟、『魔法使いと黒人』と

両性具有者を見るフリークたちとノーマルたち。F・フェリーニ『サテリコン』より

いうヴォードヴィル劇に出演したことのある黒人役のコメディアンでもあったため、監督業に転じた時にはすでに四十歳に近かった。しかも最初のショウ・ビジネス経験は、故郷のケンタッキー(一八八二年生まれ)のルイヴィルを捨てて十六歳の時に逃げ込んだ巡業サーカスであった。

その遍歴のうちで、ブラウニングは弁士として働いていたテン・イン・ワンに想像の中で何度も戻ったため、生涯を通じて決してサーカスを見捨てることはなかった。実際、われわれの多くは、映画館がタン皮のかすを敷いた見世物の場所にとって代わり、フリーク愛好家の夢の場所になったあとに生まれたため、彼のサイド・ショウ映画が、われわれの知る最初のサイド・ショウであった。けれども、『イントレランス』(一九一六年)でD・W・グリフィスがブラウニングを助監督として採用してからほぼ十年の間、彼はフリークたちの存在を描く機会のない映画に従事しなければならなかった。ほとんど最初から、彼は大当たりの興行成功を収めたが、ユニバーサルの指揮下で

『スタンブールの処女』(一九二〇年)や『二国旗の下』(一九二二年)のような、いわば異国風メロドラマであるプログラム・ピクチャーに出演する女優プリシラ・ディーンの作品を演出するよう頼まれたりもしている。

一九二三年から一九二五年まで、おそらくそうした性に合わない形式を描かなければならないことで挫折したために、彼は完全な崩壊に悩み続けた。しかし、「世界じゅうのあらゆる粗悪な酒を飲みつくそう」としている間でさえ、彼は、「C・A・ロビンズによって書かれた『邪悪な三人』という雑誌小説」を映画化し、プリシラ・ディーンを監督している間に見出したロン・チャニーをその映画に主演させるという考えにつきまとわれるようになる。そして彼は、製作者たちに自分が酒の禁断療法を受けることができ、一般の人々が「老女に扮したぺてん師や赤ん坊に変装した小人」を扱った映画を見にくるだろうということを納得させるためひどく苦労している。また、その「ぺてん師」がテン・イン・ワンに小人や怪力男と並んで出演する腹話術師の二役を兼ねるのだということをブラウニングが知らせた時も、製作者たちは特に興味を示さなかった。

実際、アーヴィング・サルバーグが最終的に推測していたように、彼は、彼の最も重要な作品の本質をなす人物と主題をすでに思いついており、ロン・チャニーが浮浪者の腹話術師、ハリー・アールズが「赤ん坊」、そしてヴィクター・マクラグレンがヘラクレス役である映画を作り、二百万ドル以上の収益を上げた映画を作った。そしてしばしばブラウニングに関して懐疑的だったモーダーント・ホールのような批評家たちでさえ、それを「これまでに製作された最良の映画と並ぶ驚くべき独創的な業績」と呼んだのだ。そして、チャニーはその中の役柄を非常に好んだために、一九三〇年に彼の最初にして最後の「トーキー」として別監督のもとで再映画化している。一方、彼は一九二六年から一九二九年の間、七本の映画でブラウニングと仕事し、そのうち六本は、ブラウニングが監督と脚本を兼ねた。

恐ろしい戦争で始まり、最悪の不況によってしめくくられた繁栄と期待の二〇年代は、われわれの歴史における不思議な時期だった。しかし、その時代につきまとう恐怖は、これまで以上に奇怪な役柄を演じようという俳優の願望と、それらの役柄を音のない悪夢的なシーンを通して動かしたいという監督の必要が組み合わさるまで、多くの観客にとって名も姿もないままだった。ブラウニングが後に語ったところによれば、チャニーは彼を「まことしやかな筋」を創作する重荷から救い出し、彼のフリークの中のフリーク劇『知られぬ人』に最もよく表われている「胸の悪くなる醜悪さ」のイメージを彼の深層心理から解き放って、夢のシナリオに結実させたという意味で、彼の救済を象徴していたのだ。

その一九二七年の映画で、チャニーは足を使ってマッチに火をつけナイフを投げるインチキのフリーク、「腕なしの驚異」を演ずる。腕を隠すための拘束具を着けたりはずしたりするのを手伝う小人だけがチャニーが二本の立派な腕を持っているのを知っている。けれども、彼は実は本ものフリークなのだ。腕がないのではなく、左手に親指が二本あるのである。彼が愛する少女の父親を怒り狂って刺し殺そうとする時、その少女はこの奇形性に気づく。しかし、その場の暗闇と混乱のせいで彼女は、この二本の親指以外、彼と特定しうる証拠を何も目にすることができない。そこで、秘密を保持するために彼は両腕を「本当に」切り落とすのだが、彼女は怪力男のために彼を捨ててしまう。そしてチャニーはもうひとつの「幻想」のなかで、その怪力男をひきさく馬をとめる足踏み車をはなすことでその男の四本の手足をすべて奪おうとするのである。けれども最後の瞬間に今や本物となった「腕なしの驚異」は捕えられ、フリーク・ショウが暗黙に示唆するものを明らさまに語ってしまうクライマックスで、「真実」が明らかになる。すなわちわれわれはただ恐怖が見せかけだと信じるふりをしているだけだということをである。

コメディを除いてほとんどすべての無声映画が忘れられている今日、ブラウニングとチャニーが作り上げた映画が上映されることはほとんどない。その結果として、熱烈な映画ファンでさえ、お気に入りの役者の死後、トーキー到来後に監督した『魔人ドラキュラ』や『フリークス』の作者としてブラウニングを思い出すことが多いようだ。チャニーは、「最も奇妙な愛の物語」と宣伝され一九三一年のバレンタイン・デーに公開されたこの『魔人ドラキュラ』に登場する予定だった。しかし、撮影が始まる前に、彼はガンのために死亡していたのだ。

アメリカ映画のドラキュラの現実化は、それゆえ、チャニーの大成功に飾られたわけではなく、大恐慌時代の〝主席モンスター〟（ボリス・カーロフとともに）としてのベラ・ルゴシの経歴の始まりだった。実際、われわれがこの恐怖小説の古典と結びつけて連想しがちなのは、ブラウニングよりもむしろルゴシなのだ。しかしこのブラム・ストーカーの〝吸血鬼伯爵〟は、ブラウニング版に先立つ『ノスフェラトゥ』のスター、マックス・シュレックから、そのテーマのより新しい改訂版の俳優で最も記憶に残るクリストファー・リーまで、いかなる演技者よりも、われわれの想像力をとらえている。

そして、これは当然だと思う。どのドラキュラ映画も彼ほどうまい効果をあげていないからだ。最初のシーンとドラキュラの妻たちの無気味な集会など、いくつかの効果的な場面があるにもかかわらず、ブラウニングの映画でもそのことは同様である。それは、どうしようもなく静的な舞台版に頼りすぎているのであり、撮影法、作風、主題に関して最もブラウニングらしいものがほとんど含まれていない。そこには、怪力男も、服装倒錯者も、サーカスやカーニヴァルの舞台装置も――そして何よりもフリークたちが――存在しない。彼らと同じものとはいえない怪物《モンスター》だけが存在するのだ。この点に関してさえ、『魔人ドラキュラ』は、怪物にとりつかれた三〇年代に続いて出たジェームズ・ホエールの『フランケンシュタイン』や『フランケンシュタインの花嫁』、あるいは、クーパーとシュードサックの『キング・コング』ほど効果的ではない。一方、この映画は、ブラウニングが二年後にスターなしで撮った唯一の作品、すなわち彼のありのままのヴィジョンを表現する『フリークス』によってかげが薄くなっている。一九二三年の「マンシーズ・マガジン」に発表されたトッド・ロビンズの短篇「拍車」から彼が筋を思いついたのは本当である。しかし、彼は、出来事の順序と意味を原作から大幅に変えた。

昔の映画評を読む時、われわれは、ウォーレス・フォード、レイラ・ハイアムズ、ヘンリー・ヴィクターそしてオルガ・バクラノヴァといったうろ覚えの俳優たちが、ロマンチックなふるまいをする「ノーマル」たちを演じていたことを思い出す。しかし、本当に心の中にとどまっているのは、映画よりカーニヴァルやサーカスとのつながりが連想される奇形者たちの方である。すなわち、シャム双生児のデイジーとヴァイオレット・ヒルトン、〃インドの胴体人間〃王子《プリンス》ランディアン、髭のある淑女オルガ・ローデリック、ピンヘッドのスリッツィ、半身胴の少年ジョニー・エック、男《おとこ》／女《おんな》のジョゼフ＝ジョゼフィーン、などなどである。そのようなサイド・ショウの芸人たちが自分自身を演ずるのと、主演の俳優たちが演ずる架空の役柄の中間に位置するのが、『三人』で小人の赤ん坊役を演じていたハリー・アールズと彼の妹デイジーである。彼らは、ハンスとフリーダという婚約した小人のカップルを演ずる。そしてふたりが一時的に離ればなれになっている時、クレオパトラという空中曲芸師が金目当てにハンスと結婚し、恋人であるヘラクレスの助けを借りて彼を毒殺しようとするのである。

ヘラクレスは、ブラウニングのとびっきりのテン・イン・ワンでは、巨人に最も近い者である。けれども他のフリークより、また彼らに理解を示す思いやりのある「ノーマル」より強く、大きいにもかかわらず、彼は怪物のようには大きくはない。しかし筋が進展し、カメラが子供ほどの大きさの奇形者たちにだんだん焦点を合わせていくにつれ、彼は、無垢な子供の世界にいる唯一の邪悪な大人のように見えてくる。「彼らは子供のようで、神は彼らを愛しているのです」、映画の初めの方でテトラリニ夫人は、彼女が率いる小人、ピンヘッド、生ける骸骨や両性具有者たちの群れに恐れをなす公園管理人に向かってそう叫ぶ。ブラウニングの神が誰かを愛しているのかということは、終わりにいくと不明瞭になるが、価値と大きさの判断が彼らとは異なる世界に住んでいるという意味で、無垢でも無害でもないフリークたちはまさに子供のようである。そうした価値や大きさの判断はわれわれノーマルの大人の側からのものなのである。これはこの映画の最も忘れがたいふたつのシーンで思い出させられることだ。

クレオパトラとハンスの婚礼の祝宴で、成長の止まった奇形者たちは、大きい花嫁以外、物語の展開にはほとんど関係しないノーマルたちを、はるかに数で圧倒する。カメラは、騒々しい祝宴が最高潮に達する時、ピンヘ

トッド・ブラウニング『フリークス』(1932) より
フリークたちの祝宴▲，フリーク同胞団に入会するクレオパトラ▼

ッドが千鳥足で少女のダンスを踊る長テーブルの中央に向けられる。次いでシャンペンがいっぱいに入った巨大なクリスタルの杯をもった古典的なイタリアのバゴンギのようなひどく醜い小人が出てくる。曲がった足でテーブルをよろよろ横切りながら、その小人は初めは集められたフリークたちに、それからクレオパトラにひと口飲むようすすめる。それは、イニシエーションの儀式、つまり、まさに花嫁が彼らの一員との結婚で結ばれようとしている時、彼女自身を彼ら全員の仲間に加える招待なのだ。しかし、小人がその杯を唇に持っていき、集団の全員が「われらは彼女を受け入れる、われらの仲間……われらの仲間、われらの仲間……グー、ガー、われらの仲間……」と繰り返す時、彼女は恐怖と嫌悪で立ち上がり、その立ち上がるという単純な動作で彼らの大きさを縮めてしまう。そして「フリークたち、フリークたち」と叫びながら彼女は、彼らの笑う顔にシャンペンを浴びせ——ちょうどアリスがその冒険の最後で、陪審員にみえた絵札たちをまき散らすように、彼らを追い散らすのだ。それから、最後のショットで——これはブラウニングにこの映画全体を構想させることになった「拍車」の中のひとつのイメージに基づいているのだろうが——、彼女は酔って取り残されたハンスをかかえあげ、眠っている赤ん坊のように背負って行く。

それは、二人が気づいていないにもかかわらず、彼女と彼女の恋人にとっての終わりの始まりなのだ。そして、物語はすぐに第二の鮮やかなシーン、すなわちラストへと進展し、そこでは無肢のフリークたちが、信じられないほど狂暴な夜の嵐の間ずっと、這い歩き、滑るように進み、そしてひょいひょいとはねまわる。しかしその暴風雨は、彼らが泥の中を腹と頭で這いながら、壊れた馬車の下やびしょぬれの野原に逃げる空中曲芸師と怪力男を追うことほど残忍ではない。フリークたちとその犠牲者は、稲妻のひらめきによってのみ照らし出され、カメラが彼らの高さに固定されたままであるため、何が起っているのかは断続的に彼らの目を通して見ることができるだけだ。さらにフリークたちの視点に限定されたわれわれには、あたりを蔽う暗闇のため、逃げるノーマルたちを捕えた時に何が起るのか実はよくわからない。サウンド・トラックだけが聞こえる——人間の叫びらしきものによって突き破られる意味のないばらばらな騒音である。

わたしがここで要約したプロット――つまりは『フリークス』の中の、サイド・ショウ的というよりは映画的である部分すべて――は、口上役のおしゃべりにはさまれている。映画はその口上によって始まり、われわれは終わりで、暗い劇場から太陽に照らされた遊園地に移ったような感じを抱きながら、再びその口上に戻るのである。「私たちはみなさんに嘘をついたりしませんでした」。われわれもその一員であると感じてしまう小さなカーニヴァルの観客に口上役がそう言うのを聞く。最初のシーンで、われわれもその一員であると感じてお見せすると伝えました。……彼らの掟は彼らにとって、法も同然です。ひとりを怒らせれば――彼ら全員を怒らせることになります」。そして、われわれは彼について囲いへと移動する。その時点では、われわれは、スクリーン上の観客とは違って、その中を見入ることは許されない。そして、呼び込みが「彼女はかつて美しい女性だったのです。彼女は、空の孔雀として知られていたのです……」と続ける時、観客のひとりが、恐怖に叫び声を上げるのだ。

その声の響きが消えてゆくとき、映画は、高張り綱の上のクレオパトラのショット、それからフリークたちの日常生活についての一連のエピソードへと次第に移っていく。そして、彼らが遊び、笑い、ぴょんぴょん飛び、洗濯物を洗い、そして子を産むのを見ながら、おそらく、われわれはオープニングの中断された恐怖を忘れ始めるだろう。しかし、その恐怖の印象は、悪夢の追跡の間に、その当惑させるような含意を伴なって舞い戻るのである。そしてそれは、囲いのわきへと、呼び込みの口上の終りへと引き戻される時、さらに拡大される。「彼女がどのようにしてそんな風になったのかは決してわからないのです。ある人々は、嫉妬深い恋人のせいだと言います。別の人々は……フリークたちの掟だと……」。それから、見下ろした時、われわれはついに、カーニヴァルの観客がずっと見ていたものを見る。それはニワトリ女、ほとんど二フィートにみたない身長に縮められた生き物で、クレオパトラの顔、羽毛の生えた胸、手の場所に鉤爪を持ち、はっきりと見える足はないのである。

あまりに残虐かつ巧妙な最後であるため、それは、幻想を完全に引き裂く危険を冒す。一瞬このエンディングを信じることができずに、まるで望ましいアンチクライマックスにほっと息をつくかのように声をあげて笑う観客とわたしは何度か一緒に居あわせたことがある。その一方、完全に納得して叫び声をあげるか、あるいは外に出ると足のからみあいや混雑が始まるまで呼吸の音が聞こえるほど静かにすわっている観衆と居あわせたこともある。また一方では、批評家たちは、『フリークス』を真面目に取り上げ始めた後でさえ、結末の道徳的そして形而上的な含意を非難せざるをえなかった。彼らは、物語を縁どる大げさな話が、ほとんどサイド・ショウの騒々しい空宣伝と同じように悪ふざけであり、プロットもそれゆえ嘘であると主張するか、あるいは、それが本当であるとし、それゆえフリークたちはわれわれの誰とも異なりはしないというブラウニングの但書にもかかわらず、実際の展開では「暗闇の生き物であり黒魔術の常習的実行者」であることを証明していると考えてしまうかのどちらかなのだ。しかし、これを信じるためには、囲いの中の巧みにこしらえられたニワトリ女が、ジョニー・エックやプリンス・ランディアン、ヒルトン姉妹などと同じ意味で「本物」であると受け入れねばならない。けれども彼らと違って、ニワトリ女はフリークとしてはスクリーン上にしか存在しないのである。

人間とニワトリの雑種のイメージは、一九二八年の『ザンジバーの西』に現われるように、長い間にわたってブラウニングの心に絶えず浮かんでいた。その映画においては、ロン・チャニー演じる不具の魔術師によりスクリーン上に作られる「幻想」として示される。しかし他のすべての奇形者が本ものである映画において再度それを使い、そのコンテクストにおいてそれが「でっちあげ」であることを明かすのを拒否するという点で、ブラウニングは実にひどい間違いをしてしまった。あるいは、映画館から出る準備をするわれわれに対して、実は彼はわれわれが信じているようなリアリストではなく魔術師なのだと、警告しようとしているだけなのかもしれない。しかし、すべての魔術が単なる幻想であると考えるべきなのか、それとも、少なくとも時には、何かもっと恐ろしく説得力のあるものであるとすべきなのか、彼はこの映画でも、その後に作った五、六本でも、われわれに確実に語りはしない。その中の一本が吸血鬼の主題に戻るのに対し、最後の作品は、会議に集まった奇術師の集団に関するものである。そしてその中で最もすばらしい『悪魔の人形』は、人間をサイド・ショウの小人が巨人に見えるほど人間たちを小さくしてしまう老女のなりをした犯罪者を扱うのだ。

彼がその映画で使う方法は、黒魔術の集積からではなく、放射能の利用に関する最新科学の発見からとられている。その映画の経歴の終りにブラウニングは、サイエンス・フィクションに興味を示し、実際に、今日ではこのジャンルの開拓者のひとりとして認められるA・メリットの『燃える魔女』という小説を参考にした。しかし、この時までに、彼は明らかに一般の観客を失っていた。そして彼自身の活力も同時に失われており、それは彼が自分の最大の偉業であると確信していたはずの『フリークス』の興行的失敗が希望をくじいたためであった。製作者と配給業者は容易にあきらめず、この映画を『自然の過ち』と題名を変え、ルーエラ・パースンズによる好意的な宣伝文を中心とする新しい宣伝キャンペーンを行ったが、それは観客を呼ばなかったのである。彼らはまた、自己弁護的な序文を付け加えていて、それは愉快なポップ神話学の一篇から始まっていた。「奇形の不適応者たちが、世界の進路を変えてきた。ゴリアテ、キャリバン、フランケンシュタイン、グロスター、親指トム、そしてカイザー・ヴィルヘルムは、そのほんのわずかの例であって……」、そして「現代科学と奇形学が急速に世界からこうした自然の手ぬかりを除去しているため、決して二度とそのような物語が映画化されることはないであろう」という確信のことばで終わる。

しかしこの映画への攻撃を止めることは不可能だった。それは「ニューヨーク・タイムズ」紙に載った次のような温和な異議申立てで始まった。「問題は、それが劇場街で公開されるべきなのか、それとも医療施設で上映されるべきなのかの判断である……。『フリークス』に対して明確に語られうる唯一の事実は、それが子供向けではないということである」。そして、「あまりに忌わしいため、私はそれについて考えるたびに吐き気を催す……。それはいかなる場所であれ公開されるに適さない」といった評でそうした批判はクライマックスに達した。劇場主たちと父兄の両方が協力し、前者は公開契約を取り消し、後者は道徳的な憤慨を表明することを専門とするPTAや他の団体を通じて抗議に参加した。それに出演した奇形者たちの何人かでさえ、抗議した。最も激しいのが髭女で、ブラウニングが自分の種族を卑しめたと考え、公にそう語ったのである。彼はそれから五〜六年間、映画製作の活動を続けたが、世界は彼の幻想の流儀に適さなくなったと納得したらしく、一九三九年に引退し、生涯の最後の二十年はほとんど無名のうちに過ごした。

彼は酒びたりの生活にもどったのかもしれない。しかし、この件に関しての記録は確かなものではない。彼の引退に言及する文書はただ彼が二度と映画館に入らなかったことを伝えるだけである。「私が何かをやめると言ったら、本気でやめるのだ」と彼は友人に語った。「私はもはや映画を見るために街を歩きはしないだろう」。しかし、彼は明らかに、以前にもまして熱心に、俗受けする小説を読み続けた。それは、よい映画になるだろうと思う物語を選び、頭の中で想像で知りあいの男優と女優——その多くはすでに死亡していた——を使ってキャストを割りあてるためだった。けれども、テレビが登場したため、彼はなつかしいと思うものをみな取り戻すことができるようになった。彼は昼間は眠り、夜は起きているという日課を決め、深夜番組の再放送を見たのだ。時には彼の映画の中で唯一定期的に再映された『魔人ドラキュラ』を見ることもあっただろう。

彼が一九六二年に八十歳で死亡した時、「ニューヨーク・タイムズ」紙の慎しみ深い死亡記事は、ジョイスの『ユリシーズ』の最初の発行者であるシルヴィア・ビーチへの賞賛のせいでかげが薄かった。そして彼の作り上げた他のいかなる作品より多くのスペースが『魔人ドラキュラ』のために割かれていた。彼の「数十本のハリウッド映画」には、「マジェスティック映画協会のために作った二十五本の二巻物」があると報じられたにもかかわらず、『フリークス』も彼がチャニーと作った他のどの作品も、挙げられなかった。けれども、チャニーの出演作品はその時点で必ずしも忘れ去られていたわけではなく、実際、一九五八年にイタリアで出版された映画辞典では大いに賞賛されていたのである。しかし添えられた作品リストの中に『フリークス』を含むこの本でさえ、

『フリークス』に関しては遠回しに批判的に言及し、「チャニーの死とともにブラウニングの衰えが始まった」と述べている。

一九三九年から一九六二年までの間、一度として観衆から完全に忘れ去られることはなかった『魔人ドラキュラ』の記憶のみでなく、『フリークス』の記憶も持ち続けた恐怖映画ファンは、西側世界のほとんどあらゆる場所にいた。特に後者を賞賛した小グループは、映画が娯楽というよりむしろ芸術であると思いこむ人々ばかりからなっていた。しかしブラウニングは、カルティエ・ラタンの小さな映画館に出入りする選ばれた観客――わたし自身そこで初めて『フリークス』を見たのだったが――より、普通の映画ファンに話しかけていたのだ。これほどアメリカ的な映画を見つけ出すために海外へ行かねばならなかったというのは実に奇妙なことのように思えるが、リアルト街での大攻撃後の移転先である42番街のポルノ映画と恐怖映画のオールナイト劇場でさえ上映されなくなってからずいぶんたっていたのである。そのうえ、私の知る限り、誰ひとりとしてアメリカ人批評家は彼の死の年まで、一九五一年にポール・ジルソンが「シネ・マジック」誌に書いたようなブラウニングの傑作の称賛文を書いていなかった。「この残酷な映画の不吉なイメージ」を償う「魔術」と「その恐怖の威光」について語りながら、ジルソンは、エドガー・アラン・ポーの怪奇譚、特に「ホップ・フロッグ」を惹起する。

ジルソンがブラウニングと比較するポーとは、リアリティとアメリカの批評的見解を軽蔑したボードレールとマラルメによって再発明された半ば架空の作家であり、ダダ、シュルレアリスム、パタフィジーク、そして残酷劇の守護神である。そしてそれゆえ、一世紀前のポーと同じように、ブラウニングは六〇年代のアメリカに、フランス前衛文化の輸出品として舞い戻ったのだ。しかし、『フリークス』がその過程でどれほど歪められて伝えられてしまっているにせよ、われわれは感謝せねばなるまい。もし、その映画が、ブラウニングが死亡した年のカンヌ映画祭で恐怖映画部門の代表作として選ばれることがなかったなら、以後まったく再上映されることはなかっただろうと思うからである。同じ年にそれはイギリスで初めて公開され、そして二年後にわが国に「少数派《マイナー》の傑作」、「現在のバロック映画の起源」として迎えられた。その時点では最も素直な通俗批評家たちだけが通俗映画作家としてブラウニングを称賛し続けたのであり、そのひとりは「彼は恐怖がもともと映画的であると信じていたために偉大な恐怖映画を作った」と主張している。

一方、もっとインテリ向けの雑誌においては、批評家たちが『フリークス』は、本当はまったく恐怖映画ではない」とか「『フリークス』は反-恐怖映画である」と主張していた。彼らにとって、その超越を証明することは、その映画をブラウニング自身の『魔人ドラキュラ』や『怪物のしるし』と区別し、その代わりに『おがくずと金ピカ』や『道』、そして『ローラ・モンテス』のような「生活を悲劇的な循環やサーカスのように描く」認められた芸術映画と結びつけることを意味した。そんな批評家のひとりは「『フリークス』は誰も失望させることはないだろう。ほとんどの恐怖映画を消費するあさはかな子供たちは別としてだが」と書いた。しかし、われわれの時代においては、『フリークス』や『魔人ドラキュラ』に特に感動するのは、「あさはか」で「子供」であるということを称賛のことばとしてとらえる人たち——彼ら自身は自らを〝フリーク〟と呼ぶ方を好むのだが——なのである。

それは、カウンター・カルチャーの規範の一部、つまり六〇年代後半に大学でデモに参加し、街頭を進み、その大衆芸術への趣味が十年後に欧米全体を蔽うことになる反抗する若者たちの神話の一部となったのである。しかし、その新しい神話の重要性と、その神話がフリークたちと正常な自己の両方に関するわれわれの認識を永久に変えてしまった方法を理解するために、われわれはまずそれを創造した文化革命を理解しなければならない。

12
フリーキング・アウト

例えば「フリーク」という言葉にまったく新しい意味を与えたように、六〇年代後半の文化革命は、すべての文化革命同様、人々の話す言葉そのものを変えてしまった。私は最近、本書の題名に抗議する心理学者から受け取った手紙について大学のホールで話をしていた。その時、精神病院を出たばかりの学生、反抗と麻薬に熱心な「長髪《ロングヘアー》」が話の腰を折り、私がフリークたちのなかに彼を含めるつもりなのかどうか尋ねた。抗議してくる医師たちにとってフリークが何を意味するか知っていると同様、私には彼がその言葉をどう理解しているかがわかった。また、私はそれらの意味のどちらが、そのホールの真下の男子トイレに書かれていた落書きの作者の心にあったかを、見分けるのに苦労することはない。

俺はフリークが嫌いだ

畜生おまえら自分たちを何だと思ってやがんだ

俺はただ興奮《フリーク》したいだけなんだ

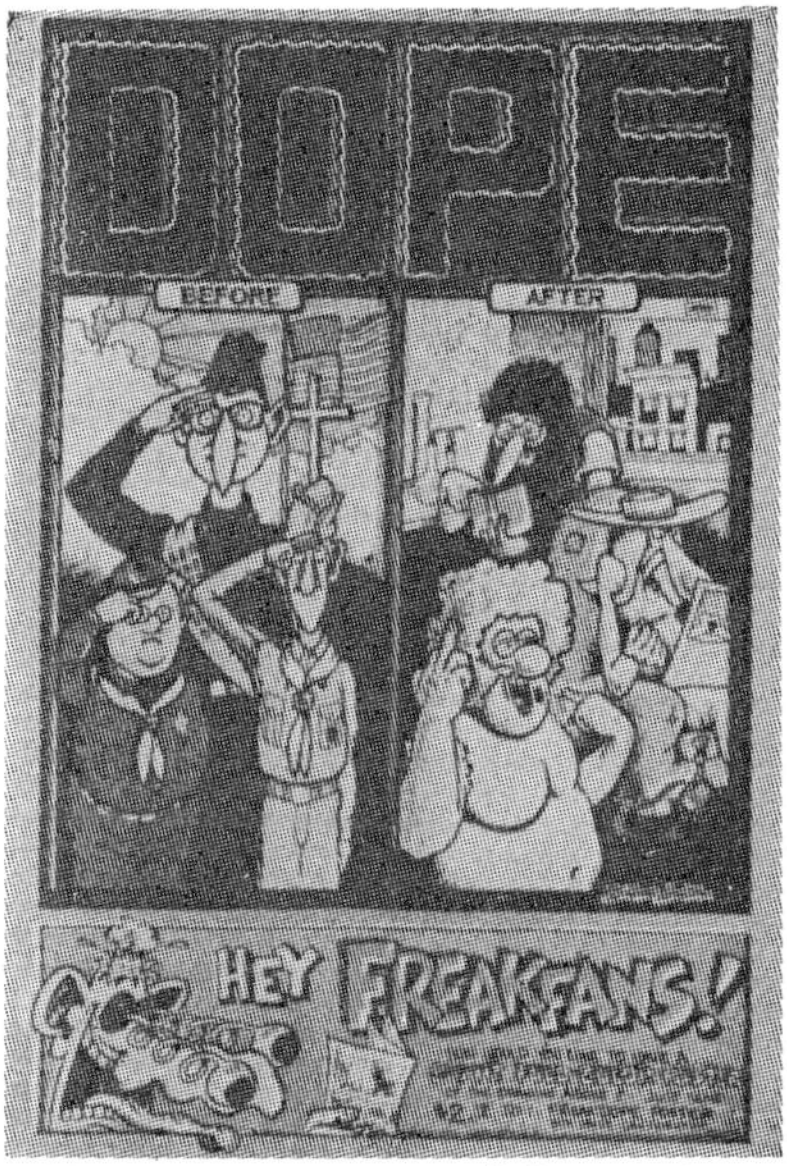

◀「フリーキング・アウト」，▶「オン・ザ・ラン」，ザ・ファリー・フリーク・ブラザース
——ギルバート・シェルトンの漫画シリーズ

しかし私は、空港のニュース・スタンドから「フリークたち」という表題のついた最近の記事を載せた「プレイボーイ」誌を取り上げる時、困惑してしまうほど子供でもある。もちろん、そこには小人やシャム双生児やギーク、また表紙に「現代の脱落者《ドロップアウト》と彼らの関心についての小説」と記された一九七三年の同名の小説に関しては何も含まれてはいないのだが。そうした混乱をさけるため、この記事の一人称の語り手はすぐに説明を始める。「私はサーカスの見世物のような意味でのフリークではありません。フリークで私が意味するのは誰か、みんな割礼済みのウェールズの異教徒は別として知っていますよね」。そのみんなは、「L・A・フリー・プレス」、「ザ・イースト・ヴィレッジ・アザー」、「イエロー・ドッグ」、「ザ・ラグ」、「ゴシック・ブリンプ・ワークス」、「ザ・ラット」、「ラディカル・アメリカ・コミックス」、「ザップ・コミックス」、そして「ハイドロジン・ボム・ファニーズ」のようなアングラ出版物の読者たちを明らかに含んでいる。それらには、最も

長い間にわたり人気のあるヘッド・コミックスのひとつ、ギルバート・シェルトンの「素晴らしきファリー・フリーク・ブラザース」の物語が登場しているのだ。

警官、麻薬捜査官、そして堅物《ストレイト》（いわゆる、髪を短く刈りネクタイをした、ビールを飲む堅実な市民）に象徴される治安の支配力に対抗し、救いのないほど不潔で楽しいこの「毛むくじゃらの三人組」は、ドラッグ、主にマリファナを求め災難から災難へとわたり歩く。セックスと革命も、金で誰でも手に入れられるマリファナと異なり二次的で捕え所ないにもかかわらず、彼らの目標である。そして金。理由は決して明らかにされないが、この金も誰も働かず、得られた物がすぐに使い果たされてしまうその世界の中で不思議にいつも手に入ってしまう。「金でドラッグのない時間を過ごすより、ドラッグで金のない時間を過ごす方がいい」、ブラザースは彼らが生き続けている復刻版やコレクションのなかで何度もそう繰り返す。

しかし、サンフランシスコ、ロスアンジェルス、そしてニューヨークの街路にたむろする人々のように、彼らのモデルであり、彼らの最初の支持者でもあったヒッピーたちが、大人になるにつれ、つまり完全に気が狂うか、まったくの正気になるにつれ、酔って逃走するファーリー・フリーク・ブラザースや片腕の下に押し込まれた水パイプ、そして激しく追跡するどたばた喜劇の警官たちのイメージは、現実というより神話になりつつあるように思える。その上、州から州へとマリファナが解禁され、長髪やひげや汚ないブルー・ジーンズが、もうひとつの許されるライフ・スタイルへと変わる時、そうしたイメージは熱烈な支持や拒絶を巻き起すというよりむしろ、ノスタルジーをかき立ててしまう。われわれはみな少しフリークになっているのだ。その時、ロックやドラッグ革命とともに効果があったのが、まさにこうしたフリークの新しい神話との長い間の接触だった。しかし、新しいフリークたちがそれらに対決することで自らを定義した家庭、母親、教会、そして過去の栄光のように、もうひとつの障害物になるほどその神話は自らを真面目にとり扱うことはなかったのである。

確かに何人かの文化革命の弁明者たちが、フリークたちを真面目で退屈なものにしようと試みた。けれども

『緑色革命』のチャールズ・A・ライク、『孤独の追求』のフィリップ・E・スレーター、『対抗文化の思想』のセオドア・ローザク、そして『心の嵐』のロバート・ハンターのように、彼らの大半は滑稽な日常会話の言葉である「フリーク」を避け、「意識Ⅲ」、「新グノーシス主義」、あるいは最ももったいぶっている「全体論的、存在的、操作以後の、現象学的な意識」のような言葉を選んだ。けれどもルトガース大学の社会学者で、自分の肩書にマウスケティア・クラブの会員を列挙するダニエル・フォスは、自分の研究を『フリーク・カルチャー』と名づける。その言葉は初めはフリークの典型に対する侮辱を示すものとして使われながら、のちにはフリークたちによって、彼らの誹謗の軽蔑のなかにあっての一種の尊称として採用されることになる。そして彼はこうした言葉の使い方に内在する皮肉について考察することから書き始めている。

多くの若者たち（一九六七〜六八年のような）が「フリーク」としての誇りを持って自分たちを語っていることや、「フリークしてるね、あんた」とか「あれは本当にフリークだ」といった表現が肯定的な意味で使われているのは、多くのアメリカ人を当惑させるかもしれない。しかし、それこそめざされていることの一部なのだ。

それから、彼は「真面目な」専門的研究の要請に従って、皮肉ではないフリークたちの定義へと話をすすめる。

私が使う意味での「フリーク」は、伝統的な現実とはまったく関係のないサブ・カルチャー的な現実を含んでいる中流階級の若者のサブ・カルチャーである。フリークたちは対抗的な環境を歩いている……彼らは彼らの身体の外観と外への行動についての完全な支配の権利、つまり伝統的な現実にとどまる人々の文化や規範と完全に無関係であることの権利を主張する……文化的な敵たちが道を踏み外すよう仕向けたいと願う点では関係が保たれているのだが。「フリーク」は、ヒッピー（一九六五年）と新左翼（一九六七年〜？）のサブ・カルチャーを取り巻く理想的な類型なのだ。

けれどこうした論調の過ちにもかかわらず、彼は新しいフリークたちに関する学問的な論者の中で最も慎重である。というのも、新しいフリークたちでさえ――一般文化の混乱を反映し――、例えば、ヘイト・アシュベリーやイースト・ヴィレッジに来る堅苦しい観光客たちを「アップタウン・フリーク」と呼ぶように、「フリーク」という言葉を尊称的と同様、侮蔑的に使っていることを彼が指摘するからである。その上、新しいフリークたちは彼らの主たる政治的活動であるデモにおいて信頼できない味方を時として「スピード・フリーク」「暴力フリーク」「構造フリーク」と呼ぶ。さらに都市や農村のコミューンに参加した人々でも、セックスや瞑想をせず、本を読んだり書くことに専念した人々は「活字フリーク」として非難された。

アンフェタミンの常用者を意味する「スピード・フリーク」と、ただコークのびんを投げたりするだけでなく、ののしったりする「警官《ビッグ》」を「ぶっ殺す《ウェイスト》」ものたちを意味する「暴力フリーク」は、特に曖昧に思われる。単にマリファナやLSDのような幻覚剤だけでなく、彼らの両親たちのアスピリン―アルコール―トランキライザー社会によって禁じられたすべてのドラッグは、ファーリ・フリーク・ブラザースや他のヘッド・コミックスが立証するように、初めからフリーク界の一部を成していた。そして、その同じコミックスが暴力とサド＝マゾ的セックスを常に特集していたのだ。確かに、俗語としての「フリーク」は「麻薬常用者《ヘッズ》」ばかりでなく、変態セックス、なかでも特に残虐な趣味の者をも意味する。それゆえこの言葉の使用は、最も暴力のない、最も教育程度が高く、最も控えめなクラス、つまり郊外のブルジョワ階級から生まれた反乱者の中に当然存在する自己嫌悪の底流を露呈するのである。

しかし、フォスはこれに気づいていないようだ。彼の述べるサブ・カルチャーが、主として中流階級出身の白人青年たち、特に大学中退者たちによって作られたことを認めていないながらである。そして彼が書いた時点でさえ(研究は、一九七二年に出版された)、この運動は、それを生みだした繁栄やそのメンバーたちの遅い成熟を生きのびられない危機にあると言及する。彼が観察するところによれば、そうした人々のほとんどは、賃金労働者や「ヒッピーの資本家」になることによって、あるいは無害のドラッグから悪いドラッグへ、幻覚剤からヘロインや「意識を収縮させる」宗教的な分派へと向うことによって正常な生活と順応することを学んでいた。宗教的な分派のなかで最も成功したジーザス・フリークたちは、その名称に「新しい意識」の始まりのメタファーを持続させるが、それだけではフォスに慰めを与えることはない。実際、フォスの最後の言葉はこうだ。状況は、けっして楽天できない」。

フォスは、驚異のドラッグであるLSDにより完全に「フリーク・アウト」してから、かつてばかにした精神分析医や、嫌悪した逆ドラッグ療法へ目を向ける他の〝生存者〟について言及するのをためらうことはない。彼の本は、LSDの主導者で「抜け出せ、波長を合わせ、陶酔せよ」というスローガンを作ったティモシー・リアリーがフリークたちを指導する前に書かれたのだが、フリークのサブ・カルチャーが誕生し隆盛をきわめ、十年もたたずに衰えて行くのが明らかになる前ではなかった。ライヒやローザクとは異なり、フォスはその程度のことは認識しているが彼らの研究がそうした文化の衰退のしるしであることにはライヒやローザク同様気づいてはいない。すでに成功し、そして失敗した革命だけが――それはわれわれの生活する社会を根本的に変えることなく、われわれすべての意識をわずかに変えるのに成功したのだが――合理的に解明し、理解することができる。

たとえば、その革命がまったく変えたことの一つに、われわれのフリークたちに反応する仕方がある。強い反感と魅力のバランスが、魅力の方へ傾いたのだ。そしてその変化は起源において、弁護者たちがひきあいに出すことを好んだハーバート・マルクーゼ、ノーマン・O・ブラウン、ウィルヘルム・ライヒのような学者たちよりも、特に子供たちを夢中にし、その両親たちに憎まれた五〇年代のマスコミ文化に多くを負っていることもまたわれわれは知ることができる。すなわちロックンロールとホラー・コミックである。それらは文化革命の先駆者だったが、思いがけない敵意に遭遇し、ハード・ロックやアシッド・ロック、アングラ・コミックやヘッド・コミックへと推移していきながら、同様に恐れられたドラッグ文化と関係をむすぶまで誰も彼らに気づかないようだった。一九七一年以前には、主流のコミックにおいてそれがいかに残虐であろうと禁じられたドラッグについて決して言及されることはなかったが、「風紀に関する町民会」で憤慨した五〇代前半のある抗議者がそれらに「幼児のマリファナ……子供の災い」というレッテルを貼ったため、PTAの代弁者からフレデリック・ワーサムのような精神科医、ガーション・レグマンやジェフリー・ワグナーのような文化に関する批評家たちにおよぶ敵が、そうしたコミックを一種の麻薬とみなしてゆく。

一九六〇年代後半のフリークになる者たちが八〜十歳だった頃、「未成年者に猥褻で不愉快なコミックを売ったり、『クライム』、『セックス』、『ホラー』あるいは『テラー』のようなことばをどんな題名に使うことも」ニューヨークでは違法になっていた。E・C・コミックス、つまり最も過激で、最も華麗に描かれたホラー・コミックスに強制的に出版を禁止した圧力とマッカーシズムとの間に誰ひとり橋わたしをしなかったにもかかわらず、すべての場で抑圧が強まる時代だったのだ。他のものは「自主的な」規制を採用することにより生き残り、「すべての毒々しく、不快で、身の毛もよだつ絵は削除されます」と誓約し、正しい綴りと文法が守られると誓約したのである。

クファァウバー犯罪委員会はワーサムがコミックの「誘惑」と呼ぶものから無垢な子供たちを守るための、ギャンブルや売春や殺人に対するその改革運動を、ただ一点で妨害する恐れがあった。実際少数の勇気ある批評家が、憲法修正第一条の権利を奪うことに抗議し、また聖書、シェイクスピア、マーク・トウェイン、おとぎ話、といった若者が読むに値するとみなされる作品における暴力の多発性を指摘することでマス・メディアを守ろうとし

▲「マーシャン・モンスター」
◀「マーベル・コミック」の新しい怪物

た。しかし、ホラー・コミックをほめればハリウッド・テンの「破壊活動分子」のように思われる時代に、当局の中で耳を傾ける者は誰もいなかった。そうしたコミックのひとつでは殺人の犠牲者の頭をボールにして行なわれる野球の試合が描かれ、その内臓がベースラインを示すのに使われる――。けれども結局は議会の調査もなく、レグマンが、「コミック・ブックの編集者、画家、作家は変質者であり、監獄にいるのが好ましい」と主張し続けたにもかかわらず、誰も犯罪容疑で告訴されることはなかったのである。

損害を受けたのは、大人の世界に復讐の夢を投影するため、またフィクションで自分自身をおどかし本当の喪失と恐怖に対して免疫をつくるため、既製の幻想を必要とする子供たちだった。『グリム童話集』のような恐怖の古典でさえ削除訂正され、狼はもはや赤頭巾ちゃんを平らげることが許されない。その上、バッグス・バニーの「サディズム」に害されたり、「白雪姫と七人の小人」におびえて目を回すのを恐れる親たちの過保護が、子供たちをテレビや映画の昼興行から遠ざけた。しかし、そうした子供たちは、彼らの検閲者＝親を出し抜き、こそこそE・C・コミックスを手に入れ、仲間から仲間へそれらを回すか、あるいは比較的監視が厳しくない家に集合し、金曜の夜のスリラー映画を、タブーを破るという増幅されたスリルとともに見た。そして彼らがもっと成長した時、ロックを聴きマリファナを吸うことでそのスリルを再び体験することになったのである。

彼らは、どんな宗教も信奉しなかったため、自分自身を異端者と考えることはなかったし、大義がなかったので反逆者と考える理由もなかった。単に生み育てた人々と自分たちが違うということを知っただけだ。しかし郊外の家や学校と違う幻想の世界を周囲に作ることによりフリークたちを発見し一体となるまで、彼らはその違いに対する名称と神話のどちらも持つことはなかった。ロックンロールの歌詞、テレビのスリラー・ショウ、ディズニーのアニメ、そしてスーパー・ヒーローものの漫画世界に対する〝イメージ〟に彼らは熱中していたのだ。しかし今では彼らは、弁明することなく、自分の心に率直に、セックス、虐殺、そして「現実」からの逃避を称賛する。それゆえ新しいコミックには、「コミック規約機関承認」というスタンプ代わりに、「内密に神の命、法の執行、屈従に奉仕するアメリカ人によるZ^2指定」あるいは、「ユナイテッド・ジークス・オヴ・アメリカによる承認」のようなパロディ・シールが貼られた。

五〇年代の人々が奇形としたすべてのものを六〇年代から七〇年代初期にかけての標準としたのは、フリークたちによってフリークたちのために書かれた『ザップ』のようなヘッド・コミックばかりではない。ニュース・スタンドには、時代遅れの検閲を無視する最も若く純真な読者を対象とする雑誌で満ちあふれていた。それらは「クリーピー」、「スピリット」、「イリー」、「ヴァンペレラ」、「モンスター」、「断末魔の声《デス・ラトル》」と名づけられ、その残虐な主題は主にエドガー・アラン・ポーや目をむいた怪物のサイエンス・フィクション、そして三〇年代の古典的なスリラー映画などから引き出された。そして承認印を貼られた『ザ・ファンタスティック・フォー』や『ザ・ハルク』（ともにスタン・リーとマーベル・コミックス・グループによる創作）のような新しく作り出されたコミック

◀「サイ」・クロップスとマーシフル・パーシバル――R・クラム画
▶恋人としてのピンヘッド――ビル・グリフィス「リアル・パルプ・コミック」No.1 より

でさえ、ワーサムやレグマンをびっくりさせたかもしれない。恐怖は彼らのファンタジーの構造に織り込まれ、そのスーパー・ヒーローたちは魅力的な守護者であるとともに、しばしばひどく醜いフリークなのである。しかし、かつてE・C・コミックスに反発して立ち上がった人々は、『ディープ・スロート』や『ローズマリーの赤ちゃん』、また『エクソシスト』などへの抗議に忙しく、異議を申し立てるひまがなかった。いわば、彼らの深層の意識もまたフリークや怪物たちがもはや他者ではなく、隠れた自己の象徴であるとする新しい神話によって変えられていたのである。

実験室で作られた怪物たちとともに、多数の手足や頭を持つ地球外の生物やサイド・ショウの芸人たちは、最初から漫画本に登場していた。そして、最初のスーパー・ヒーローは、もちろん辺境のフリークたちである。しかし彼らは、そのニーチェ哲学に基づくような名前が指し示すように、力と美、知性と個性においてヒーローの標準とは著しく異なっていた。典型的なのは（「バットマン」から例を引けば）

ゼブラマン、ペンギンマン、そしてジョーカーのようにヒーローたちが対決する変形された超悪人たちだった。

しかしわれわれの時代以前には、ハードなヘッド・コミックに伝説的怪物と同様頻繁にサイド・ショウの奇形たちが登場したにもかかわらず、類人と超人が漫画の中でそのように中心的な人気のある役を演じることはなかった。例えば『空気よりも軽い少年たち』では、大体「正常」なマーシフル・パーシバルが、彼と同じように、「感情《ヴァイブス》」、「カルマ」、「チャクラ」のような言葉を組み合わせた当世風の隠語を話すひとつの目の「サイ」・クロップスと並んで登場する。ふたりは、同じようにセックスにとりつかれている。そしてそのどちらも、ビル・グリフィスのピンヘッド、ジップやジッピイほど好色でも性的な魅力があるわけでもないのだが、彼は、自分のシリーズばかりでなく、他のシリーズにも時折の「ゲスト・スター」として登場し、ベッドからベッドへ、彼の小頭症の流儀を推し進める。「もちろん彼は障害者だったわ」と彼の多くの女たちのひとりは言う。「でもどっちみち私たちみんなそうじゃない？」

反対に「ナショナル・ランプーン」誌の呼び物であるシャム双生児のペア、ジョージとアレックスのイソップ兄弟は、性的にうまくゆくことは決してなかった。しかし彼らが登場するこの雑誌は本当のアングラ漫画がめざすものをつかんでいるために魅力的であり、人の品位を傷つけもする。そしてそのシリーズは、アンダーグラウンドの若者の間で始まった強いポルノの人気と奇形への妄執の両方を掘り起し、いまだに節度を守る両親たちに不快を感じさせている。例えば無理矢理カーニヴァルの兄妹《いい》チームだと偽ったため、ジョージとアレックスは、ギークによる強姦の恐れから逃げねばならない。逃れる時、ジョージとアレックスの兄妹《いい》は彼らの両方を手に入れたいと望む色情症の元映画スターの手に落ちる。そして彼らが、その元映画スターの望むようにセックスすることができないとわかると、彼女は彼らに麻薬を飲ませ、そのつながっている肉の帯にまたいで乗ることでなんとか性的満足に達しようとするのだ。

思うに、すべてのタブーからの自由としての漫画が、常にフリーク・ショウの魅力の一部を構成してきた奇形

▲スピード狂《フリーク》——S・クレイ・ウィルソンの漫画より

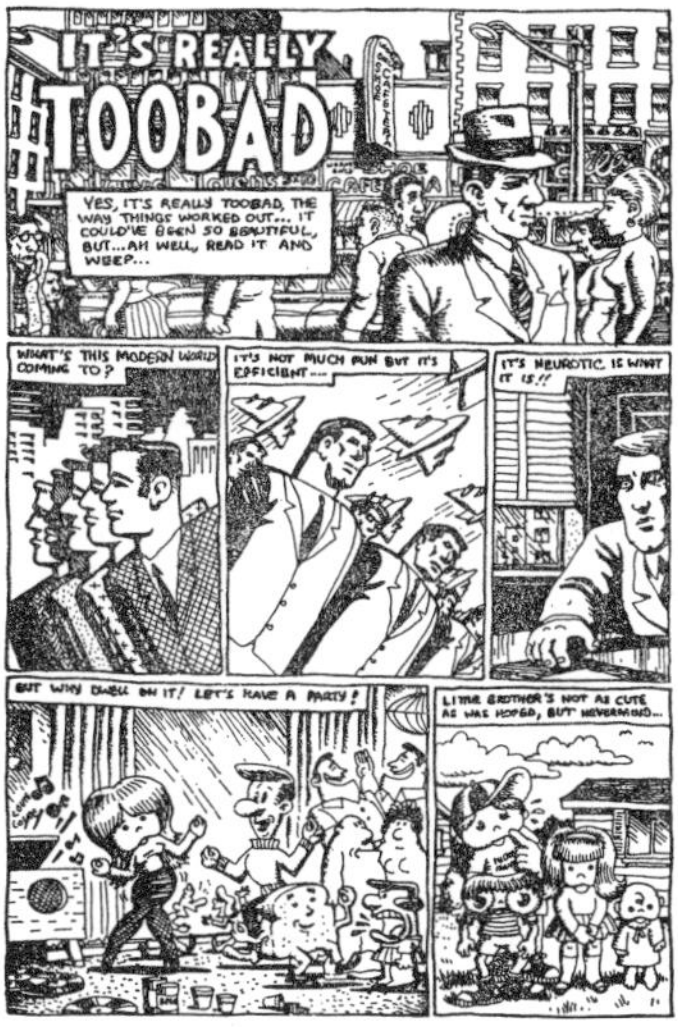

◀第三次大戦後——R・クラム画

への変態的な欲望を告白することで終るというのは重要であると思う。ワーサム博士の全盛期には、スーパー・ヒーローのサポーターとスーパー・ヒロインの胸当てが、G・レグマンが指摘するように暗示的に膨れていたかもしれないにもかかわらず、漫画本の中に明確な性の強調はなかった。宇宙の復讐者としての生涯の中で、そうした超創造物たちは愛しあう時間などなかったのだ。そして正常な状態では、明らかに彼らは達することができなかった。彼らの不能にこめられたエロティックな含蓄は、おそらくバットマンとロビンの長い密通に最も明らかなように、大部分は同性愛に基づいていた。一方では、最も厳しい抑圧の時代にさえハードコアなポルノ・コミック雑誌である白黒の〝八ページ屋《エイト・ページ・バイブル》〟があったが、これらは決して雑誌の棚に現われることなく、非合法に売られた。さらにそれらはサド＝マゾヒズムとは無縁で、奇形の立ち入り禁止区域だったのである。ファック、アナル、フェラチオという性交の標準的な三つの方法がそうした安っぽいページのなかで、ノーマルな人々や、ティリー・ザ・トイラーやバニー・グーグルといった子供たちが夢中になって見ていた新聞漫画のキャラクターによって、何度も繰り返しおこなわれていたのだ。そうした新聞漫画のキャラクターは、彼らの通常の生活のなかでは、その正装の下に直立するペニスや大きく開いた陰部があるなどとは決して暗示しなかったのにである。

　六〇年代の文化革命以後、奇形は特に漫画の解放された性の中心と溶け込むようになるように思える。なぜならフリークたちとのセックスが、若者たちの反抗の的である牧歌的で感傷的な恋愛物語の概念から最もはなれた所に立ち去ることができたためである。そしてシャム双生児は、ブルジョワの一夫一婦主義的な貞節の概念からも遠く離れていた。家庭より乱交パーティが性的満足のキー・イメージとなり、完全な侵犯が性交にとって代わる性の理想となった時、人間の奇形は彼ら自身になってあらわれてくる。つまり単に寝床の望ましい相棒としてでなく、ある役割のモデルとしてあらわれてくるのだ。

　新しい奇形の神話の多くを作りあげたのは、そうしたアングラ・コミックスに携わっている画家や原作者だった。しかし同様に大人の世界から否定されたポップ・ミュージックも、このアングラ・コミックスに似た新しい《ニュー・》福音《ゴスペル》を伝えたのだ——それは、単にその歌詞の中ばかりでなく、ポストTVラジオでそれを放送するDJたちの語り、ポップ・アルバムを飾るジャケット・コピー、そして特にそうしたコピーを飾る写真に載ったミュージシャンたちのライフ・スタイルの中にもあった。フリーク・カルチャーの研究の中でダニエル・フォスは、フランク・ザッパによって書かれ、一九六六年にマザーズ・オヴ・インヴェンションによって発売されたファースト・アルバム「フリーク・アウト！」の表ジャケットの内側のとても小さな印刷（あたかも本当にマニアのためにだけあるような）の中に再現された宣言を適切に引用している。

個人的な水準では、フリーク・アウトとは、全体としての環境と社会構造と個人の関係を独創的に表現するため、個人が思考や服装や社会的な礼儀の時代遅れで限定された標準を取り除く過程である……われわれは、この音楽を聴く者なら誰でもわれわれの仲間になってほしい……ユナイテッド・ミューテーションズのメンバーになってほしい……フリーク・アウトしよう！

あたかもザッパが彼自身を第二の少年十字軍を起そうとする隠者ピエールと思い込んだかのように、このことすべてには厳格に布教的な何かがある。しかし災いはパロディとノイズが福音的な調子をかもしだす音楽自体により取り去られ、ユタ州ソルト・レイク・シティの神話的なスージー・クリームチーズにより「心から、永遠に」とサインされたジャケットの裏側の冗談の文句（かなり大きめの印刷である）で取り去られるのだ。

あの人たちは狂ってる。だってそのひとりはビーズを身につけ、みんな嫌《や》な臭いがするんだもの。あたしたちはバスケットボールの試合の後、ダンスに行く時、彼らと出会ったけど、あたしの一番の友達が忠告した。……毛皮のコートを着たそいつは姿を見せず、彼がおかしな人々のものすごい一団をしたがえている時だけ現われ、奴らはどんな所でも踊る。あたしの学校にはあの人たちみたいな男の子はひとりもいない……特に先生があたしたちに彼らの歌う歌の意味を語ってからは。

この文字の下の方で、フリーク・アウトした様子が赤に変わったことで示される毛だらけのフランク・ザッパは、漫画のふきだしのなかで「スージー・クリームチーズ、どうしたんだい」と尋ねる。そして表のサイドで、いっそう毛深く赤くなったザッパが、音もなく叫ぶ。フリーク・アウトしろ！ と。その狙いは明らかである。つまり「もし彼にそれができるのなら、誰にでもできるのだ――スージーでさえ」。フリークとは昔のフリーク・ショウがわれわれに知らせたような人間の状態や運命ではなく、人が麻薬や音楽、あるいはその両方の助けを使って到達することのできる状態や目標なのである。

ボーカリスト、プレイヤー、そして特に最近のロック・バンドのカリスマ的なリーダーたちは、その可能性を証明するあかしである。つまり、その役割がライヴ・パフォーマンスで現実となるのだ――特に異常に大きなフェスティヴィルで――ウッドストックのような良好なお祭り騒ぎであろうが、オルタモントの見苦しい病的興奮の爆発であろうが、多数のフリーク・アウトを彼らは支配できる。さらにそうした瞬間が終わり、各々の恍惚状態がもとにもどった時（束の間の恋人たちは別々の寝床に、怪我人は病院に、完全に狂ってしまった者は精神病棟に、そして興行主たちは収益を数える）でも、ミュージシャンたちは、まだTVカメラ、新聞のインタヴュアー、トークショウのために彼らの役割を演じ続けなければならない。彼らは誰かが見ている時には衣装やメイクアップさえ取ることが許されない専任のフリークを演ずることを自らに課す。そして、それは六〇年代後半の陶酔がさめ、かつてのビートルズのようなグッド・バッド・ボーイズを親たちには恐ろしいもの、子供たちには快く刺激するものにした風変わりな衣服、長髪、サイケデリックな趣味、そして気楽に愛しあうことが、酒飲みの労働者とブルジョワの夫婦交換者のありふれた外装になるにつれ、その役割は、より激しく、より絶望的で、より極端で、より

ミック・ジャガー――ローリング・ストーンズの映画『ギミー・シェルター』より

厳格になっていった。

しかし、それでもまだ強い衝撃を与えられるものが、性転換とSM的な暴力行為、特にカニバリスムの形式である。それは、アーロ・ガスリーに「僕は血と血の塊りと自分の歯の中の中身と血管が見たい。死んで焼いた体を食べるんだ……」と歌わせ、グレース・スリックが、「夕飯の体はどこだい？／私は食べ物がほしいんだ！」と歌う理由なのだ。しかしニシキヘビに取り巻かれた服装倒錯者や生きたニワトリの屠殺や血みどろの人形をステージに持ち込んだのはアリス・クーパーであり、あからさまにその秘密を漏らすのは両性的なメイクをほどこし、だらりと垂れた舌の出た口のマークの下で暗示的にマイクをかじるミック・ジャガーなのだ。ローリング・ストーンズの代弁者たちは、すべての事をヒンズー教の破壊の女神カーリ（結局、ミック・ジャガーは大学教授の息子なのだ）との知的な関連で説明することを好んだ。一方、自らアリス・クーパーと称する牧師の息子ヴィンセント・ダモン・ファーニアーは、それをみな聴衆のせいにする。「人々は驚かされるのが好きなんだ……ステージから降りれば僕はオジー・ネルソンだ。僕にすればまるでジキルとハイドだよ。」

　しかし、いくらインドの神話へ言及したり、ヴィクトリア朝後期のスリラーを思い起させたりしても、その場限りのロック・スターたちが、古典的なサイド・ショウのふたつのフリークである〝首食い興行師《ギーク》〟と〝両性具有者〟の化身を演じていたという事実を隠すことはできない。というよりむしろ、信じられない事に彼らはその二者を結合することで、新しいシングル・Oを作り上げたのだ。すなわち「フリーク・ロック」や「食事に君の友達を食べることを学べる」と呼ばれる電子で増幅されたリズムを使って絶叫する動物食の男／女、食人族としての男女両性具有者である。

　フリークたちと自己同一視することによって作り出された人間奇形の新しい視点は、まだらのブルージーンズ、絞り染めにしたTシャツ、螢光塗料で描かれたポスター、そして幻覚性ドラッグでハイになったミュージシャンのレコードといったものと同様に需要のあることを証明した。しかし復活したサイド・ショウのフリークたちへの興味は、カウンター・カルチャーがありふれた言葉になる以前にわれわれの社会のいたる所に現われていて、その消滅後の今も残っている。つまり年をとった随従者たちのハードコア・ドラッグ、神秘主義、悪魔崇拝、テロ行為や精神異常への逃走、ブルジョワ的な生活への順応である。その上、かつてのフリークたちの中で最も徹底的に〝合併吸収されたものたち〟は、サイド・ショウの中の彼らの兄弟や姉妹たちが、完全な他者ではなく、実は日常生活では否定されるがLSDや他の麻薬によりかすかに見られる〝秘められた自己〟を象徴しているということを忘れられない。それゆえ彼らは、その子供たちが近所の普通の子供たちと同じように、「フリーキーズ」の食器で朝食をむさぼり食うのを見出したり、箱の中にしまい込んだ「フリー・フリーキーズ」のひとつで遊ぶのを見出す時、満足を感じる。

　さらに子供たちが、食器につけられた題材からさかのぼり『ザ・ファンタスティック・フォー』のような一九七〇年代の漫画本へ進むのを見る時、かつてのフリークたちは自分たちの子供時代の神話的象徴が再命名され、いまだに生き残っていることを知る。子供たちが軽蔑するかもしれないTVコマーシャル、巨人や小人たちが〝正常な〟人と同じように現われては消える六〇秒のファンタジーは、肝腎の〝呼び物〟がきれいにぬぐい去られてはいるが、それでさえ〝サイケデリック〟なのである。ディズニーの『ファンタジア』や『ルーニイ・チューンズ』、また『オズの魔法使い』のような実際の俳優がアニメーションのような混成物を演じるファンタジーなどが〝サイケデリック〟であることを認識するためには、彼らの世代は彼らの精神の外でそうしたものを見なければならなかったのだ。しかし、彼らが生んだ第二世代のフリークたちが再びフリーク・アウトし始める。つまり現実と想像されたものの区別がまだ存在していなかった最も遠い先祖と再び結合され、ふたたび部族化されたのである。

しかし二十世紀中頃までのあらゆる種類の芸術の主要素であったファンタジーは、大衆的博物館、カーニヴァルのサイド・ショウ、パルプ・マガジンの小説、そしてB級映画に追いやられてしまった。フリークたちが生き続けたのはまさにそこだった。特にブラウニングの『フリークス』が原型に思える恐怖映画群〝ジャンル・ムービー〟においてである。『フリークス』が初めて公開された年に生まれていなかった人々に向けてもその映画は何度も公開されたために、一九七四年には『悪魔の植物人間』の中で再想像されている。あたかもその映画はブラウニングのフリークたちが公共財産になったかのように、その最も注目すべき二つの場面を厚かましく借用した。その映画はいわば本当の神話、コンスタンティノープルの陥落と第二次世界大戦の終結の間のダビデとゴリアテ、あるいはテセウスとミノタウロスがそうであったと同様、広く共有される同一の夢なのである。しかし、キング・コング、フランケンシュタイン、ドラキュラ、そしてジキル博士も同様なのだ。彼らは単にリメイクではなく、新しい関心にはっきりと対応するオリジナル映画でもあるのだ。そして、彼らは、『草むらの快楽』と『ナイト・オブ・リビング・デッド』ほどにおたがいに明確に異なる。ラス・メイヤーが、原作者のジャクリン・スーザンばかりでなく彼自身の初期の「ヌード映画」を越えるために書き、監督した『草むらの快楽』は、クライマックスまでありふれた筋の連続である。そして、そのクライマックスでは、ワンダー・ウーマンのような服装をした十代のロック・プロデューサーが、ヒトラーの衣装を着けた元ナチの手を借り、一連のサディスティックな殺人を犯す。彼は自殺するのだが、それは彼がその衣装を取り去られ、服装倒錯の男というよりはむしろ女であることがあばかれた直後なのだ。しかしわれわれはその時、わずかに一対の貧弱な女性の乳房を見るにすぎない（メイヤーは腰の下の裸体を決して見せない）。そのため映画館を去る何人かの観客は、〈彼／彼女〉が本当は両性具有者なのだと確信するのである。

とにかく、ハリウッドの標準にすればほとんど無に等しい九万ドルをかけたこの作品は、六〇年代の文化革命によって生み出されたポルノの新しい観客、いわば「三十歳以下で映画に通ったほとんどすべての人々」を魅了したため九百万ドルの収益を上げた。彼らの興味をひくため、ラス・メイアーは、（彼の共同制作者ロジャー・エバートが指摘するように）ロック・ミュージック、大胆な衣装、黒人の登場人物、レスビアン、乱交パーティー、麻薬ばかりではなく、（エバートが指摘しないのだが）漫画本の神話と完全なＳＭ的フリーク・アウトをも提供したのである。『ナイト・オブ・リビング・デッド』は、無名の人々によりプロデュースされ、『草むらの快楽』の十倍ほどの製作費にもかかわらず、最初に若者たちの間で熱狂的成功を、それから興行的大ヒットを導き、多くの観客を獲得した。この映画は一九六八年に公開されたが、メイヤーの作品が封切館なのに対し学生映画のシリーズとして上映されたり、健康食品ストアとヘッド・ショップの中間の小さな専門店で上映されたりして、アングラ映画として生きることになる。

しかし、それはより長い生涯を送ることになった。おそらくその理由のひとつは最も熱烈なファンが、平均すると三十歳よりも二十歳に近く、その映画のポリシー（反警官と黒人びいき）がまったく無関係に思われるような八〜十歳の観客をも含んでいたからなのだ。そうした子供たちを感動させたのは、カニバリスムのイメージだった。それは未熟に伝えられたがゆえにまさに効果が著しい。つまり老人が若者を食べるために死からよみがえり、歯の間に内蔵を残して引きあげる場面であり、子供を守ろうとかがみ込む母親の肉体を子供がかじる場面である。すべてのフリークの原型の中で最も普遍的に興味をひくのは、間違いなく食人族や首食い興行師である。それは、乳児の離乳とともに始まる幻想にもとづく。一方で『草むらの快楽』の両性具有者は、思春期特有の性の不確実性とともに生まれる。しかしどちらの作品も一種の幸福な純真さを持つ。そして両方ともおとぎ話と古典的な神話のように、知的な〝意味〟を理解できない人々によって視覚的に体験されるのだ。

この点で、それらは『ジョーズ』や『エクソシスト』のような最近成功を収めた安っぽい映画に似ている。もちろんそれらは突然変異体《ミュータント》や奇形というより、サメや悪魔といった人間以下、あるいは以上の存在である怪物を示しているのだが。しかしこうした映画は同じポップ神話に立脚したフェリーニの『サテリコン』のような限定された観客の興味をひく映画とは根本的に異なる。批評家のひとりが次のように指摘する必要を感じたように「人はゴヤを思い出すのではなく……トッド・ブラウニングなのだ……それは、フリークたちの中の『2001年宇宙の旅』だ」。フェリーニの言明した『サテリコン』の出典はペトロニウスによるラテン語の小説である。しかしフェリーニは、メイヤーとエバートが、基本的なイメージが両性的で複数の性をもち、男女両性具有である映画の台本を作るためにジャクリン・スーザンの原作をあまり参照しなかったのと同様、出典にしばられなかった。

どちらの映画も、異議を持つ若者により六〇年代後半に実施されたポルノ運動の副産物である。そしてフェリーニの映画が、取り戻しようのないキリスト教以前の過去を扱うように思われるにもかかわらず、これらの映画は明らかにキリスト教以後の現在について言及する。人間のすべての伝統的な定義が無効になっている世界に特有な乱交と殺人と幻覚の中を前進する二人の主役について書きながらフェリーニはこう語る。

……二人の学生、半ばビート族で半ばヒッピー、どんな人々かといえばエスパニャ広場やパリやロンドンで見かけることのできるような若者たち……彼らの反抗は、伝統的な革命と何の共通点も持たない。つまり信念でも絶望でもなく、修正や破壊への意志でもなく、彼らを囲む社会からの完全な無関心と分離という態度で表現されており、反抗とまったく同じように見えるものなのだ。

しかしフェリーニが関心を持つ人々から彼をわずかに遠ざけるのは、まさに彼の自意識である。つまり彼は『草むらの快楽』とは違い、「完全な無関心」よりも、「完全な無関心」を誓わされた動きについての映画を作る。結局、それは神話より芸術であり、(その監督が、考えることより見ることに満足する時はいつもそんなイメージがスクリーンを占領するにもかかわらず）根源的なイメージというよりも解釈であり、それゆえ作品は子供たちより批評家に属するものとなる。そのことは、ダイアン・アーバスの静止した写真にもいえる。彼女の小人と巨人と服装倒錯者たちは、ギャラリーの壁や彼女が自殺した後に企画された回顧展のカタログの中に、物悲しい白黒で永遠に固定されている。

裕福な家庭に〝正常に〟生まれるという偶然によって不運な人々から絶望的に隔てられたことを感じたためアーバスは、彼女のカメラの〝第三の眼〟を使い彼らの神秘を繰り返し見つめようとした。「私の子供の頃の悩みのひとつは」、彼女はかつて告白したことがある。「まったく不幸を感じないということだったのです……そしてその感じないという気持ちは……とても苦痛でした」。さらに深く考え、彼女はすべての不運な人々の中でも特に彼女をひきつけるのがなぜフリークたちなのかを説明しようとした。

私はフリークの人々をたくさんの写真に撮りました。それは、私が撮影した最初のテーマの一つだったのです。私はただ彼らが大好きでした……フリークに関する伝説の本質があります。それは人を立ち止まらせ、謎に答えて欲しいと求めるおとぎ話の中の人物のようなものです。ほとんどの人は、恐ろしい経験をしないかとおびえながら生活しています。でもフリークの人々は自らの外傷《トラウマ》とともに生まれました。彼らはすでに人生における試練を越えているのです。彼らは最も崇高なものたちなのです。

けれども彼女の写真はあまりに知的に見えてしまうにもかかわらず、それらが娯楽を装うわれわれの最後のタブーの表現というよりは、おとぎ話の中の謎を解く試みのひとつだとわかる少数の人々にこうしたことのすべてをより明確に語っている。だが彼女はブラウニングとメイヤー、そしてフェリーニでさえ獲得する多数の観客からその写真という媒体によってさえぎられるのだ。一体どれほどの映画ファンが、彼女の作品を見るために美術館の回転扉を通りぬけ、写真とともに彼女の言葉をおさめた優雅なパンフレットを手に取るのだろうか？　おそらく、どのように装丁し、印刷した本でも、それがいかにふんだんに挿絵が入っていようとも、必然的にフリークの神秘を裏切らざるをえない。それは、そのような本を今まさに書きつつある人間にとって当惑させるような想いである。しかし、終わりつつある二十世紀の最も正常な人々にとっては、確かに言葉がイメージに従属している漫画や映画でフリークたちを体験するほうがよりありうることなのだ。

写真をふんだんに使った、「文学」とは思えないほど評判のよくない、フリークたちに関する何冊かの厚表紙の本が、いまだに大きな需要を獲得している。少なくともひとつの通信販売のブッククラブが、大規模にそれらを本屋へ行かない読者に配給するために存在している。もし私の前であけっぴろげな嘘をつくこのパンフレットが信じられるのなら、その本はかつてわれわれに嫌悪感を起させたのに、今ではわれわれを快く刺激する生き物たちを最上級の言葉で扱っている。すなわち、最も醜い者、最も歪んだ者、最も危険な者、最も気味の悪い者、最も好色な者、最も不思議な者、最も気違いじみた者、最も奇妙な者などをである。それらの多くは、古典的なフリークであることがわかる。つまり最も醜い者はエレファント・マンとラバ女、最も奇妙な者は〝巨大な足《ビッグフット》〟——つまり巨人と〝失われた輪《ミッシング・リンク》〟の想像上の混合物、最も気味の悪い者は小さな少女を食べるギーク、最もゆがんだ者は体重七〇〇ポンドの肥満男なのだ。売れ行きのトップに立つ二冊の本は、フレデリック・ドリマーの『非常に特別な人々』(「これらの人々が非常に特別なのは、彼らがみなフリークに生まれたからである」)と、「古今を通じて最も際立った奇形の写真コレクションから」という見出しの下にゴム人間の図が載った帯をつけたカーマイケルの『驚くべき収集家たち』である。一種の「ほら」として、グールドとパイルの『医学における異常と珍奇』のための広告が載っており、大きな見出しがついている。「もしあなたが、サイド・ショウに寛大であれば、まさしくこの本が気に入るでしょう」。そしてもっと小さな赤の字で「注意、この本は神経質な人には向きません」とあるのだ。『世界記録のギネス・ブック』でさえ、体重一〇六九ポンド〔約四八四・三キロ〕と記録され、ピアノの箱に埋葬された世界で一番重い人間という大見出しの下にロバート・アール・ヒューズの写真があるために、本質的にはフリークに関する本であるように見える。どの例でも最初の興味は目に訴えかけ、言葉は——呼び込みの大騒ぎのように——その次に現われ、われわれが見ているものの不思議を語り、それが想像ではなく事実であることをわれわれに納得させようとする。

13

突然変異体《ミュータント》の神話と奇形《フリークス》のイメージ

一世代においてホモ・サピエンスとネアンデルタール人ほども異なった子供たちが親から生み出されるという進化論的飛躍の観念に基づく小説を除いては、フリークたちを扱った現代小説は、ノンフィクションに比べはるかに少ない読者が読むにすぎない。そうした小説は、〃世代の断絶《ジェネレーション・ギャップ》〃のような常套句以上に、六〇年代後期の家族の危機の様相を解明することができる神話、隠喩ないし誇張法なのである。字義通りにとれば、それは「自分自身のことをフリークと呼ぶ少年たちのうちの何人が実際に精神的突然変異体なのか」についての不吉な主張に行きつく。つまり「科学技術や幻覚剤の使用によって誘発された自己進化作用を通じ彼らは変異してしまった」というわけだ。しかしそれは、素晴らしいサイエンス・フィクションに、特に批評家たちが真面目にとりあつかう〃SFのモダン・マスター〃と呼ばれるアイザック・アシモフ、A・E・ヴァン・ヴォート、アーサー・C・クラーク、そしてロバート・A・ハインラインの四人の作家の作品に寄与しているのだ。

けれども実は自称〃フリークたち〃が最初にいた。最初の鏡がTVスクリーンの光の明滅だったような先進科学技術時代の子供たちは、一九四〇年代にアシモフによって書かれ、一九六八年に『われはロボット』として本の形で再出版された物語に反応した。ロボットが、人間として受け入れられるよう努力したり、人間と競争するこれらの物語の中で、アシモフはメアリー・シェリーの『フランケンシュタイン』の怪物に予示されていた新しい種類のフリークに古典的な形を与えた。かつて象人間《エレファント・マン》や犬の顔を持った少年が人間と獣の境界に挑戦したように、人間と機械の境界線に挑戦するこの混合物は神聖冒瀆と恐怖に近い感覚を呼びおこす。アシモフの小説の中に出てくるコンピューター制御のヒューマノイド、ロビーに、自分の子供の情愛をかすめとられてしまい嫉妬した母親はこう叫ぶ。「あれには心なんてないのよ、何を考えているのか、誰にもわからないのよ」。

けれどアシモフが描いたのは超人間《メタヒューマン》へ進化する人間というよりも人間が物を製造するイメージである。それゆえ彼の作品はどれもヴァン・ヴォートの『スラン』、クラークの『地球幼年期の終わり』、そしてハインラインの『異星の客』のように、若者たちの間で神聖な書物の位置に達しなかった。そしてこの三作は進化した人間の子供たちを扱ったため、「再臨」を待望する六八年の生き残りたちがコミューンに保存するカルト・ブックの中にいまだに見つけることができる。また、トールキンの『指輪物語』、『チベットの死者の書』、『周易』、『全地球カタログ』、カルロス・カスタネダの『ドン・ファンの教え』、そしてロバート・パーシグの『禅とモーターサイクル・アート』を含む彼らの標準的な読書リストの一部となり、これらは著者の意向におかまいなく、フリーク・アウトするための手引きとして読まれているのだ。

中でも『スラン』は、文芸批評家にとって最も受け入れがたい本である。書きぶりは陳腐であり構成は無器用、

I・アシモフ『われはロボット』表紙

R・ハインライン『異星の客』表紙
救済者としてのミュータント

基盤とする「科学的」理論は全くわけのわからない呪文のようだ。しかしヴァン・ヴォートの荒けずりの神話形成力は最後に効果を現わし、その物語は神秘的《オカルト》な事象にあこがれ、それを科学のことばで表現しようとする人々の興味と同意を四十年近くにわたって獲得してきた。確かにそれは私のような懐疑的な読者にさえ、何度も読み直すうちに感動をもよおさせるだけではなく説得力を持つ。それに対し老いたフリークたちは、今なお彼らの状態の寓話（彼らはそう信じたがっている）としてその本を読み続ける。「なぜ彼が恐れられるのか」と、そのミュータント・ヒーローを描いた装丁のコピーが伝える。「……どう見ても彼は人間であり、害のないものだった。しかし、彼の髪に半分隠されたわずかな巻き毛が、彼をスランだと証明するのである。そして、世界を支配する人類にとって当然すべてのスランはフリークだった」。

これはまた、ルイス・ポウェルズやジャック・ベルジエのような未来学者の見解の中心でもある。『魔術師の朝』の中で、彼らはヴァン・ヴォートを、ジュリアン・ハクスリー、J・ロバート・オッペンハイマー、ヘンリー・ミラー、ジャン・コクトー、オーロビンド・ゴーズ、そしてアドルフ・ヒトラーとともに、予言者の仲間のひとりであるとする。中でもヒトラーのことは一番引用される。「新人類は、われわれの間で生活している。彼はそこにいる。お前は他に何が欲しいんだ。秘密を打ちあければ、私は新人類を見たことがある。彼は、残酷で恐れを知らない。私は彼の存在が恐い」。しかし、超人間の出現という彼らの確信は、ヒトラー的なものというよりもヴァン・ヴォートの描いたものに近い。「絶対に誤りのない記憶や、常に明晰な思考力に恵まれた、知的で理性的な突然変異体は、おそらくわれわれのそばで小都市の教師や保険外交員に変装して働いているだろう。彼らがわれわれの社会とは異なる社会で働き、お互いに交信していると信ずべき理由はすべて揃っている……」。

ヨーロッパにおいて、彼らの作品は、「多くの人々の確信を揺さぶり……十四巻の新しい百科事典が現われたが……それはこの一冊の本の直接の帰結としてである」。しかし我が国では、それが同じような衝撃を持たなかった。というのもおそらく、そのような見解は、一九六〇年には、『スラン』ばかりではなく『地球幼年期の終わり』(一九五三年に最初に出版された)の読者でもあるアメリカ人にはすでに目新しいものではなくなっていたからだろう。『地球幼年期の終わり』の継続的な影響は、一九七一年にロバート・ハンターが〝意識革命〟への賛辞の最初の章にそのタイトルを借用し、それを「おそらくわれわれの時代の最も重要なサイエンス・フィクション作品だろう」と評している事実によって証明される。しかし一九六八年に、結末で地球を捨てようとする突然変異体の若者にフリークたちが自らを同一視し始めるまで、それはSFファンの少数にしか知られていなかった。その年まで、その本は、二年に一回という割合で、八回再版されている。ところが、続く五年で、再版は年三回の割合で現われた。クラークは彼の結末の惨劇をはるか未来に投げ出したが、一九六八年までに彼がカレレン大主の発言に挿入した予言がすでに現実となっているように思った人は多い。少なくとも彼らにとっては唯一の現実である生きた神話として実現されているかのように。

過去に諸君が経験した変化は無数の年月を要したが、今度のは肉体の変化ではなく、精神の変化である。進化の標準からいえば、今度のは瞬間的な激変ということになるだろう。もう始まっている。これだけは覚悟していただかねばならぬ——つまり、諸君はホモ・サピエンスとしての人類最後の世代だということ。

コリーやアレクセイ・パンシンのようなサイエンス・フィクションの歴史家(年代記編者)にとって、そうした出版物(シオドア・スタージョンの『人間以上』も含めて)は、このジャンルにおける根本的に新しい何かを描き出した。「それまでのSFは、常軌を逸脱した変種や突然変異体を、われわれに似ていながら単に力が強かったり、より高いIQに恵まれたものとして描いていた」と彼らはいう。その反対にクラークの変異した子供たちは、「一般的進化の飛躍の瀬戸際にある種」を生き生きと描き出す。しかし『スラン』はすでに同じようなことをおこなっている。そして、ジェローム・ビキシバイの記録的な人気を誇るサイエンス・フィクション「良き生活」

同様、一九三五年に発表されたオラフ・ステープルドンの古典『オッド・ジョン』には、ミュータント神話の暗示があるのだ。しかしそれでもなお、ある意味ではヴァン・ヴォートやアシモフがやらなかった方法で、クラークが若い読者たちに同時代人として機能した感覚が存在した。それゆえ彼の後の小説『２００１年宇宙の旅』は、スタンリー・キューブリックとの共同執筆による映画の両方とともに、単に新しい感覚のための神話的起源であるだけでなく、そのすぐれた達成のひとつになったのだ。

その映画が、類人猿からの飛躍的な進化の描写に始まり、そして曖昧ではあるが、超人類へのはるかな飛躍の描写で終わるにもかかわらず、若い観客たちは、それをミュータント神話のもうひとつの解釈というより、むしろ実際のフリーク・アウト、〝幻覚体験《トリップ》〟それ自体として体験した。

根源的なイメージを扱っているためサイエンス・フィクションは理想的には画像的な、あるいはなかば画像的な形態に適しているように思う。実際、その全盛期にはＳＦはほとんど最初に挿絵入りのパルプ・マガジンで出版されたのである。しかし本の形ではペーパーバックだろうがハードカバーだろうが、けばけばしいカバーやジャケットを除いては、ＳＦは挿絵から引き離された。それゆえきわめて少数の監督がＳＦにおける典型的な原理を視覚的に正当に扱ったにすぎないにもかかわらず、映画やテレビは、漫画本とともにＳＦのよりふさわしいメディアであったのである。そしてこの少数の監督の中心人物こそ、キューブリックである。彼はまた、アントニー・バージェスの同名の小説をもとにした『時計仕掛けのオレンジ』や、ピーター・ジョージの『赤い警報』をもとにした『博士の異常な愛情』においてそのジャンルを確かなものとした。実際、ブライアン・オールディスが、「おそらくその時代の最も秀れたＳＦ作家として認められるだろう」と言ったほど、それらの試みで彼は成功を収めたのだ。しかしその三本の映画の中で、『２００１年…』だけがミュータント神話に関係している。そしてそのテーマが、年齢を問わないほど、ポピュラーになっているにもかかわらず、明らかに理解しがたいという理由により誰もこの種のＳＦ小説をうまく映画化することはなかったのである。

▲怪物としてのミュータント――「チャーリー軍団」
▼家庭破壊者としてのミュータント――マンソン　R・クラム画

例えば、ウォルター・ミラーJr.の『黙示録三一七四年』は、最終核戦争後のフリークが横行する世界の恐ろしい光景で始まる。――「双頭の女と六本足の犬が、新しい橋のそばでからの野菜カゴを持って待っていた……ひとつの頭は犬の余分な足と同様、役に立たなかった……それは一方の肩にだらりと垂れさがり、目も見えず、耳もきこえず、しゃべることもできず、そしてただ植物のように生きている……」。そして牧師の祝福の言葉が近づき第一の頭が死ぬと、第二の頭の目が開くのである。さらに最近になると、幻覚剤とコミックの通俗神話によって意識を変えた若いニュー・ウェーヴのメンバーであるサミュエル・ディレーニイの小説が登場する。彼は、「狂人と読心術者《マインド・リーダー》、小人と未亡人、巨人と天才」が群をなし、「……異星人《エイリアン》の一団が、飛び、這い、穴に潜り、あるいは泳ぐ」世界の可能性のなかに恐れよりも喜びを見出したのである。

ハインラインの『異星の客』が一度として映画に脚色されないのは不思議なことだ。ハードカバーで一九六一年に出版されたこの本は、一九六八年にそのペーパーバックが登場する以前に、すでにそれは広範囲にわたって売れていた。それはSFマニアの比較的小さなサークルをつきぬけ、すべての若い読者、それも大学高校そして小学校の学生にまで、また唯一の書斎がスーパーマーケットの本棚とバス停である十二歳から三十歳の間の人々にまで広くゆきわたった最初の本格的SF小説である。さらにそこでとどまらずに、その最初の読者の両親や教師にまで行き渡り、困難な世の中で負けまいと努めたり、ただ新しいライフ・スタイルを理解しようと努めるすべての大人にまで至った。しかしハインラインの小説の本質的な神話に最も深く反応したのは、若者――そして特に、彼らの最先端にいる自称フリークだった。つまり彼らは、その小説の特殊な言葉（しばらくの間、〝認識《グロク》〟と〝水兄弟《ウオーター・ブラザース》〟は一般に使用される動詞と名詞になった）を話すことをおぼえ、そのヒーローであるバレンタイン・マイケル・スミスによって作られたアングラ崇拝の儀式を取り入れたのである。

スミスの文学以外の弟子で最も有名なのが、チャールス・マンソンである。彼は、信者にいっさいの本を禁じていたにもかかわらず、逮捕された時『異星の客』を一冊所持していた。そして彼の唯一の子供をヴァレンタイン・マイケルと呼んだのだ。マンソンをスミスに自己同一視させたのが、儀式に用いるカニバリズムや共同体によるセックスなどの支持とともに、平気で敵を殺すことができる能力だったことは疑いない。しかし、さらに彼の心をとらえたと思われることは、スミスがサイエンス・フィクションで初めてミュータントから賢人《グールー》になったという真実だった。つまり改宗者であり、スミスは自分が火星に生まれ、火星人に育てられ、彼自身になった(スミスは……人間……で……は……ない)にもかかわらず、誰でもフリーク・アウトすることを学ぶだけで人間以上のものになれることを教えたのだ。

ハインラインは表面的にはそのようなミュータント神話とフリーク・アウトの概念の融合を想像していた稀有な作家であるように思える。右翼軍国主義者の下働きとしての初期の本の多くは、アメリカン・ネオーファシスト団体の推薦図書目録に記載されているが、そんな彼が直接若者たちに話しかけるように唯一の小説を書いた時、彼は六十歳に近かった。実際、その状況は性的に政治的に無気力を感じるようになった年老いた暴れ者が、宇宙からの侵略者によって〝ビッグ・ガヴァメント〟が当然の報いを受けているさなかに、突然魅力的ではつらつとした少女たちとセックスできるようになるという老化したゴールドウォーターライトの白日夢として解釈されうるだろう。それゆえハインラインが、彼の奇妙な成功について不愉快だったことは不思議ではない。「私は、私の読者がすべて憎い。たとえ、大人であっても」と、彼は言ったと伝えられている。老若を問わず、V・M・スミスの熱烈な賛美者の左翼的な政治性によって彼は、特に不愉快な思いを味わっていたに違いない。

しかし、六〇年代の文化革命はとても奇妙な仲間たちを作ってしまった――アビー・ホフマンとジェリイ・ルービン、ハインラインとマンソンばかりか、アドルフ・ヒトラーまでも。ヒトラーは、奇形を持つ人間をガス室へ送ったにもかかわらず、彼自身、多くの自称フリークの趣味をわけあっていた。酒よりも興奮剤を好む菜食主義の熱狂者《フリーク》である彼は、ペットの犬が子供の立場にあるようなブルジョア的結婚のない、反家族を作りあげ、大衆文化を支持して高尚な文化を拒絶した。彼のお気に入りの歌は「誰があの悪い大きな狼を恐れるか」であり、お気に入りの映画は『キング・コング』だった。さらに、彼はミュータントがすでにわれわれの中にいることを知っていた。

六八年の反逆者の中で最も気違いじみた過激派グループ、黒のレザー・ジャケットに鉤十字章をさげたオートバイ乗りだけがヒトラーのことを尊んだ。しかし、全体としての運動《ムーヴメント》は、最もさわやかなフラワー・チルドレンへとおちつき、かつては信用できなかった両親に近い年配の人々のファンタジーと同化することが困難ではないことを知った。つまり例えば、極端に愛国主義的なクリスチャン・サイエンスの信者ウォルト・ディズニーや高教会派のオックスフォード大学教授J・R・R・トールキンとの同化である。彼らが即座に説く反動的教義が何であろうとも、彼らは子供と大人、男性と女性、自己と他人、幻覚と現実の間の境界線が、サイド・ショウにいるように脅やかされる空想世界を夢みていたために受け入れられたのだ。

両大戦間に、ルネサンスにおける人間の定義と正常の規準を失いつつあった世界の想像力にフリークのイメージとミュータント神話は、常につきまとった。実際、しばらくの間、誰もがサイド・ショウに慣れようとしているかのようだった。ソール・ベローやバーナード・マラマッドのようなユダヤ系アメリカ作家と自分を区別しようとフィリップ・ロスは説明する――「彼らはユダヤの賢人である。私は、親指トムのようなユダヤのフリークなのだ」。それから、彼は、人間から女性の乳房に変身したフリークについての物語（親指トムよりもカフカを連想させる）を書いた。さらに一九七五年の初め、新しく爵位を授けられた八十五歳のチャーリー・チャップリンは二人の娘を主演させて翼を持った南米の少女を扱った映画の撮影を始めようとしているところで、その映画はもちろん『フリーク』というタイトルであると発表したのだ。

死者でさえも、死後におこなわれるフリーク化から自由であることはない。特に彼らが突然変異体《ミュータント》のライフスタイルを生きる典型と思われる場合にはなおさらである。生涯を〝理由なき反抗〟とみなされたジェームス・ディーンの最近の伝記は、彼のことを振りかえって〝ミュータント・ヒーロー〟と呼ぶ。そして、誰よりも淫らな

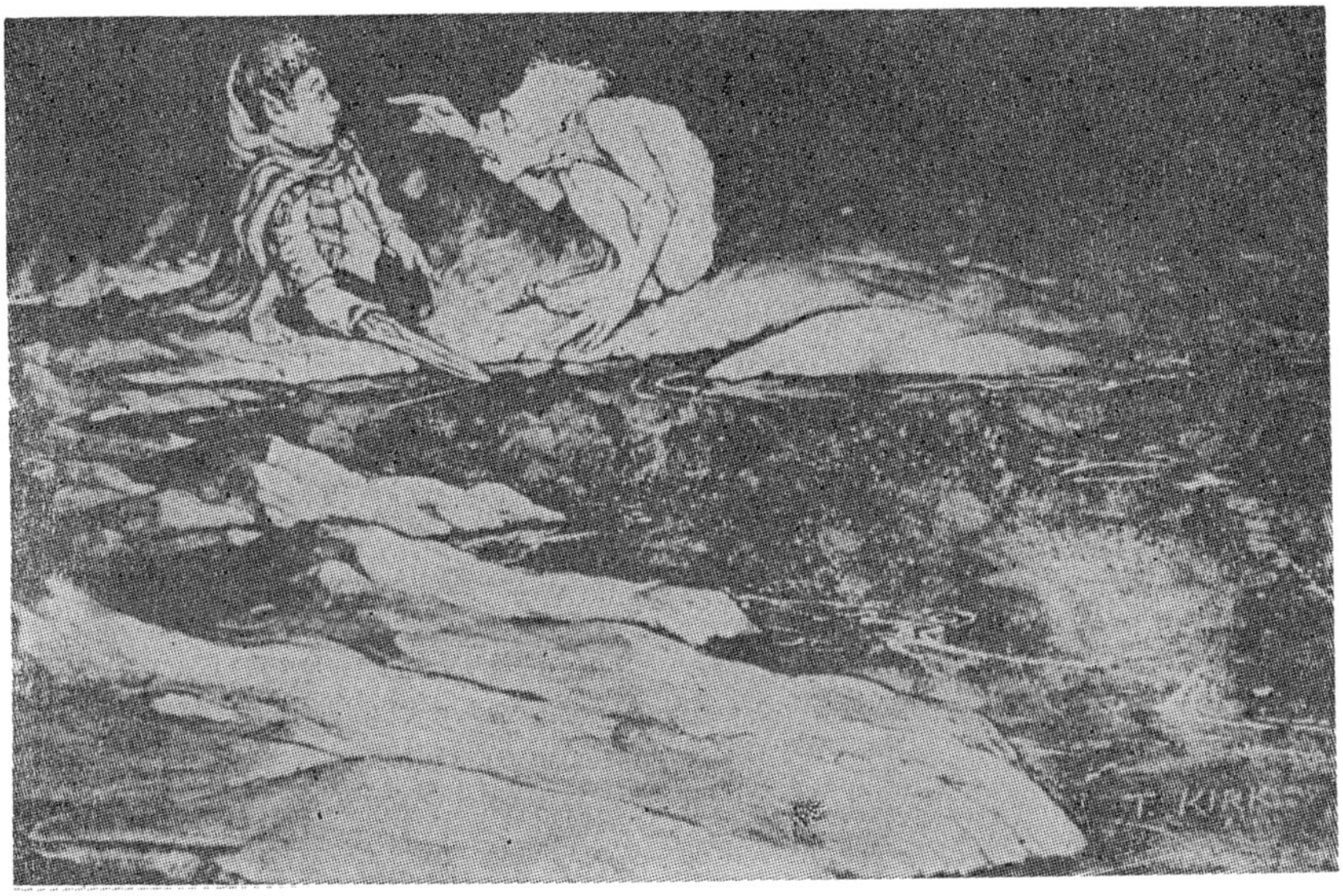

ビルボとゴルム——妖精国のフリーク，
トールキン『指輪物語』に基づくティム・カートの絵

言葉をはき、警察に長い間悩まされた後、一九六五年に麻薬の飲みすぎで死亡したレニー・ブルースは、特に抜きんでたフリークとして近年、神話化されている。しかしそのフリークという言葉は明らかにブルースのヴォキャブラリーにはなかった。確かに、彼の出し物から編纂され、彼の死の直前にプレイボーイ出版から『汚ない言葉を吐き、人に影響を与える方法』のタイトルで出版された自伝の中で、彼は一度もその言葉を使っていない。彼は、自分を″お先っ走り《ヒップスター》″とみなした。そして彼の切望した神話は、ミュータントではなく、超ユダヤ人《スーパー・ジュウ》——十字架のキリストまたはシャイロック、どちらでも構わないのだが——だった。

けれども彼が本当の見世物のフリークたち、特にヒューバートのダイム博物館とフレア・サーカスのフリークたちを好んでいたのは事実である。彼の母親は子供の頃、彼の手を引いてそこに連れて行った。そして彼は何度も何度もそこに戻ったのだった。かつてニューヨークの生活について作ったテレビ映画の中のあのテン・イン・ワンの安っぽい42番街の建物を想像しながら。素晴らしいことに、一九七四年にアルバート・

ゴールドマンによって出版された伝記『レディス・アンド・ジェントルマン、レニー・ブルース!!』の出だしでわれわれはそこに案内される。そしてゴールドマンの散文的な描写は、フリーク・アウトした話し手の呼び込みとなる。

それはまるで炭坑を別世界へと、ころがり落ちていくようだ。すべての「不思議の国のアリス」的なものが、汚なく、気味の悪いものに変わった。フリークの精神的な地下世界……彼らは小さなスポットライトで照らされステージの上の彫像のように浮かびあがる。みなあなたがたの原型的なフリークたちなのだ。セシーはアザラシの少年、アンディ・ポテト・チップスは一寸法師……コンゴはジャングル・クリープ……ジム・ヘイリーは怪力男《ストロング・マン》……アルバータス＝アルバータは男／女。

そして、われわれはすぐテン・イン・ワンを離れるのだが、決してそれが象徴する悪夢の世界を逃れはしない。フリーク……フリーキー……フリーキネス……むくみ、寝たきりで、幻覚に目がくらみ、苦しむレニーが、彼自身をサイド・ショウの怪物へ変えるまで、そうした言葉が次々に現われる。そしてその本の終りで、彼を訪ねにきた想像上の友達の目を通して、われわれは彼を見るのだ。

サーカスから来たひげ女が、立ち上がって挨拶している。レニーだ――私は思った――しかし彼の姿があまりに怪異であるため、私はほとんど彼の手をとることが恐いほどだ。この肥満した巨大な人間はデニムのムームーを着て、頭はなんとピンヘッドなのだ。トラピスト会の僧のようなひげを持ち、頭は、体の残りの部分よりあまりに小さいために、頂上の点のようになる。

これは七〇年代の感性である。——時間の旅行者であるゴールドマンは、だいたい十年から十二年ほどさかのぼり、ぽかんと見とれ、自由な連想をおこなっている。レニーの晩年の本当の訪問者は、そうした文脈のなかの彼をまったく認識していなかったのではなかったかと、私は思う。なぜならヘッド・コミックスの全盛期はまだ未来に横たわり、フランク・ザッパはまだフリーク・アウト宣言を出版する準備をしていたのだから。サイエンス・フィクションのファンたちは、長い間ミュータントと自己を同一視してきたが、そうした事情とは必ずしも同じではないのだ。さらに教養のある小説家たちは伝統的なフリークたちを昔のように扱い続けていたが、その創造物に与える役割や地位は変わり始めていた。彼らは、小人のような昔からのお気に入りたちを切り捨てるばかりでなく、科学によって開かれた新しい二つの可能性に対応し、すべての人間の奇形の象徴的な使い方を変えてしまおうとしている。その二つとは、つまり内分泌の治療や外科手術による奇形の〝正常化〟とサイケデリックな薬物を使ったノーマルのフリーク化である。

しかしそうした変化が明らかになるまでにしばらくかかった。トールキンやディズニーが忘れられていた小人たちを思い出させた時、小人は子供たちの童話の中に深く根をおろしていた。そして彼らはアメリカ小説の主要なテーマとなりすぎたために、決して〝主流〟小説から姿を消すことはないだろう。例えば、最近評判を呼んだ本の山をパラパラめくってみると、エドワード・ホイットモアの『クインの上海サーカス』(一九七四年)のペーパーバック版を私は発見する。その中では巨人、デブ男《ファットマン》、小人たちが、サイド・ショウと歴史、悪夢と目覚めている現実の間をあちこちに紛らわしく往復しているのだ。そしてその下にあるもうひとつの小説、まだゲラ刷りで、宣伝文が私に伝えるところによれば、それは〝都市、犬、小人、子供、ホモセクシャル、死体……〟についての小説である。

けれども歴史に名高い小人は、時々エイブラハム・リンカーンの生涯といった形でテレビに現われる以外、親指トムでさえ文学から消えてしまった。生き残ったP・T・バーナムに関連する唯一の見世物フリークは、チャンとエンである。彼らは、妻と子供と一緒の写真を使ったブロードウェイ・ブックファインダーズの最近の広告に「シャム双生児は子供を持つことができるか」というキャプション付きで大きく取り扱われている。その上、われわれは最近、二冊の新しい伝記を予告された。ひとつは主に子供たちを対象とした若いSF作家であるローレンス・イェップの手になり、もう一冊は万人向けのアーヴィング・ウォーレスのもので、彼は常に誰もが喜んで買うものを知っている。二人の最も評価の高い実験的な小説家ウラジミール・ナボコフとジョン・バースは、特にチャンとエンに言及し、シャム双生児についての短篇小説を創作している。一九五〇年に初めて世に出たナボコフの「ある怪物双生児の生涯の数場面」は、独特の遠回しな表現でこれらの伝説の原型に言及している。その最初の一節は次のように語りかける。「われわれを結合する軟骨に肉がかぶった紐をパングストはオムファロファガス・ディアフラグモ・クシフォディディマスと名づけた……」

この名称から以前からその間の消息に通じているわずかな人々だけが、おそらく一八七四年にすぐれた外科医によっておこなわれた有名なフィラデルフィアの死体解剖を思い出すだろう。しかしナボコフが商業時代における神話の退歩についてのこの物語のなかで想定していたのは、そうした少数の読者なのである。そしてその物語は、二人の中東の無邪気なフリークたちが、まさに彼らの生まれた牧歌的世界から強奪され、彼らが死んでしまうであろう巡回見世物《カーニヴァル》の世界におかれたために終わる。

もしそのとき誰か気の強い男が入江に出ていた小舟から磯へあがってきたとしたら、きっと太古の魔法にでも会ったように胸をおどらすにちがいない。イトスギの林と白々とした岩礁を背景に神話に出そうな怪物がおとなしく出現したからだ。男は怪物に向かってきっと礼拝したことだろう。嬉し涙をこぼしたことだろう。だが悲しいかな、そんな男はいなかった。ぼくらを出迎えたのはあのおどおど顔の悪党ばかり、あのびくびく者の誘拐者ばかりだった。

妻子に囲まれたチャンとエン　同時代の宣伝写真（サーカス・ワールド博物館）

それから四半世紀の後の現在からみれば、ナボコフのこのフリークのテーマの扱い方には取り戻すことのできない古めかしさがあるように見える。彼は哀感《ペイソス》を恐れず、あるいはその怪物性に当惑するあまり、かつてマーク・トウェインがそうしたように、笑劇《ファルス》に逃げ場を求めたのである。しかし、フリークたちに対する〝正常者《ノーマル》たち〟の態度の発展の最終段階を想像できないため、彼は希望をもって実際に前方に横たわるものへ目を向けるより、郷愁を感じながら永久に失われたものへ視線を向ける。

だから一九六〇年に出版されたナイジェル・デニスの警鐘的な物語『二人のための自転車』のほうがわれわれの現在の立場により密接な関係を持っている。なぜならそれが「足がなかったり数フィートしか成長しなかったり、両性具有であったりするような呪われた人々により書かれた苦痛の本を読むことでそれらの者たちが、よいことを行なっているのだ」、と自分を納得させている人々へ向けて書かれているからである。デニスはそうした態度を皮肉にも突き崩そうとする。そして、物語の結末で不幸せなシャム双生児は、怪物がノーマルの動作をまねようとじたばたするべく(外の世界で起っていることのまさに正反対のように)演出されたサーカスの見世物に甘んじて登場している。気質と趣味においてまったく異なるにもかかわらず、一生を結びつけられた二人の人間の悲痛な立場をデニスがトウェインのように生き生きと描いたがゆえに、それは起りそうにないハッピー・エンドでしめくくられる。そのシャム双生児の一人が演ずるのは愛想のよい愚鈍なゴルフ・プロで、もう一人は理論好きで抽象的な大学教授なのである。それゆえ、ただ流れ続けるバーレスク調の音楽だけが彼らの耐えがたい状態の最終的な受諾が喜劇よりも苦痛であるように見せることをさまたげている。離婚のない世界の悪い結婚のようにである。

デニスは、彼らに分離という選択を考えさせようとは決してしない。おそらくそれはシャム双生児の最初の外科手術による引き離しがなお一~二年後に横たわっていたためだろう。しかし、そうした選択は、一九六八年に出たジョン・バースの「嘆願」の中心を構成する。というのも、その最初の手術で二つの肉体に分けられたクリーブランドの姉妹が五、六年、生き長らえたことで、彼らのような異常がもはや耐えるべき宿命ではなく、受け入れるか、拒絶すべきものに思われるようになったからである。けれどもバースの物語は時代錯誤的だ。一九三一年の設定でありながら、それは、アメリカ人のシャム双生児を分ける危険な大手術のため合衆国を訪れたシャムの王への長い嘆願からなっている。思うにその王は、その時点ではいまだに実行できないそうした手術を決定する権限を与えられているのだ。なぜならチャンとエンは彼の王朝からよそに送り出されたのだから。われわれは、お互いにおとなしく生活するなかでの彼らの障害も含め、この物語から比較的初期のシャム双生児に関してたいへん多くを知る。しかし嘆願者が強調するのは、彼らの場合と他のシャム双生児の場合の差異なのである。

考えるべきことは、チャンとエンは、彼らを一緒に歩かせ、すわらせ、そして眠らせるに望ましい長さの帯で胸と胸をつながれていたのに、私の兄弟と私は、前と後ろにつなげられ——つまり私の腹が彼の背中へなのだが——その肉の帯ががっかりするほど短いということなのだ。従って彼は自分が永久に引きずっている悲惨な人間に目をやることは決してない……一方私は一日じゅう何も見えない……私が自分の名前よりもよく知っている彼の退屈な首筋を除けばだが。

そして、すべての物語を歴史よりも寓話に思わせてしまうような非現実的で、超現実的な、その信じられない連結は、また最も下品なスカトロジー的でセクシュアルなユーモアの可能性をも切り開いている。

浴室の中で私が苦しむことは、その大きな下の耳にむかつくことです……彼は、私のひざの上でげっぷやおならをするのです。その上、彼が売春婦とセックスしている間、私は発情した馬の上にでもいるかのように、彼の真上に乗らなければなりません。また彼はかがんで私をひきつけ、毛深い頬で締めつけて、私をシャワー室の中で拷問にかけるでしょう。

〃変態《キンキー》セックスと強制的な告白〃の時代においてフリークたちを再想像する作家たちにわれわれが要求することは、フリークたちの生活の辛辣な暴露である。彼らは便器の上で何をするのか。ベッドでは何をするのか。また公の好奇心にむすびつくようなすべての私的な時間にはいったい何をしているのか。フリーク・ショウの魅力は、ポルノグラフィーのそれと変わらないと考える何人かの人々が常に存在した。そしてこのあからさまな時代に、秘密はなくなるのだ。マーク・トウェインのようにナボコフとデニスは、シャム双生児の性生活に関していまだ慎重であるのかもしれない。しかしバースは「ナショナル・ランプーン」のイソップ兄弟の作者に近く、性行為のどんな行動もが乱交と関わっているような自然界の驚異としてのツインやトリプルにこだわっている。「嘆願」の二人の兄弟は、多くの困難の後に、サリアというふさわしいパートナー、「良家の美しく若い曲芸師」を見出す。そしてオーケストラが「私と私の影」や「我らはひとつ」を演奏するなかサリアとともに彼らはナイトクラブの観客へ向けて「不思議な組み合わせと猥褻な体操のレパートリー」を演じる。

その物語の基本的な構成は、笑劇への永遠の機会を開き、それは彼らの両方が彼らのパートナーと愛におちる時、恐怖に変わるのだ。つまり、肉欲が満たされていないだろうと彼が信じたがっているサリアを彼の〝背中の猿〟兄弟が求めている時でさえも、彼の肥大したものは、その要求を受け入れてくれるであろうサリアのすべてを熱望しているのだ。それゆえ、この物語は、嘆願者の完全な分離への願いが、恋人との完全な合体への祈りと融合するかのような哀愁の記録で終わる。

……私はあえて最後の希望に挑む。つまり、あなたの命に従い、世界で最も有能な外科医が私の弟を私から分離するだろうということだ。……あるいはもし何かとつなぐ必要があれば……私の兄弟サリアを私のかわりに移植し、私は……もし愛するサリアが自由に私と結合されることができないのなら私自身のへそに、彼以外の体であればどこにつながれてもよい……ひとつになること。……パラダイスだ！　そして二人になる、それは無上の喜びだ！　だが両方であってどっちでもないというのはどうしようもない。

しかし物語の最後の響きは、われわれはすべて「両方であり、そしてどっちでもない」のであり、それゆえ揺りかごから墓場までの分離と連結を切望するよう運命づけられていると暗示する。

バースは、最終的にその感受性が六〇年代初期に形成された作家であり、二十世紀後半を支配するフリークのイメージを描写するには、歴史に深く関係しすぎ、また寓話に傾斜しすぎているように思われる。けれどもドナルド・ニューラヴの『レオとセオドア』（一九七二年）や『酔っぱらい』（一九七四年）には、何かのメタファーへと変えられることを拒む一対のシャム双生児が登場し、彼らはチャンとエンがかつて存在したことなど知りはしない。

彼らが自分自身を見、そして作者によって識別されるのは、三〇年代の怪奇映画から引き出された神話的な格子を通してである。つまり『ドラキュラ』や『フランケンシュタイン』（「なんと最初にそのモンスターが縫いあわされてしまったことか」）、『ジキル博士とハイド氏』や『フランケンシュタインの結婚』などである。最後にレオが言う。「これは今まで見たうちで一番おもしろい」、同時にテディが答える、「最高だよ」。その上、彼らはお互いずっと〝ジキル〟と〝ハイド〟と呼びあい、彼らが、モンスターとして生きていると知るのだが、それを寓意的に解したり、真面目に考えたりすることは拒んだのだ。

ピエール・ボワテュオーの著書（1560）より

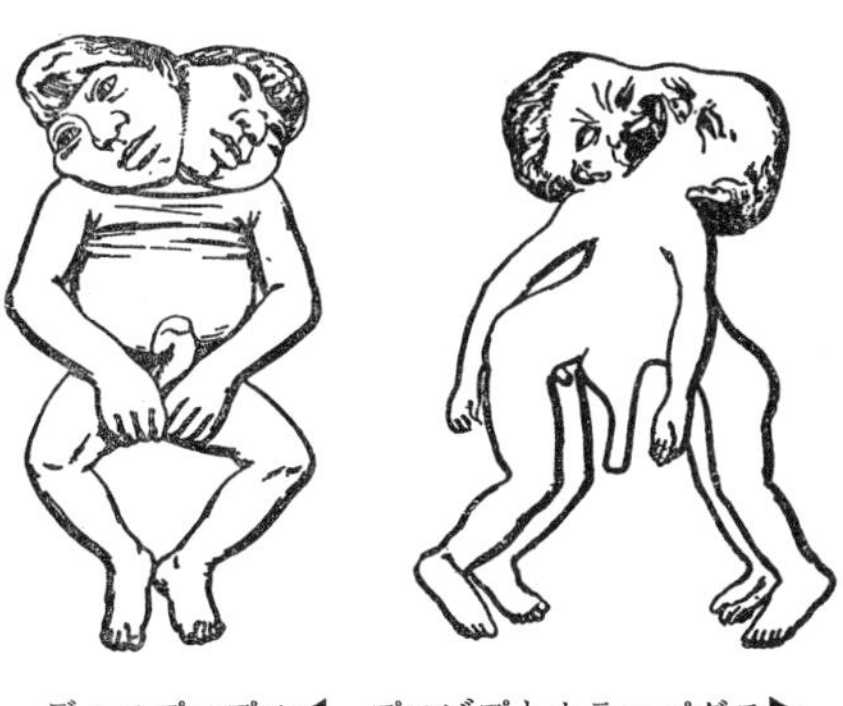

ディスプロプス◀，プロゾプトホラコパグス▶
共にG・M・ゴールド＋W・L・パイルの著書
（1896）より

〈執拗に登場してくるシャム双生児〉

ニューラヴはバースとは異なり、明確なセックス場面（「君の脚を僕らの紐の上に置くんだ、とテディが言う。ベヴァリーが喘ぐ」）を不快やモラルの反発も思わせずに表現するのだが、それ以上にこの二冊の小説が以前に現われたすべての小説と異なるのは、新しい神話的な文脈にあるからだ。その上、シリーズになることを約束したその二冊目で伝統的な意味でフリークに生まれたレオとテディは、現代的な意味のフリークにもなってしまう。つまり彼らは、イースト・ビレッジに住み、ピル状の薬を飲み、彼らが生まれた小さな町の道徳的慣習とはまったく異なったライフ・スタイルを開拓するのである。彼らはいわば、自分の望まない境遇がひとつのシンボルであるような運命を選びとっていたのだ。すべての伝統的なシャム双生児同様、彼らはその好みにおいてお互いに根本的に意見を異にするにもかかわらず、多くの〝麻薬常用者〟同様、彼らはまた古いタイプのアルコール中毒者でもある。もうひとりは〝鎮静剤《ダウナー》〟をやっているのに、彼らのひとりは、〝覚醒剤《アッパー》〟をやる。そして、ひとりはアルコール中毒者連合のメンバーなのに、もうひとりは、酔払いであることに満足しているのだ。

　ニューラヴは、七〇年代に定義された〝フリーク〟の多義性を探究し、いくつかの現代的な話術のテクニックを使っているが、シャム双生児の扱いに関しては絶望的に時代遅れな何かがある。彼のシャム双生児の立場に対する意識が植えつけられたのは、世界初の分離手術以前のように思われる。そして、それゆえ彼は、われわれの時代のシャム双生児に当然な外科手術の可能性を、彼の結合した対《ペア》の心に浮かばせることを拒んだ。おそらく、ブライアン・デ・パルマが、その驚くべき映画『悪魔のシスター』（一九七四年）で示唆しているように、分離の可能性は最終的には肉体より深いレベルにおける幻想なのである。しかしデ・パルマは小説家も表現しなかったようなすでに分離されている姉妹の心理にこの映画では着手した。そして彼は、そうした奇怪なものの存在の中に長い間感じとられていた神秘を呼び起すことで話を終えるのだ。分離されたどちらの姉妹が殺人を犯すのかを見わけようとするレポーターが、彼女たちがまだひとつであることを発見するのみならず、その見つめる行為のなかで自分自身が彼女たちと一つになってゆくのを発見するのである。

南北戦争の直前から大恐慌が終わる時期においてそうであったように、いまだにシャム双生児は、現代の最も深層にある妄想の中心となることがどうしてもできないようだ。テン・イン・ワンのすべての典型的な住人、つまり本当の神話的な響きを持つすべてのフリークたちは、常に普通人を感動させうる。しかし時々、彼らのなかの一人、あるいはもう一人が特別に重要な役割を引き受け、十七世紀における小人、十八世紀の巨人、十九世紀の醜男と半人半獣のように、時代の最も深い関心を象徴する。われわれの時代においては、両性具有者とギークが主にその役割を占めている。両性具有者は、シャム双生児同様、手術により修復できるようになったためにこの時代に際して特別な哀愁を持っている。そして、彼らは変えることのできない宿命の領域から不確かな選択の領域へと移り始めている。

しかし親が「この子を男、女のどちらとして人生を送らせるのがよいと思われますか」と尋ねられる状況とは、「この子たちを結合のままにしておくか分離して成長させるか、どちらがよいと思われますか」と尋ねられる状況とは根本的に異なる。自己と他者の間の伝統的な境界が、現代の心理学的、哲学的あるいは宗教的考察によってどれだけ深く揺るがされようとも、自己同一性に対するわれわれの基本的考えが明確に変わるわけではない。しかし一方でセックスの役割とジェンダーの特質に関する学説が、あまりに急速に変容しているため、数多くの現代人・同時代人にとっては、両性具有が望ましい目標に思えるようになる。にもかかわらず実際、生理学的な性別の混合は、いまだ一般的な男性や女性に嫌悪や不信の念をいだかせる同性愛と性転換の観念と絡みあったままである。それゆえ彼らは、ステージの上で性転換の神秘を実演するポップ・ミュージシャンたちや『パフォーマンス』(ミック・ジャガー主演)、あるいはブライアン・デ・パルマの『ファントム・オブ・パラダイス』のような映画の両性具有のスーパースターのイメージに恐怖を覚えるとともに、強い魅力を感じてしまう。まさに、そのような両面的な価値が作家によってこうした映画の中に築きあげられているのだ。

サイエンス・フィクションの作家、なかでもとりわけフィリップ・ホセ・ファーマーとアーシュラ・K・ル＝

グインは、生理学的両性性が基本である世界を想像していた。しかし彼らの『恋人たち』(一九五二年)や『闇の左手』(一九六五年)の両方とも、そうした世界は肉体的な〝正常さ〟を持つ地球の生命体が現実というより夢のように体験する遠く離れた異星人の場所である。彼らにとってその世界は完全な他者の世界なのだ。確かに、人間に生まれたミュータントを扱った有名な作品には、性的な積極性に富む両性具有者の姿を見ることはできない。しばしば彼らはその問題に直面することを避けるかのように、思春期直前の子供たちとして描かれる。そして、ハインラインのバレンタイン・マイケル・スミスのように、性的成熟期に達することを許された時、彼らは驚くべき才能に恵まれた〝正常な〟異性愛者になるようだが、おそらく両性の性器は持ち合わせていないだろう。

同様に、両性具有者は、それが一九六七年以前の〝主流〟小説に登場する時、ミュータント神話とともに銀河系間旅行神話を否定するその伝統が要求するかのように、外的な世界というよりはむしろ内的な領域に見出されがちである。ヴァージニア・ウルフの『オーランド』(一九二八年)は、彼女が認識している以上にSF的な手法に近いのだが、五〇〇年間生きていることになる彼女の両性具有のヒーローは、英国ルネサンス風の青年から、一夜で「男の力強さと女の優美さとをひとつに結び合わせた」〝魅惑的な〟女性に変貌する。

彼は伸びをし、起きあがった。彼はわたしたちの前に一糸まとわぬ姿で直立の姿勢をとった。そしてトランペットが、真理! 真理! 真理! と鳴り響くと同時に、わたしたちは告白せざるをえなかった。彼は女だったと。

その語り口は混乱していて、皮肉で、擬似神話的である。しかし、ひとつのことが明白なのだ。つまり〔彼/彼女〕の性転換は、普通人の実際の性の境界とは何の関係もなく、同時代のブルームズベリー・グループの両性具有的な性生活に関係を持つということである。特に、父親の書斎で初めて読んだ、甘美で官能的で曖昧な過去

〔ベラ／ベロ〕とブルーム――ソール・フィールド画

とむすびつくと確信できる限りにおいてソドムに親しみを感じる良家の淑女のバイセクシャルへのあこがれと深い関係があるのである。

アイルランドの小市民階級のかたわれとして生まれたジェイムズ・ジョイスは、そうした性的な曖昧さになじむことができなかった。そして衣裳倒錯やマゾヒズムへ向う自分のどんな衝動のなかにも彼は罪（しかし苦い慰みでもある）の根拠を見出す。そして、のぞき屋であり、オナニストであり婦人の下着のにおいをかぐレオポルド・ブルームの上に、そのような罪を投影するのだ。そして『ユリシーズ』のナイト・タウンのエピソードで、ブルームは、訪ねた売春宿の女主人ベラ・コーエンが男になる時、まさに女へと変えられる。

ブルーム　（体じゅうに汗が吹き出している）男じゃない。（彼は感づく）女だ。

ベロ　（立ち上がる）もうほめたり、けなしたりはしない。おまえが望んでいたものは消え去ってしまったのだ。これからおまえは去勢され、私のものになり、服従する者となるのだ。

明らかに、われわれは、天啓ではなく、酔ったあげくの幻覚のなかにいる。そこでは両性具有者は、ひそかに色情をもよおすのだが、理想的な光景だというよりはむしろ極限の恐怖を表現する。そしてその光景は、嫌悪で表現され、〈ベラ／ベロ〉が、〈彼／彼女〉のむき出しの腕を突っ込んで「ブルームの女陰に深くおし入り」、男の見物人へ競売人のように叫ぶ時、そのクライマックスへ近づく。

おまえのはものすごく深い。これがおまえを硬くさせるのかい。（彼は、腕を命ずる者の顔に押し出す）さあ床をぬらし、それをふいてまわるんだよ。

〈ベラ／ベロ〉がブルームに、性的魅力を増すためどのように行為すべきかを教える時、入札がせまってくる。「彼らを圧倒するため、おまえの魅力のすべてをそそぐのよ」、彼女は彼の耳もとでささやく——そして彼が赤面し、にやにや笑う時、彼女は続ける。「他の何がおまえにあうっていうの、おまえのようなインポテンツに」。われわれは、こうしたシーンにおいて両性具有神話の戯画化を見続けているのだ。その優雅な神話化のすべての背後に広がっているとジョイスが信じていたサド＝マゾヒズム、男色、そしてインポテンツの暴露である。ともあれわれわれは、バイセクシュアルの行為の主張や、本物のセックス・フリークたちが、われわれの曖昧ではない性器性交によって否定された完全な快楽の可能性のモデルであったかもしれないという考えから最も離れたところに位置している。

そのような思いつきが、アラン・フリードマンの『ヘルマフロデティ』の出版によって、フィクションの中に顕在化したのは、やっと一九七四年のことである。結局、〈ミリー／ウィリー〉と呼ばれる彼の〈ヒロイン／ヒ

「ロー」は、両性具有に生まれつき、ひとつのままでいることを選び、彼により彼女に娘をもうけ、そして最後には娘に孫をもうけようとする。しかしミリーは、彼女の二重性をどうすべきかの決定がおこなわれる思春期に近づくまで、挿入できる女陰と同様、成熟したペニスを持っていることに自分では気づかない。もちろん、医者たちは外科手術を力説し、彼女の両親は、傍観者の立場からアドバイスを与える。「それは初歩的な論理だよ！」彼女の父親はわめく。「どっちだ、どっちにするんだ」、彼女の母親が答える、「どっちでもないわ」、そして彼女は決める、「両方よ」。

彼女が、その奇異な状態に悩まされないことはない。確かに彼女《she》（「そうだ」フリードマンは書いている、『彼《he》』＋『彼女《she》』＝『彼女《she》』であると）が、両方の性の中間に自分の状態を受け入れ、素晴らしい成功を収める実業界の大立物や詩人や考古学者や多産の女神になってしまったずうっと後でも、彼女は、はっきりしない声を出し、歩き、しゃべるサイド・ショウの見世物やフリークになるのを常に避け続けてきたことをまた思い出す。今なお残る原始の儀式に参加し、両性具有の古代の偶像のヴェールをとるため旧石器時代の深みを掘り起し、長く埋められていた幻覚剤の種によって自我意識から自分自身を解放するまで、彼女は自分が自然のいたずらよりもむしろ両性具有の具現化だと信じることができないのである。それ以前に彼女は、両性的な最初のアダムに関するラビの伝承や両性具有に関する錬金術学者の教え、そして人類の系統発生の始まりにある〝理解しがたい創造物〟に関する進化論学者の推論を完全に理解していた。しかし六八年の時代精神の中、ドラッグで〝フリーク・アウト〟するまで、彼女は自己の奇形の肉体が知らせるべく用意していたものを理解することはない。「その性のイメージは、今起っていることや、かつて起ったことと何のかかわりもない。あるいは、いかなる人間の性器とも、決して関係ない」。

多くの意味で、『ヘルマフロディテ』は、時代が要求した本である。というのも、ミュータント神話をフリークのイメージと融合させると同様、神秘主義、生物学、そして精神科学と結びつけているからだ。さらにそれは、巧みに書かれ、重苦しくないほど学問的であり、最終的に夢中になることはないがウィットに富んでいる。しかし結局、その本は、保守的で〝真面目な〟文学の読者も、新しい世代のファンのどちらも獲得しなかった。私はむなしくも、私の同僚の審査員にすすめ全国図書賞《ナショナル・ブック・アワード》を与えさせようとしたり、その年の本当の収穫とみなさせようとしたのだが。そしてその本はまた、文字よりイメージを好むのだけれど、時々は、カルロス・カスタネダやロバート・ピルシグのような通俗神学、あるいはリチャード・アダムスの『ウォーターシップダウンのうさぎたち』のような愉快なファンタジーを買って（あるいは盗んで）読むといった人々の間でも、アンダーグランドの好みになることができなかったのである。

そうしたことの疑問の一端は次の事実に原因する。つまり本当の両性具有が、シャム双生児やピンヘッドのように、また外科手術によって性別を変えられた性転換者のようにマスコミ文化の神話学へいまだ同化されていないということである。一般に、生物学的な宿命の持ち主よりもむしろ選択した両性具有者たちが、同時代の傍観者たちを感動させる。そうした人々はロック・コンサートから家に飛んで帰り、ファン雑誌のなかでミック・ジャガーが少女たちと性交し、舞台を離れたアリス・クーパーが中産階級の人々と同じようにあけすけであるという確信を得ようとする。つまり彼らは同時代の聴衆が反応する、まがい物や偽りとしての両性具有である。すなわち、ファッションの変化のように慎重につくられた〝状態〟なのである。それゆえ実際のクリネフェルター症候群やターナー症候群は、あまりに本物でありすぎるため、治療と〝正常化〟をめざす医師に引き渡されてしまうのだ。

一方で、ギークは最近そのもの自体になりつつあるように思える。というのも彼は、巨人や小人やライオン男のように先在的に存在する神話的な格子を通して知覚されるばかりでなく、子供の頃のトラウマや祖先の不安な記憶によって生まれた精神的欲求を満たすためにつくりあげられた虚構のフリークであるためだ。彼は、ジップのような野蛮人《ワイルドメン》の伝統にうまくなじむ。あるいは、古い時代からヨーロッパ人たちによって「頭が肩の間からはえている」男のような野蛮国の不思議な生き物たちと結びつけられてきた食人族のカテゴリーに明確にあてはまる。しかしギークが生で食べるものは、同類の人間ではなく、主にニワトリやウサギなどのようなぞっとする下等動物であり、死ぬ前にその首をかみ切り、悪臭を放つ血で彼のあごを汚すのである。にもかかわらず、彼は最近、カスパー・ハウザーやアヴェイロンの野生児、キング・コングやドラキュラ、そしてターザンのような同時代のヒーローや美しきアンチ・ヒーローたちを含む、ノスタルジアや憧れの気持ちをおこす原始的な古代のヴィジョンのうちに含まれてしまった。例えば、バロウズのターザン物語は生肉をがつがつ食らうイメージを何度も繰り返しあらわしている。

類猿人はナイフを持っていなかった。しかし自然は、獲物のふるえているわき腹から食べ物を引き裂くという手段を彼に授けた。……ああ、それはうまかった。……彼の心の底には、いつも殺したばかりのあたたかい肉、そして豊かな赤い血への欲求があったのだ。

実際は、この不死身の密林王が食べるのは、ネズミより高等な獲物である。彼はまず獲物を追いつめ、殺した。ブラム・ストーカーの『吸血鬼《ヴァンパイヤー》ヴォイヴォード』も不死身であるが、生きている獲物の方を好む。けれども、ヴォイヴォードよりも古くからある伝説のなかでは、サイド・ショウのギークの原型と思われるのはヴォイヴォードではない。ヴォイヴォードは、病理学ではなくオカルトの領域に属し、結局、フリーク以上に怪物的だからだ。ジークの原型は、むしろ死を免れないわれわれのような弱い人間レンフィールドである。彼は空中から生きたまま引ったくったハエを食べるのが好きなので、〝肉食の偏執的愛好家〟と判断され、精神病院に監禁される。囚人服を着せられ、鎖で壁につながれ、ドラキュラによってカニバリズムの極限の恐怖へと誘惑されるその時にも、まだ彼は肉食を夢みている。

それから彼は小声で話し始めた、「ネズミ、ネズミだ、ネズミがいる！ 百匹、千匹、百万匹のネズミ、そして同じ数の生命。それらを食べる犬たち、そしてネコも。みんな生きている！ みんな。何年かの生命を持つ赤い血だ。珍しくはないブンブンいうハエども！ ……もし君がひれ伏し、私を崇拝すれば！ これらの生き物をみんなおまえらにあげよう、そしてもっとたくさんの大きなものを、無限の時間を通じて、おまえらにあげよう。」

さらにその数ページ先でわれわれは、物語の最初の語り手であるジョナサン・ハーカーの妻を知らされる。誘惑者というより強姦魔の役を演ずるドラキュラ伯爵とともに、彼女は夫の前で言いようのない行為を実際に演ずる。

彼は左手でハーカー夫人の両手を握り、その腕をいっぱいにのばして遠ざけた。そして右手は首のうしろをつかみ、彼女の顔を胸元に無理に押しつけた。彼女の白い夜着は血で汚され、細い血の流れが男の広い胸を流れ落ちる。……二人の立場は、子供が小猫の鼻をミルク皿に無理に押し込むのにおそろしく似ていた。

ようやく隠されていた秘密が消える。吸血鬼の迷信に常に含まれていた共通の類似は、彼女の血も吸ったに違いない人間の裸の肉体から〝半分恍惚の状態で〟吸いこんだ血をハーカー夫人があごからぬぐい取る時、明らかになる。「けがらわしい！ けがらわしい！」と彼女は叫び、その後で意識のない夫を見おろすのだ。「私はどうしても彼に触れるか、キスしなければならない」。そして通常の交接よりも濃密な姦通の関係の中で知った極限の性的犯罪に対するこの純粋な夫婦間の抱擁により明らかに今後、裏切られるだろうことを彼女は知る。

しかしヴィクトリア朝時代はもう終っている。状況は変わり、それとともに、神がわれわれにたったひとつの状態で楽しむことを求めているというおかしな確信は消え去った。実際、われわれは、医学の権威たちが口唇性交を力説する時代に生きている。そしてリンダ・ラヴレイスが、かつて製作されたうちで最もポピュラーなX指定映画である『ディープ・スロート』で、そのやり方を実際にやってみせている。今日では単にフェラチオやクンニリングスが許されるだけではなく、あらゆる人々が性器よりも口唇を選ぶこの時代において、フェラチオやクンニリングスは性行為の中心を占めつつある。少なくとも、現代のエロティック文学はそのことを指し示しているようだ。また神話的な吸血鬼と現実のギークが、われわれの深い興味をひくのは、それほど不思議なことではない。というのも、彼らが食べたり、他者によって食べられたいという欲望を、さらにわれわれの性器を受け入れるために開かれたその口が強引に閉じられ、われわれを破壊するかもしれないという自己処罰的なファンタジーを、象徴化しているからである。「僕を食べるんだ、ベイビー」と、勃起した恋人がひざまずいた女に叫ぶ。そして理論的には彼同様に熱心なのだが、ミナ・ハーカー同様に彼女はしばしば、汚されはしないとしても服従するという感覚や、結果として生じる復讐の願望に悩むのだ。そうした反応は性的解放の全盛の中では、取るに足りないとして抑圧されたが、最近、スローガンが「愛より戦いを」である急進的なフェミニズムの出現により正当化されつつある。そして、それらは、バークリー・プリント・マートによって発行された絵はがきの中の特徴的な繊細さの欠如によって表現される。その絵はがきは、女性が骸骨の上にすわって勝ちほこったように歯を見せて笑い、「彼が私に彼を食べてほしいと頼んだの。そして私はそうしたわ」と言っている。

ともかく、ギークのイメージは、「ナショナル・ランプーン」からTVの警察物『スタスキー・アンド・ハッチ』まで、そして「二十世紀に支配的な心理小説の伝統にない」と記される一種の実験小説といった文化のいたる所に再び現われ始める。確かにそのイメージは、ユドーラ・ウェルティが『キーラ、追放されたインディアンの娘』に生き生きと描いて以来文学から完全に消えてしまっていたわけではなかったが、一九七五年にクレイグ・

ノヴァの『ジークス』が出版されるまで、そうしたフリークは、われわれのほとんどが送る生活にとって好ましいスタイルやモデルとして提供されることなどなかったのである。より古いジークは、アルコール中毒や黒く醜く生まれるという偶然で堕落の闇の奥底へと押し込まれた犠牲者として描かれた。そしてそのテン・イン・ワンの世界からの別離を古い仲間たちが嘆き悲しんでいる教会通いの真面目なベロニカ・シャントのように、人間があたたかい血と生きている肉の味を渇望したため、そうした境遇に足を踏み入れるなどという示唆はかつてなかったのである。もうひとつ興味深いことに文学上のジークで女として描かれた者はいない。ウェルティのキーラは女として描かれ赤く塗られているが、その試みは、そうした芸人たちがすべて幻想の世界に属していることを示そうとするものなのだ。その上、この中で、ウェルティは、そんな役割に投げ込まれることの恐怖は、唯一感覚の鋭い疑視者だけに存在するという彼女の観点が、他の誰にも共有されないだろうと示唆する。ともあれ彼女の〝びっこの黒人〟は、すすり泣いてサイド・ショウから解放してくれる男の手にありがたがってしがみついたかもしれないにもかかわらず、彼の体験をただ「昔、私がサーカスにいた時に……」としてしかおぼえていないことがわかるのだ。

その十年後に出たリンゼイ・グレシャムの『悪夢の裏通り』は、われわれが会う初めてのジークが、ドーランを塗り、見苦しいかつらと汚れた下着を着け出し物を演ずる目もあてられない酔っ払いであり、まぬけな自分にも愛想をつかしている創造物として披露されるためその状況がよりはっきりとする。われわれは、彼をスタントン・カーライルという存在を通して見る。スタントンは野心を持った怪物で、はじめは客引きなのだが、このジークも含め彼を信じるみんなを犠牲にし、〝読心術師〟として大成功する。しかし最後は、一杯飲むためにニワトリの頭を食いちぎる飲んだくれとなる。実際、最後のページで、巡回見世物の団長がいつものぺてんをスタントンに使っているのが聞こえる。芸人たちはいつもこの手で募集されてきたのだった。「おい、ちょっと……」団長は口を切って、「わしには、おまえがやってみたらという仕事がひとつあるんだ。手間はとらない、けどお

ジーク——クレイグ・ノヴァ『ギークス』(1975) へのブラッド・ボーランドの挿画

まえにやってくれと頼んではいないんだ、しかし仕事は仕事だ、……どうするんだ。もちろん単なる臨時なんだ——わしらが本物のギークを手に入れるまでのな」。本ではスタントンが答えを言う前に終ってしまうのだけれど、その答えをわれわれは知っている。スタントンは、テントの汚れたカンバス地をふるえる両手でにぎる。しかし映画版は、この場合よりも明白で、実際に彼にセリフを与える。「だんな、オレはそのためにいたんだ」、自己を卑下する最終的なひきつりの中で彼はそう言う。そして、そのシーンに続く救済の可能性を示すお役目だけの場面があるにもかかわらず、われわれが物語の本当の結果として思い出すのはそれらの言葉なのだ。

クレイグ・ノヴァの『ギークス』では、ブートという同じに追いつめられた主人公が、同様な運命に出会う。ブートはギリシャの島でのみすぼらしいサイド・ショウのために、麻薬密輸と犯罪の耐えがたい世界を去る。しかし、この時その招待状を出したのはもうひとりのギークなのだ。彼は、生きたニワトリと同様に人間の糞も食べる、顔にかさぶたのある、シラミが髪に蠢くけがらわしい怪物なのだ。しかしそのギークは堕落ばかりでなく、まさにその堕落の可能性を超越する神秘をも象徴する。

そのギークは、自身をはるかに超越していたため、魅惑的という以上のものになった。彼を見た男たちや女たちは、そのまま沈黙した……あたかもそのギークが、堕落という神聖な何か、聖人の生きているあかしででもあるかのように。それは見る人々の理解を越えていた。なぜならそれが、島民の愛と憎しみの両方をかたちづくっている基盤をこわしたからだ。それは自己の不滅の感覚とでもいうようなものだった。

そして、ブートがそうした運命を十分な自覚の中で選ぶ時、彼は平和を見出し、ドラッグによる自我の崩壊の中で成就されるという離脱にも似た境地に到達する。しかし、彼は初めに彼がいつも嫌悪していたものを食うことを学ばねばならない。

ブートは小さな囲いの中にひざまずいた。そしてギークがその横にすわり、誰かがブートにニワトリを与えた……ブートはその頭をかみ切り、血を味わった。彼の歯が腱を切り、骨や頭蓋骨をくだくのを感じた。苦い脳ミソを味わい、麻痺したくちばしをくだき、目がはち切れるのを感じた……彼が軽蔑してきたものすべてと合体し安全になってから、彼の凝視は遠く、動かないものになった。それは、彼が戦いを必要としてきたすべてのもの、名誉や地位や命令や怒りから手を引くことによって免疫を得たからだ。

これが最後のフリーク・アウト、つまり怪物の役割をひきうけることである。こうした役割は長らくいんちきと結びつけられてきたため、暗喩やロック・コンサートやテレビのトークショウの中だけでなく、テン・イン・ワンそのものの中においてさえ、うまく演じられうる。テン・イン・ワンのカモたちは、自分たちが本当だと信じたがっているものだけを見るためにお金を払うのだから。「ノーマル」の誰もが、巨人、小人、シャム双生児、そして両性具有にさえなることができない。しかし、誰でも単に意識を変換するだけでギークになることができるし、他者に対して、昔からいつもそう感じていた通りのフリークになることができるのだ。

しかし滅びゆく二十世紀末にあってさえ、誰もがそんな危険なゲームをやることを選ぶわけではない。実際、著しい先天的奇形たちは、ホルモン、外科手術、そして精神内分泌学によって、他者に対して、自分が自分であることを疑っている「ノーマル」になろうと努める。そして、ほとんどの場合、ほとんどのわれわれが、彼ら《ノーマル》をよりよい役割であると考えようとする。フリークたちの正常性や正常者の奇形性、そして〝完全に人間であること〟の不確かさや不条理さを一瞬の間だけ時間の外でわれわれが体験することのできるサイド・ショウにいる時や、目ざめているのか眠っているのか定かでない時間を除いては。

●フィクション

Barth, John. "Petition," *Lost in the Funhouse*. Garden City, N.Y. : Doubleday, 1968.
Carroll, Lewis. *Alice's Adventures in Wonderland* and *Through the Looking-Glass*. New York : Macmillan, 1925.
Dante Alighieri. *The Divine Comedy*. New York : Pantheon Books, 1948.
de la Mare, Walter. *Memoirs of a Midget*. New York : Alfred A. Knopf, 1922.
Dickens, Charles. *The Old Curiosity Shop*. London : Chapman & Hall ; and Henry Frowde, n. d.
Egan, Pierce (the Elder), *Sketches from Sporting Life*. London : Albion Press, n. d.
Fowler, Gene. *The Great Mouthpiece*. New York : Covici, 1931.
Friedman, Alan, *Hermaphrodeity : The Autobiography of a Poet*. New York : Alfred A. Knopf, 1972.
Goldman, Albert. *Ladies and Gentlemen–LENNY BRUCE!!* New York : Random House, 1971.
Gresham, William L. *Monster Midway*. New York : Rinehart, 1953.
Hugo, Victor. *The Laughing Man*. London : Routledge, 1887.
——. *Notre-Dame de Paris*. London : J. M. Dent & Sons, 1910.
Jacobs, Joseph. *English Fairy Tales*. New York : Dover Publications, 1967.
Lagerkvist, Pär. *The Dwarf*. Trans. by Alexandra Dick. New York : A. A. Wyn, 1945.
Lang, Doug. *Freaks*. London : New English Library, 1973.

Mitchell, Joseph. *McSorley's Wonderful Saloon.* New York : Grosset, 1959.
Montaigne, Michel. "Of the Cannibals" and "Of a Monstrous Child," in *The Essays of Montaigne.* Trans. by John Florio ; Intro. by J. I. M. Stewart. New York : Modern Library, 1933.
Nabokov, Vladimir. "Scenes from the Life of a Double Monster," *Nabokov's Dozen.* Freeport, N. Y. : Books for Libraries Press, 1969.
Newlove, Donald. *The Drunks.* New York : Saturday Review Press, E. P. Dutton, 1974.
——. *Leo & Theodore.* New York : Saturday Review Press, 1972.
Nova, Craig. *The Geek.* New York : Harper & Row, 1975.
Poe, Edgar Allan. "Hop-Frog," in *The Complete Works of Edgar Allan Poe.* Vol. VI. New York and London : G. P. Putnam's Sons, 1902.
——. "Narrative of A. Gordon Pym," in *The Complete Works of Edgar Allan Poe.* Vol. II. New York and London: G. P. Putnam's Sons, 1902.
Swift, Jonathan. *Gulliver's Travels.* New York and London : Macmillan, 1894.
Twain, Mark. *Pudd'nhead Wilson.* New York : Century Company, 1893–94.
——. "Personal Habits of the Siamese Twins," in *Sketches New and Old.* New York and London : Harper & Brothers, 1903.
Whittemore, Edward. *Quin's Shanghai Circus.* New York : Popular Library, 1974.

●ノンフィクション

Ambrosinus, B. Ulisse Aldrovandi's *Monstrorum historia.* Bologna : Tebaldini, 1642.
Anon. *An Account of the Life, Personal Appearance, Character and Manners of Charles S. Stratton, the American Dwarf, known as General Tom Thumb*......London, 1844.

——. *Biography of Madame Fortune Clofullia, the Bearded Lady*. New York : Baker, Godwin, 1854.
——. *Julia Pastrana*. London : C. Housefield, 1857.
——. *Life of the Celebrated Bearded Lady, Madame Clofullia*. New York : 1854.
——. *Life of the Siamese Twins*. New York : T. W. Strong, 1853.
——. *Millie-Christine, History and Medical Description of the Two-Headed Girl*. Buffalo, N. Y. : Warren, Johnson, 1869.
Aristotle. *Generation of Animals*. Trans. by A. L. Peck. Cambridge : Harvard University Press, 1953.
Baring-Gould, Sabine. *Curious Myths of the Middle Ages*. London : Rivingtons, 1886.
Barnum, P. T. *Struggles and Triumphs : or, The Life of P. T. Barnum*. New York and London : Alfred A. Knopf, 1927.
Bernheimer, Richard. *Wild Men in the Middle Ages*. Cambridge : Harvard University Press, 1952.
Betts, J. R. "P. T. Barnum and the Popularization of Natural History," *Journal of the History of Ideas*, 1959.
Boaistuau (or Boistuau, Boaystuau), Pierre. *Histoires prodigieuses les plus mémorables qui ayent este obseruées, depuis la Natiuité de Jesus Christ, iusques à notre siècle......A Paris, pour Vincent Serteras, etc.......*, 1560.
Boruwlaski, Josef. *Life and Love Letters of a Dwarf*. London : Ibisher, 1902.
——. *Memoirs of the Celebrated Dwarf*. London, 1788.
Buffon, C. L. L. de. *Sur les monstres. In histoire naturelle de l'Homme*. Paris, 1749.
Buffon, G. L. le Clerc. *Histoire naturelle générale et particulière*. Paris : L'Imprimerie Royale, 1777.
Calvin, Lee. "There Were Giants on the Earth," *Seville Chronicle*, Seville, Ohio, 1959.
Carmichael, Bill. *Incredible Collectors, Weird Antiques, and Odd Hobbies*. Englewood Cliffs, N. J. : Prentice-Hall, 1971.
Cervellati, Alessandro. *Questa sera grande spettacolo*. Collezione "Mondo Poplare," Milan, 1961.
Change. *Autobiography of Chang*. London : Arless, 1866.
Charpentier, Louis. *Les Géants et le mystère des origines*. Paris : R. Laffont, 1969.

Clair, Colin, *Strong Man Egyptologist.* London : Oldbourne, 1957.

Comas, Juan. *Dos Microcéfalos "Aztecas."* Mexico City : Instituto de Investigaciones Históricas, 1968.

Cuvier, G. L. C. F. D. de. *Discours sur les révolutions du globe. Etudes sur l'ibis et mémoire sur la Venus hottentote.* Paris : Passard, 1864.

Davenport, John. *Curiositatis eroticae physioligiae.* London, 1875.

Dawkes, Thomas. *Prodigium Willinghamense.* London, 1747.

Delcourt, Marie. *Hermaphrodite.* London : Studio Books, 1961.

Disher, M. Willson. *Pharaoh's Fool.* London : Heinemann, 1957.

Drimmer, Frederick. *Very Special People.* New York : Amjon Publishers, 1973.

Duhamel, Bernard, in collaboration with Pierre Haegel and Robert Pagès. *Morphogenèse pathologique : Des monstruosités aux malformations.* Paris : Masson, 1966.

Durant, John, and Alice. *Pictorial History of the American Circus.* New York : A. S. Barnes, 1957.

Edwards, Frank. *Strange People.* New York : Lyle Stuart, 1961.

Foss, Daniel. *Freak Culture : Life-Style and Politics.* New York : E. P. Dutton, 1972.

Futcher, Palmer Howard. *Giants and Dwarfs.* Cambridge : Harvard University Press, 1933.

Geoffroy Saint-Hilaire, Isidore. *Histoire générale et particulière des anomalies de l'organisation chez l'homme et les animaux;......ou traite de teratologie.* Paris : J. B. Balliere, 1832.

Gould, George M., and Walter L. Pyle. *Anomalies and Curiosities of Medicine.* New York : Bell Publishing Co., 1896.

Hodge, Margaret. *Early Anthropology in the Sixteenth and Seventeenth Centuries.* Philadelphia : University of Pennsylvania Prees, 1964.

Hughes, Eileen Lanouette. *On the Set of Fellini Satyricon.* New York : Morrow, 1971.

Hunter, J. *On Monsters......*London : Van Voorst, 1775.

Hunter, Kay. *Duet for a Lifetime: The Story of the Original Siamese Twins.* New York : Coward-McCann, 1964.

Hunter, Robert. *The Storming of the Mind.* Garden City, N. Y. : Doubleday, 1971.

Janson, H. W. *Apes and Ape Lore*. University of London, the Warburg Institute, 1952.

Jones, Howard, Jr., and William Wallace Scott. *Hermaphroditism, Genital Anomalies and Related Endocrine Disorders*. Baltimore : Williams and Wilkins, 1958.

Jones, W. H. S. *Hippocrates Translation*. Cambridge : Harvard University Press, 1957.

Lee, Polly Jae. *Giant: Pictorial History of the Human Colossus*. New York : A. S. Barnes, 1970.

Lewis, Arthur H. *Carnival*. New York : Trident Press, 1970.

Ley-Deutsch, Maria. *Le Gueux Chez Victor Hugo*. Paris : Librairie E. Droz, 1936.

Leydi, Roberto(ed.). *La Piazza*. Milano Collano del "Gallo Grarde," 1959.

Licetus, Fortunis. *De monstrorum causis, natura, et differentiis libro duo, in quibus*......Patavii : Apud Gas Parum Criuellarium, 1616.

M'Crindle, J. W. (trans.). *Ancient India as Described in Classical Literature*. Westminster : Archibald Constable, 1901.

McKennon, Joe. *A Pictorial History of the American Carnival*. Sarasota, Fla. : Carnival Publishers, 1971.

McWhirter, Norris, and Ross. *Guinness Book of World Records*. New York : Sterling. 1976.

Mall, Franklin P. *A Study of the Causes Underlying the Origin of Human Monsters*. Philadelphia : Wistar Institute of Anatomy and Biology, 1908.

Malson, Lucien. *Wolf Children and the Problem of Human Nature*. With the complete text of *The Wild Boy of Aveyron*, by Jean-Marc-Gaspard Itard. New York and London : Monthly Review Press, 1972.

Martin, E. *Histoire des monstres depuis l'antiquité*. Paris : C. Reinwald, 1880.

May, Earl Chapin. *The Circus from Rome to Ringling*. New York : Duffield and Green, 1932.

Milligen, J. G. *Curiosities of Medical Experience*. London : Michael Bartley, 1838.

Mittwoch, Ursula. *Genetics of Sex Differentiation*. New York and London : Academic Press, 1973.

Money, John. *Sex Errors of the Body*. Baltimore : Johns Hopkins Press, 1968.

Montagu, Ashley. *The Elephant Man: A Study in Human Dignity*. New York : Ballantine Books, 1971.

Moreau, Paul. *Fous et bouffons*. Paris : Balliere et fils, 1885.

Moreno Villa, José. *Locos, enanos, negros y niños palaciegos.* Mexico City : Editorial Presencia, 1939.

Obsequens, Julius. *Des Prodiges.* Lyon, 1555.

Pancoast, W. H. "Report of the Autopsy of the Siamese Twins, Together with other interesting information concerning their Life." Reprinted from the *Philadelphia Medical Times.* Philadelphia : J. B. Lippincott, 1874.

Paracelsus. *De animalibus natis ex sodomia.* 1493.

Paré, Ambroise. *Animaux, monstres et prodiges.* Paris : Le Club Français du Livre, 1954.

Pauwels, Louis, and Jacques Bergier. *The Morning of the Magicians.* Trans. by Rollo Myers. New York : Stein and Day, 1964.

Plessis, James Paris du. "A Short History of Human Prodigies and Monstrous Births, of Dwarfs, Sleepers, Giants, Strong Men, Hermaphrodites, Numerous Births and Extreme Old Age." London : The British Library. unpublished.

Rueff, Jacob. *De conceptu et generatione hominis.* Francofurti ad Moenum : Book 5, item 7, p. 41, 1587.

Rund, Max. *Photo Album of Human Oddities.* Side Show Publications, 1975.

Saltarino, Signor (pseud. H. W. Otto), with M. Behrend. *Fahrend Volk.* Leipzig : 1895.

Stratton, Lavinia Warren. *Memoirs.* Library of the New York Historical Society, unpublished.

Thompson, C. J. S. *The Mystery and Lore of Monsters.* London : Williams and Norgate, 1930.

Tietze-Conrat, Erika. *Dwarfs and Jesters in Art.* New York : Phaidon Publishers, 1957.

Toole-Stott, R. *Circus and Allied Arts World Bibliography.* Derby. England : Harpur & Sons, 1967.

Treves, Frederick. *The Elephant Man and Other Reminiscences.* London : Cassell, 1923.

——. "A Case of Congenital Deformity." *Transactions of the Pathological Society.* London : Pathological Society, 1885.

Velasquez, Pedro. *Illustrated Memoir......*London, 1853.

Walff, C. F. *Theoria Generations.* Halle, 1759.

Wallace, Irving. *The Fabulous Showman: The Life and Times of P. T. Barnum.* New York : Alfred A. Knopf, 1959.

Warkany, Joseph. *Congenital Malformations.* Year Book Medical Publishers, 1971.

Wittkower, Rudolf. "Marvels of the East : A Study in the History of Monsters." London : *Journal of the Warburg and Courtauld Institutes*, 1942.

Wolff, Etienne. *La Science des monstres.* Paris : Gallimard, 1948.

Wood, E. J. *Giants and Dwarfs.* London : Richard Bentley, 1868.

謝辞

本書は黙想であり、歴史であり、世界との今なお終わらざる対話である。黙想でありうるためには、内なる自己の探索を可能にしてくれるような、雑事から自由な、一定の長さの時間が必要だった。歴史でありうるためには、紀元前二八〇〇年からジミー・カーター政権の時代にまで書類や画像を手にとって見る必要があった。そして世界との対話でありうるためには、わたしの話を最後まで聞いてくれるだけの関心をもち、助けとなる返答を返してくれるだけコミットした人々のグループと話をする機会が必要だった。

そのような時間を提供してくれたのは、三年間授業の受けもちからはずしてくれたニューヨーク州立大学バッファロー校であり、一九七四年に三か月間、特別研究員として受け入れてくれたウィスコンシン州ミルウォーキー大学の二〇世紀研究プロジェクトである。けれども特に感謝しなければならないのは妻のサリー・アンダーセン・フィードラーに対してである。彼女はわたしが自分の精神の暗部へと遠征してゆくのを我慢してくれたのみならず祝福してくれ、その旅から戻ってくるまでそこで待っていてくれた。

この挿画つき神話-歴史を書くのに使った個々の本、神話、生原稿、絵、版画等は本文中および巻末の書誌に特定されている。ただ、是非とも言っておかねばならないのは、以下の図書館の職員の方方の協力がなければこれらのものを見つけることは絶対にできなかったということである。その図書館とは、イーリー郡立図書館、ニューヨーク市立公民図書館、ならびに、私の所属する大学およびトロント大学、ウィスコンシン州ミルウォーキー大学、そしてマークェット大学の各図書館である。また、研究助手を務めてくれたラリー・イェップ、ジョン・ハンソン、ゲリー・ゲイブリエル、ナンシー・ワルツィック、ポール・カグラー、ダイアナ・ジョージの諸君の勤勉と独創性にも多くを負っている。

フリークスの意味およびフリークスと秘密の自己との関係に関する、時には不敬な、常軌を逸したものになってしまうわたしの解釈に応えて意見を聞かせてくれた人々に対してちゃんとお礼を述べるのは難しい。というのも、その数はあまりにも多く、わたしの記憶の中では顔なき聴衆——しかし、声なき聴衆ではない——になってしまっているからだ。この研究に関して話をした人たちは一人の例外もなく全員が、適切なものから不適切なものまで何らかの挿話を、共感のこもったものから敵意のこもったものまで何らかの意見を、信頼できるものから全く頼りにならないものまで何らかの情報を、わたしに与えてくれた。中でも特に感謝したいのは以下の方々である。「アメリカ文学に関する京都セミナー」およびそのオーガナイザーの松本信直教授、ジョンズ・ホプキンズ大学の「テューダー・アンド・ステュワート・クラブ」および同クラブに話をするよう招いてくれたフランシス・ファーガソン、バッファロー小児病院の精神‐内分泌腺科、「芸術・宗教・現代文化振興協会」およびそこで話をするよう手はずを整えてくれたベティ・メイヤー、そしてUCLAの「芸術学期」およびそのオーガナイザーであるピーター・クロージアーの諸氏、諸機関である。彼らのおかげで、わたしはこのあまりにも長いこと〝進行中〟であった研究の様々な段階で、考えていることを吐き出し、考え直す機会（それは大いに必要なものだった）をもちえたのだった。

　最後になったが、次の諸氏にも謝意を捧げたい。トム・コリンズ——彼と話をしている最中にこの本のアイディアが初めて浮かんだのだった。アントニー・バージェス——彼はわたしがこれに手をつけるのをためらっている時、続けるようにと強く勧めてくれた。そしてわたしの秘書、ジョイス・トロイ——彼女は私の幻想《ヴィジョン》にも訂正《リヴィジョン》にも、出だしからのやり直しにも思い直しにも、校訂にも削除にも、忍耐強くつきあってくれ、そうして、たえず混沌に陥って頓挫する徴候を見せていたものに秩序をつける助けをしてくれたのだった。

レスリー・フィードラー

ニューヨーク州バッファロー

一九七七年五月

訳者あとがき

本書は Leslie Fiedler, Freaks, Myths and Images of the Secret Self, Simon & Schuster, New York, 1978 の全訳である。

ちょうど本書が出版された折、ニューヨークに滞在していて、グリニッジ・ヴィレッジの本屋に平積みにされたこのぶ厚い本を手にとった時の恐れとも喜びともつかない奇妙な気持ちは今でも思いだすことができる。

このニューヨーク滞在時には、個人的にも様々な「フリークス」との衝突があった。まず日本では公開されていなかったトッド・ブラウニングの『フリークス』をイーストサイドのまるで見世物小屋のような粗末な映画館で見ることができたし（翌年、シェイクスピア劇場でおこなわれたトッド・ブラウニング・フェスティヴァルにも偶然立ち会うことができた）、追いかけていたダイアン・アーバスの未発表の写真を見せてもらっているうちにアーバスの写真集の第一ページ目におさめられているのがその『フリークス』に出てくるハンスの40年後の姿であることを知った。またコニーアイランドのフリークス・ショウで、フィードラーが「プライヴァシーの究極の侵犯劇」と呼ぶ〝人生の劇場（ピクルド・パンク）〟（ホルマリン漬けにされている胎児の陳列）に実際に接することができたし、ウェルナー・ヘルツォークの撮った『小人の饗宴』ともついに出会うことができた。そしてそれにもましてショックだったのはダウンタウンの古ぼけた小さなギャラリーの片隅に展示されていた一枚の写真である。撮影者の明示はなく、アノニマスという言葉とともに「一八九八年」という年号だけがかたわらにそえられている。写真のなかの図案や文字からドイツ語圏であることだけは判断できたのだが、状況が定かではないまま推測するに、そこは厳重に隔離された整形外科病棟の一室の内部風景であり、簡素な真鍮パイプのベッドの上に粗末な寝着をまとい、おおい重なるようにして五人の入院患者が言いようのない眼差しをカメラに向けていた。手と足があごと鼻に溶けてしまっている人がいた。二人の頭部がごちゃまぜになってひとつの顔をつくっている人がいた。見ているうちにどんどん、どんどん〝生命の源〟へ落ちてゆくようだった。「ニュルンベルグ年代記」の挿絵やメムリンクの祭壇画に登場する中世の怪物のような人たちだった。少年期のトラウマをそのまま拡大し肉体に刻んだような人たちだった。人間が胎児であったことを、ピクルド・パンクであったことを再確認させるような人たちだった。おそらく学術的な記録写真として撮られたのであろうが、ぼくには「神の写真」のように思えた。彼らのまわりには、病床の天窓から洩れた光の紗のようなものがおびただしい輝きをまきちらしていたのだ。フィードラーの本で後から知ったのだが、この「一八九八年」は、バーナム&ベイリーのフリークス・メンバーがロンドンで抗議集会を開いた年であり、まさに以後道徳的にも物理化学的にも（化学療法や外科手術によって）フリークスは形を変えられてゆくのだが、そうしたフリークスが隠蔽されてゆく20世紀以前の最後の劇的な状況をその写真はとどめてしまっていたのかもしれない。

本書の著者レスリー・フィードラーは現代アメリカにおける最も刺激的な批評家の一人として知られている。ノーマン・メイラーとともにアメリカの文学と社会の最も大胆な暴露者であるといわれているほどで、精神分析学と文化人類学の豊富な知識を駆使したその独自の〝文学人類学〟とでも呼べるようなアプローチによりカウンター・カルチュア以後のアメリカの文学批評に次々と新生面を切り開いてきた。ある批評家は、フィードラーの出現によってアメリカ文学の読み方はまったく変わってしまったというほどである。彼の代表作ともいえる『アメリカ小説における愛と死』が一九五九年に出版されていることはその意味でも象徴的である。彼の方法論はそれ以前の、例えば30年代の社会的文学批評とも、40年代の「新批評《ニュー・クリティック》」とも、50年代の修正リベラリズムの批評とも異なる、まぎれもない60年代の産物であり、それ以後も彼はそうした方法にさらに磨きをかけ、〝アメリカの無意識〟にせまろうとしている。

例えば、フィードラーはその『アメリカ小説における愛と死』では、マーク・トウェインからヘミングウェイまでの例をひき、アメリカ文学が成長した大人の異性愛を扱うことができず、それゆえ彼らの作品では死や同性愛や近親相姦という主題が隠されているという仮説を提示するなど、それまで隠され続けてきたアメリカ文学の深部に独特な角度から光をあて、アメリカ文化やアメリカという国そのものの根底に潜むある流れへたどりつこうとする。こうした志向は『フリークス』においても同様に踏襲されている。いや、この『フリークス』こそ、『終りをまちながら』や『消えゆくアメリカ人の帰還』といった評論集から『ヌード・クロケット』や『プル・ダウン・ヴァニティ』といった小説にいたるまでのフィードラーの文学的成果の総決算であり、隠蔽されていたものを暴くという彼の方法論に最適のテーマであったということができるだろう。

「実のところを言えば、この本はトッド・ブラウニングという偉大な監督とその真に驚嘆すべき映画『フリークス』に対する遅ればせながらのオマージュなのである」と触れられているように、フィードラーと『フリークス』の出会いが本書の動機となっている。そして彼が「実際のフリークスに関する一番古い記憶と映画の悪夢めいた映像を区別して思いだすことができない」と告白するように、この本の出現の根底には我々の世紀におけるフリークスとの出会い方の特殊な状況が横たわっている。フィードラーも言うように「フリークス」とは、〝隠された自己〟であり、見えない境界のあかしであり、ただ真のフリークスのみが、男と女、自己と他者、動物と人間、現実と幻想といったものの間にある因襲的な境界線に挑戦をしかけることができるのだ。そしてそれは子供たちが最初の他者や未知なるものに接する時の根源的な恐怖の感情と正確に対応している。

もとはといえばブラウニングは16歳の時にサーカス団に入り、ヴォードヴィルやアクロバットのメンバーとして長いサーカス生活を経験している。〝サーカスの血〟が彼の生涯を流れていて、そのことを彼は繰り返し繰り返し自らの映画の主題とし、少年期の夢とトラウマが重合したトポスを濃密に描きだしてきた。ブラウニングがこうした映画のなかで試みたのは、子供の頃、サーカスの見世物に触れた時のなかば宗教的な強烈な畏怖の感情の再現であり、大人になってしまった人々にも感知できる始源的な戦慄の新しい形でのよみがえりだったのである。

P・T・バーナムが見事に開花させた19世紀フリークス・ショウのエッセンスは、まさにその風習が消えつつある時代の最中で、ブラウニングの映像魔術によって映画のなかに流れこみ、生きのびる道を見つけた。そして現在の異常ともいえる〝カルト・ムーヴィ・ブーム〟はそうした流れの20世紀末における変形物といっていいだろう。これらの映画に繰り返しあらわれる不具者や奇形や怪物に、我々は人間の肉体精神に残された〝最後の辺境〟を見ているのだろう。フィードラーも言うように我々はこうした悪魔めいた人体の歪曲や不完全さによって始原的な想像力を回復できる最後の人類なのかもしれない。

〝フリークス〟はサーカスの演台やカーニヴァルの穴蔵からスクリーンへ、生身の身体から光の影に変わって今なお生き続けている。しかしその移行ゆえに生じたトラウマを自らにも刻みつけ、本当のフリークスへいたる道をひらくには、その実体のない映像を我々の身体にいかに深く取りこんでゆくかにかかっていることはいうまでもない。フィードラーがやろうとしたのは、まさにそうした〝聖徴〟としてのフリークスが視界から完全に消え去ろうとする時代において、それをあらたな形で呼びもどそうとする身ぶりだったように思う。

本書の翻訳出版に関しては青土社の西館一郎氏に様々な点で終始お世話になった。氏に深く感謝したい。

一九八六年八月

伊藤俊治

『フリークス』新装版に寄せて

本書がアメリカで出版されてから四十年が過ぎ、日本で訳出されてからも三十三年の歳月が経過した。この間、何度も版を重ね、その価値や意味が変化しながら読み継がれてきたことは驚きに値する。「フリークス」はラジカルな意識変革を表す言葉として対抗文化の流れから生み落とされ、一九四〇年代がGI（米軍兵）、一九五〇年代がユダヤ人、一九六〇年代が黒人、一九七〇年代がゲイの文化だったなら一九八〇年代はフリークスの文化だったと言われた。もともとフリークスは差別用語でありながら、偽善的なヒューマニズムを超えた賛辞や敬愛の対象となりつつ、死や性、暴力や欲望、反身体や聖徴といった人間の根源的な部分と結びつき、時代ごとに新たな視点を開示しながら多様に受容されてきたのだ。

現在においてもAI（人工知能）やグローバルネットワーク、身体改造やバイオテクノロジーといった文脈でフリークスは復権を要請され、新たな接続の形式を掘り起こされている。

私たちはフリークスと向き合う時、否応なしに自分の肉体を意識し、複雑な情動の発生に立ち会わざるを得ない。それは時代の無意識を身体感覚でなぞることに他ならないだろう。私たちが私たち自身にすらまったく馴染みのない何者かであったことを直感しながら。

これから先も本書が潜在する知と美の源泉となり、世界の隠された事実の流動状況へ足を踏み入れ、より深く生を生きる手掛かりを与えてくれることを期待してやまない。

二〇一九年三月二十五日

伊藤俊治

FREAKS
Myths and Images of the Secret Self
Leslie Fiedler

フリークス（新装版）

秘められた自己の神話とイメージ

2019年5月20日　第1刷印刷
2019年5月31日　第1刷発行

著者――レスリー・フィードラー
訳者――伊藤俊治　旦敬介　大場正明

発行者――清水一人
発行所――青土社
東京都千代田区神田神保町1-29　市瀬ビル　〒101-0051
（電話）03-3291-9831［編集］　03-3294-7829［営業］

印刷・製本――ディグ

装幀――桂川 潤

ISBN978-4-7917-7157-8　Printed in Japan